走向振兴的中国村庄

韩长赋 主编

人民出版社

序
为村庄立传　为历史存照

在中国这样大的一个国家，村庄实在是最平凡不过的微观单元。从北方到南方、从内地到沿海、从山区到平原，一个个村庄依形就势、自然生发，又在滚滚向前的历史大潮中持守与变迁，绝大多数默默无闻，很少作为被记录和书写的主角。

1936 年，26 岁的费孝通深入到江苏吴江开弦弓村做了两个月的田野调查，写下社会学名作《江村经济》，忠实记录下上世纪 30 年代中国乡土社会转型期的面貌，为后人留下了宝贵的资料和范本。

他在书中写道："上述一个中国村庄的经济生活状况是对一个样本进行微观分析的结果。在这一有限范围内观察的现象无疑是属于局部性质的。但他们也有比较广泛的意义，因为这个村庄同中国绝大多数的其他村子一样，具有共同的过程。"

本书所写村庄也如是，也在观察"共同的过程"中具有样本意义，而且，今天的乡村比 80 多年前费老进行调查时更值得关注。

今天的村庄和身处其中的人们，正在经历着巨大而深刻的变化。单从数量上看，改革开放以来村庄持续减少，有数据统计，本世纪初十年间每年消失的自然村近 10 万个。一些有着悠久历史的村庄，多少年后，也许只能存在于文字影像中了。另外，村庄的发展也像海浪起伏一样，伴随新的机遇涌现，不断有新的村庄迎来自己的高光时刻。往昔"地无三尺平"的落后小山村，今天反而吃上了"生态饭"，富了起来；曾经地处近郊、人均耕地较少的村庄，如今交通便利成为最大的优势；以往气候条件只能种特色小品种，却卖不上好价钱，因为有了电商，再小众的品种也有人追捧。

人们都说，中国用 40 年的时间走过了西方国家两三百年的路程。工业化、城镇化的快速发展，持续而深远地影响着、拉动着乡村的发展。而乡村内部，也正在经历着一场脱胎换骨的变革，踏着全面振兴的铿锵鼓点，乡村开始了新一轮的奔跑与嬗变。也许再过 80 年，今天的村庄早已现代化，同时也沧海桑田、恍如隔世了吧！

所以我以为，有必要在此时，认真看看这些平凡的村庄，以真实的书写为它们立传。这不仅是乡村振兴宏观叙事的必要补充，是一个重要时代切面的写实记录，也是当代中国乡村发展史的珍贵存照。

村庄，是中华传统文化的鲜活传承。时间的河流带走无数悲欢离合，沉积下的伦理、规范、习俗，在记忆里物化为一片青瓦、一棵古树、一畈农田。他们南迁了上千年，仍称"客家人"，在一座座形制特异的土楼里，抱守着自己的语言风俗；他们"走西口"走出上千里，又经过多少代的繁衍，仍携带着关于故乡的基因密码——山西大槐树。漠北马上民族南下，中原民族迁往江南，关内百姓闯出山海关……每一座村庄都有自己的故事，都是延续文明的鲜活血脉。农耕文明是中华文明的根。村庄承载的历史像是一本厚重的书，读懂这本书，不仅可以知晓"我们从哪里来"，还能更加明了"我们要往哪里去"。

村庄，是国家现代化的具象标志。全面建设社会主义现代化国家是我们党矢志不渝的奋斗目标，而国家的现代化离不开农业和农村的现代化。一方面，因为短板在农村、最艰巨最繁重的任务在农村。繁华处的繁华只能展示高点，浦东新区、深南大道再现代化，也不能代表整个国家现代化；中国现代化程度是由短板标注的、由广大农村标注的。只有乡村富裕富足了、现代化了，才可以说得上是国家全面实现了现代化。另一方面，最广泛最深厚的基础在农村。农村不是孤立的，它是广阔的大市场，它是产业转移的蓝海，它是优质劳动力的来源。农村是国家现代化的最大潜力所在，是新时代构建新发展格局的战略后方和回旋余地。抓住这个变量，是我国现代化道路行稳致远的关键。

村庄，是乡村振兴的基本单元。走过了浩荡历史，村庄又迎来一个千年巨变的关键时刻，中国共产党划时代地提出全面实施乡村振兴战略。作为最基层的社会单元，中国大地上的平凡村庄点燃崭新的希望、开启崭新的征程。你可以看到，"人居环境整治"行动使曾经苦于工业污染的海岛古村又找回了茂盛的植被和清新的空气；你可以听到，特色产业让一度凋敝的山野村落又响起久违的音乐声；你也可以亲身体验到，乡村旅游让长期封闭的偏远村寨成了四海宾客远方的家。村庄是乡村振兴的基本单元，改变村庄就是改变乡村，也由此改变中国。当然，乡村振兴不仅是村里人的事，也是城里人的事，是全社会的事；破解乡村发展难题不仅要从村里找答案，也要从城里找答案，从城乡融合中找答案。

村庄，是亿万农民生长于斯的家园。"村庄"是一个地理概念，更是糅合了生存与生活、历史与未来、个人与宗族的人文概念。乡村是人的村庄，是安身立命的生存条件，是世代相承的文化赓续，是同宗同源的精神凝聚。所以，乡村的发展必须以人的发展为中心，必须尊重农民意愿。有人的地方就有差异，不同村庄塑造出不同的生产方式、生活节奏、文化传统、饮食习惯，也衍生出农民对乡村发展的不同需求。所以首先就要明白农民需要什么，而不是想当然地用一套经验、一个模板。也只有这样，村庄才能既齐头并进又各有各的鲜明特色，既享受现代化便利又顺应乡村肌理，既融入现代文明又保有历史痕迹，如此，村庄才能真正成为"小而美"的家园。

2021年，是当代中国的一个重要的历史节点。中国共产党自成立之日起推动和引领的中华民族伟大复兴，正好经历了一百年，国家和人民进入了全面小康社会，并在这个基础上，开启了面向第二个百年、全面建设社会主义现代化国家的新征程。紧紧伴随这段历史进程，并作为重要组成部分的乡村振兴，在中国广袤的乡村大地蓬勃兴起。中国村庄正处在"两个一百年"的历史交汇点，也是传统与现代的历史交汇点上。未来，乡村有无限可能，中国有无限可能。

我学习过《江村经济》，踏着费老当年的足迹访问过今天的开弦弓村，也多年主持推动过农业农村部的年轻人驻村调研，走村串户。因为我认为，这样有助于真正了解国情，把握农情，了解历史，丰富人生。也正是基于此，我对中国村庄的发展与变迁一直关注。

本书里记录的35个村庄分布在不同行政区划、不同地形地貌上，建村年代、历史成因也各自不同。这里没有什么明星村、网红村，大多是平凡得不能再平凡的村庄，对他们的讲述也没有溢美或贬低，真实地记录，真诚地讲述，尽力还原村庄的样貌，描写村庄光鲜的一面，也不遮掩其中的困惑和问题。

也许，正是因为平凡而真实，这些村庄所经历的，也是中国大多数村庄正在经历的。记录这些村庄，可以让后来人更为客观地了解当下农村的大致轮廓，更为真实地感知本世纪20年代振兴中的中国村庄。

全面建成小康社会，在中华民族发展史上是一个大事件，从中国现代化来讲也是一个重要的历史节点。这本书，通过讲述一个一个村庄的创业史、变迁史，具体记录农村进入全面小康社会时点的模样，呈给今人，留给后人。

这便是我编写此书的目的。

韩长赋

2022年元旦于北京

目　录

前　言

从江村看中国乡村的变迁与振兴*

韩长赋

2018 年是实施乡村振兴战略的第一年。落实好党的十九大精神，实现乡村振兴开好局、起好步，需要深入研究、统筹谋划。为此，农业农村部党组决定，2018 年的"百乡万户调查"活动，从部机关和直属单位选派 120 名同志，深入 30 个省（自治区、直辖市）的 60 个村开展为期 1 个月的驻村调研，全面摸清我国乡村发展的实际情况。利用清明假期，我也到费孝通先生 80 多年前调查过并写出《江村经济》一书的村——江村（苏州市吴江区开弦弓村）进行调研。这次调研，主要是通过实地察看，亲身感受江村历史的发展变化，当面听听农民群众的意见建议，对推进乡村振兴作一些深入思考。

一、中国乡村面临千年未有之大变局

当前，中国之乡村，从内地到沿海，从南方到北方，从城郊到农

---

　　* 此文系 2018 年撰写。作者时任中央农村工作领导小组副组长兼办公室主任，农业农村部党组书记、部长。

区，从山区到平原，都在发生着巨大而深刻的变化。农业生产从传统向现代转型，农村社会从封闭向开放转变，城乡关系从割裂向融合转化，每年有超过 1000 万农村居民市民化、1000 万农村人口脱贫，农村即将消除贫困、全面小康。可以说，中国乡村正面临千年未有之大变局。江村也在微观层面，演绎着这个时代变局。乡村的巨变，既源于党领导农民坚持不懈的奋斗，也源于外部环境变化的推动，是内因与外因、主观与客观等多种因素相互作用的结果。

第一，改革开放带来的市场化国际化，让农业从计划封闭变成了自由开放。改革开放发端于农村，农村改革废除了人民公社、统购统销等计划经济体制，实行家庭承包经营，放开了农产品市场，农民获得了生产和分配的自主权、时间和劳动的自由支配权，想种啥就种啥、想吃啥就吃啥，这在车马归队、劳力归田的大集体时期是不可想象的。农产品供给更加丰富，流通范围大大拓宽。我印象特别深刻的是，过去东北人一到冬天，天天就是土豆萝卜大白菜，现在则可以吃上国内外各种各样的新鲜蔬菜瓜果。我在江村看到，江村的太湖螃蟹、太湖三白（银鱼、白鱼、白虾）销往全国各地，浙江白茶、山东苹果、赣南脐橙、海南椰子等则摆上了江村百姓的餐桌。加入世界贸易组织后，我国农业更是与全球农业融为一体。2017 年，农产品进出口额超过 2000 亿美元，位居世界第二。不断加深的市场化国际化，既给推进乡村振兴提供了动力源泉，也提出了严峻挑战。

第二，快速推进的工业化城镇化，使农民从土里刨食、温饱不足变成了进城务工、走向小康。改革开放以来，大量农村富余劳动力洗脚上田、进城务工。2017 年，我国常住人口城镇化率达 58.25%，户籍人口城镇化率也达到了 42.35%，2.8 亿农民工成为产业工人的重要组成。农民"面朝黄土背朝天、割麦插秧累断腰"已成为历史，种田比以往更加省工省事省时。江村的村民跟我说，现在腰包更鼓了，日子更好了，笑容更多了，寿命更长了，心情更舒畅了。近年来，一些地方甚至出现了所谓的"逆城市化"现象，不少城里人选择到农村当农民、搞农业，这表明农业农村正在逐渐成为稀缺资源。农民在城乡之间自由流动，带来了传统文化与现代文化相互融合，城市文化与农村文化相互碰撞，中国文化与世界文化相互促进，工业文明与农业文明相互作用，这不可避免地对农民的思想理念、价值观念产生深刻影响。

第三，加快发展的信息化智能化，将农村从信息孤岛变成了与世界互联互通。信息化特别是互联网、智能手机的普及，打破了农村与外界联系的壁垒，打开了农民放眼看世界的通道，这对农业农村的影响是全方位的、革命性的。过去通信不发达，农民对外界知之甚少。20 世纪 60—70 年代，广播的普及使农民听到了外面的声音，那时一家老小坐到炕上听广播，是最大的享受。改革开放以后，收音机、电视机逐步走进农民家庭；21 世纪以来，手机、计算机、网络向农村覆盖。据统计，我国农村网民已超过 2 亿。现在，村里的老年人通过听广播看电视，国家大事、国际时事全知道；青年人则用手机上网，随时随地微信交流、视频对话。电子商务也在农村遍地开花，开网店已经成为江村年轻人最流行的就业创业方式，足不出户就把村里生产的农产品、纺织品卖到世界各地。偏僻小村发生的大事小情，一上网，全国人民都知晓。信息化正在深刻改变着农业农村的生产生活方式。

在中国乡村面临着千年巨变的关键时刻，我们党提出实施乡村振兴战略，并组建农业农村部牵头统筹。乡村振兴既是乡村发展到今天的历史契机和必然要求，也是今后继续推动乡村变迁的内在动力和基本方向。实施乡村振兴战略就要深入研究乡村，把握发展机遇，激发发展活力，引导加快变迁，促进农业全面升级、农村全面进步、农民全面发展，进而实现农业农村现代化。在这个历史进程中，农业农村部全体干部职工肩负着重大的历史责任、光荣的历史使命。我们一定要深入了解这个变局、时刻关注这个变局、全面把握这个变局，以至引领和推动这个变局，使之遵循乡村自身演进规律，顺应历史发展方向。这也是为什么 2018 年我们倡导百乡万户调查组一定要深入乡村开展驻村典型调查的原因。

二、江村变迁是我国乡村发展的缩影

江村本名开弦弓村，紧邻太湖，一条自西向东流淌的小清河穿村而过，形状像一张拉开弦的弓，是典型的江南水乡、鱼米之乡。1936 年，费老到该村开展了两个月的乡村调查，写出了著名的《江村经济》，后来人们都以江村称呼开弦弓村。这个看似偶然实则必然的调查，记录下了 80 多年前中国乡村的历史图景。费老的调查方法是典型性全景性的，对一个村庄进行解剖麻雀式的调研，涉及消费、生产、分配、贸易、土地、生活、婚姻、习俗等方方面面，以此一窥当时中国乡村的村落布局、经济发展、社会关系等全貌。调查采取的分析方法则是社会性历史性的，从村民之间的经济关系入手，分析经济制度、土地制度乃至婚姻制度等经济社会关系，契合了经济基础决定上层建筑的马克思主义哲学思想，读后很有启发。费老那时仅是一个 27 岁的青年，就脚踏实地开展实证调查，其精神直到今天仍值得我们学习。毛主席曾说过：没有调查，就没有发言权；你要知道梨子的滋味，就得亲口尝一尝。正是"纸上得来终觉浅，绝知此事要躬行"。

我早就想到江村去看看。2018 年的百乡万户调查组都住到村里去调研，我也挤出时间到江村进村入户做了个调查。我参观了江村历史文化陈列馆和费孝通纪念馆，在村里召开了座谈会，走街串巷访谈农户。调研下来，我强烈地感受到，今天的江村，与《江村经济》所描绘的情景相比，发生了翻天覆地的变化：人们生活小康，家家住上楼房、通上自来水、装上抽水马桶、使上热水器、用上液化气，宽带、数字电视全覆盖，村道全部水泥硬化，90％的家庭购买了小汽车。傍晚时分，村里的广场上热闹非凡，有的在跳广场舞，有的在打篮球，有的在遛狗逗娃，有的在散步聊天，充满生机活力，全然不是费老笔下木讷的村民形象。可以说，江村村民虽然还住在农村，保留着一些传统，但过的是城里人的生活。对比江村80年来的变迁，变是绝对的，不变是相对的，统一于乡村发展历史进程中。

第一，生产方式发生巨大变化，但家庭经营传统仍在延续。80年前，江村80％农户养蚕，主要是男耕女织，男的种植稻桑，女的养蚕缫丝。在蚕丝专家费达生（费老的姐姐）等的帮助下，村里成立生丝合作社，办起了生丝厂。新中国成立后，村办生丝厂合并归属人民公社，成为社办企业。改革开放后，在原来基础上兴办丝织厂等村办企业，90年代中期因经营不善破产。进入21世纪，村里个体、私营工商业蓬勃发展，基本形成了以丝织、针织为主体的家庭工业，全村70％以上的劳动力从事二、三产业，工商业经济收入已占绝对主导地位。2017年，全村农民人均收入32432元，村集体收入265万元。在工业化城镇化国际化的冲击下，江村男耕女织、农工相辅的传统农耕生产格局已经被打破，基本实现了由农业村向工商业村的历史性跨越，但传统仍在继承和延续。从过去的养蚕缫丝到现在的针织衫、窗帘布等纺织品生产，产业优化升级，链条纵向延伸，但江村以纺织业为主业的传统没有变。村民蒋伟芳一家三代从事纺织行业，爷爷奶奶民国时期在费达生创办的生丝厂做工，父亲母亲一直在公社办的丝织厂上班，自己现在是村里最大私营纺织厂的生产厂长，她们一家是江村上百年纺织传统的亲历者和见证者。从家家户户男耕女织到遍地开花的家庭作坊、"夫妻店"，以家庭为基本单元的生产组织形式没有变。目前，村里有近60户从事针织衫生产的家庭作坊，有的代工，有的自产自销。村民姚玉坤利用自家农房办起了针织衫加工作坊，由于规模扩大，还租赁了亲戚邻居的两间闲置农房。他自己负责生产管理，儿子带着女儿女婿搞电商销售，2017 年 10 月到现在就卖了 20 万件，纯利达 100 多万元。他们讲，电商发展使家庭作坊有了更多生存空间。

第二，土地制度发生深刻变革，但处理好农民与土地的关系仍然是时代命题。清末和民国时期实行封建土地私有制，江村的土地被分为田底、田面两层，约有 2/3 的土地被地主占有，90% 的家庭只能去承租土地或者成为佃户。1951 年，江村进行了土地改革。人民公社时期，实行"三级所有、队为基础"，土地集体所有、集体经营，仅给社员分配了自留地。改革开放后，江村实行家庭联产承包责任制，按人口承包土地，农户与村经济合作社签订承包合同。20 世纪 90 年代以来，承包户通过村民小组将土地逐步流转给 30 多个农户发展水产养殖业。从私有私营到公有公营再到公有私营，江村的土地制度发生了根本性变革，但农民重土惜地的观念没有改变，无论是费老描述的"地是活的家产，钱是会用光的，可地是用不完的"，还是现在村民认为的"家里可以没门，手里不能没田"，都是这一观念的生动体现。也正因此，80 年来，围绕处理好农民与土地关系的实践和探索始终没有停止。我在江村历史文化陈列馆看到，清代同治、光绪时期的清田方单和民国时期的执业田单上，就已明确界定土地的四至，面积精确到分厘。土改结束后按户颁发的《土地房产所有证》上，面积精确到厘毫。今天开展的承包地确权登记颁证，也是利用现代测绘技术给农民确实权颁铁证，在此基础上推动形成土地所有权、承包权、经营权分置格局。与清末和民国时期田底（所有权）、田面（经营权）两权分离相比，"三权分置"不仅优化了土地资源配置，提高了效率，更防止了土地兼并，保障了公平。村民陈月生跟我讲，费老初访江村的时候，爷爷奶奶家那时没有土地，给别人当佃户，每年每亩地要交一担米（100 斤）的租子；现在家里有 5 亩承包地，以每亩 1000 元的价格流转出去了。座谈会上农户和养殖户都说，大家十分拥护中央的 30 年延包政策，希望现有土地承包关系保持稳定。这样农户能获得稳定收益，养殖户也能安心搞生产。

第三，人口数量和结构发生较大调整，但人与人之间的社会关系仍然维持着传统的差序格局。1935 年，江村有 359 户 1458 人。随着经济社会发展和人们生活水平起伏，村内人口经历了由高出生、低死亡、高自然增长向低出生、低死亡、低自然增长的方向转变。自 1983 年首次出现人口负增长，至 2016 年的 33 年间，有 22 年人口负增长。截至 2018 年，江村有 420 户 1680 人（不包括后来合并的村），较 80 年前分别增加了 17% 和 15.2%；60 岁以上人口占比 32.4%，增加了近 26 个百分点。80 年前，村里只有 10 家外来户，主要从事理发、银匠等特殊职业；现在，来江村的外地人主要是打工就业，最高曾达 1000 多人。尽管人口数量和结构都发生了很大变化，但社会人际关系仍然像费老在《乡土中国》中所描述的那样，维持着以亲缘、血缘和地缘为中心的差序格局，每一户都可通过亲属、血缘关系的扩展，在村内延伸出一个庞大的社会关系网络。我在村民周小芳家看到一张五世同堂的照片，她的外婆、母亲、女儿和外孙女生活在本村的不同家庭，这种以亲缘和血缘关系为脉络联结起来的关系网络，在江村很普遍。江村至今仍保留着妇女开茶会的习俗，关系较好的邻里之间轮流举办茶会。妇女们在茶会上吃茶话事、交流见闻，建立起一个个相对稳定的社交圈子。外来人则始终游离于外，现在的打工者与当年的手艺人一样，都不能落户江村，与本地人的关系仍然泾渭分明。四川人楚晓芳已经在村里打工居住了 15 年，孩子也在这里出生上学，但在本村人看来，她还是个外地人。这其中的主要原因是，外来户不能获得耕地和宅基地，本村人也不欢迎外来人落户，来抢夺有限的资源。

第四，生活方式发生了重大变化，但传统家庭观念仍然根深蒂固。80 年前，费老描述下的江村人畜混住，人们每天为温饱奔波操劳，生活没有保障，甚至有溺女婴或流产来控制人口的传统。今天的江村俨然已经是一个城镇小社区，村民白天去工厂上班，晚上回到村里生活居住，男女平等的观念深入人心。可以说，江村的生活方式已经与城里人没有多大不同，但婚姻、财产等家庭观念与传统仍没有断代。两头挂花幡（结婚时在男女两家的家堂祖宗牌位上插上花旗，新郎新娘先后在两家厅堂前拜堂，生出的孩子属于两家）、招女婿（俗称上门女婿）等传统婚姻习俗延续至今。现在，由于大多家庭都是独生子女，费老当年描述的这种婚姻模式越来越多。全村现有 139 个家庭采取"两头挂花幡"的婚姻模式，招女婿 190 人。我走访的两户人家都是独女户，结婚后新婚夫妻在男女双方家里都有住房，来回走动。费老初访江村时合影的小男孩沈宝法已经 90 岁了，他从邻村招了一个上门女婿，现在他的孙女也招了一个淮安籍的女婿，一家人父慈子孝、其乐融融。在家庭财产处置方面，家长仍是绝对的权威，子女只有结婚后与父母分家，才能获得独立的经济地位。同样在自家的作坊里工作，村民姚玉坤给女儿女婿按月发工资，儿子因未婚而没有核算工资。也正因此，江村的家庭结构大体保持稳定，1935 年江村户均 4 人，2016 年户均 3.98 人，都是小规模家庭。

第五，乡村治理体制机制发生了根本转变，但自治和德治仍是重要基础。早在 1929 年，江村实行地方自治，由当地有名望的乡绅担任村长。1935 年，江村以保甲制替代地方自治体系，实行乡镇保甲长纵横连保连坐。新中国成立后废除保甲制，建立行政村。人民公社时期，实行三级所有、队为基础、政社合一的人民公社管理体制。改革开放后，由生产大队改为行政村，设立村民委员会、村党支部和村经济合作社，实行村党组织领导下的村民自治。80 年来，江村治理体制机制不断变化和调整，但自治和德治在稳定乡村社会秩序方面发挥着不可替代的重要作用。今年 88 岁的周梅生，年轻时入赘到江村，当兵转业后在村里当民兵营长，1967 年负责筹建公社联合缫丝厂。他讲，邻里有矛盾纠纷，解放前靠宗族势力，现在是找村委会，如果是大的经济民事纠纷，则走司法渠道。走访的几个村民小组，涉及承包地调整、集体收益分配等重大事项，村民都会通过小组会议集体讨论、民主决策，很少有纠纷和矛盾。江村的老干部、老党员、老教师等有资望的群体，通过村务监督委员会、村民民主理财小组等各类议事监督机构，广泛参与到村庄治理中来。村民周新根曾任生产队会计，改革开放后长期担任乡镇企业领导，在村里很有威信，退休后被 10 组村民选为小组长，继续为大家服务。在江村，尊老爱幼、勤劳致富等传统美德得到大力弘扬，传统礼治、德治秩序焕发出持久的生命力，为健全和完善自治、法治、德治相结合的现代乡村治理体系进行了有益的探索。

三、全面看待农村，科学把握乡村发展规律

江村虽只是一个微观主体，但其 80 年的变迁基本反映了乡土中国的发展历程。从江村乃至此次"百乡万户调查"走访的 60 个村可以看到，中国广大农村发生了翻天覆地的变化，同时很多传统仍然保持着稳定和延续，呈现出传统与现代交融、平稳与跃升共进的状态。这表明，乡村全面振兴将是一个长期的历史过程，我们要充分尊重乡村发展演进规律，科学把握变与不变的关系，推进乡村振兴健康有序开展。

一要坚持循序渐进，保持足够的历史耐心。走在江村的里弄小巷，随处可见外观现代、装修精致的别墅楼房，院子里停着小汽车；同时，一些传统砖木结构平房点缀其间，老人坐在门前晒太阳，他们住惯了老房子，不愿意搬到新房。传统与现代、变化与不变，共同阐释着江村 80 年来的变迁。这种变与不变的选择，已经渗透到江村的方方面面，最为典型的是村民对土地承包问题的处理。江村的土地以组为单位发

包，二轮承包以来，应对农民市民化的新情况，各组采取了不同的办法，可谓一组一策。有的执行"生不增、死不减"，一直没有调整土地；有的每5年调整一次，动账不动地；还有的每年调整一次。从江村的土地、人口、婚姻、家庭等制度看，即便是处在长江三角洲经济发达地区、与外界联系紧密的这样一个村落，村庄的发展变化也是渐进的、自然的，而不是断代的、割裂的。在推进乡村振兴的过程中，要尊重实际，因地制宜、因势利导、循序渐进，既要着眼长远目标、不违背发展方向，又要立足当前实际、不违背发展规律。要克服求大求快、急功近利、急于求成的思想，处理好快与慢、量与质、点与面的关系，既把握方向，又把握节奏，防止出现颠覆性错误、系统性风险，打牢乡村发展的根基。

二要坚持城乡融合，推动城乡发展一体化。在江村，人们已经习惯了现代化生活方式。水电路气房讯网等基础设施齐全，将近一半的自然村将生活污水通过地下管道集中到处理池，实现了污水无害化处理和资源化利用。生活理念也日益跟城镇接轨，家家户户门前都有垃圾箱，生活垃圾分类处理，文化生活丰富多彩，看电影、跳广场舞、打篮球、上网等成为村民的时尚。走在村里，城市文明对江村的影响和冲击无处不在。与此同时，新建起来的文化弄堂又保存着村里的历史档案、文化习俗，这是江村的"根"，维系着世代传承的脉络。村民姚富坤多次接待费老访问江村，现在是村里费孝通纪念馆的顾问，他积极参与村志的编撰，热心于向外界介绍江村的传统民俗和乡土文化，被人们称为"农民教授"。走在江村，可以感受到，城市文明和乡村文明各有千秋，城市便利的生活条件、时尚的生活方式、丰富的文化产品是乡村所追崇的，而乡村宁静的自然环境、独有的生活习俗、丰厚的历史传承也是城里人所向往的。因此，才有农村人进城、城里人下乡的双向流动。近年来，大量农村人口进城务工就业、融入城市生活，城里人到乡村休闲娱乐、投资兴业也日益增多，城乡融合开始加快，城乡关系正在重塑，城市与乡村的鸿沟逐步打通。推进乡村振兴，要始终坚持城乡融合发展的方向，既要推动城镇基础设施向乡村延伸、城镇公共服务向乡村拓展，也要尊重乡村文化、传承农耕文明，通过以城带乡、功能互补、有机衔接，实现城市经济和乡村经济融合互联、协同发展，城市文明和乡村文明共存共荣、互促互进。

三要坚持尊重农民，充分调动农民积极性主动性。在江村座谈时，大家纷纷讲，村庄环境改善了，居住条件变好了，看病养老有保障了，挣钱渠道更多了，幸福指数更高了。在村里，我遇到一位 78 岁的老人姚大官，他当过 7 年兵，现在四世同堂，每个月有几百元补贴，看病能报销一半，他感慨道，现在日子越过越好。谈到乡村振兴时，大家劲头十足，对未来发展充满信心。村民周小芳曾多次接待费老，家里有很多与费老的合影，她准备借助费老的名人效应，利用家里闲置住房办民宿，通过网络招揽客人入住。养殖大户倪林坤经营着 140 多亩蟹塘，他想联合村里其他的养殖大户成立合作社，打好太湖品牌，共同闯市场。他们都希望政府能加强支持、搞好引导。农民群众对美好生活的向往，就是我们工作的根本出发点和落脚点。要想农民所想、急农民所急，凡是农民称道的、满意的、喜欢的，我们就要坚持下去；凡是农民急需的、期盼的、憧憬的，我们就要努力去解决。农民是乡村的主人，乡村是农民的家园。要充分调动和发挥农民振兴乡村的积极性主动性，尊重农民主体地位，不能代替农民、替农民决策，更不能排斥农民。这几年，我们在推进集体产权制度改革时，确定集体经济组织成员身份是一个难题，一条重要的经验就是由农民自己商量、自己决定，因为他们最了解情况，最清楚自己的利益，最有发言权。

四要坚持统筹规划，一张蓝图绘到底。从 1936 年费老初访到现在，江村的农房经历了平房、楼房、别墅等五代变迁。第一代房子保持了近40年，当时是因为贫穷；改革开放到现在的40年，房子却换了四代。江村房子的变迁，一方面说明经济发展了，人民生活水平提升了；另一方面，也因为没有规划，造成了巨大的浪费。农房建设无序，没有统一规划设计和标准，以致拆了建、建了拆，浪费惊人，这是我调研时基层干部和村民反映最多的问题。市里的同志讲，目前农房建设没有法律规范、没有部门管理、没有总体规划、没有房型设计、没有建设标准、没有质量验收，这是推进乡村振兴面临的一个突出矛盾。记得我2000年去波兰考察，波兰是土地私有制，当地农民建房，可以自己决定内部结构、装修等，但建在哪儿、面积、外观等受到政府严格的规划管制。乡村振兴、乡村建设一定要规划先行，谋定而后动，想好了再干，防止折腾、防止浪费、防止走弯路，一件事情接着一件事情办，一年接着一年干，久久为功，必成美画。每个乡村都有自己的历史、个性和特点，要充分尊重乡村的自然机理和历史文脉，把挖掘原生态村居风貌和引入现代发展元素结合起来，建设美丽宜居乡村，而不是缩小版城市，让山水林田路村成为乡愁永远的记忆。

五要坚持人才首要，确保乡村发展后继有人。江村巨变的根本，是有一批文化素质高、市场意识强、能吃苦敢拼搏的人才。村民周玉官在20世纪80年代初高中毕业后回乡创办了江村第一个个体工商企业，曾得到费老的鼓励和指导，现在员工达20多人、营业额超过600万元，带动了一批江村人下海创业。这次到江村，我还惊喜地发现到处都是年轻人的身影。"70后"沈斌先后在镇农办、燦烂村工作过，2017年来到江村任支书，他一心想着推动江村大发展。"80后"周春燕大学毕业后回村担任妇女主任，每天活跃在村里的大街小巷，为村民搞好服务。"90后"姚凌超大学毕业后回村开网店，将村里生产的针织衫销往全国各地，成了新生代偶像。由于生活条件好、发展机会多，村里年轻人外流的不多。这些年轻人正在为这个传统村庄注入新的活力。这表明，乡村振兴的关键在人。要始终把人力资本开发放在首要位置，既搭好大舞台留住人才，又种好梧桐树引进人才，强化乡村振兴人才支撑。目前，农村还有 2 亿多劳动力，要加大培训力度，充分挖掘培养"土专家"、"田秀才"、经理人等农村能人，培养一批新型职业农民和新型农业经营主体，把人力资源变成人力资本。今天的农村确实是广阔天地，大有作为，要搭建乡村创新创业平台，吸引农民工、大学生、科技人员及乡村走出去的工商业主、退休人员等回流，鼓励引导各类人才投身振兴乡村的伟大事业。

开弦弓村俯瞰

黑龙江 兴十四村

一个移民村的沧海桑田

"一个理想国中的现代化小城镇。"见到兴十四村的第一眼,这句话便光速冲入我脑中。

眼前的村子道路笔直宽阔,路旁花儿簇簇、杨柳成荫,自走式大型喷灌设施喷洒的水汽在阳光下反射出彩虹,1331 栋智能温室大棚气势恢宏。最让人瞩目的当属 136 座独立式小别墅,红顶白墙,映衬在北方的万里晴空下,形成独特的色彩美学。

这便是黑龙江省齐齐哈尔市甘南县兴十四村了,1956 年山东临沂地区人民为响应党中央开垦北大荒号召而迁移组建的移民村。几十年的奋斗,兴十四村人民已经把一个房无一间、地无一垄、树无一棵的"三无村"和生产靠贷款、吃粮靠返销、生活靠救济的"三靠村"建设成了一个总资产 24.7 亿元、总收入 20.2 亿元、人均收入 7.8 万元的高标准社会主义新农村。

从无到有,这里面发生过多少惊心动魄的故事?戏剧性的今昔对比背后,振兴密码何解?兴十四村的共同富裕之路于今天又有何启示意义?行之思之,一个不一样的兴十四村缓缓向我走来。

兴十四村崭新的民居

一

历史上，中国人从未停止过迁徙，就像无数条交错的大河，从一处涌出、奔腾，然后在另一处汇聚、扎根、生存，只把他乡作故乡。这其中，"闯关东"无疑是极具传奇色彩的一次大迁徙。

民间"闯关东"的行为从明朝就已开始，但尚构不成规模。清朝中后期，由于自然灾害、清政府号召移民实边等原因，大批中原、江北的老百姓被迫或主动跨过山海关，到东北地区谋生。民国时期，"闯关东"的移民潮越来越高涨，每年移到关外的民众多达数十万，最高时，一年有上百万河北、山东的居民举家迁往东北。近代以来，东北三省成为中国移民人口最多的地区，今天东北超过八成人的祖辈，都是某个时期的移民。

时针拨转到新中国成立初期，年轻的共和国面临着一穷二白、百废待兴的局面。1955 年至 1960 年，为响应国家开垦黑龙江的号召，山东省统一组织民众支援边疆垦荒，在短短六年时间里共迁出 110 多万人，兴十四村正是在这一时期建成。根据部署，山东省 2 万多移民要在甘南县勘建 87 个村，按其分布地区，共分为 6 片，甘字片 16 个村，中字片 8 个村，兴字片 24 个村……村名以兴一村、兴二村……兴十四村，以此类推。

1956 年，伴着悠长的沂蒙小调，山东临沂 56 个村的 428 名村民拖儿带女，踏上了前往甘南县兴十四村的道路。相传，他们要去的北大荒有着大片大片的黑土地，是个筷子插地里都能发芽的好地方。

然而，美好的憧憬很快就被现实打散了。到了地方，村民们才发现，那是一片渺无人烟的乱草滩。"只见一片茫茫荒原，插着一根木头橛子，上面写着'兴十四村'，还有六座用玉米、高粱秸秆和荒草搭成的草窝棚。父亲指着其中一间，告诉我这以后就是我们的家！"冲击力太过强烈，以至于多年后的今天，村民仍然对这个场景记忆犹新。

愿望与现实反差太大，耳闻和目睹相距过远，七成的拓荒者遣返回老家，只有8名党员和70名群众坚定地留了下来，成为兴十四村的"开村元勋"。

"北大荒，真荒凉，又是狍子又是狼，光长野草不打粮。"

"北大荒三样宝，苍蝇、蚊子和小咬，瞎蠓臭虫不老少。"

"天当被，地当炕，野菜野草当干粮。"

流传至今的歌谣，清晰地还原了当初大荒初拓之时生存环境的恶劣。正是在这样的艰苦条件下，村里成立了4个生产队，实行统一经营，统一核算，拓荒者们披星戴月、战天斗地，用第一犁破开了天边的黎明。

"当年，我们村子四周的草有一米多高，一个草架子里能住50多人，大家脚对着脚躺成两排。晚上，四面透风，冬天零下四十多度，大家冻得睡不着；早上起来后，全身、满脸，连耳朵眼里都灌满了沙土；一天三顿玉米面馍馍和糊涂粥。"每每提到这段历史，村民们总是泪如泉涌，"但即使这样，留下的人却很少抱怨，大家说来北大荒就是来吃苦的！"这一年，在政府的帮助下，兴十四村开垦出了600垧地，寂寂荒原上，勤劳勇敢的山东人终于有了立足的资本。

在兴十四村的发展历程中，村党委书记付华廷同志扮演了关键的角色。

1972年，年轻的付华廷被选为兴十四村党支部书记，上任后，他做的第一件事就是向上级申请购买拖拉机，"农业的根本出路在于机械化，得让乡亲们从弯钩犁里解放出来"。盼着、望着，但购买拖拉机的申请还是被驳回了。不服气的他靠人背肩扛买回1130多个零部件，自己动手组装了兴十四村历史上第一台拖拉机。之后，兴十四村又相继组装出 14 台农机具，一跃成为远近闻名的机械化强村。如今，兴十四村有了自己的机耕运输公司和农机合作社，全村机械化程度达到 98% 以上，在全省乃至全国都处于领先地位。

兴十四村十年九旱，所在荒原地表层 15 公分以下全是沙包地，沙包地下全是鹅卵石。用兴十四人的话说，"沙窝窝，破皮黄，漏水跑肥不打粮，还想飞出金凤凰？"

经过商议，大家做出决议："发挥愚公移山精神，取淤换土造良田。"当然有人不干："这可是大东北一望无际的千亩耕地啊！这不天方夜谭吗？"

面对质疑声，党支部班子成员首当其冲，带着大家做示范，组织群众披星戴月奋战了七年，挖水渠、打石头、搬河泥、改土造田……硬是把 40000 多立方米的河泥搬到了 3300 多亩瘠薄的耕地上，把 600 多亩高低不平的沙土地变成了良田。

二

整个 70 年代，兴十四村靠苦干求发展，初步实现了机械化、水利化，多种经营和畜牧业养殖。也就是从这个时候开始，兴十四村开始真正脱贫，逐步走向富裕。

一个现实问题摆在了面前。村民们富了，但村集体却囊中羞涩，并且在实现机械化后，村里多数村民从农田中解放出来，一年里有半年时间空闲。闲着的人应该去哪里呢？怎么让村民们真正富裕呢？为了回答好这个问题，付华廷带领村民们调研了 11 个省，在多方准备后，于 1985 年修建了全国第一家村办乳品厂，并且当年立项、当年建厂、当年上马，成就了远近闻名的"兴十四速度"。

1987 年，全村 164 户人中 156 户评上了"万元户"。村民告诉我，那些年，每个人的脸上总是笑盈盈的。

村办企业在兴十四村如野火春风，星火燎原般发展起来，村里逐级走上了采用高新技术，搞农副产品精深加工的产业化经营之路。甜蜜素、绿豆粉、柠檬酸……随着尝试的产业越来越多，村里创立了集农、林、牧、生物制药、农产品精深加工、生态旅游于一体的综合型企业黑龙江富华集团，将所有村集体产业归拢、统一管理经营。

有的村民们不理解："不折腾了中不？现在多好啊，要啥有啥，万一赔进去了咋整？"每当这个时候，付华廷就坚定地告诉他们："一个指头没力气，攥起拳头就是力量。应该跳出农业抓产业，以工业化理念发展农业经济。"

为了做大做强第二产业，村里还在 2005 年创办了中国富华国际生态产业园区，打造了以农产品精深加工、畜牧业养殖和加工、制药、高科技农业、林业种植和生态旅游为主的生态工业链条。

深刻了解自己的优劣势，就具有了感知变革的敏锐和创造变革的理性，总能寻找到更进一步的突破口。

2009 年，黑龙江（兴十四）现代农业示范园区在兴十四村落成，村里的现代农业气息更重。如今漫步村中，只见一栋栋大棚林立，各式蔬菜令人眼花缭乱。依托园区温室大棚，村里还重点打造有机果蔬生产基地，"兴十四牌"有机果蔬在全国已小有名气。每年棚室内种植西瓜、香瓜、食用菌、草莓等各种有机绿色果蔬 20 多种。村民全先峰承包了 8 栋大棚用来种植香菇，每栋毛收入达到 12 万元；王宝忠采用棚室吊三层膜的方法，一茬香瓜的收入就达到 100 余万元，"1 亩棚室的经济效益，能顶 100 亩农田"。他笑着告诉我们。如今，来自全国各地的农民都抢着来兴十四村承包温室大棚。

近几年，村里还投资建设了村史展览馆、村民别墅群、影视拍摄基地、现代农业示范园区、森林防火观光瞭望塔等 30 余处旅游观光景区，年接待游客近 10 万人次。全村仅有 2% 的农民从事种植业生产，98% 的劳动力进入村办企业上班，成为二、三产业工人。2016 年，兴十四入选第一批全国特色小镇，是黑龙江省仅有的以一二三产业融合发展为特色的小镇。

如果仔细梳理兴十四村的发展历程，我们会看到这样一条发展脉络：

20 世纪五六十年代，兴十四村开荒拓土、战天斗地，解决的是村民的生存和温饱问题。

20 世纪八九十年代，兴十四村坚持"机械化是东北农业命门"，开展大规模农业机械化、农田水利化，初步实现农业现代化。

20 世纪 90 年代到 21 世纪初，兴十四村人深刻认识"无农不稳、无工不富、无商不活"的道理，开始发展农副产品为主的农产品加工业，逐步发展壮大成为富华集团，进入资本市场。

2005 年至今，兴十四村调整产业结构、超速发展，开发生产高新技术产品，创建现代化生态宜居小城镇，走向共同富裕。

靠着多年摸爬滚打的实践，兴十四村根据实际，确定了一条一二三产业融合发展的思路，即：依靠水利化和机械化，开展土地规模经营，加快发展现代化大农业；立足兴十四村农产品特色资源，因地制宜发展农产品深加工产业，发展农村新型工业化；发挥"龙江第一村"的影响效应，大力发展文体培训、乡村旅游等第三产业，促进多元化发展；通过一二三产业融合发展，带动人口向兴十四村聚集，加快城镇化进程。

这条思路有何可取之处？

现代化大农业的发展、农业产业化的实现，可以从根本上解决千家万户小生产与千变万化大市场难以对接的问题，促进农业生产所需的土地、劳动力、资金、人才、技术、品牌、管理、市场八个要素的整合，提高土地使用率和产出率；集体经济发展为村集体增加了积累，又用之于农民，解决医疗、教育、住房等问题，促进了农民生活质量提高和农民素质提升；多数农民成为产业工人、农业工人或工商业户，实现多渠道、多元化增收。

但兴十四村的发展并非一帆风顺。

20世纪70年代末，当安徽凤阳小岗村因为解决不了温饱而实行包产到户的时候，远在东北的兴十四村已是"大囤满、小囤流"的"龙江第一村"了。面对当时全面推行的大包干，分还是不分的难题摆在了兴十四村人的面前。

"兴十四地多人少，机械化是我们最大的优势。之前我们正是靠着机械化打了不少粮食，不仅解放劳动力，还提高工作效率，一步步脱贫致富。"

"如果把土地分给个人，大型机械和工厂咋办？"

"如果不分，包产到户是大势所趋，兴十四会不会招惹来麻烦？"

那段时间，兴十四大队背负极大压力，是黑龙江省最后一个没有分田到户的大队。兴十四村不分田地的做法，一级一级地反映到省里，省里下达有关文件，同意了这个请求。消息传来的那天，付华廷在村民大会上宣布："咱们走集体化道路，不分！大家一起走共同的致富路，咱们住一样的房，按一个食谱吃饭，不让一户受穷，不让一人掉队！"底下的掌声如潮水般久久不退……

历史证明了，兴十四选择了一条适合自己的正确道路。它从自身实际出发，保留了集体经济的优势，又打破了"大锅饭"，兼容了家庭联产承包责任制的优点，实行"同一核算、分工分业、定额管理、超奖减罚"的生产责任制，在充分发挥集体经济的优越性的同时，又很好调动了个人的积极性。

"抱团才能取暖，合作才能共赢，共事才能大成"，兴十四村能够实现振兴发展，靠的正是这套集体共赢的机制。

三

兴十四村建村 65 年来，付华廷带领全体村民，始终没有分田到农户，坚持走共同富裕之路。一方面，村班子组织带领村民"抱团闯市场"，增加集体收入，不断壮大集体经济。另一方面，村集体有了钱，具有了统筹全村发展的实力，办起了事关全体村民利益的"大事"。

如今，村民们为集体流下的每一滴汗水都变成了福利返还回来——村里每位村民都享受吃水、学生入托、上学等"十项免费"待遇，还享受米、面、油、肉等 18 项福利，2020 年更是实现了口粮免费供应，村内 65 岁以上老人每月发放 120 元生活补贴，同时将全体村民纳入医疗体系，积极开展大病救助，救助困难村民数万元……

最值得一提的，当属那 136 栋红顶白楼的花园式单体别墅。"红色是共和国的颜色，白色清爽干净。夏天绿树成荫时是绿丛林中一点红，冬天白雪皑皑中似雪花亲吻樟子松。简洁、美观、洋气。"付华廷和村民们都很满意。而这样美丽的一栋别墅造价 35 万元，村里补助 25 万元，农户平均拿 10 万元，产权归个人。

"垦荒的山东棒子也能住上别墅，我们做梦也想不到！"搬进别墅的那天，村民刘鹤亭把脸上的皱纹挤成了金丝菊，不停地感慨："原来咱村子巷子狭窄，全是粪堆和草垛，现在住进别墅，空气好、阳光好、环境好，真是托集体化道路的福啊！"

硬件到位后，软件也需跟上。

兴十四村制定了涵盖村风、民俗、婚姻、家庭等内容的村规民约，村民俗称"小红本"，发到每个村民手中，定期组织学习。

村里将村民按居住地划成 10 个小组，每组选出一名有责任心的妇女任组长，协助村干部宣传政策法规，解决家庭矛盾、邻里纠纷等，小事就地解决，大事及时解决。

村里还组建了治安联防队、安全防火队，有效维护了正常的生产生活秩序。同时积极推进积分制管理，开展十星级文明户创建活动，将星级评定结果与村民福利挂钩，激励引导村民做文明人，实现"群众管群众，不让组织操心"。

为了丰富农民业余生活，村里组建了秧歌队、腰鼓队、篮球队，开办了农民书屋、文化大院，每年还开展"孝心少年""孝心儿媳"等评选活动，形成了良好的道德风尚。

脚踏荒原，头顶蓝天，靠着苦干实干拼命干，兴十四村人硬是把一个叮当响的穷村，变成了一个全国闻名的富村。

"一个村子富了不算富，带动群众共同富裕才算富。"兴十四村不仅追求自己发展，还力求对周边、全国起到示范带动作用。从20世纪70年代开始，兴十四村就给予周边村镇以经验和物质上的帮助。现代农业示范园建成以来，村子的示范影响力更加扩大，直接带动了周边地区现代农业的大发展和6个村、1万多人的就业，兴十四村中人口也从2010年的不足2000人，发展到现在的11600人。

一支"钢班子""铁队伍"是兴十四村近50年来始终走在前列的政治保障。从不同村民的口中，我们看到了一幅黑土地上的群英谱。

"铁人"周守启，人称"周大干"，是兴十四村出力最多的。1961年，牲口都饿死了，他把绳套往肩膀上一套，当牲口去犁地；1976年，盖文化宫，他拉了两天水泥，肚皮磨出来个大血泡……快离世之时，他抓着付华廷的手说："好兄弟，等我死了，给我找个好地方埋了，要高点，让我每天都能看见咱村。"

"冲锋兵"王士明，只要组织有任务，不管多大难关，都会第一个冲锋陷阵。1983年，他带领开荒队开荒，吃住在荒原，每天4点起，与天斗与地斗，仅仅 3 个月就开垦出了 1 万亩良田。村里的大规模设施工程都是他带头干下来的，和邻村同时建大棚，在大风袭击时，邻村刮倒了 2/3，兴十四村的一栋没倒。

"拼命三郎"付海廷，自调到兴十四村，便干一件事成一件事。2009 年，村里决定旱改水，要在 45 天内完成 1 万亩的水田改造修建。付海廷吃住在工地上，硬是扛下完成了这个任务，工程结束时，他体重减了 20 多斤，头发白了一片。

这样的故事，太多了。

作为整个村子的"火车头"，村党支部班子十几年如一日的冲锋在前，以"跟我来""跟我学""跟我上"的态度为父老乡亲作出最好的表率，最终带领兴十四村形成同频共振、上下一心的良好氛围，兴十四村的事迹印证了一个道理：榜样是最好的说服，示范是最好的引领。

在每次的村领导班子换届改选中，兴十四村从来不设候选人，只发给村民一张白纸，村民选谁自愿，可每次都是原任班子成员当选，这一干就是五十年！

1956 年，兴十四村仅有 8 名共产党员，如今，村里党员数量已经发展到 137 名，设有 12 个党支部，党员队伍逐年壮大。同时通过高校代培、外出进修、参观学习等方式，培养了大量年轻干部，进一步充实了后备干部队伍。"说了算，定了干，困难再大也不变"这句话如今不仅成了兴十四村党支部的座右铭和行动口号，也成了全兴十四人的口头禅。

回顾兴十四村的 65 年创业之路，其发展活力能够经久不衰的原因或许有三：一是坚持走集体化道路，用集体的智慧和力量化解分散经营无法解决的一个又一个难题。二是摆脱故步自封、安于现状的小农意识，始终锐意进取，始终把成功作为新的起点。三是更加注重人的力量，把建设坚强有力的基层党组织作为推动经济发展的保障和动力。

但这些经验是否对每个村落都有借鉴意义呢？答案因人而异。就兴十四村而言，它发展的每一个时期都在适应当下的历史条件和国家政策，并对时代作出反馈。它用自己的经历告诉我们，或许坚持因地制宜、一村一策、差异化发展才是具体到每一个村庄未来发展的关键所在。

调研结束时，我抓起一捧黑土，正是在这片土地上，生长出了一代人的奋斗故事。它让我们观瞻到农村经济发展的普遍规律，也感受到一种艰苦创业、拼搏争先、与时俱进的个体精神，体悟到中国农民的勤劳与坚韧，这种精神和坚守值得我们去铭记和传承！

兴十四村的振兴故事，未完待续……

村庄小传

兴十四村位于黑龙江省西北部，甘南县城东南 17 公里处，是 1956 年由山东临沂地区移民响应党中央开发北大荒号召组建起来的移民村。现已发展成为土地面积 4.2 万亩，其中耕地 2.4 万亩、人工林 1.5 万亩，人口 11600 多人（其中本村人口 1100 多人，外来人口 9000 多人）的高标准社会主义新农村。

1992 年，在村办企业的基础上发展组建了拥有多家企业，集农、林、牧、农产品精深加工、生态旅游、房地产开发于一体的黑龙江富华集团，形成了"生态农业、链条产业、集团推进、规模经营、良性循环、可持续发展"格局。截至 2020 年年末，兴十四村和富华集团总资产达到了 24.7 亿元，总收入实现 20.2 亿元，人均收入 7.8 万元。

兴十四村现已实现耕地机械化作业、农田节水化喷灌、作物良种化种植、土地集约化经营。目前，园区核心区面积已达 2.4 万亩，已建成万米智能温室 1 栋、实验控制中心 2500 多平方米，万吨有机果蔬保鲜库 1 座，1200 平方米的智能程控水稻催芽车间，棚室总数达到了 1331 栋。园区水、电、路等基础设施完善，先后购置大型喷灌 100 多台套，耕地实现 100%高效、节水喷灌。园区全部采用"3+2"生产模式（即空气、水、土壤无污染，不使用农药和化肥），大力发展绿色种植，打有机牌，走特色路。目前，兴十四村有机食品认证面积达到 1 万多亩，品种包括水稻、玉米、红小豆、白芸豆等十余个，认证绿色食品标识 4 个。拥有国产、进口等各类农机近 600 台套的黑龙江省高标准大型农机合作社，覆盖作业面积 10 万亩，代耕 30 万亩，兴十四全村耕地由村里 2%的劳动力种植，98%的劳动力成为二、三产业工人。

福利待遇方面，村民享受吃水、学生入托、上学等"十项免费"待遇以及米、面等 18 项福利待遇，2020 年实现了村民口粮免费供应。人居环境方面，共建花园式单体村民别墅 136 栋、公寓楼 34 栋，铺设水泥和柏油道路 100 多公里。累计种植人工松林面积达到 1.5 万亩，森林覆盖率达到 40%，别墅区达 90%。教书育人方面，兴建了幼儿园、小学、初中和高中，实现了"就近受教育，上学不出村"。医疗卫生方面，兴十四村居民医保参保率达到100%，其中集体补贴 50%医保费用。对本村居民患有特殊疾病，积极开展大病救助。养老事业方面，建成了兴十四村"五保"供养中心，影响范围辐射整个甘南县，目前已入住老人 116 人。

兴十四村自 20 世纪 70 年代以来，先后受到国家、省、市、县各级表彰奖励 500 多次，其中 1979 年受到国务院嘉奖，先后被评为首批国家级农业旅游示范点，全国文明村镇，全国特色小镇，全国先进基层党组织，全国十大特色村，国家级新农村建设科技示范村，全国"美德在农家"活动示范村，全国生态文明村，中国美丽休闲乡村，首批国家农村产业融合发展示范园等。兴十四村党委书记、富华集团董事长付华廷先后受到国家、省、市各级表彰奖励 300 多次。

北纬 **45.41°** 东经 **121.67°**

内蒙古 曙光村
农 牧 交 错 带 上 的 一 缕 光

曙光村位于内蒙古兴安盟突泉县东部，地名志里记载，取名"曙光"，取意无限光明，承载着多年来村民对富裕幸福生活的无限期许。

2018 年 3 月，我们来到曙光村，用 14 天时间走遍了这里的大街小巷。村里家家户户住得宽敞明亮，有的还搞起了"庭院经济"，在家门口就能挣钱，村民洗澡用上了电热水器或太阳能热水器，大多数村民都用上了智能手机，越来越多的人开上了小汽车……

其实从全国范围来讲，曙光村并不算富裕，不过，对曙光村的村民来说，凝结着汗水和努力的生活，就是最幸福的生活。

曙光村有 706 户 1483 人，地处大兴安岭南麓向松嫩平原的过渡浅山区，是典型的农牧结合地带。这里从游牧向农耕过渡的时间仅有百余年，以前多是农牧结合。

虽然人均耕地面积超过 13 亩，加上林地，接近 20 亩，但是村民们善养殖不善种植，再加上自然条件差，十年九旱，土地贫瘠，而且距离河流较远，又缺少水利设施，农业生产基本属于靠天吃饭。

曾经的曙光村，"广种薄收"成为村民们默认的一种生产方式。"过

鸟瞰曙光村

去庄稼长得稀稀拉拉，我们叫'拉拉稀'，一亩地也就打个100—200斤。"村民们提起过去，依旧唏嘘不已。

资源差、基础弱、底子薄、起步晚，这些因素像层层枷锁一样长久束缚着曙光村的发展。彼时的曙光村，像渺渺浩空中的一粒尘埃，沉寂而黯淡。

但现在，曙光村已经亮起来了，尽管并没有多么耀眼夺目，却是属于曙光村自己的星光。

现在，村里只有40多户小规模养羊，多数人以种植粮食作物为生，其中玉米种植面积约占80%。在个别农户家中，玉米种植收成竟占到了家庭收入的90%。村里水浇地玉米产量可以达到每亩1000斤，是过去的5倍！

突泉县农牧局的同志告诉我们，这主要是农业科技的功劳。原来，自20世纪80年代末开始，突泉县逐步推广种子包衣、合理密植、地膜覆盖、平衡施肥、机械精量播种、坐水种等先进适用技术，粮食产量稳步提高。

国家实行农机购置补贴后，极大推动了农业生产机械化的运用，现在，玉米已经实现了全程机械化，一年也就是间断性地干两个月就可以完成地里的活，高效省力。不过，与玉米基本实现全程机械化相比，高粱、绿豆的收割还需要人工作业。

一亩玉米毛收入500元左右，农闲时还能在附近园区打工，每天能挣70—100元，这种半农半工的模式在曙光村很普遍。

种子是粮食之基，现在，突泉县全县在2005年前后已实现粮食作物全部良种化，良种覆盖率100%。不管是水浇地种的高产品种，还是坡地种的耐旱品种，都很容易买到，即使需要的品种村内的农资店没有，也可以去县城买。

随着工业化和城镇化不断推进，我国农村大量劳动力被解放出来，奔向全国各地，在非农行业挣钱打拼，务工收入在家庭收入中占比越来越高，不种地的农民也逐渐增加，全国很多地方都在流转土地。但在曙光村，我们了解到，土地流转率较低，外出务工的人并不多。

深究原因，我们才发现，因为人均耕地多，加之农业种植技术、管理方式的改良，曙光村农民种地收益还算可以，加上作为镇中心村，能够搞些服务业增加点收入，曙光村对农业依赖还是占主要地位，很大程度上还保持着一家一户承包经营。

虽然农业规模经营是农业现代化的必然趋势和客观要求，但也要注意推进的步履速度，因地制宜，与各地实际相结合。就曙光村而言，目前的分散分户经营是与村子的实情和阶段相一致的，也许随着发展和粮食收益的变化这一格局会发生改变，但这应该是一个自然生发的过程，而不是人为强制搞规模种植。

曙光村土地流转的另一个特点是合同化程度高。入户访谈时，规模经营户都能出示流转合同，有的是打印的，有的是手写的。

村民们说，现在有玉米生产者补贴，1 亩 170 多元，到底归谁、怎么分，必须用合同定下来，村里会根据合同约定，来分配给谁的账户里打多少生产者补贴。

这几年，玉米政策在不断调整，推行玉米临储价格制度改革等政策，以及玉米市场行情波动，对曙光村来说，都很容易带来大的影响。

几番"交战"下来，村民们的风险意识增强了。农源粮食贸易公司负责人告诉我们，目前玉米价格博弈中，农民占据优势，2018 年春节前后，出现过几次玉米价格下行势头，但农民都没有像以往那样跟风销售，市场玉米变少，经销商不得不提高价格，已经达到 0.9 元 / 斤，这是以往没有出现过的。

国家推行的玉米生产者补贴政策在调结构中发挥了重要作用，受到了农民特别是像曙光村这样的玉米种植村的普遍欢迎。

驻村第一书记讲，曙光村属于典型的"雨养农业"，相比于当地种植的绿豆、高粱，每亩 176 元生产者补贴是村民种植玉米的很重要因素，得到补贴最多的一户，补贴面积 159.3 亩，补贴了 28163 元，对于收入水平不高的村民来讲，是一笔不小的数目。谈到种植意向时，不管是种粮大户还是普通农户，都回答首选玉米。

在曙光村，我们看到了强大的政策驱动力对农业生产的影响，也深深体会到只有有利可图，才能让农民种粮积极性常在，否则单靠政策的指挥棒，又能持续多久呢？

曙光村家家户户都是平房，而且邻里相距比较远。村干部告诉我们，村民的宅基地面积都比较大，一般在 2 亩左右（不含房屋所占面积），有的能达到 4 亩甚至更多。这么大面积，住是用不完的。

走访村民的时候，我们看到，基本上家家户户院子都没闲着，要么种菜、种玉米，要么养牛养羊或者鸡鸭，而且搞的比我们通常看到的其他地方村民院里"规模"大很多，当地叫作庭院经济，这是曙光村的一个特色。

夏秋吃鲜菜，冬春吃干腌菜，一家全年的蔬菜需求都在这院子里了，这有些类似于南方农村地区过去的口粮田，对满足农民食品需求贡献很大。

村支部书记告诉我们，政府还专门出台了一些支持庭院经济政策，鼓励农户利用好闲暇时间和庭院空地，一户一年也有 3000 元左右的收入，能贴补家用。

佟大姐一家在自己 1100 平方米的宅基地上建了 350 平方米的暖棚，挖了 61 立方米的青贮窖，养了 50 只小尾寒羊、40 头架子牛，这一方院子已经成为她家的重要收入来源。

由于是乡政府所在地，曙光村一些村民开起了超市、农资店、小餐馆、修车店等，而且临街有房，不用租房，开餐馆少的一年能挣 4 万元，多的可以挣到 10 万元。

正是因为人少地多，农业收入有吸引力，曙光村外出务工的很少，只有 159 人，到省外务工的更少，只有 103 人，占的比例不到 7%。

同时，也正因为对玉米种植的高度依赖，曙光村村民收入受玉米政策和市场行情的影响更明显。村干部讲，这几年发现，单靠农业支撑，村民收入提升的空间越来越有限。

虽然村干部和不少农民希望在农业以外找到新的增收渠道，但一方面村民的自我积累不足，发展二三产业的条件有限；另一方面，曙光村集体经济薄弱，基本处于空白，所以，短期内主要得靠外出务工，不过村里也开始琢磨发展采摘园、休闲农业，现在已经有了起色。

近年来，内蒙古在推进"十个全覆盖"工程，加强农村基础设施建设，曙光村水电路讯房等条件都上了一个大台阶。两个自然屯配备了地下水净化设施，干净水直接通到农户家里。

村内主要街道全部改成了 5 米宽的水泥路，电网覆盖率达到 100%。随着基础设施条件改善，曙光村的农产品加工物流、休闲旅游等二三产业发展也开始提速，村里有好几户干起了玉米收购和烘干仓储，一些新产业新业态也在这个边远小村慢慢兴起。

因为宅基地面积大，有足够的空地，村民家里基本都是平房，不用向"上"要空间。村民住房面积一般在 100 平方米左右，多为 3 间结构：主卧、次卧、门厅加伙房，大都窗明几净。

这几年，村里有 329 户村民在政府危旧房等政策支持下进行了改造，住上了干净宽敞明亮的房子，房顶扣上了彩钢瓦，还统一搭建了院墙。

在村民屋内，我们看到，现代便捷的生活产品成了村民的必备，家里大多配备了洗衣机、彩电和冰箱，不少村民安装了电热水器或者太阳能热水器。

村里的大人基本上人人都有手机，其中90%是智能手机，超过1/4的家里拥有小汽车。村里还设有垃圾收集点，有人定期打扫街道卫生。

不过，我们也看到，尽管设置了垃圾收集点，但生活垃圾全部清运到村里一个废弃砖厂的土坑堆放，没有很好的处理，村里也没有生活污水排污设施，明显影响到村民的生活质量，人居环境整治工作显得比较迫切。

走访中，我们感受到，村民对孩子的教育越来越重视，一般都支持孩子补课，在孩子的吃穿用上也舍得花钱，有的家长会选择多花点钱让孩子拼车去上学。

不过，不少家长也讲，教育开支的压力比较大，一个高中生每年开支一般在1万元以上，这对本就收入水平不高的曙光村村民来说，不是个小数目。

不可否认，农民收入水平的参差依旧是影响寒门学子通过教育改变命运的制约因素之一，而这不仅需要政府的救济，还需要更多社会力量的参与。在这条路上，我们还有很长的路要走，希望有一天我们可以不吝于伸出一双手，帮助更多寒门子弟逃离无力命运的旋涡。

走访中，村民们都普遍反映，这几年，村里的治安明显好了很多，村里小偷小摸几乎绝迹，农户家庭失盗失窃现象也大为减少，打架斗殴、聚众赌博等也不多见了。

在多数村民中，勤劳致富、孝老爱幼、重视教育、相互帮助、和谐相处等传统文化仍是主流。

在进村入户走访的过程中，不少农民用朴实的语言表达了自己的看法和追求："农民想赚钱，就得受得了累。""别人天大亮才下地，我们不能晚，勤劳才能过上好日子。""国家政策好，可也不能全指着政府，好日子还得自己挣。"

这些年，收入提高的同时，村民的消费理念和消费结构也在不断升级。和村民聊天时，村民感慨，现在日子一年比一年好，赚得越来越多了，但还是不够花，年底攒不下钱。

村干部讲，村里每年人均用于电话费、网费、手机更新费等信息消费的支出大概在1500元以上。如果有小汽车，一年的消费支出平均在1万元以上。

除了日常生活必要的开销增加外，造成村民所说"不够花"还另有原因。

春节前后一段时间，一般是农村结婚的高峰期，曙光村也大抵如此，这些天我们看到村民办喜事。村干部告诉我们，村民热闹背后，也是喜忧参半。

现在，附近十里八村结婚流行新"三大件"——城里有楼房、家里有小车、手里有存款（聘礼），结婚花费三五十万元是常有的事，很多农户拿出多年积蓄甚至举债结婚。

老父母"一夜回到解放前"，小两口"一步迈入小康"。除了传统婚礼习俗，农村男孩难找对象的现状是导致彩礼不断加码的重要原因。

生活条件好了，村民随礼的事越来越多——满月酒、升学宴、开业典、老人寿（60—66岁、73岁、84岁、90岁都要办酒席）等，越来越多；随礼开支越来越大——最低200元"起步"，关系好一点的三五百，亲戚熟人三五千，行情还年年加码；参加范围广——以前只有亲戚坐席，现在有点沾亲带故关系、邻居朋友都要参加。

我们访谈的大部分农户，每年随礼开支都在1万—2万元，一些家庭借钱也要随礼，甚至我们访谈一家贫困户一年也要随礼4000多元，不随礼会被村里人说三道四，某种程度上成了道德绑架。

有的邻里之间开始流行在县城轮流请客吃饭，而且档次越来越高，最近又慢慢增加了饭后KTV、洗澡桑拿等休闲项目，每次消费都要超过四五百元。

另外，农村的人情礼份逐渐水涨船高，原来的 50 元、100 元现在根本拿不出手，大家都自觉地保持着 200 元的"起步价"，护林员老林无奈地表示："别人随的多，你家随的少也不行，别人会在背后甚至当面寒碜你。"

在一户村民家中，我们看到了 2017 年的随礼账单。过去一年，这户村民随礼 68 笔 18482 元。其中，200 元以内的 47 笔，200—500 元的 18 笔，500—2000 元的 3 笔，而全家一年的毛收入只有 4 万多元，村民自己也讲，压力很大。

走访中，多数村民也都抱怨人情往来开支越来越大，但又都认为这种风气一时半会儿很难改变，抱怨的同时，出的份子钱却一分也少不了。

我国农村多是熟人社会，婚丧嫁娶是维系家庭运转和亲属纽带的重要形式，在过去，人情开支在家庭开支中也占有一定的比例，但是带有明显的互助性质，在生产力不发达的年代，亲友互帮、邻里互助，是不少农民在困难中能够挺过来的重要原因，但现在已经远远超出正常所需要的水平，守望相助的乡情面临着不少挑战。

在我看来，乡风是乡村发展的软实力，也是乡村现代文明的集中体现。对于红白喜事，村民们既深恶痛绝，又摆脱不掉，这是长久社会历史人情积淀的结果，绝非一朝一夕能够摆脱，任何粗暴的介入都可能适得其反，必须走出"理直气壮""单向灌输"的惯性思维误区，还是给乡村多一点时间吧，多去引导、多尊重民意，慢慢来才能最快。

种地省事了，生活条件好了，但是也有少数村民逢年过节"烩年茬"（轮番请客吃饭），天天在家吃大肉喝大酒，加上吃盐重，这几年心脑血管病人明显多了，还有不少因病致贫的。

当地政府也在想办法改变这种情况，在农闲期间，组织开展实用技术培训和文化娱乐活动，让农民冬天有活干有事做，改变冬天大酒大肉"猫冬""烩年菜"的习惯。

从村民的反映来看，推进农村地区移风易俗很有必要，但还有很多工作要干，既需要不断引导村民改变观念，也需要有一些村民乐于接受的新的替代方法。

曙光村地处大兴安岭南麓集中连片特困区，2018年我们走访时，村里55户建档立卡贫困户中，还有38户贫困户未脱贫"摘帽"。但当时贫困户和村民都明显感觉，这两年的帮扶力度大了很多，驻村帮扶的干部不是来走过场的，是带着真情真心来的。

一位贫困户告诉我们，村里的驻村第一书记帮他联系银行贷款，买了10头猪崽搞生产，猪跑了还帮他修猪圈，帮着联系买家，不是亲人胜似亲人，他打心眼里感激，从那之后，他自己也积极主动地做事。

访谈中，村民也都提到，现在抬眼看人的干部少了，扑下身子服务的干部多了，有这样的好干部好作风，"我们不愁奔小康"。

曙光村是一个以农业为主的村庄，周边没有工业园区，也缺乏独特的自然、人文资源，在家庭总收入中，工资性收入占比较低，农业经营收入依然占有最大比重。

在我们重点调研收入情况的15户中，有12户是以农业种植、养殖生产为主，其中除1户受极端大风灾害致绿豆绝收外，其余农户农业经营收入占家庭总收入的比重平均在54%左右，最高的甚至达到了94%以上。

不可否认的是，单一玉米种植以及传统生产经营方式带农增收的潜力已接近上限，曙光村的出路在哪里，曙光在哪里？这是当地干部一直在思考的事情。

曙光村只是北方大地上一个普通的村落，14天来，我们吃住在此，深切感受到了实实在在村落的呼吸发展跳动和向上向美的生命力，也了解到曙光村与过去相比有了长足发展，但是调研中，我也深切感受到村落发展过程中的犹疑和迷惘。要实现乡村振兴，曙光村还有很长的路要走，既要正视差距，保持历史耐心和信心，也要在思路上多创新。单纯依靠种植业实现振兴，实非最好之策，能否在城镇化上加把力？如何在丰富乡村产业、拓展农业功能上下功夫？这些都是村干部和村民们需要思考的问题。

我相信，曙光村终将会寻找到适合自己的发展载体，把村民们强烈的致富愿望和斗志凝聚起来，化成振兴的强大力量。也相信，未来的曙光村必将耀眼夺目，毕竟东方曙光已现……

村庄小传

曙光村隶属内蒙古自治区兴安盟突泉县太平乡，比邻吉林白城，距离突泉县县城约 10 公里，位于省级大通道东侧约 5 公里处。

历史上，自春秋战国时期直到元代，村庄一直为游牧民族活动范围和我国北方少数民族政权辖地，直到 1830 年，才开始有少量汉民涌入。民国初年，大量汉民由辽宁迁入此处开垦，才逐渐让当地聚居成村落，当地开发历史还不到 100 年。

据地名志记载，"曙光"取意无限光明，村子 1958 年人民公社化时被命名为曙光大队，1983 年改为曙光村民委员会沿用至今。曙光村包括大林屯和小孟家屯两个自然屯，有 706 户 1483 人，其中农业家庭户口 644 户 1388 人。

曙光村地处科尔沁草原北部，松嫩平原向大兴安岭南麓过渡带，地形以丘陵缓坡和平原为主，其中丘陵缓坡面积约占 75% 以上。全村总面积 37.128 平方公里，耕地总面积 19495 亩，林地总面积 3967.5 亩，人均耕地林地占有面积 16.9 亩。耕地比较集中，农牧资源相对丰富。但曙光村耕地质量不高，土壤主要是栗钙土，熟土层薄，加上丘陵地带雨水冲刷和春、秋季大风侵蚀，前表层的耕作层只有 10—20 厘米。

当地属温带大陆性季风气候，年平均气温 5℃，冬季严寒漫长，春季干旱大风，夏季温热短促，秋季气温下降快，无霜期 125 天左右，年降水量平均 340 毫米，典型的温带大陆性季风气候。

曙光村所属的兴安盟是典型的老少边穷地区，也是典型的少数民族地区，同时又因与蒙古国接壤，边境线较长，属边境地区。作为全国 14 个集中连片特困地区之一，这里贫困面积大，贫困程度深，财政收入和农牧民收入低，社会事业发展历史欠账多。

曙光村是突泉县重点贫困村，产业基础薄弱，农业灌溉条件欠佳，农业效益不高，人均收入较低。

当地农民有种植玉米和杂粮杂豆、养羊、养牛的传统，常住农户绝大多数以农业为主业，农业中种植业占大头，以种植玉米为主。因降水量少，距离河流较远，缺少水利设施，很长一段时间，种地基本属于靠天吃饭，粮食产量普遍不高，属于"广种薄收"型。

近年来，曙光村农田水利设施建设力度较大，农业基本实现了机械化作业，良种得到普及，一些先进适用技术得到推广，通过土地流转出现了一些规模经营农户，为现代农业发展奠定了基础。

作为太平乡政府驻地，曙光村距离突泉县政府仅 10 公里。凭借优越的地理区位和便利的交通条件，曙光村服务业也有所发展，越来越多的外地人到这里从事农资销售、粮食收购加工、超市餐饮等活动，为当地生产生活提供了更多便利。目前，县政府在此规划建设了曙光现代农业循环经济园区，旨在打造带动农业增效、农民增收的新引擎，为曙光村经济社会加快发展提供了有力支撑。

曙光村民风淳朴，邻里和谐，社会安定。勤劳致富、孝老爱幼、重视教育、相互帮助、和谐相处等传统文化仍是乡村的主流。虽生育率不高，但劳动年龄人口以就地就近务工和农业生产为主，大龄男结婚难、农村留守儿童等现象并不普遍。近年来，村里积极倡导现代健康生活方式，冬天大酒大肉"猫冬"的习惯正在逐步改善，一个向上积极的社会主义新村正徐徐展现在世人面前。

吉林 房身岗子村

黄金玉米带上的平凡村庄

3月的吉林仍是冰天雪地，银装素裹。

我们来到房身岗子村。最先跃入眼帘的，是一片田块规整、沟渠纵横的稻田，积雪掩盖着稻茬，白茫茫一片。不远处是一排排聚集的院落，白墙红瓦，干净整洁。

房身岗子村在辽河岸边，是辽河的冲积带，过去辽河在这里拐个大弯，河水不断冲刷，如果不是现在修了坚固的国防堤，这个村现在的位置早已移到河西。

解放前，这里河水泛滥、泥沙淤积，是大荒片。柳树甸子也多，能藏胡子（土匪），因此这一带胡子不少。由于紧靠辽河的缘故，过去水运便利，适合经商，于凤至的父亲于文斗就是看中了这点，把家安在了房身岗子村南的大泉眼子村，至今还有保存完好的于凤至故居，当地政府已在酝酿以于凤至故居为主发展观光旅游。

由于河滩荒地多，当年吸引了不少山东逃荒客，沿河开荒定居逐步形成了今天的房身岗子村，全村人口2063人，祖籍几乎都是山东，王、刘、曹、赵、孙是村中大姓，村民多数是上一代甚至上两代逃荒过

房身岗子村一景

来的，20 世纪 60 年代逃荒过来仍健在的也有不少。

3 月，蛰伏了一个冬季的房身岗子村，经历漫长的农闲之后，真正的农事活动即将拉开序幕。每年的这个时节，村民们都忙着整修农机具，为即将到来的春耕做准备。

房身岗子村种植玉米、水稻的传统已经延续了几千年，有很大的历史、地理渊源。

村所在的南崴子镇，大米在当地也非常有名，在清代曾是贡米，早在 1977 年吉林省农业科学院就在南崴子镇设立了水稻研究所。同时，房身岗子村位于黄金玉米带上，所在的公主岭是农业大县，号称中国玉米之乡。

世界上有三大玉米生长的黄金区域，其中，中国玉米带与同纬度的美国玉米带、乌克兰玉米带一起，被并称为世界三大黄金玉米带。

中国玉米带从黑龙江南部起始，包括吉林省、内蒙古自治区东部地区，延伸到辽宁省北部的区域，核心区域为长春平原。这里有丰沛的降水，有近 3000 小时的年日照量，有肥沃的黑土地，十分适宜玉米生长。黄金玉米带出产的玉米，含油量、蛋白质含量等都比其他地区高。

这些年，房身岗子村种植玉米、水稻的传统没有变，但生产经营方式却发生了改变。在田间忙碌的，除了一家一户的村民，还有种植大户、农民合作社。

四组的赵伟就是村里的种植大户，通过流转再加上自家的承包地，一共种了 75 亩，玉米、水稻各占一半。

不过这几年的行情，却让他为两件事发愁。一是种粮成本越来越高，玉米价格很不稳定，稻谷价格也很低，刨除家里每年的生活支出、孩子教育以及随份子等支出，一年下来攒不下几个钱；二是他想扩大种植规模，流转连片的土地租金太高承受不起，不连片的土地租金倒能接受，但是种植管理很不方便，也不利于机械化作业。

赵伟说，其实，经营成本、市场价格波动等都还有承受的余地，最怕的就是碰上天灾，基本一年的辛苦都白费。他曾经买过两年保险，但后来不买了。

他说，有一年干旱，部分地块的玉米几乎颗粒无收，已经没有收获意义了，但保险公司对受灾的标准判定很高很严，只有全部绝收才能获得赔偿最高每公顷3000元的赔付，一个玉米上有十几个粒都不能算绝收，部分地块绝收也不算投保地块全部绝收，而且给的赔付金额最多按交的保费额给，还只能作为第二年的保费抵扣，自己拿不到钱。想想没啥意思，所以就不投了。

听完赵伟的话，我们心下慨然。几千年来我们的农业都是靠天吃饭，生产受制于干旱、洪涝等天灾，现代社会金融手段的兴起，为这一问题提供了解题思路。不过，保险如何更有效地服务农业，如何真正起到保险栓的作用，还有很长的路要走。

时间已经过去几年了，近年来国家更加重视农业保险，各地也做了很多创新探索，现实中的政策正在日益完善和有针对性。不知道现在当地的农业保险政策能不能让赵伟满意，他是不是给自家土地又买上了保险。

经过村里小广场的时候，我们瞥到，对面一家大门敞开的农户院子里，停放着拖拉机和配套农机具，一个30多岁的村民正蹲在地上调试农机。

村干部介绍说，这是八组组长王磊，从他爷爷那辈开始，村里各家整地、收播等基本上都找他家。这几年，王磊陆续添置了拖拉机和配套农机具，全村1万多亩水田和旱田的整地和收割都是他完成的。

有了这么大的服务面积，收入应该不错，可眼前略显腼腆的汉子却笑得有点无奈："不算人工费、机器维护费，一年净收入也就三四万块钱，还抵不了孩子补课和家里的日常开支，每年都还要外出打点零工。"

除却种地，村里的另一项产业是养殖生猪、蛋鸡、羊和牛。尤其是生猪养殖，以前一家养几头猪的时代已经过去了，规模化养殖成了主流。

曹大峰是村里最大的养猪户，存栏500头猪，出栏1000头猪。他爷爷养猪，爸爸也养猪，到他这里就是第三代了。今年43岁的他在村里养猪技术一流，但都是从实践中学的。

曹大峰告诉我们，现在养猪成本可不低，从入栏到出栏一头猪的养殖成本在1500元左右。其中，购买仔猪每头200元，如果过了春，到了养猪旺季，就要涨到300元了；还有玉米和预混饲料每头猪各要500元，除此以外，还有管理等其他费用。

我们继续追问他："你养了这么多年，有什么保本不赔钱的秘诀吗？"

曹大峰笑了笑说："现在猪价波动很大，但只要保证规模，懂养猪技术，大多数时候都能保住本钱。但有一点需要注意，就是购买仔猪的价格高了不行！"

他继续给我们举例说："范中家去年买的仔猪一头350元，现在的育肥猪已经270斤左右了，赶上猪价下跌，没法卖，卖了就赔本，这还不算工钱。"

听到这样的案例，我们不禁心头一紧，感叹村民个体养猪实属不易。曹大峰对此很有共鸣，以他经验算，在村里至少要养200头猪，一头猪至少要赚150元，才能保证基本的生活，否则孩子上学、人情往来、吃喝拉撒，对付不过来。

一路走来发现不管是种地，还是养殖，对于村民们而言，收入并不很理想。其中不乏经营规模、市场行情的因素，更多的，还是产业链条不完整的原因，产业优势没有发挥出来，农民增收很有限。也正因此，打工成为村民的主要收入来源。

房身岗子村的地肥、水好，吸引了几家企业入驻，村里大概有一半的青壮劳力在企业上班。对于这些企业的入驻，村民们还是很欢迎的，在家门口打工，每年能为村里带来 1000 余万元的打工收入。也正因此，年老无力种地的村民总盼望着村里多点土地流转的带头人，把流转价格再提高点。

看到村里的几家企业，依托村庄的资源和地理优势，带动了玉米产业发展，既提高了农民的土地流转费用，还让他们实现了家门口就业。当然，如何与当地农民形成更为紧密的利益联结关系，让农民深度参与产业发展、分享更多增值收益，还值得进一步深入探索。

发展壮大村集体经济是实现乡村振兴的必由之路。尽管有企业入驻，但房身岗子村集体经济的发展并没有借到力。这几年村委会一直在激发内生动力上想办法、找出路，村里的经济也开始有了起色。

一位村干部说，早在 2015 年，村里就尝试建成了烧烤一条街，建了 10 间小木屋租给村民做烧烤、麻辣烫等，吸引城里人到村里来休闲旅游，生意很不错。

2018 年，村里按照稻蟹共作模式，扩大种养规模，让有意愿的村民全部参与进来，走共同富裕之路。稻蟹共作不仅可以美化周边景色，还可以借助周边景色发展特色餐饮休闲旅游，吸引城里人来这里消费。

村里还打算注册成立一家特产公司，让村民入股，带领村民下大酱、做酱菜、包黏豆包，由特产公司统一包装经营，然后把村里闲置的农房利用起来发展民宿，壮大集体经济。

王磊对此跃跃欲试，他想跟着一块干民宿，增加点收入。他说，现在的新事物产生的效益是实实在在的、大家看得到的。

但是，既希望腰包鼓起来，又担忧新事物带来的风险，这可能是大多数人都会有的心理，尤其是风险承受能力比较低、文化水平普遍低下的农民，可能更难以解放思想。农村方方面面的发展，需要政策的引导扶持、能人的领头带路。

第二天一大早，我们在此起彼伏的鞭炮声中醒来，推开门正好看到村医邱奇，她告诉我们，这天是正月二十五，填仓节，村里家家户户都要放鞭炮吃饺子。

填仓节是民间祀祭仓神，祈五谷丰收的节日。旧时，在中国北方的很多地方，主要是农村，都盛行过这个节日。这天，粮仓祭祀仓神，大放鞭炮，企盼生意兴隆，老百姓也要买些米面、煤炭来充实自家的生活储备。据《帝京岁时纪胜》载："当此新正节过，仓廪为虚，应复置而实之，故名其日曰填仓。"

在填仓节这天，各地有很多不同的习俗。有的在填仓日清晨，用簸箕或木锹铲上筛过的炭灰、柴草细灰，在门前用木棒敲打，撒成一个圆圆的囤形像粮仓。讲究的还要镶上花边、吉庆字样，以及上粮囤的梯子，并在囤中撒以五谷，象征五谷丰登，来表达人们填满谷仓救仓官的寓意。

有的这天的早饭，要吃当时最好的，吃小米干饭杂面条，比喻饮食丰富、腹中饱食填满粮，有"填仓"之意。吃饭前，要先放鞭炮焚香祭神，饭后把压粮食的砖拿开，任自家的鸡狗等动物去啄吃，表示粮满仓囤不怕鸡狗吃。那时家家粮囤要添些粮，缸里添满水，门口放些煤炭以镇宅。

有的在填仓节晚上，打着灯笼，在院内各处找"填仓虫"，说是找到的越多，兆头越好。有的传说正月二十五为老鼠婆亲日，所以在这天夜里不点灯，称为鼠忌。

还有一些地方，称此日为太上老君炼丹日，所以剪彩色纸片，贴于门上，或剪彩色纸葫芦，贴于帽上。认为可以除百病，保四季平安。习俗虽然各有不同，但都表达着人们对五谷丰登、吉祥幸福生活的向往。

我们村外人，因借住村中，自然没有太多讲究，早饭依然是馒头就咸菜。馒头是和村民买的，咸菜是热心的村民送来的，有用黄豆制作的大酱，还有放到酱缸里腌制的黄瓜菜，大酱与酱黄瓜都略带发酵过程中产生的丝丝臭味，这大概是明显的东北农家大酱的特点。

村民蒸馒头的习惯和水平是他们保留中原文化痕迹的体现。解放前，辽河河水泛滥、泥沙淤积，由于河滩荒地多，吸引了不少山东逃荒客，沿河开荒定居逐步形成了今天的房身岗子村，全村人祖籍几乎都是山东，祖辈逃荒来此定居后，村里人至今仍保留了不少山东的风俗习惯。

村中吴姓和姚姓两个家族来此定居的时间晚，至今仍按照老家山东巨野一带的风俗拜年。大年初一凌晨早起，年轻后辈自发聚成一帮人，在朦胧的晨曦中，挨家挨户给本族长辈磕头。

村中老人去世，葬礼的礼节大致也沿袭了山东的习惯，老人去世第三天才能下葬。家人要请吹唢呐的班子来吹吹打打，当地称作喇叭匠子，富裕的家庭或者要面子的还带唱戏，根据唢呐班子人数的多少和是否带唱戏，每天费用要 1500—2000 元，3 天下来要 4500—6000 元，对村民来说是笔不小的开支。

在办葬礼仪式前，一般要找好两个人，一个是张罗人，这类人村里每个屯都有一两个，都是能说会道的，帮着下通知，排座次，指引吃饭。张罗人费用要看关系，一般给 200 元左右。

另一个是餐饮大篷车经营人，办事那天他会把桌椅、锅碗瓢盆全都带过去，主人家什么都不用管，他会按照提前订的标准买好菜，找好厨师，在办事那天给大家做饭。一般费用在 300—400 元，这个钱含雇厨师钱，不过买菜钱要单付。有的是去饭店吃饭，不过花销差不多，一般每桌 14—18 个菜，一桌两三百元就够了。

早饭过后我们出门在村中闲逛，遇到几个村民，便和他们闲谈起来。

这几年，村民们最满意的，就是村里的环境有了很大改观。宽敞干净的水泥路通到家家户户，延伸至稻田中，路两侧都修了绿化带，统一整修的院墙，集中的垃圾堆放点，极大提升了村民们的居住质量，这也是村医邱奇选择留下来的最大理由。

"前些年我们家差点儿搬走。我们刚到房身岗子的时候，村里村外都是坑坑洼洼的土路，老百姓自嘲叫'水、泥'路，就是水与泥混在一起的路，晴天一身土，雨天一身泥，出租车司机都不愿来！雨天出诊就像噩梦，我们好几次晚上出诊回来，没有路灯一片漆黑，人滑倒在泥泞里，望诊包掉进泥沟中，现在一想都还紧张得不行。就因为这好几次动了离开这个村的念头。"她说，以前不只路不行，村里人卫生意识也差，垃圾随地倒，鸡狗满地跑，粪便到处是，到了夏天气味特别难闻。现在房身岗子村村容村貌的变化，让她再也不想离开了。

从村医邱奇思想的改变，可以看出农村人居环境整治工作的重要意义，它直接关系着农民的幸福感、获得感，确实要把它作为乡村振兴战略的重点任务来推进。当然这件事不是一个简单的事，也不是三年两年就能干成的事。在工作中必须强调真抓实干、久久为功，不能搞假把式、糊弄事，要让"盆景"变成"风景"，让农民像房身岗子村的村民一样过上和城里人一样的日子。

在村委会，我们看到农家书屋里面收藏的 2000 多册图书，大都是社会捐赠的，涵盖农业历史、种植技术、经营管理等多个方面。村干部说，这是村里为了丰富村民的文化生活，提升村民的文化素质，特意改建的。

村里还通过争取财政拨款和自筹资金建了两个小广场，广场上的平步机、椭圆机、扭腰器、肩关节训练器、腰背按摩器等健身器材全部是市文体局免费赠送的。如今，广场成了村民们健身休闲的好去处，除了刮风下雨，这里总能看到村民们扭秧歌、跳广场舞的身影，听到孩童纯真无邪的笑声。

村民冯忠玲家就在广场对面，因为她家卫生做得好，再加上村里的引导宣传，被评为市级"美丽庭院、干净人家"示范户。

在村里走一圈，绘制在院墙上的宣传画随处可见，有倡导社会公德、职业道德的，也有宣扬家庭美德、个人品德的，由此可见，村里在引导提升村民的精神风貌、改善村里的乡风民俗等方面下了不少功夫。

这几年，村里非常重视党建工作，现在村里63名党员中，一多半是2007年之后发展的，最多的一年甚至发展了13名党员。

谈到发展党员的事情，村支书奚德武还有点小得意。他说："过去几年，其他村都不发展党员，给指标也不要，因为村支书怕新发展的党员对他未来连任构成竞争。我不怕，谁有能力谁就当，年轻人上来了，我会主动让位。"于是，他把别的村不要的指标争取拿到自己村里来。

村干部们说，现在老百姓对党有信心，如果身份是党员，外出打工都好找工作。因此，有些外出打工的年轻人，都积极要求入党。村党支部现在还压着25份入党申请书。

平时虽然经费比较少，但也经常开展一些党建活动，每季度都会请一些"在村里有威望，跟时事跟得紧"的老党员讲一次党课，在思想上觉悟上保证不掉队。

和中国许多农村一样，房身岗子村这些年的变化天翻地覆，日新月异。但我们也发现，发展中的房身岗子村同样也有许多待解的难题。

近几年我国人口老龄化问题越来越突出，在老龄化问题上，最让农村人头痛的一件事，就是养老问题难解决。

房身岗子村的年轻人有条件的都进城了，不愿意回农村，留下来的以老人居多。无论是干部还是村民都反映，现在房身岗子村养老，特别是困难家庭的养老确实是个问题，老人为了给孩子娶个媳妇，花上一辈子的积蓄，有的还欠了一身外债，上了年纪，干不了活，没有经济来源，加上生病，老人的生活一般都很拮据。

新农保政策实施后，每月 85 元的基础养老金，对老年农民的生活来说虽然是杯水车薪，但他们都无比感激："起码买烟、油、盐钱不用管孩子们伸手了。"也有家庭条件好的给老人买了社会养老保险，但高额的费用对于大多数农村家庭来说，很难吃得消。

在农村，农民的第二怕是生病。新农合的出现，解决了农民"以前有病就自己挨着，现在敢看病"的问题。

南崴子镇卫生院王秀英院长说，新农合的报销封顶线提高到 30 万元，基本解决了因病致贫问题。但村民们也普遍反映，新农合缴费标准年年提高，压力有点大。

尽管如此，全村入保率也达到了 95% 以上，因为这是农民能看得起病的唯一保障。村民们讲，如果将住院前的检查费用也纳入报销范围，医保覆盖的药品再多点，实际报销比例再提高点，新农合保费降低点，那就太好了。

与看病贵相比，结婚费用高更让农民无奈。村里有一种说法，"三金十万一栋楼"。"三金"是指金项链、金戒指、金耳环，"十万"是指 10 万元的彩礼钱，"一栋楼"就是要在市里买一套至少两室一厅的房子。

三组组长周占海刚给儿子办完婚礼，前后共花了 30 多万元。由于彩礼太重，给农村一些家庭带来了沉重的负担，甚至出现娶妻难的问题。房身岗子村现有 80 位适龄青年还没有找到媳妇。当然，除了彩礼重是主要原因外，也有个别是村民个人的原因所致。

确实，在一些农村，高价彩礼已经成为很多农民群众的沉重负担，已经成为一种社会现象，人人厌恶、但又难以摆脱。这需要各级党委政府加强引导，依靠村民自治的方式和力量，坚持常抓不懈，推动乡风改变。

　　几日吃住在村，我对农业的发展、农村的风貌、农民的生活有了深刻的了解。在我们国家，除了风土人情、乡风民俗存在差异外，绝大多数村庄的情况都和房身岗子村差不多。房身岗子村出现的变化、存在的难题、农民的境遇，也映射了多数乡村的客观现实和共同期盼。

村庄小传

　　房身岗子村隶属吉林省公主岭市南崴子镇，位于辽河岸边，是远近闻名的鱼米之乡。全村土地面积 8.5 平方公里，西以辽河为界，北邻 102 国道，南至京哈高速，距离长春市大约一个小时的车程，距离公主岭市 20 分钟的车程，区位优越、交通便利。

　　全村包括 5 个自然屯，分为 9 个村民小组，有 589 户 2049 口人，林地 6 公顷、耕地 525 公顷、人均 3.82 亩，主要种植玉米和水稻，2020 年村民人均纯收入 11000 元。

　　房身岗子村位于辽河的冲积带，由于紧靠辽河，过去水运便利，适合经商，张学良发妻于凤至的父亲于文斗早期就是看中了这点，把家安在了房身岗子村南的大泉眼子村，至今于凤至故居保存完好，当地已在酝酿以于凤至故居为主发展观光旅游。

　　20 世纪 60 年代，由于房身岗子村河滩荒地多，吸引了不少山东逃荒客。他们沿河开荒定居，逐步形成了今天的房身岗子村。因此，村民祖籍几乎都是山东。王、刘、曹、赵、孙是村中大姓，村民多数是上一代甚至上两代逃荒过来的，60 年代逃荒过来仍健在的也有不少。

　　村里至今仍保留了不少山东的风俗习惯。村中吴姓和姚姓两个家族来此定居的时间晚，至今仍按照老家山东巨野的风俗拜年。

大年初一凌晨早起，年轻后辈自发聚成一帮人，在朦胧的晨曦中，挨家挨户给本族长辈磕头。葬礼的礼节也沿袭了山东的习惯，老人去世，要第三天才下葬，家人要请吹唢呐的班子来吹吹打打，当地称作喇叭匠子，富裕的家庭或者要面子的家庭还带唱戏，根据唢呐班子人数的多少和是否带唱戏，每天费用要 1500—2000 元，3 天下来要 4500—6000 元，对村民来说是一笔不小的开支。

村民的饮食习惯已经是典型的东北特点。酸菜饺子、酸菜炖白肉、酸菜血肠是当地的美食，也是招待客人的特色菜，大盘大碗，凸显了东北人豪放的性格。主食以米饭为主，春节期间还会制作黏豆包，是当地的名小吃。村民依然还会蒸馒头，咸菜有用黄豆制作的大酱，还有放到酱缸里腌制的黄瓜菜，早餐馒头配咸菜的饮食习惯，保留了中原文化的痕迹。

在当地，每年的正月二十五是填仓节，一个民间祀祭仓神、祈五谷丰收的节日，村里的家家户户都要放鞭炮吃饺子。据《帝京岁时纪胜》载："当此新正节过，仓廪为虚，应复置而实之，故名其日曰填仓。"这一天的早饭，要吃当时最好的，比喻饮食丰富、腹中饱食填满粮，有"填仓"之意，表达了人们对五谷丰登、吉祥幸福生活的向往。

以前的房身岗子村并不富裕，环境脏乱差，村里村外都是坑坑洼洼的土路，老百姓自嘲叫"水、泥"路，晴天一身土，雨天一身泥，而且垃圾随地倒，鸡狗满地跑，粪便到处是。现在随着乡村振兴战略的实施，全村铺上了柏油路，实现了户户通，安上了路灯，建了垃圾点，房前屋后也整洁多了。常年外出务工回来的人都说：房身岗子村变了，变富裕了，变文明了，变和谐了。房身岗子村也先后被评为"全国乡村治理示范村""吉林省级新农村示范村""公主岭市级新农村示范村"。

辽宁 孙家湾村

"末代渔村"的转型悲欢与希望新生

在辽东湾西北部的辽宁省锦州市滨海新区核心地带,坐落着一个"靠海为生"的村庄——孙家湾。

3月中旬,水温逐渐升高,藏匿在底泥里冬眠的皮皮虾苏醒了,一点点探出脑袋,出洞觅食、交配、繁殖。

北边近岸浅水海域的皮皮虾,要比南边远海深水海域的先出来。渔民深谙这个规律,3月中旬先在近岸海域下地笼,然后逐步分批次到深水海域作业。3月底下完网后,回港准备储存用具,等待渔获进笼。

4月中旬开始,就是拔地笼的时间了。渔民们要赶在5月1日全国伏季休渔时间之前完成收获,船只回港。

9月1日伏季休渔结束后,渔民们迎来了一年中的主要收获季——秋季作业期。

秋日的阳光温暖而不刺眼,在海面上洒出望不到边际的粼粼波光。渔船分散在辽东湾乃至整个渤海几乎所有海域,地笼和三层刺网被密密布下,捕获着八爪鱼、皮皮虾、螃蟹和少量鱼类等。

等到10月前后,开始大量出渔获,渔民们要赶在12月中旬渤海

孙家湾村备航渔船旗帜飘扬

北部开始冰冻前回港，之后核算收入、结算工钱、维修渔船、更新网具……一切处置停当，便准备迎接又一个农历新年。

这就是孙家湾人所特有的"时间表"。

孙家湾村是辽西地区最大的渔业村，毗邻锦州湾，80%的村人以渔为生。男人领船出海、女人卖货补网，即使家里没船的村民，也多靠上船打工，或是买卖渔获之类维持生计。

走进渔村，你会不禁为迎面而来的淳朴气息动容。憨厚豪爽的船长、热情好客的渔嫂，让人宾至如归；渔民将价值数十万元的网具、铁锚放在大门外，从未被盗丢失。

风和日丽的时候，村民们纷纷互相招呼着走出家门，放起歌曲、扭起大秧歌，浓郁的东北乡土气息瞬间浸透整个村庄。

然而就是这样一个传统质朴的渔村，近些年也面临着城镇化转型的考验。根据锦州经济技术开发区发展规划，孙家湾村所在地未来是行政办公和住宅区，锦州市委、市政府规划新址均在附近。

所以在前几年如火如荼的城市建设中，孙家湾村的耕地已全部被征用，一座座高层商品房拔地而起，村子仅剩下村民住宅等待动迁。

显而易见，城镇化对这个滨海渔村产生了巨大影响。村庄产业结构、村民就业生计，还有生态环境、居住条件、乡风乡貌、乡村治理的方方面面，都发生着改变。村民们说，村庄整体转居后，医疗、卫生、教育、文化生活更便利了，村里大部分家庭还在城里买了楼，生活条件大大改善。

如今走进孙家湾，民房排列整齐、错落有致，村头巷尾、街边院里有不少几十年树龄的大树。村里老人告诉我们，因为拥有辽西地区最强大的捕捞能力，孙家湾村民收入水平相比传统农民，要好很多。

经济上的实力，带动了孙家湾人对居住环境的投入，几年前孙家湾人在治理村容、整顿生态环境方面的成效，可圈可点。

"我们被评上过文明模范村，领导来视察过好多次！"老人话语间有点激动，又话锋一转，"可整村动迁提上日程后，为了不浪费，2016年往后村里整治环境的投入就少了许多，现在有点脏差的苗头。"

当地干部说，开发区发展前，孙家湾原有 4000 亩耕地，是典型的渔农混合型村庄。建设锦州滨海新区的 20 多年，乡镇变街道、整村变社区，渔民依旧出海捕鱼，而农民无地耕种，只能打工或做买卖。也有一部分路边住户靠出租房屋商店等获取收入，村庄产业结构逐步由一产向三产倾斜。

"富余出的劳动力向城镇转移，先期转移出去的农民和渔民，以男性、青壮年、能工巧匠居多。"王家街道杜书记介绍，"受过中高等教育的新一代农民工，也都是留在城镇。"

不过眼前，"漂在海上"仍是诸多村民的日常。

农历新年过后，辽东湾冰封期结束进入倒计时，有船的家庭早早开始为出海捕捞做准备。一些已经"上楼"的村民会陆续从商品楼下来，住进村里的老房子，重烧热炕、联络工人、办理各类必备手续、清理网具、维修渔船，只等清明节前后海面解冻，拉开春季捕捞的序幕。

孙家湾渔民的作业方式以地笼和三层刺网为主，地笼主要捕捞八爪鱼、梭子蟹等，三层刺网主要捕捞皮皮虾等。

"只要海上挣钱了，咱们这个村里村外呀就都繁荣了！"一位船老大告诉我们，"一个妇女补补网，一年也能挣个两三万块钱。不仅咱们这个小卖部人来人往，外边的小餐馆、集市买菜的人都很多。"

据统计，孙家湾村平均每条渔船能有约 20 万元的纯收入，全村渔船年收入能达到几千万元。而同时期周边企事业单位上班和打工的中青年村民，人均月工资水平也不过 2000 元左右。大家吃喝不愁，多少还都有点积蓄。

"以前不是这样的光景！"聊天中，孙家湾的老人们回忆起村子的历史。孙家湾并没有太久远的历史，村民祖上大都是清末民初从山东迁徙而来。"以前捕捞业发展快，需要劳力，每年都有外地人来打工，还有从黑龙江、内蒙古、安徽、河北来的。"老人们说，"时日久了，有些务工的就留村里了，还有因为结婚啥的来村的。"

时光流逝，孙家湾逐渐由一个一二百户人家的小村庄，发展到如今的900多户2600余人。渔船从几条增至几十条，尤其是改革开放40多年来，35条非机动船被百余艘马力充足的大小渔船取代，渔船数量增加了4倍多，论功率的话，增长倍数可能要以千计。船上配备了导航仪器、雷达、渔探仪、高频电话等，能到山东和韩国附近海域作业。

"年轻船长都挺神气，讲究一点的西服革履，驾驶室里都装修！"村里老会计告诉我们，"村里不少人买了小轿车，茶余饭后就去滨海大道上散步，和城市人生活也差不了多少。"

巨变的另一面，是日渐枯竭的渤海资源。据老渔民杨凯反映，现在一块地笼能捕捞1斤八爪鱼就算好收成，更多时候是空空如也——几十年前可不是这样，虽然渔船和作业方式都很落后，但取得好收成并不需要太大捕捞投入。像滩涂上的毛蚶、杂色蛤等贝类，都是用牛车一车车拉上来的。

当前，渤海乃至整个中国近海渔业资源衰退是不争的事实。作为中国内海，渤海被三省一市包围，捕捞强度已远超资源承受限度。

村民普遍认同的是，渔船数量多功率大，网具密度高，现代通信导航设备大大提升捕捞能力，以毛虾网为代表的"绝户网"破坏幼鱼资源，是渤海渔业资源衰退的主要原因。此外，我们还发现，渔业栖息地的破坏也是不容忽视的重要原因。

距孙家湾村约1小时车程的凌海市滨海湿地，是大小凌河的出海口。原本面积广阔的滩涂湿地，是渤海重要的鱼类产卵场，也是渤海三湾国家级水产种质资源保护区的重要核心区。可如今，这片滩涂正被养殖、旅游等"侵占"。

据悉，整个渤海沿岸这种情况并不少见，沿海公路、人工岛等众多项目在大量填海造地基础上发展，此外陆源工业和生活污染、滩涂养殖排放造成的海洋环境破坏，也是渔业资源衰退的重要原因。

为了有赚头，村民们只能以量取胜。在国家严控渔船数量和功率的环境下，增加网具使用量无疑是最保险的做法。渔民周桂成说，他曾在一片南北 1.7 海里、东西 1.5 海里的区域内，下了 10000 块地笼，足见下网密度之高。

过多过密的网具，反过来又进一步加剧了渔业资源的衰退。为了保证高额捕捞投入不"打水漂"，渔民只能继续加大网具使用量，这是一个恶性循环。越来越拥挤的捕捞空间，逼迫一些有能力的渔船不得不驶出辽东湾，到渤海其他地方和黄海海域捕捞，但这些地方的情况，并不比辽东湾好多少。

资源衰退的表现，不只是渔获物种类与数量的锐减，还直观体现在渔民收入上。船老大郑忠告诉我们，现在村里渔船的收益情况，大致是 1/3 赚钱，1/3 保本，1/3 亏本。虽然不能保证赚钱，但相当一部分渔民还是不愿退出捕捞——动辄几万元、十几万元的油补，足以弥补他们的损失。

"可海上干活到底太辛苦，吃饭不规律，容易落下病，现在人都不愿干。"一位老船长向我们诉苦，每年捕捞季来临前，招工都是最令他头疼的事，要通过电话、微信早早联络工人，否则会影响全年的捕捞生产，"来的都是 50 岁左右的农民，没得挑。招不来工，这几年月工资每年涨 500 到 1000 元，新手都得给 8000 元，熟工要 13000 元。就这还怕工人撂挑子，要像对待姑爷那样供着他们。"

船长和工人一样，也老龄化严重，且存在后继无人的趋势。周桂成帮我们数了一遍，村里 40 岁以下的年轻船长占比不到 1/5，约 30 人，都是父辈年老了干不动，船不好报废，儿子又不好好上学没出路，不得不接班领船。

为保护日渐枯竭的海洋资源，政府作出了顶层设计与制度实践。自 1995 年起，伏季休渔制度开始实行。这是迄今为止，我国最成功、影响力最大的海洋渔业管理制度。为便于管理执法、更好保护海洋生态，农业农村部 2017 年又首次将四大海区主要作业方式开始休渔时间统一至 5 月 1 日。

政策确实更好保障了休渔秩序，不过就孙家湾所处的辽东湾而言，休渔时间从 6 月 1 日提前至 5 月 1 日，给渔民春季作业带来了很大麻烦：海冰期和休渔期紧紧卡在两头，将春季捕捞时间压缩为短短 45 天，渔民甚至没有足够时间拔起已经布下的地笼。如果运气差遇上坏天气，就不得不冒着危险，顶风顶浪抢工。

转型与改革往往伴随着阵痛。如何在传统渔村向城市转变、传统渔业产业面临变革的发展阶段，最大限度维护村民利益、解决村民生活后顾之忧，在巩固促进产业结构转型与村民就业的同时，为仍从事渔业生产的村民提供后勤保障，一系列问题抛在孙家湾村"两委"面前。

我们的目光又聚焦回 2013 年，那时孙家湾村的 4000 亩耕地很快要被征走"归零"。作为未来土地的使用者，开发区政府期望获得土地成本低一些；村民却希望尽可能高一些，也不乏有的想借征地机会"捞一把"，征地价格成了焦点。

村党支部副书记周永胜告诉我们，当时，村干部当起这个沟通的桥梁。征地前期，村干部天天往农户家跑，一户一户、一人一人询问村民愿不愿意交出土地、希望拿多少补偿、还有没有其他疑问……

"那时村民代表大会也数不清开过多少次了，把村里人的预期、可能出现的问题、解决方案，尽可能都提前研究透。"周永胜一笑，"农民嘛，谁不想在被征地的时候多要点。但大家也知道，邻近几个村是什么价格，所以还是有底线的。"

村党支部书记曹红生则是负责沟通政府意见与村民需求的协调人。用他自己的话说，那段时间"就差把街道书记办公室门槛踏平了"。

"一有想法我就去街道'瞎转悠'，把村里面积大、人口多、渔业为主等等复杂情况，来来回回汇报了好多次。"曹红生说，"每次从街道、区里汇报开会回来，立马召集村民代表大会，把最新情况跟大伙儿沟通，征求意见。"

经过反反复复的沟通协调，土地"归零"尘埃落定，以"归零"前一年（2012 年）的土地收益 800 元 / 年为基数，按土地承包经营权 30 年计算，征地价格定为 24000 元 / 亩，一次性支付到账，同时给村里 2000 元 / 亩费用，用于五保户、贫困户等支出。

根据调研，彼时孙家湾村民平均每家有土地近 6 亩，平均每户可获补偿 14 万元以上。同时，村里争取到每人保留 0.1 亩地的政策，并作价 6 万元，分 10 年发放给农户，村民由此又得到一份未来持续收入。

征地收益分配中，如何平衡村中姑奶子（当地对嫁出姑娘的称呼）与外来人口的利益，成为最突出的问题。前者是迁出户口后，又重新落户的回迁人；后者则主要通过投奔亲戚、联婚等方式将户口落在村里。两种情况加起来，一共涉及 500 多人。

对这部分人是否应该享受征地收益，村里形成了两种截然相反的意见：以回迁和外来人口为主的群体认为，他们户口也在村里，是村子的一分子，应该享受集体地收益；其他村民则认为，这些人很多没有地，不应该分土地收益。

"为了分钱争得面红耳赤，见面不说话，都差点打起来了！"曹红生说。

矛盾怎么解决？村"两委"成员反复沟通，想方设法争取区里政策支持。最终，回迁和外来人口得到每人每年 600 元、持续 30 年、每年提高 8%，即至少每人 1.8 万元的现金补偿，以及 0.1 亩地钱（仍是作价 6 万元，分 10 年发放）。

在村干部动员、党员带头下，各村小组村民也作出退让，为各自回迁和外来人口拿出每人 1.1 万元的补偿。合计下来，最终回迁和外来人口拿到了至少每人 2.9 万元的补偿和 6 万元地钱。

土地"归零"中的问题就这样解决了，村民们顺利拿到了补偿，可到底还是成了失地农民。未来长远生活如何保障，成为全村人特别是村里老年人顾虑的问题。

70 岁老汉刘建华以前从没想过，自己和老伴儿年岁高时，两人每月能领到近 3000 块钱养老金："日常生活不愁啦！"老人说，村干部动员村民加入养老保险，自己和老伴儿当时一次性交了 6.8 万元，买个保障。

我们了解到，根据辽宁省城乡养老保险档次，考虑村民收入实际和未来生活需要，村里征求村民意见，选择了每人每月 300 元的缴纳档次。

以缴纳满 15 年具有领取养老保险资格为标准，以 15 年为基数，减去村民年龄距离可领取养老金年龄（男 65 岁，女 60 岁）的年数，即为补交养老保险的年限。另外政府还分 6 年，陆续返还 30% 养老保险费用。也就是说，在未到达领取养老金年龄之前，每人每年也可以拿到近 1000 块钱；回迁和外来人口返还比例更高，为 50%。

村民们得到的生活保障不止这些。在中心渔港向北 1 公里的一片地块上，建起了占地 50 亩的 120 多间库房，供村民放置渔具。

17 岁就出海打鱼的船老大周桂波说："以前担心啊，怕地没了，网具没处放。这仓库建的地儿选得有眼光，船上来后，再不用费劲巴拉往回拉网了，还近。那质量也杠杠的，施工时村里说随时可以过去监督。

我寻摸着能建成啥样儿，过去还看了一眼。确实都是真材实料，那工程质量差不了!"

建设新仓库不是没阻力。村干部告诉我们，当时原有渔民库房需要拆除，许多村民不愿意拆旧。"那家伙，一个个坚决不拆，可不拆不行啊!"村委会主任刘树志回忆起当时的情形，"咋办? 村干部先拆自己的，然后拆党员，还有我们这些人亲戚的。这下子拆了几十户，往后就好整了!"

统一建设的渔具库房和配套设施，不仅保障了渔业生产，还兼具投资属性。库房建好后，村民可用 600 元 / 平方米的成本价购买，还能领到产权证。

近些年随着开发区城镇化不断推进，库房所在区域已经成了繁华地段，库房价值也由购买时的 6 万元涨到 30 万元。村民王亲太说："当时建库房，一些人不支持不理解。现在大家都明白过来喽，以前没拆旧的人，都老后悔呢。"

如今孙家湾 3.6 公里的海岸线，已经被打造成孙家湾国际滨海旅游区，成了锦州市的夏季旅游胜地。游客可以在这里享受天然沙滩、滨海浴场，玩累了就去撸顿烧烤，畅饮欢谈。旅游区聘请了保洁员、监督员、宣传员、指挥员、救生员等，村里专门成立了管理领导小组，每天至少有一名村干部现场坐镇调度。

为了让休闲浴场经营高效、持续、规范，同时保证村集体资产不受损失，村民代表大会决定采取竞标方式，按照海岸线长短分包到户经营。

为此，村里专门委托律师事务所起草了竞标规则、确认书和承包合同，白纸黑字地明晰了承包经营户的权利和责任。其中最重要的是，承包经营户有权在所承包地段提供烧烤、浴场、沙滩等休闲服务，同时有义务根据前日经营状况，向村集体缴纳承包费用，并对承包地段环境进行维护管理。

得益于权责明确和管理有序，孙家湾滨海浴场成了当地最热闹的旅游区域，建成当年即盈利 30 万元，第二年利润增至 148 万元，既促进了村集体经济发展，也拓展了村民收入渠道。

曾是船长的周桂昌告诉我们："2013 年搞浴场，每家每人分了 500 多块。以前从来没有这样的事，别说分钱了，不要你钱就不错了！"

回忆起当时建设休闲海滩的情形，老党员刘建华记忆犹新，话语间还透着些激动："村里海滩都是天然的，得人工改造才适合旅游休闲。那时候村干部、党员、村民代表都义务出工，带动村民 60 多人，大干 23 天。干活儿都是自愿的、免费的，就是想把咱们这村的经济搞上去！"

安居乐业，乡风清明。在一次次入户访谈中，我们明显感受到，一些村民的不良嗜好逐渐消失。据村里小超市老板老齐说，以前赌博现象比较多，现在没有了，只是老头儿老太太偶尔打打麻将、推推牌九，娱乐娱乐，消磨时间。

与孙家湾的相遇接近尾声，我们越来越感到，这个在历史浪潮中逐渐隐去的村庄，犹如一位已近暮年却老当益壮的老者，于一片夕照中不弃不离地埋头耕耘，苦累着、收获着，载着村子的今昔悲欢，也唱着孙家湾的未来新生。

仍旧无法绕过的话题是，孙家湾的城镇化转型之路尚未画上句点。

村庄日常工作越发复杂多变，原先的渔民、农民群体事实上已分化成渔民、农民工、基层干部、企业职工、个体工商户、私营企业主等，社会经济地位千差万别，价值取向各有不同。大部分村民在不同街区买了商品房，居住分散、各挣各的钱，对村集体的事不关心、不过问。

这些年，村民工作生活区域大大拓展，见多识广、思想活跃，自主意识和决策能力越来越强……这些都增加了农村工作难度。

"该干啥、怎么干，说实话有时村干部自己心里也没底，有畏难情绪；加上普遍待遇较低、提拔无望，难免产生消极思想。我觉着得把激励关爱措施搞好，另外要想村干部说话有人听、办事有资金、工作有抓手，还得想办法多积累村集体资产，这样基层党组织也会更有凝聚力。"一位当地干部道出自己的理解。

城镇化转型中的孙家湾所遭遇的征地、拆旧、农村工作难等种种问题并非个例。村庄要发展要未来，农村居民的生活居住环境也要改善，另外，农民的"饭碗"还得保住，该享受的权益依然要保障。在我国城镇化进程中，这是绕不开的矛盾。城镇化的本质是转移农村人口，而能真正转移多少人口是由经济发展水平决定的。因此，破解难题的根本出路还要靠经济发展，就像孙家湾村民说的那样，"把咱们这村的经济搞上去"。

怎么搞？发展特色产业是一条有效路径。大海的馈赠给孙家湾带来了更多可能性。海洋捕捞给曾经的孙家湾带来过繁荣。新形势下，因地制宜转换思路，从一味攫取到和谐共生，合理使用海洋资源，是孙家湾新的产业选择。依然是那片海，依然是挣得"海上的钱"，进有休闲浴场给分红，退能保渔业产业不会丢，无需村干部多费口舌，看得到赚头、看得到发展、看得到希望的农民自然会用脚作出选择。

村庄小传

孙家湾村位于辽东湾西北部锦州市滨海新区（锦州经济技术开发区）的核心地带，濒临锦州湾，属于渔、农结合型村庄，是辽西地区最大的渔业村，拥有渔船 162 艘、耕地 4000 多亩，约有

2000 人从事渔业捕捞及其相关工作，少数务农。

孙家湾的村民祖上大都是清末民初从山东迁徙而来。目前有900 多户 2600 余人，以郑、杨、周、刘四大姓为主。由于在捕捞业发展过程中需要大量劳动力，每年都有辽宁其他地区，以及黑龙江、内蒙古、安徽、河北等地的农民来此务工，有些人选择定居下来，再加上通婚等形式迁居于此的人，现有其他姓氏村民 500余人。

多年来，孙家湾村以捕捞业为主。20 世纪 80 年代，集体经济向个体经济转型，渔船生产方式和经营规模都发生了相应变化，多个家庭合股承包一条属于集体的船，各家按股份分得收益。随着经济实力的增长，到 90 年代，渔民基本都从合股经营中独立出来，变成现在的一家一船。1990 年，村里只有 35 条渔船，而到 90年代中后期，渔船数量为 200 多条，达到顶峰。目前，孙家湾村平均每条渔船的总收入约 75 万元，总成本约 55 万元，纯收入约 20万元。孙家湾村约有 260 人在周边企事业单位上班和打工，人均月工资水平约 2000 元。

近年来，由于城市发展规划，孙家湾村耕地全部被征用，未来将建设成为行政办公和住宅区，锦州市委、市政府规划新址均在附近。2013 年，全村拥有的 4000 亩耕地被政府征走"归零"。加之捕捞业比较优势下降，特别是资源衰退、年轻人不愿出海等，孙家湾村尝试促进产业多元化发展。2011 年，村里开始发展海滨休闲浴场，壮大集体经济、吸纳村民就业，2013 年村集体仅此一项就取得了 148 万元的盈利。2013 年，借鉴北京韩村河经验，村里探索成立了经济建设有限公司，但由于各种原因未能投入实际运营。

针对整村"转居"的情况，村"两委"班子更加注重全村精神文明建设，丰富村民的业余文化生活，在村委会设置了文化室、党员活动中心等。村"两委"班子团结互助、爱岗敬业、干劲十足、清正廉洁、作风民主，较好地发挥了基层领导核心作用和党员先锋模范作用。先后多次被评为"锦州市建设社会主义先进村"和"锦州市民主法治示范村"。

北京 河防口村

长 城 脚 下 " 口 里 第 一 村 " 的 古 与 今

"山海居庸千里长，前朝于此重边防。"在绵延万里的长城沿线，分布着近千处大大小小的关城，这些关城共同组成了万里长城的防御系统。而在最重要的关口之一河防口，坐落着一座美丽的长城古村——北京市怀柔区怀北镇河防口村。

背靠蜿蜒雄伟的北斗峰长城，连绵的燕山在这里戛然而止，成为平原与山区的分界，从这里出关，就是塞外山区了，也因此，河防口村被称为"口里第一村"。河防城堡、贡元宅第、农家小院、青砖瓷瓦……这里的每一处遗存都刻写着历史的沧桑，每一片砖瓦都记载着古村的发展。

一进河防口村，从村口望去，一条青砖大道笔直通往山脚下，大道西侧商铺林立，游客众多。东侧显眼的地方，绿树掩映着一座古香古色的纪念馆，这是村里重新修复的清末民初名儒刘庆堂的故居贡元宅第。

河防口古关迎春大集

据记载，刘庆堂 18 岁时考中"秀才"，20 岁时晋升为"廪膳生员"，考取"贡生"。曾被任命为管理县学的正教官"教谕"。一生留下了大量诗作，深刻地反映出当时社会现实，是 100 多年前的社会风景画、民俗画。他还开怀柔现代教育之先河，创办了怀柔县高等小学堂（1911 年）和怀柔县师范讲习所（1923 年），任堂长和所长。

纪念馆高门楼、两进院，前面立一大石，上面刻着清代诗人潘其灿的《登河防口边城》："山海居庸千里长，前朝于此重边防。藩篱属国亡三卫，屏蔽中原恃一墙。保塞规模传魏国，筑台形制说南塘。而今中外为家日，直北舆图接大荒。"石碑与古宅、古堡城墙与远处山脊上的长城相映生辉，体现出河防口村深厚的历史文化。

每个乡村有每个乡村的独特历史，每个村落有每个村落的鲜活故事。

在县志里，有着 600 多年悠久历史的河防口村也许只是短短的数行文字。在我国广袤的神州大地上，河防口村也许只是一个名不见经传的小村庄。但是，它又是那样厚重深邃，是村民们世世代代安身立命的精神家园，承载着一代代村民的喜怒哀乐、酸甜苦辣，记录着一段段历史陈迹和时代悲欢，供人们怀想凭吊。

曾经的河防口村落后荒凉。因地处关口，历经战乱，村内一度街道脏乱、民房破旧、污水横流、私搭乱建，即使村口毗邻国道，车水马龙，却无人愿意向村里驻足凝望。即便是历史古村和文化大村，村民组织小车会、扭秧歌时，也会因街道窄、路面残而倍感不便。

2014 年，亚太经济合作组织领导人非正式会议在怀柔雁栖湖召开，怀柔区政府投资 1.2 亿元对河防口村进行了整体环境提升改造，修复了村北长城，在村口仿建古城墙 213 米，重新整治河道，两侧新建青花瓷护栏，村内主干道扩建为 8 米宽并全部铺上青砖，村内道路统一铺上透水地砖。

如今，河道中流淌着清澈的溪水，青花瓷护栏守护着河道两侧，既保证了行走安全，又具有古典神韵，成为村民每晚散步的必经之地，吸引众多游客拍照留念。河防口村也充分发挥自身的地理优势，将历史、文化和产业融合起来，将优势发扬光大。

河防口村属于典型的北方农村，饮食以面食、大米、小米为主，蔬菜以白菜、豆腐、豆芽为多，农民有自家腌咸菜的习俗。很多村民办起农家乐后，不仅自身生活得到改善，饮食也日益丰富，还将这种饮食文化形成一种风格，并不断发展成特色，其中有虹鳟鱼、烤全羊、山鸡、野兔、小鸡炖蘑菇、农家乱炖、拌野菜、家乡肠、贴饼子、菜团子等。

每年春节前夕，河防口村都会举办一场"古关迎春大集"的文化活动，大集一共5天，每天9—16点开集，包含鼓舞、扇子舞、古城花语、心悦城关等节目。

除春节、元宵、清明、端午、中秋等传统节日外，村里比较重视的还有两个日子。一个是二月二，俗话说，"二月二，龙抬头"，村民们往往选择这一天去理发，预示新年新气象，这一天村里的理发店早早就热闹起来。村民家里一般会吃春饼，春饼是用面粉烙制的薄饼，再夹上各式小菜和炒菜吃，有喜迎春季、祈盼丰收之意。

另一个是九月初九重阳节。村里有敬老孝老风俗，自村支书李小春上任后，更是把这个传统发扬光大，每年重阳节会在饭店摆上12桌，请全村老人聚在一起吃个饭，村里老人们非常开心。

河防口村作为北京市的一个普通乡村，既有等同于全国各个地方农村的共性，没有高楼大厦、车水马龙，有的是清新的空气、宁静的夜晚和身居大自然的惬意；同时也存在着有别于全国大多数地方农村的特性，道路、交通、水电等基础设施完备，村民收入水平接近很多地区的城镇居民水平，村民的生活生产方式越来越贴合城镇居民。

可以说，河防口村是北京近郊区农村的一个缩影，像这样在大城市周边的农村，设施有保障、产业有基础、收入有提升，既是全国绝大多数农村发展的目标和样板，也曾在发展中面临过与其他村子类似的瓶颈和制约。

与很多传统农村以第一产业为主不同，河防口村注重一二三产共同发展，其中又以一产和三产为主导。全村 1010 名乡村从业人员中，从事第一产业的有 385 人，从事第二产业的有 251 人，从事第三产业的有 374 人，比例相对均衡。

第一产业主要是林果业，其中规模最大、效益最高的就是红肖梨。红肖梨又称红梨，主要分布于燕山东部南麓，是一种低热量高养分的水果，素有"京北名果"之称，早在明、清两朝就已经是御用佳品。

与其他品种相比，红肖梨有个显著特性，就是刚下树时口感并不是最好，需要低温储存个把月后才是最佳食用期。因此，村民把梨收下来后一般都在地窖放上一个冬天，等春节期间再拿出来食用。现在每家农户厢房下面都挖有地窖，小的能放五六十筐梨，大的能放一两百筐。

关于红肖梨，有一个美丽的传说。明隆庆三年（1569 年），官府始修河防口关，从山东征用民工筑城，时逢烈日天旱，不少人得了热病。

有一青年男子名叫肖魁，听人讲北山谷中有仙树，果实清凉可解热毒，为救治得热病的工友他便上山采药，路上从群狼口中救下了一只受伤的小鹿，恰巧小鹿为仙女红桃所养，仙女被青年的勇敢善良所感动，将仙果赠予青年。王母震怒，将仙女打落凡间。肖魁依照红桃的指示，寻她而去，自此杳无音讯。昔日众人分食的仙果种子却意外在此地生根发芽，因此人们称它为"红肖梨"，以纪念红桃和肖魁二人。

河防口村全村近 400 户种植红肖梨，仅老树沟梨园面积已逾 3000 亩，有树龄 200 年以上的 500 棵、100 年以上的 3000 棵。如此之大的生产潜力如何激发，激发后如何转化成为产业红利成为摆在河防口人眼前的问题。

早些年，因村中掌握专业果树种植技能的村民不多，红肖梨产量经常出现上下波动，影响果农收入。村"两委"了解情况后，出资外聘果树专家为果农出谋划策、传授技术、定期培训，保证了果树产量持续增长。2017年，全村红肖梨产量达到550多万斤，实现产值近1500万元。

近几年，伴随种植面积的不断扩大和种植技术的提升，红肖梨生产潜力被激发出来，产量逐年上升，但新的问题又随之而来。由于受到销售区域的限制，红肖梨的销售半径仍局限在怀柔当地和北京周边地区，当前市场空间下的需求量跟不上红梨产量的提升。

为了拓展销路，怀北镇很早就给河防口村和大水峪村的红肖梨注册了"峪河"牌商标，但却没有叫响，也形成不了品牌效应。与此同时，昌平、平谷、密云等地也开始种植红肖梨，由于品质、价格不及怀柔红肖梨，加之在市场上却难以区别，产生的逆向选择效应常常误导消费者。

尽管河防口村的山谷河红肖梨合作社2008年就创办了，但真正为村民服务的能力却始终较弱，没能发挥集聚带动作用和品牌效应。在品质参差和市场销路窄的双重挤压下，红肖梨的价格始终上不去。

总有一种法子能打开产品销路。靠什么？靠文化。文化不仅要保护和发展，关键在于——要发掘文化能带来的价值，以及这种价值对村民生活水平的提高。

由于地处北京"茶马古道"必经之路，河防口村很早就有商业贸易的传统。20世纪60年代，河防口村设马车店一处，接待搞运输的人员。有第一产业红肖梨作为基础，河防口村在长城脚下的"口里第一村"位置、历史和文化的价值被充分挖掘出来，并将其充分体现在经济价值和村民生活上。

2005年到2010年，由区和镇政府投资近4500万元，在111国道两侧建设了集多种功能于一体的老树沟红梨观光采摘园，引进栽植早红考密斯梨、红茄梨、罗赛红等 36 个红梨品种 4.5 万株。

紧靠交通要道和旅游景区的区位优势越发显现，在 111 国道两边，随处可见一家家的农家乐，大致一数有十四五家。村里的餐饮业和民俗旅游也是越发红火，旅游观光的游客自然少不了要买些特产带回去给家人尝一尝，红肖梨的销路也就自然打开了。

依托民俗旅游等新兴业态，周边城市的消费者在观光旅游的同时就能买到新鲜红肖梨。由于河防口村的红梨品质上乘、文化底蕴足，人们在品尝过后对产品产生认可，日积月累，消费者会为了红梨慕名来游览品尝，品牌效应由此产生。

更重要的是，在这一过程中实现了一产与三产互补融合，发展旅游服务业的过程中带动了红梨产业，红梨的品牌效应吸引着更多消费者来此参观旅游。

在乡村振兴进程中，有很多村子是由外部注入资金、技术和人才等要素，期望由此激活当地产业活力，但时常把农村变成了企业的投资场，忽略了人的因素。由此导致的结果是，农村居民对于自己是农村"主人公"的观念比较淡薄，在越来越多的村民看来，村庄规划也好，村容村貌改善也好，都是各级政府的事，只要不涉及自家的地、自家的房，都与自己无关。

而在河防口村有一个比较有趣的现象，就是村里开餐馆的往往不是本村人，都是外地人在租房经营。其中一部分是租的村集体的门面房，还有很大一部分是租的村民的住宅。

问及原因，原来是随着旅游市场逐步扩大，餐馆的生意越来越好，房租也是水涨船高。村里人说："靠收租金就能有十来万元稳定收入，自己还能去干别的营生。"

那村民做啥去了呢？原来他们搞起了农业观光园和民俗旅游。

自 1996 年起，怀柔就开始进行产业全面规划，发展休闲农业、创意农业等新产业新业态。当地的民俗旅游最早发源于椴树岭村黄土梁自然村。之后，周边的河防口、大水峪、怀北庄等村也相继发展起来。

为了给村民创造经营农业观光园和民俗旅游的条件，让村民能更多地参与到村庄建设中，怀柔区在编制村庄规划时充分考虑本村居民的需要和诉求，秉承着"驻村编规划、开门编规划"的思想，从村庄规划的编制初期就由编制单位长期驻村，充分了解村庄现状，倾听村民需求。

观光采摘园区配套道路 2600 米、小管出流节水灌溉设施 400 亩和木制围栏、长城垛、森林公园、停车场、绿化和太阳能路灯等基础设施，建有供游人休憩的木屋、石桌、石椅、秋千、环保卫生间及标示牌、农具展台，极大地满足了村民的生活生产需要。

经过十多年的发展，河防口村依托农业绿色生态、乡土文化等特色资源，建成了具有赏花品果、采摘游乐、休闲体验、生态示范、科普教育、生产创收等多种功能的观光采摘园区，目前全村共有 25 个农业观光园。

2008 年，河防口村和其他 4 个村被评为北京市级民俗旅游专业村。截至目前，光河防口村就有民俗户 114 户，经营总面积超过 27000 平方米，床位数超过 2000 张。

这些民俗户中，旺季经营的有 52 户，长期经营的有 9 户，其中被北京市旅游协会、区有关部门评定为五星级民俗户的有 2 家、四星级 5 家、三星级 13 家，民俗旅游逐渐成为村里重要产业之一。

村里于 2015 年 5 月成立了民俗旅游专业合作社，33 户民俗户加入了合作社，对原有的民俗旅游经营环境、经营模式进行统一升级改造。

合作社组织人员参加礼仪、服务、英语等培训，统一菜单、合理定价，统一采买铺设被褥和统一宣传，打响了河防口村民俗旅游的牌子，形成"吃农家饭、赏农家景、做农家活、住农家院、在农家乐"的一条龙服务。仅2015年，全村共接待各类游客19万人次，实现收入1160万元，户均年收入10万元以上，高的可达20余万元。

乡村产业显现出巨大市场潜力的同时也吸引着离乡人才不断回流。刘明亮就是其中的典型，他原先在外做建筑工程，看到发展民俗旅游的前景后，决定回乡创业，充分利用自己所学所见投身家乡事业，推动产业进一步升级换挡。

2016年他回村盖起两层小楼，做起了民宿，一共8间客房20多个床位，除了设施设备等硬件更高级，住宿场所也更具个性化，主要目标群体是更易接受新鲜事物的年轻人。他在专门提供民宿住宿的爱彼迎、途家网上注册了网店，生意非常火爆。

他的民宿一般不接待散客，都是整租，租金达到2600元/天。"我们只管住宿不管就餐，就这价格，很多时候还订不上，一到旺季还要涨价。"刘明亮自豪地说。加上他还经营造雪机租赁、农家院租赁和经营果园，一年收入少说也有几十万元，成为村里远近闻名的致富能手。

在刘明亮示范带动下激发了当地人的积极性和创造性，一批有文化、懂技术、会经营、能创新的本土能人受到激励参与到家乡的建设中。村里已经发展了两三家类似的民宿，23岁的张敬宜大学刚毕业就回村办了长城小筑，也是精品民宿，生意非常红火。

此外，刘明亮还是村里的民俗协管员，村里所有农家院的工商年检验照之类的活都由他来负责，极大方便了村民。

优秀的返乡人在河防口村的发展中发挥着带头示范作用，一方面，吸引回来一名人才，就能发展一个产业、建好一个村、带富一批人；另一方面，返乡人士带来的不仅是"致富经"，还有潜移默化中对乡村民智、民德的带领和提升。

现在村民日子过得好了，出门旅游也成了消费的一个选择。除了个人游外，村里还有两个人专门负责组织大家参加旅游团，远的去过海南、云南、西藏等地，走出国门也不再是奢望。

"既要富口袋，还要富脑袋"。不仅要让村民的钱袋子鼓起来，精神世界也应当富足。伴随着大量农村人口尤其是青壮年劳动力向城市迁移出现"人走屋空"，乡村文化建设"空心化"现象显现，表现为文化基础设施不够健全，群众文化活动不足，缺少组织、管理者等。

以前的河防口村同样存在"空心化"问题。村"两委"充分认识到乡村文化建设的重要性，借助当地红肖梨产业和地理区位，探索出了以"城关文化"和"梨园文化"为主题的文化振兴路径。

河防口村充分利用"茶马古道"文化和地处万里长城重要关口的优势，提炼发展出"城关文化"，通过观光旅游等服务业打出文化牌，举办古关迎春大集等活动，再现"古道风情"，让亲临现场的游客、市民有一种置身于当年北方"茶马古道"的感觉。

大集的演员都是当地的村民，他们自发组织，每天利用业余时间排练。这样的活动不仅能将传统大集用文艺性、趣味性的节目延续下来，也增加了村民的凝聚力和向心力。

借助红肖梨的美丽传说，河防口村还发展出"梨园文化"。老树沟作为北京市怀柔区怀北学校学生实践活动课程基地，为中小学生提供红梨传说、红梨品格、红梨精神、红梨寓意、爱家乡教育等社会实践课程。老树沟还有着600平方米的大报告厅用于当地村民开展文体活动，解决了文化活动场地不足的问题。

乡村文化是传统的，乡村信仰是朴素的。正是对传统文化的传承和弘扬，中华民族的传统文化基因才得以在农村保留。

在乡村振兴的过程中，河防口人的发展理念从重经济发展转变为兼顾经济发展与文化传承，让村民的口袋子鼓起来的同时，也让精神世界更为丰富，走出了一条特色乡村振兴路。

村庄小传

河防口村位于北京市怀柔区怀北镇境内。因河设防，故名。《怀柔县志》记载："河防口，明初建村，明永乐年间建关并建城堡一座。"城堡南北长250米，东西宽160米，开南门，门额上书"河防"二字，城堡及关口附近长城已于1953—1963年拆毁，城堡匾额尚存。

《长城关堡录》记载："河防口关为亓连口东第二关，口外为连云栈，又北为沙岭儿，隘窄不能容马，防守较易。地势洼下，山路崎岖，物产不丰。旅店三家，居民百余户。永乐年建关，有堡。"现存有明隆庆四年（1570年）五月刻三神祠碑1座。

溯本探源，村民的姓氏以李、刘、王、高、黄、孙、马为主，据传先祖由山东搬迁至此，也有人说是由山西大槐树移民而来，因年代已久，已无从查考。有村民自己推算，大约已经在村里繁衍了十二三代。目前该村有941户1502人。

一个600多年的古村，历经风雨沧桑。作为京北茶马古道的一部分，这里是古代中原与北部游牧民族贸易通商的重要通道，村北龙扒峪张家房茬边上还存有遗迹。那时，村里常开的车马店就有十余家。这条茶马古道南起河防口村长城关口，经燕山山脉沟谷地带，北去大阁，穿过坝上草原，到达多伦。明代以来"俺答纳款，马市互易，边疆无警，畿辅晏然"，茶马古道互市贸易促进了长城内外农、牧民族的经济文化交流，从而结束了内外对峙和分合无常的局面，也促进了长城一带自身的发展。

既然是关口，要塞之地，河防口村也曾经历了无情的战乱。抗日战争时期，河防口村村民遭受了日伪军的残暴统治，日伪军经常到村里抓农夫去挖大沟、修炮楼、修围子，村民对日伪军的暴行恨之入骨，曾多次以不同形式进行了坚决的斗争和反抗，先后有刘宗正等五人参加了八路军敌后武工队。《怀柔县志》记载，1933 年 9 月，爱国将领吉鸿昌、方振武领导的察哈尔抗日同盟军沿着"茶马古道"于河防口等处入关，马蹄声碎，旌旗招展，所到之处受到民众的热烈欢迎。之后，同盟军在县城文庙誓师，点燃了抗日烽火。

河北 曲长城村

桑干河畔战深贫

曾几何时，一进村子，满目的黄。眼前是黄泥房，脚下是黄土路，村南不远处的襄山裸露着黄色。冷风吹过桑干河边稀疏的荒草地，卷起薄薄一层风沙，一时间空气里也弥漫着淡淡的黄。阳光虽不灼人，却蒸发着一切，单调地洒在墙头，晒在墙边扎堆聊天的老人们皱黄的脸上。

"北上太行山，艰哉何巍巍！" 800 里太行自北而南贯穿中国大地腹心，上接燕山，下衔秦岭，左擎黄土高原，右牵华北平原，自古被称为"天下之脊"。由于自然条件差、土地贫瘠、生态环境脆弱，"天下之脊"周边经济基础薄弱，社会事业落后。河北省阳原县曲长城村，便是燕山—太行山集中连片特困区内的村庄之一。

这是个历史悠久的古老山村，至今村里还留着明代古长城的残垣断壁。200 万年前，这里曾是烟波浩渺的泥河湾古湖。由于地壳运动，数万年前古湖消失，遗留的湖水汇成了如今的桑干河，农人先祖们就在这片古老的河畔生息繁衍、世代躬耕。

村子背水面山，看上去兼具山水之利。然而一直到 2018 年 3 月，曲长城仍是河北燕山—太行山集中连片特困区里贫困人口最多的村庄，

曲长城村：夕阳映照下的桑干河

也是河北省最大的深度贫困村。

村子水差地贫、房破貌乱、业弱人散、干群关系紧张,村民经常成群结队地上访。全村 1139 户、3003 人中,有 42% 被列入建档立卡贫困户,未脱贫人口占全村人口的 24%。

追根溯源,导致村子逐渐衰败的,是水。

近 30 年来,村域水质不断恶化,大约从 2014 年开始,曲长城的水别说喝了,用来洗衣服都让人心里硌硬:水的颜色发黄发绿,味道苦咸,熬菜都不用放盐。

当然,没有人敢用这水熬菜——用它浇地庄稼不长,村里几乎没人种地了。近几年受市场影响,就连碎皮加工这个在家就能做的传统产业也渐渐难以为继。于是,80% 的年轻人被迫离家打工,留下许多老人守着空屋。

最难的时候,曲长城的"千人大军"推着三轮车、赶着牲口、挑着扁担、提着水桶,浩浩荡荡地去 5 里地外的独山村驮水。一去一回,少说也要一个多钟头。

可在 2018 年 4 月村里的党员会上,当驻村第一书记严春晓提议要打井时,竟没一个人作声。

原来,打井的提议已是老生常谈。这些年,找水的努力从未停止过,可到头来都是一场空。政府前后两次给过几十万元让打井,结果都是没吃几年,水就又不能用了。

之前,还尝试过从 10 公里外的化家岭村和 6 公里外的落凤洼村引水,可村民还是感觉水质不理想。众人心头的希望早就被一次次失望消磨殆尽,几乎没有人相信,曲长城村还能有好水。

燕山—太行山集中连片特困区包括冀晋蒙三省区的 33 个县,其中 22 个县位于河北省。彼时,河北全省贫困村脱贫出列的时间点就卡在 2019 年 9 月,留给曲长城村的时间只有一年半。

别的村一般至多有几十个贫困户，可曲长城村底子太薄，贫困户有几百家。且不说真刀真枪地解决民生问题、谋划致富产业，光是挨家挨户填一遍统计数据，就要比别的村多花十几倍时间。

曲长城村并非"命里就穷"。往回数 30 年，这里在全省都是"好水好田好风景"的先进村。

放眼整个阳原，南北被恒山与阴山余脉夹持，桑干河由西向东穿境而过，形成了"两山夹一川"的狭长盆地。和燕山—太行山连片贫困带上的许多县一样，这里地处中国农牧交错地带，干旱高寒、地瘠民贫，县域仅有 16% 的河滩地适宜稼穑农耕。而幸运的是，仰赖流经村北的桑干河，曲长城村的大片土地，正是适宜耕种的河滩地。

村里老人说，30 多年前曲长城村的粮食是出了名的高产，不少地还是制种田。村里多年前还种过果树，果子虽然结得不大，但就是特别好吃。

毁掉这一切的，是一眼坏水井。

"这坏水井是我带班打的。"曾当过 40 多年村干部的苏全仁说，"1991 年县里决定支持打井。没想到凿到 147 米，钻穿了坏水层，把头层水顶得整个儿污染了。"

可当时并没人觉察到问题。众人一看出水了，就把水抽出来浇地，结果庄稼不长了，没多久全死了。苏全仁一看不对劲，赶紧带着水去张家口市化验，果真，盐碱矾氟全有，这水不能用。

"怎么办？把泵抽上来，就不管那井了，没人想到要把井封了。"严春晓说，"结果这个水一直漫延漫延，漫延了 30 年。"

屋漏偏逢连夜雨，这眼坏井恰恰打在了全村的上水头。没几年，村里的井一眼接着一眼，都不能喝了，到最后，全村连一眼能浇地的井都找不出了，整个村子迅速衰败下来。

缺水的村不只是曲长城村。从 2000 年左右开始，曲长城村周围的村庄虽然运气不差，没有打出坏水井，但也都为吃水的事犯愁。

在桑干河对岸与曲长城村邻近的牛蹄庄村，本地人田建光的老院里，就有一口红井、一口黑井。

"红井里压上来的水是红的，最多洗洗衣服；黑井里水是乌黑乌黑的，以前吃水就靠这井。"田建光告诉我们，"水里边有黑沙子，还有污泥。打上来一桶后，放在那儿差不多几个小时后，慢慢水就清亮了，然后把上边水倒瓮里，下边剩一层泥沙。"

那时在村里，打井就是碰运气。哪片空地看着方便，就在哪施工；钻头打下去，出来的水能喝就喝，不能喝就堵上，换另一头接着打。

燕山—太行山集中连片特困区水土流失频发，土地退化严重，水资源更是匮乏，十年九旱是其典型气候特征。这也成为片区返贫人口居高不下、稳定脱贫十分困难的重要原因。

以张家口市为例，其人均水资源量为 399 立方米，不足全国平均值的五分之一，属于严重缺水地区。即使是邻近桑干河的村，缺水仍是制约其发展的关键问题。

可在田建光的儿时记忆里，大概 20 世纪 70 年代末，牛蹄庄的水特别清，也很好喝。挑井水的时候，拿个小棍儿弄个桶，就能打上水来。村里挖地窖放山药，都不敢挖深，一米多点就能出水。

那会儿，桑干河特别好看，两岸有很多树、很多草，还有很多鸟。河水也不是现在的一条，而是三条，当地人叫一道沟、二道沟、三道沟。

大概从 90 年代开始，桑干河的水慢慢枯竭，原来的"三道沟"渐渐变成了两道、一道，最后只剩下中间最深的那道还有水。

水少了，河边树也不多了，而村里的日子依旧如常。一到冬天，河边的矮树枝条干了，人们还是会把树枝掰断、捆好，拿回家当柴烧，可烧着烧着，树都没了。

不知从什么时候开始，上游山西册田水库开闸的频率越来越低，后来几乎不怎么放水了。

为保障下游北京官厅水库供水，桑干河沿岸村庄的水库不能再截留河水。到了 2000 年左右，桑干河几乎快要断流，只有在册田水库向官厅水库放水时，河流才涨得又宽又深，湍急地流过几天。

等几天后册田水库把水一掐，桑干河就又"瘦"回了原样。田建光说，有几年整个阳原都是灰色的。漫天风沙中，偶尔看到几棵歪脖的枯树，只觉得瘆人。

生态的恶化在整个燕山—太行山片区并非个例。20 世纪 80 年代以来，片区气候趋于干旱，再加上地表水资源超强度开发，域内河段几乎全部干枯断流，流域整体缺水。

片区城乡居民生活和工农业生产大量依赖地下水，导致地下水严重超采，水位不断下降。于是桑干河边的村子，水井越打越深，直到有一天，曲长城村的钻头"不走运地"打穿了百米之下的坏水层，整个村庄的命运就此改写。

看似只是运气不佳的偶然，其实也有必然。

曲长城村域的水被污染得几乎不能用的那几年，刚好赶上国家退耕还林，村里人也就不种地了，壮劳力纷纷离乡到外地打工。当地人介绍，以前县里有不少企业，打工都不用去外地。

大概从 20 世纪 90 年代中后期开始，受环保政策影响，造纸厂、陶瓷厂、各类机械厂等众多效益可观但耗水严重、排污标准低的企业纷纷关闭，其中不乏张家口市宣化造纸厂这样拥有 4000 多名职工的大企业。

作为北京官厅水库、密云水库"两盆水"的上游，为了改善水质，张家口市不仅关停了几百家企业，还严格限制耗水量大的种植方式，对每亩耕地的灌溉水量作了严格限定。

同时，受京津两地"虹吸效应"影响，燕山—太行山片区内大量优秀人才和企业向外转移，各方面资源集中流入京津两地。

2005 年亚洲开发银行调查报告中提出的"环首都贫困带"，与燕山—太行山集中连片特困区所包含的区域基本吻合：在离首都不到 100 公里的范围内，25 个贫困县坐落在燕山—太行山两侧。

2012 年，一直处于京津冀发展洼地的燕山—太行山片区有了新的历史定位，迎来了命运转折。这年 10 月，由国务院扶贫办和国家发展改革委牵头组织编制的《燕山—太行山片区区域发展与扶贫攻坚规划（2011—2020 年）》获国务院正式批复，将片区定位为京津地区重要生态安全屏障和水源保护区、文化旅游胜地与京津地区休闲度假目的地、国家战略运输通道与重要物流基地、绿色农副产品生产加工基地、京津地区产业转移重要承接地。

规划同时要求，加大中央和国家机关、国有企事业单位、军队系统等单位对片区的定点扶贫支持力度。作为河北省农业农村厅产业扶贫办公室主任，带队帮扶全省最大的深度贫困村，严春晓与曲长城村的相遇，意味深长。

如何尽快让这方千百年来被桑干河滋养浸润的土地重新焕发活力？显然，水是曲长城村发展绕不开、也是村民们最迫切需要解决的问题。

时间紧迫，严春晓马上通过各种渠道打听，哪里能请来找水的专家。终于，通过省委党校中青班同学，他找到了省煤田地质局水文地质队队长、正高级地质工程师齐俊启。

当勘测完得到"每小时出水不低于 30 方"的保证后，严春晓虽然不敢相信，但脑子里还是迅速算起了账："一个人一天生活用水大概 100 多升，3000 人一天 300 多方，一眼井一天出 10 个小时水，就够全村用了，而且还有人不在家呢。"

打井的地点，最后选在了村南襄山半山腰，海拔 1020 米，比村子高出 140 米。消息一出，村微信群里"炸锅"了。

"水往低处走，半山腰打井纯粹瞎胡闹！""30 年了啥法子没想过，都没找到好水，他一个娃娃脸懂个啥?!"……

众人不知道的是，由于村庄范围内水质已经全部变差，要找好水只能另辟蹊径，从山腰缝隙中的"天然水库"取水。严春晓反复求证、再三权衡，还是决定把"宝"押在专家身上："为了全村 3000 人的命，没得选择，干!"

然而到了 5 月中旬，打井的事进行不下去了：为治理长期以来的地下水超采问题，打井取水的审批权很快将由县级上调至省级，期间一切新的打井审批暂停。一面是河北省地下水位止降回升任务紧迫，需要拿出实际成效；一面是脱贫任务完成期限越来越近。曲长城村的百姓近 30 年盼好水而不得。眼瞅着开工只差临门一脚，却卡在了这个节骨眼……

一边协调打井取水的事，另一边严春晓还操心着村民成群结队上访的事。公开接访这招很见效。最初几周，村民们纷纷到工作队驻地反映问题，严春晓和驻村工作队员也有针对性地入户走访，了解情况，宣讲政策，查证核实。慢慢地，反映问题的村民越来越少。

为了让更多村民全面了解国家精准扶贫政策，支持村里重点工作，减少信息不对称带来的被动，严春晓不失时机地与村"两委"商量，对村民微信群进行规范："要以党报党刊的标准来要求，用正能量去挤压负能量。"

看到村里一些老人无人照应，严春晓在群里提醒："孝敬老人是儿女应尽的义务，希望子女们多关心一下老人的生活。一点儿不打算管吗?"

立马，就有人跳出来了："你这样说就不对啦。你是城市人不了解农村人。儿子想给老人钱，可媳妇要为这闹离婚你说咋弄?""我们回不去，你去看看我妈的房子漏雨了没。"……

过了没几天，还真有几个村民敲开了老人们的家门，一进门就忙着扫地、擦玻璃、给院子拔草，临走时还特意问老人，有没有什么东西需要帮着代买。这样的事，之前在曲长城村从未有过。

主动上门帮老人做事的，是严春晓提议组建的爱心志愿者团队。招募志愿者的消息在微信群里一发，就有13位村民报名，其中唯一一名男士、在村里开了28年理发店的冯兵被大家推举为队长。之后，每月初一、十一、二十一，志愿者们都约定到各自住处附近的老人家中帮忙做事。坚持换来了理解，孝老爱亲的风气逐渐在村中形成……

经过4个月的取水政策调整，曲长城村终于迎来了第一拨打井施工队。没料到地势复杂，钻头没钻几米，就被软土层卡住了，只能把钻头拉上来接着打，又卡住、拉出、再打……来来回回折腾4次，直钻到36米深，钻头再也拔不出了，连钻头带井，整个儿废在了半山腰。

好说歹劝下，第二拨施工队硬着头皮来了，前前后后现场勘查好几回，犹犹豫豫半个月后，硬是没敢答应。在一次次希望与失望的循环中，天气越来越冷，曲长城村迎来了又一个寒冬。

北风呼号中，第三拨施工队拉着传统设备进场了。冬季的襄山干冷难耐，温度接近零下30摄氏度。头一天干活，从天还没亮一直干到天黑，12个小时只打了半米深。工人们受不了刺骨的寒冷，陆续离开，只留下老板王素文一人进退两难。

"兄弟你受苦了，这眼井是曲长城村的命，咱们这是在为3000人造福，一定要坚持啊！"严春晓又一番好说歹劝，每天自己下厨，往返14公里山路给王素文送饭，硬是把他按在了襄山工地上。

22天后，传统设备完成使命，大设备再度进场。2019年1月2日，在冯兵理发室里等着理发的几个村民，突然拔腿就往门外跑：村南襄山打出水的消息，已经在3个村民微信群里刷屏了。视频、语音、文字、表情消息一茬接着一茬，村民们纷纷往群里发着"大拇指"。曲长城村的第4个微信群"关注支持老家发展群"也沸腾了，在外地打工的村民一次又一次地确认着消息："真的吗？真的出水了？"

半山腰的水井早就被村民围得水泄不通，水泵抽水的机器轰鸣声、山泉水的哗哗声、人们兴奋的欢笑声混成一片。大家拎着各式各样的水壶、水桶挨个儿接水，提回家用锅一烧，一点儿白碱也没有！随后的检测报告显示，水质各项指标全部优秀，其中锶含量 0.29mg/L，达到矿泉水标准。曲长城的水质一下从全县最差变成了最好。

过了腊月，春节接踵而至。这一年，曲长城村的春节格外热闹，正月里从初四到初六，从十四到十六，前后举办了 6 场联欢会。元宵晚会那天飘起了雪，但雪花丝毫没有融掉观众们的热情：十里八村的舞蹈队纷纷汇集到曲长城村，村民们自编自导自演，锣鼓喧天，舞狮腾挪，大家都说时光像是倒流了，多年没有的热闹又回来了。

一眼甘泉，开启了曲长城村追赶乡村振兴头班车的加速度。如今，"冷凉地区特色精品产业示范园区"已在曲长城村成熟运营。

一年时间，400 亩荒芜的土地被开垦出来。皇菊、玫瑰、观赏花海，加上苹果、草莓、福枣，组成了村里产业的"三花三果"。原先一家一户自由耕作的 1600 亩土地，在村"两委"号召下，统一种上了优质张杂谷，形成高附加值产业和传统优势作物相映生辉的业态。

在河北省农业农村厅支持下，曲长城村还建起菊花烘干坊、果品保鲜库、谷物加工厂，实现了"育苗＋种植＋采摘＋加工＋包装＋营销"的全产业链生产，从头到尾都是曲长城村人唱主角。

那两年，村集体合作社也得以规范运营。产业园区用工优先安排本村贫困户。2020 年通过集体资产出租、专业合作社分成、资产收益二次分配等途径，全村人均纯收入达 10317 元，比 2015 年增长 2.72 倍，带动建档立卡贫困户 521 户、1147 人增收。

心里有花，就一定能种出花；心中有美，就一定能发现美；心里有爱，就一定能传播爱。不到三年，曲长城苦咸水变富锶山泉水，断头路变发展致富路，土坯房变电梯楼房，荒草地变特色花果园，落后教育走向优质一流，上访大村变和谐新村……2019年年底，曲长城村高质量脱贫出列。如今，整个阳原县也彻底"摘帽"，农村贫困人口全部脱贫、贫困村全部出列。

2020年小雪前后，张家口市境内的桑干河迎来了册田水库的首次生态补水。随着水闸开启，黄河水沿着桑干河顺流而下，途经山西省阳高县以及河北省阳原、宣化、涿鹿、怀来等县区，最终到达怀来湿地。

据悉，这是张家口市通过"引黄生态补水"，落实"引用地表水置换地下水"的重要举措，意在通过统筹调配地表水资源，节约地下水资源，解决地下水超采问题，改善桑干河流域沿线地区水生态环境。

当地人告诉我们，如果是春天补水，桑干河周围还会引来成群的野生鸟类，在水面、河岸与半空中翻跹，其中多是从南方归来的候鸟。

近年来随着桑干河流域生态环境不断好转，越来越多的水栖候鸟选择在阳原境内歇脚、越冬，包括国家一级保护动物黑鹳、国家二级保护动物小天鹅等。

据阳原县自然资源和规划局统计，2016年以来，阳原全县营造生态防护林35.9万亩，其中人工造林15.2万亩，精准提升7.2万亩，封山育林13.5万亩。造林绿化的成效在田建光口中得到了直观印证："这五六年在高速公路上开车，'一路灰'已经被'一路绿'取代，刮的风也清爽干净了很多，再不是几年前'啪啪打脸'的'黄风'。"

这几年，为了保护地下水，阳原的许多村庄都通了自来水，每家每户的井基本上都闲置了。曾经毁了曲长城村的那眼坏井，也在克服重重施工技术难题后，被成功封堵，纠缠了村子近30年的悲苦终于告一段落。严春晓告诉我们："地下水是流动的，经过一两年雨水冲刷渗透，坏水层会被稀释，水质还会变好！"

村庄小传

曲长城村隶属河北省张家口市阳原县。阳原县位于河北省西北部，地处首都北京、煤都大同和皮都张家口之间，是黄土高原、内蒙古高原与华北平原的过渡带。曲长城村距阳原县城约 20 公里，芦大线公路当村经过，交通便利。村南恒山山脉南接涞源县白石山山脉，北靠桑干河，地理位置独特，自然风光秀美。

曲长城村是全县大村之一，村域面积 21.5 平方公里，地势开阔平坦，村民居住集中。村内有五街十巷，1139 户 3003 人。该村历史文化悠久，至今仍留存着明代城堡遗迹、古城门等建筑。据记载，该村原建一小堡，明嘉靖二十一年（1542 年）又建一方形大堡，堡墙曲而长，故名曲长城。据李泰棻编写的《阳原县志》载，阳原县"属代国为最先，邑以安阳为最古"，认为今曲长城即古之安阳邑，为阳原县最古之迹。《察哈尔省通志》也记载："曲长城在县治正南三十里，土筑，北近桑干河，明嘉靖壬寅年（1542 年）建。即代之安阳故城。西、北门各一。西门上外有字曰：宁静堡；北门上内有字曰：宁静屯。"但据《中国历史地图集》载，代之安阳邑故城即今之开阳，非曲长城。此说当确。

曲长城村耕地面积 7000 亩，荒滩荒坡 12000 亩，水浇地 5000 亩。曾经产业主要为传统种植业、养殖业、皮毛加工业。其中，种植业以玉米、谷黍、豆类等杂粮杂豆，及葵花、西瓜、花生等经济作物为主；养殖业以养羊为主；加工业以貂头加工为主。村里还有不少传统手工作坊，制作豆腐、香油、粉条等，但产业规模小，发展缓慢，村民增收困难。2018 年以来，该村建成了以皇菊、福枣、苹果、草莓为主体的特色产业示范园区，并引导发展千余亩优质张杂谷，建设集烘干、加工、保鲜功能为一体的加工厂。

目前，曲长城村的产业已从产中种植，逐渐延伸到产前育苗、产后加工、品牌打造、电商营销等。

富于特色的民俗文化也是该村一大特色。村里有"背阁""木偶戏"两个河北省级非物质文化遗产。其中，"背阁"作为当地舞蹈的一种独特表演形式，最具特色。"阁"用铁棍和木板制作，七至十一岁小孩站在横板上，胸前有一片弧形铁片，正好与小孩前胸弧度吻合。大人用布带把孩子上身和腿与架子捆在一起，然后化装、穿演出服。演出时，大人在下面，背着孩子边走边扭，带动上面的小孩也舞动起来，孩子则配合大人作出各种舞蹈动作。大人头部正好遮住后面露出的一节铁棍，所以从前面看，孩子仿佛悬在空中。"背阁"乐队的乐器、曲牌，则与踩高跷乐队基本相同。相传这一民俗是于明朝永乐年间由山西移民带入当地，至清朝末年已普及阳原十多个村庄。后来，"背阁"在大部分乡村失传，只有曲长城村将这一表演形式传承下来。现在，每逢春节等重要节日，艺人们都会受邀到当地镇、县、市参加演出。

甘肃 羊路村

千 年 牧 羊 路 　 半 部 村 庄 史

　　初入甘肃省民勤县苏武镇羊路村，土砖土墙土巷映入眼帘，浓厚的乡村气息扑面而来。这里的房子很有特色，高墙大院，家家户户都包围在四五米的土围之内。每家房屋结构、装饰风格基本相同，院门很大，一般为木门或铁门，讲究的人家会修一个门楼，看起来古朴厚重。村民们勤劳朴实，不论是新房还是旧居，院子都打扫得干干净净，农具摆放得整整齐齐，屋里土炕上被子叠得方方正正。

　　苏武镇地处民勤县城东郊，取西汉民族亲善大使中郎将苏武之名。据说，苏武牧羊之地即为羊路村附近的苏武山，早年水草丛生，适宜放牧。羊路村为当年苏武牧羊必经之路，故此得名。时至今日，苏武牧羊的故事仍在当地广为流传。

　　历史的痕迹深深印刻在羊路村的发展中。羊路村继承和弘扬苏武牧羊精神，大力发展现代丝路寒旱农业。矗立在苏武庙前的苏武牧羊雕塑气势威严、豪放，激励着羊路村群众奋发图强奔小康。正可谓"千年牧羊路，半部村庄史"。

　　看起来很普通的一个村落，近年来内部也在发生着深刻的变化。

羊路村特色小游园

村庄的变迁、农业的变革、农民的思想，值得走近、观察和思考。村委会门前有一篮球场，旁边还有健身器材。农忙的时候，村里的人们白天基本都在地里干活，偶尔会有几个大爷在村边玩牌，悠闲自在，像极了一幅和谐美丽的乡村画卷。近些年城市里兴起的广场舞，在羊路村也一样红火。村里的妇女热衷于跳广场舞，随时随地打开音响就能跳。人多的时候跳，人少也跳；晚上跳，早上也跳。农忙时候妇女要早起干活，有的人在田里就跳起来了，等到太阳一出来，再一头钻到地里干活，似乎早上的广场舞让她们更有干劲了。

如今的羊路村，90%的村民家里都装了无线网络，村民的文化生活除了看看电视，男人们喜欢上网看看新闻、视频，而微信和淘宝是女人们热衷的平台。他们常与外出工作或上学的子女通过微信视频联系。

在羊路村一提起许尔财，那是响当当的人物，大家都叫他许总。从乡亲们口中得知，许尔财小时候家境贫寒，文化不高，但凭借自己敢打敢拼的闯劲，如今已身家千万。

许尔财出生于1973年，小时候家里特别穷，可以说是村里最穷的一户了。16岁上初一那年，由于家里拿不出五块钱的学费，不得不退学。退学后就要干活，不然就要饿肚子。那时候他每天早上四五点钟就起床出工，给人家拉粪，要求不高，管吃就行，一干就是两年。18岁开始，他跟着别人卖苹果。19岁时，他开始琢磨生财之道。先是买了一辆破旧的飞鸽自行车，贩卖小食品。后来他发现当地农村种植蔬菜少，便做起了韭菜买卖。有意思的是，由于当时家家户户都很穷，真正用钱买韭菜的人很少，更多的是用骨头、废铁换。这样，农户把废弃的物品换到了蔬菜，他拿着换来的骨头、废铁去镇上换钱，还能赚的多点，也算是一个双赢的买卖了。再后来他买了一辆柴油三轮车，做起了载客生意。干了一段时间后，许尔财又有了新的想法。他与人合伙买了一辆2000多块钱的大车，从金昌那边的集市上收旧家具回民勤卖。后来又收了一阵子的黑瓜子。

24 岁时，许尔财贷款买了一辆货车，跟别人合伙从民勤县收粮食到武威市面粉厂赚差价。收购生意越做越大，许尔财换了一辆十吨重的大车。合伙生意不如自己干，一年多以后，他单干了。接着许尔财开始往县城发展，既收储粮食，又搞农副产品，主要是黑瓜子。

2007 年 10 月，他正式成立了现在的腾盛公司。公司起初主要经营黑瓜子、葵花子、葫芦子，以及玉米、葵花、小麦等种子。2016 年年底，许尔财决定投资现代农业种植。他流转了附近几个村子的 3800 亩土地，请县农技推广中心原主任作为技术顾问进行指导，建设温室大棚，种植蔬菜。与农户签订 12 年合同，每亩每年流转金 600 元。许尔财希望，公司能够逐步发展壮大，带领乡亲们一起致富。

羊路村经济是典型的农业经济，当地主导产业有大田粮食果菜种植、家庭养殖、设施瓜菜种植等。近年来，设施种植日渐发展成为羊路村农民增收致富的重要产业。劳务打工也是家庭收入主要来源，与设施种植一起成为羊路村的两大经济支柱。

羊路村村民勤劳朴实，善于经营，特色农业不断发展。从 20 世纪 80 年代开始，经历了制种玉米、黑瓜子、白瓜子、食葵、洋葱，到现在种植番茄、韭菜、酿酒葡萄、人参果、树茄等，不断探索、不断创新。

据介绍，瓜子、食葵等在当地多年连作，土传病害严重，市场也不太好，现在已经不种，但目前全国瓜子的收购、经销等基本上仍是民勤人在经营。人参果是村里大规模种植的特色品种，近年还引进了树茄。

好产品卖不上好价格，优势产品不能转化为优势价值，是当地特色农业面临的突出问题。一来在于市场培育不够，人参果市场主要在甘肃当地，陕西、新疆有部分市场。二来当地缺乏品牌意识，主要的水果品类没有形成优势品牌和市场辨识度。此外，由于没有行业协会，当地农户基本处于自发和散种状态，独自面对市场，没有技术、信息、资金、营销等方面支持，抗风险能力弱。2017 年之前，羊路村基本都是小农生产，缺少大户、合作社和家庭农场等新型经营主体。

2017 年开始，羊路村积极探索实践农村"三变"改革。采取"党支部＋企业＋合作社＋村集体＋农户"的模式，引进腾盛公司，集中流转土地 6000 亩发展露地蔬菜产业，建成投资 2.68 亿元的苏武现代农业产业园，2019 年 11 月被列为（第三批）粤港澳大湾区"菜篮子"生产基地，是武威市推行农村"三变"改革试点之一，也是 2019 年全国农业产业强镇示范建设的核心区之一。"三变"模式在羊路村尚处于探索阶段，目前总体运行情况不错，但毕竟是新生事物，需要预知风险并提前做好防范。

民勤地处沙漠腹地，治沙是民勤人与自然抗争的壮举。在农户家走访，大多能见到男主人，很少见到女主人，问了才知道她们是出去打工了，并且大多都是去种梭梭。

网格种梭梭是民勤人治理流沙的有效方式，我们跟着当地妇女来到治沙前线老虎口，亲身体验了种梭梭的过程。

先用麦秸将流沙分隔成 1.5 米见方的草方格，用来固定流沙，梭梭就种在草方格中。再在草方格中挖坑，需要挖到湿沙层，一般深约 50 厘米，为保证成活率每个坑植入 3 株梭梭苗，每个草方格种一窝。栽植后立即浇水，水是从十几公里外用灌车拉来的，每车 5 立方米水，能浇 200 多窝约 2 亩沙地。

如果没有遇到特别干旱和大风沙，通常梭梭就能成活，未成活的来年再补种。浇水车上有一小水泵，连着一条长长的塑料管道，由五六个人扛着，一人把控管道出水口，一窝一窝地浇水，直到一车水把 2 亩多地浇完。

对这片风沙肆虐、茫茫四野的荒原来说，绿色是最稀缺的颜色，但在历史上，这里可完全不一样。在老一辈的讲述中，民勤曾是水波浩淼、水草丰美的滨湖绿洲，土沃泽饶，可耕可渔。直到清末，这片土地上的湖泊依然星罗棋布。

但是，随着气候条件的大变迁、人口增加和人类活动范围的扩大，再加上人类对土地资源的不合理开发，石羊河上游的垦区拦蓄引水，气候越来越干旱，湖泊和水域早已不见了踪影，绿树芳草成了梦里的故园，民勤生态环境处于崩溃的边缘，反而成为全国乃至全球最干旱、荒漠化危害最严重的地区之一，全国四大沙尘暴策源地之一。

如何在沙漠中求生存、谋发展，如何重建绿色家园，民勤县从上到下下定决心要把防沙治沙和生态治理搞上去。

羊路村也有不少沙地，村里人告诉我们，全村有耕地不到 3000 亩，却有沙窝地近 1 万亩。羊路村的村民，就这样日复一日地在风沙里奋战、在老虎口种梭梭。来的以女人居多，她们自带干粮，住帐篷，在沙漠深处一干就是 50 多天。头巾是女人们必不可少的装备，不仅挡风防寒，还可以防沙护脸保头发。种植 1 亩梭梭投入约 1000 元，包括草方格、种植、浇水，女人们按工程量和质量获得报酬，每天收入在 120—150 元。

通过近 30 年的努力，羊路村的沙地上已长出梭梭和沙枣，大多流沙已经固定住。

种下梭梭就是种下绿色，种下绿色就意味着种下希望。据统计，全球从 2000 年到 2017 年新增的绿化面积中，约 1/4 来自中国，贡献比例居全球首位。"十三五"期间，中国累计完成造林 5.45 亿亩，全国人工林面积扩大到 11.9 亿亩，中国成为全球森林资源增长最多和人工造林面积最大的国家。经过几十年持之以恒的努力，大西北的黄土地带正在以肉眼可见的速度披上绿装、焕发新姿。

干旱缺水也严重困扰着民勤县的生活和发展。这里年平均降水量为 113 毫米，蒸发量却高达 2646 毫米。人均水资源占有量仅为甘肃省的 1/3、全国的 1/5、世界的 1/8。

到我们 2018 年调研时，羊路村农民家里都安装了自来水，但是用水量、用水时间都严格限制，农村生活用水定额每人每天 40 升，每 5 天供水一次。所以，每家每户门前都有一个半地下封闭式储水窖。

吃水难，生产用水更难。羊路村降水量太小，且基本为无效降水，所以农业生产全靠灌溉。村里以河灌为主，井灌补充，属于石羊河下游三干灌区配水范围。

我们查阅了灌区水管站 2017 年水资源分配方案，羊路村配水面积 3195 亩，总配水量 132.95 万立方米，平均亩配水量 416 立方米。全年配水 9 次，第一次为安种水，大部分在头年冬季封冻前，其他的在来年开春后 3—4 月，主要是因为轮灌时间有先后。5—8 月，每月配水两次，分别从 1 日和 15 日开始。据村支书张总元介绍，实际操作上，以小麦为例，河灌水浇 3 次，分别为安种水（封冻前冬灌或春灌）和夏天中后期的 2 次浇水。

张总元告诉我们，现在用水负担太重了。农户通常每亩需灌溉费 300 元左右。用水成本太高，尤其是近两年粮食价格较低，种地本就不赚钱，农民难以承受。

村里灌水有河灌和井灌两种。河灌在支渠出水口计量，一个支渠管 3—4 个村，水费按计量总水量分摊到配水面积收取，一般一次 40 元 / 亩。井灌实行智能刷卡，按照电量计收水费。每用 1 度电约抽 4 立方米水，收 1.5 元，其中包含电费 0.4 元、水费 1.1 元。如 1 亩地灌水 400 立方米，需要电费 40 元、水费 110 元，共 150 元，超量用水水费将按超额加价。

张有礼是羊路村的老村主任，2000 年前曾连任 7 年。老主任说，以前村干部最头痛的问题是收农业税，现在是灌溉用水。一是用水负担重，灌溉用水成本基本人均600元，亩均300元，种地效益还不如以前。以前是地下水不收费的年代。现在用水成本已经全面超越化肥、种子等，在种地成本里排第一位。二是配水时间不匹配。村里都是河灌、井灌两套系统，很多时候需要灌水时渠里没水，农民只能自己刷卡抽地下水灌溉，可能刚灌水5—7天，河灌渠里来水了，也必须灌，否则下次井水也不让用。三是用水程序太麻烦。一年平均用水9—11次，水管站实行按次管理，每一次都要申报用水计划、审批、放水、收水费等，费神费力。据水管站介绍，现在民勤全面实行用水计划申请书制度，用水程序为：用水户提出申请—村农民用水者协会加注意见—乡水资源办公室审核批复—水管单位依据轮次水量分配方案确认—刷卡充值—取水，前后6个环节，意在加强对地下水资源使用的管理。

水权交易是同一个灌区内，不同用水户之间水权的转让。水权购买方在征得出售方同意后，按照水费标准向水管部门缴纳与交易水量相应的水费、水资源费和其他各项费用后，获得相应额度的水资源使用权。羊路村成立了用水者协会，村支部书记兼任会长，报酬100元/月，村主任兼任副会长，报酬80元/月，由水管站支付。用水者协会主要职责就是报用水计划、分水、收水费、看护灌溉设施、组织渠道清沙等。

水这么金贵，当地也在大力推广节水措施，主要有五种：一是封井减地，二是定额管理，三是控制高耗水作物种植，四是发展节水灌溉，五是采用节水技术。

节水技术一是喷滴灌水肥一体化。羊路村设施温棚、酿酒葡萄等大多配有滴灌设施和施肥设备，供港蔬菜基地安装有固定式喷灌。二是大田作物如玉米、小麦、食葵等全都是地面灌溉，但都普遍采用了地膜覆盖保墒措施。调研期间，田间刚刚开始化冻，覆盖地膜的地块逐渐变软，揭开地膜可以看见明显的湿润土层。据介绍，这是前一年种植留下来的残膜，可以让土壤保持 50 厘米厚的湿土层，开春后直接播种小麦，不用再春灌。

羊路村的红白喜事相对简单。婚事只办一天，新娘子用小车迎娶，上午到达婆家，中午吃过酒席大部分人就会散去。婚宴一般安排在家里或镇上酒店。丧葬仪式一般持续三天，即入土前三天。

入土日子由道士算好。第一天，选地挖墓穴。需要亲朋邻居八人帮忙，管吃住。第二天，悼念。由道士带领六人的队伍做法事、念经、吹喇叭等。第三天，入土。一般去世至入土不超过七天。婚丧嫁娶村里随份子，本村邻里一般不超过 100 元，直系亲属、亲朋好友等会多一些。

民勤县村村有卫生所。原镇卫生院大夫，55 岁的张克勤承包了羊路村卫生所，并排开在村委会旁边。村民生病一般都来卫生所，每天二三十人。一方面，村民可以使用医疗卡报销部分医药费；另一方面，医务室的医生更专业一点。村里人一般头疼脑热、打针输液都可以在村里解决，十分方便。

羊路村卫生所只有张克勤一个医生，一步都不能离开。卫生所基本每天都开门，有时候晚上睡觉也有人来看病。对于有些腿脚不便或者突发病情的村民，他还提供上门服务，适当地收取一些服务费。张克勤在为村民提供基本医疗服务方面发挥了重要作用。

羊路村的老人一般老两口搭伴居家养老，自己生活不能自理了才会由子女赡养。村里年满 60 周岁以上的老年人，可以按月领取 90 多元的养老金。村里有 5 位没有子女且生活不能自理的老人，村委会协调把他们送进了县敬老院，养老费用由县财政负担。

苏武镇建有一个新型农村社区，类似城市里的小区，家家通有自来水、天然气和地暖，占地面积 187.2 亩，面向全镇务工人员、乡村百姓出售。

第一期共建 23 幢楼 688 户，羊路村有 66 户在这里买房。这种社区是公租房项目，类似保障性住房，房子价格也相对比较便宜。购房户还可以从政府低利率贷款 10 万元，20—30 年还清，可以说是几乎不用掏现钱就可以拿到房子，相当实惠。这里离苏武镇较近，很多农村的小两口会选择在这里买房结婚。一到冬天不种庄稼了，一家人便搬到社区里住；等到春暖花开要春播了，一家人又回到村子里。

"将孩子培养成大学生是我们的传统，我们就是砸锅卖铁，也要让自己的孩子有文化。"这样的观念在民勤人民心里是根深蒂固的。民勤人民历来重视教育，羊路村也是如此，羊路村有浓厚的尚学传统，对此几乎每个人都感到自豪。大街上到处可见"勤朴坚韧，尚学求真"的标语，让人们感受到当地人对教育的重视。

羊路村没有一户因家庭困难不让孩子上学，村里农户受教育程度普遍较高，很多五六十岁的农民都是初中、高中的教育程度。

高等教育是农民家庭的主要负担之一。一个在读大学本科的孩子，每学年学费 5000 元，住宿费 1000 元，生活费每月 1000 元，一年下来就是 1.5 万元。村委曾文书家里两个儿子，一个在天水师范学院学习电子信息工程专业，一个在天津城市学院学习建筑装饰工程专业，一年下来学费和生活费大约需要 2.5 万元。曾文书在村里要负责村委会和党支部的很多具体工作，无暇再出去打工赚钱，夫妻俩年收入 2 万元左右。尽管这样，家里仍然全力支持孩子上学。

中小学的变化，直接反映着村民对教育的重视程度，在生活水平提升的基础上，为孩子创造更好的教育条件。随着村里学生人数的减少，羊路村的中小学校发生了几次变迁。在 1997 年之前，羊路村有自己的小学，初中在中沟村。之后的 20 多年，村小学有合并，乡初中有搬迁、换址，学生也都跟着流动。目前，小学都安排在苏武镇上，初中可以在镇上的新河中学，也可以在县里的五中、六中上。高中基本集中在县城。

多年来，羊路村有相当一批年轻人通过考学在不同的地方、不同的岗位工作，实现了自己人生的跨越。但是，今天的乡村，越来越多知识程度高的年轻人离开，年轻力量的缺乏，知识技能的缺乏，是乡村人才振兴面临的最大困境。鼓励吸引优秀年轻人返乡创业，同时重视对现有本土人才的教育培训，才能更好地助力乡村振兴，极大提升乡村发展水平，吸引更多的人才参与到乡村振兴中来。

村庄小传

甘肃省武威市民勤县，地处河西走廊东北部、石羊河流域下游，东西北三面被巴丹吉林和腾格里两大沙漠包围，是"沙漠中的绿洲"。民勤县苏武镇羊路村正处于沙漠与绿洲的交界。民勤县苏武镇羊路村位于民东公路 13 公里处。

羊路村辖 8 个村民小组，户籍人口 304 户、1145 人，常住人口 570 多人，现有耕地面积 2588 亩。张姓是羊路村第一大姓氏，共 83 户，主要分布在 1、2、3、4 社；其次是曾姓，53 户，主要分布在 2、3、4、6 社；李姓有 48 户，主要分布在 3、5、8 社；许姓有 44 户,7 社全社都姓许；姜姓有 13 户。村里还有田、王、付、仲、崔、姚等姓。

羊路村得名由来已久，汉朝时就有这个名字，与西汉中郎将苏武有关。当地仍然保存有古时"汉中郎将苏武牧羝处"的石碑。羊路村所在的乡镇原来叫羊路乡，2004 年，羊路乡与邻近的新河乡合并，更名为苏武乡，更彰显了当地人民对苏武的怀念之情。附近的苏武山上原有苏武庙，据说庙内有苏武及西汉名臣金日磾、明代将领马昭等 16 人塑像。据《明一统志》记载，该庙至迟建于明崇祯十二年。苏武庙著有碑文："高山仰止，勒石俨然，上多美景，下有飞泉。名花勃勃，芳草绵绵。古祠高树，黄河盘旋，吞毡卧雪，皓首苍颜。羊归陇上，雁断云边，持旄节而不遗，叹帛书之难传。回日原非甲帐，去时乃是丁年。老骨侵胡月，孤忠吊南天。白亭留芳名，麟阁表云烟。一生事业，谁敢争先。"苏武庙于 1958 年拆毁，近年恢复重建。

羊路村村民房屋以土砖土墙土巷为主。土围是由泥土加茅草夯实而成，大多为三进院落：一进是正房、客厅和厨房（基本在11—12 间房），二进是杂物房兼库房，三进是有墙无顶的羊圈鸡舍。房顶低于围墙，通常是平顶，由泥土抹就。各户房屋相邻而筑，一字排开，沿街巷排布整齐。

羊路村有一个历史遗迹，人称"张参谋堡"。"张参谋堡"是一个高墙大院、四方土墙、规模恢宏、气势非凡的"大庄子"，夯土版筑的院墙，四四方方；高约十余米的墙头上，垛口参差；四角的碉楼虽已毁损，但角楼的痕迹依然看得出来。从外观上来看，整个庄园保存较好，形制规整。历经半个多世纪，仍墙体完好，风采依旧，当日的辉煌可见一斑。张参谋为本村民国时期人物，早年在日本留学主修建筑，民勤县著名的"瑞安堡"就是其设计的。后投入西北马家军，任武威驻军参谋，人称张参谋。后回家乡按照瑞安堡的规制设计修建了张参谋堡。据说张参谋因与当地地主乡绅产生利益冲突，最后惨死在乡绅的私牢里。"文化大革命"时期，张参谋堡成为人民公社驻地，后来又临时作为公社武装部的弹药库。至今正面门洞的匾额上"为人民服务"五个大字还清晰可见，染着斑驳的红色。门洞左侧的前壁上，用白灰写着一行标语，"军民团结如一人"的内容依稀可辨。张参谋堡边上以前还有一著名遗迹羊桥……羊桥、羊路，苏武牧羊，真可谓"千年牧羊路，半部村庄史"。

　　羊路村"两委"由 10 人组成，村干部有村党支部书记兼村委会主任李进元、村委会副主任曾凡新、村专职文书陈娇、村务监督委员会主任田志元。此外，镇上还派了包村干部吴雪兰，指导羊路村"两委"开展工作。

河北 李家庄村

"红"与"绿"的奇妙交响

李家庄村，是河北省石家庄市平山县岗南镇的一个村庄。村名看似普通，却有一段不普通的历史。这里与西柏坡村直线距离仅有 2.5 公里，是中央统战部旧址所在地。

据碑文记载，李家庄村源于明代初期，因李姓者首居而得名，后谷氏相继迁入并宗嗣兴旺，但仍沿用原村名"李家庄"，后刘、史两姓又陆续迁入。李家庄村人历来尊师重教、知书达理，是当地有名的文化村。清光绪三十三年（1907 年），村人谷瑞即开始兴办学校；村人谷正直是清末秀才，后被委任为平山县第二高小校长，桃李满天下。

1937 年，李家庄村成立了中国共产党的党组织。随着革命形势的发展，李家庄村党组织不断发展壮大，解放前党员已达 70 多人。战争年代，李家庄村共有 110 名青壮年参军入伍，22 人为国捐躯，民工支前 3000 多人次，缝制军鞋 2000 双、军衣 1000 余件，碾磨军粮 5 万斤，为中国革命的胜利作出了重要贡献。

1948 年，中央统战部在定址时选择了这里。1948 年 4 月至 1949 年 3 月，毛泽东、刘少奇、周恩来、朱德、董必武、陈毅等老一辈无产阶

李家庄村一景

级革命家在李家庄村与各民主党派和无党派人士恳谈友谊，商谈国是，进行新政协的筹备工作，奠定了中国共产党领导的多党合作和政治协商制度的基础。

一个小小的村庄，有幸与中国的红色革命史结缘，已是极大的幸运。而李家庄村不仅有"红色"缘分，还有得天独厚的"绿色"优势。李家庄村三面环水一面靠山，是石家庄市的生态涵养区，景色秀美、空气清新，夏季气温较石家庄市内低 2—3℃，适宜周边市民消暑休闲。

然而，在多年之前，"红色"积淀和"绿色"资源，也并没有让李家庄村的村民们过上富裕的生活。因为这里贫瘠的土地，村民们只能背井离乡，外出打工，勉强度日。

转机出现在 2015 年，李家庄村被河北省列入西柏坡美丽乡村片区建设重点村，开始实施美丽乡村建设，挖掘整理红色文化特色和山水资源特点。村庄得到了整体升级改造，蜕变成具有太行风情的红色旅游山村。

"没想过有生之年，还可以生活在这么好的环境里"

如今走进李家庄村，沿着村内道路拾阶而上，就可感受到这里街道整洁、花木错落、鸟语阵阵、花香袭人。

村民们对现在村庄的环境也都十分满意。一些年长的村民告诉我们，没想过有生之年，还可以生活在这么好的环境里。

曾经，李家庄村的环境实在让人挠头。"垃圾靠风刮，污水靠蒸发。"没有垃圾和污水处理设施，垃圾遍地、污水横流，严重影响村民的生活环境。村民们说："建设美丽乡村之前，村里没有一条像样的路，全是土路，坑坑洼洼，晴天一身灰、雨天一身泥。污水横流、垃圾遍地，路边到处都是柴禾堆、猪圈鸡窝，很不美观。别说外村人，就连俺们自己都感觉太乱太脏了。"

如今的李家庄村，可以说是大变样。无论是从改善村庄环境来看，还是从全面提升群众生活品质来看，都在经历着深刻的变革。

近年来，李家庄村在农村改厕方面做了不少工作。村支书刘树彦介绍："以前街上茅坑比民房多，每家都有茅房，有的一家还建有两三个。"2015 年开始，李家庄村对全村 80 多户厕所都进行了改造，拆除大街上的死茅坑、旱厕，根据各自的条件改造成水冲式厕所。有的村民还把厕所挪进房子里，按照民宿标准进行装修，配套了单独的卫生间和淋浴设施。

在我们走访的每个农家院里，客房、卫生间都是星级宾馆的标准，卫生间有盥洗台、淋浴间、坐便器，有的还配上浴霸取暖装置。到村民王志刚家时，他已对两间客房进行了标准独立水冲式卫生间改造，正在改造另外两个房间。说起厕所改造前后的变化，他说："厕所一改，村里住的条件和城里也不差啥了，干净卫生了，冬天上厕所也不怕冷了。"

那改造厕所的花费高不高呢？王志刚告诉我们，改造一个厕所大概需要 3000 元，包括装修施工费 1200 元左右，购买抽水马桶 500 元、电热水器 1300 元。他说，如果仅自己家用，不一定非得建造这么好的厕所。但开民宿、接待游客，这样的厕所改造是必需的，游客住着舒心，才会有源源不断的客流。

地区分散、人口数量较大、收集难，这些都是农村污水处理中的难题，也给环境造成了污染。近年来，农村污水的处理问题也越来越引起重视。

我们每到一户村民家，都会和他们聊聊农村污水的问题。过去，没有统一成网的管道，村民们大多随处泼洒污水，厨房洗涤水、洗衣机排水、淋浴用水等各种污水混杂在一起，四处横流。一到夏天，村里到处弥漫着酸酸臭臭的味道。

如今，走在李家庄村的大街小巷、房前屋后，不仅看不到任何污水，也闻不到任何异味。

因为曾经饱受其扰，在美丽乡村建设中，李家庄村对污水处理问题进行了充分考虑。统筹项目资金，铺设 1.2 万米污水管网，建设了污水处理中转站和污水处理终端，消化处理污水的能力按照日接待 2000 人标准设计。经过处理后的污水，还可以用来浇花浇树、喷洒路面。截至 2017 年年末，李家庄村生活污水处理率达到 90% 以上，畜禽养殖污染治理和废弃物综合利用率达到 90% 以上，有效保护了环境。

推进美丽乡村建设后，村里的垃圾也不再是随便乱丢乱倒了，而是定点投放、集中处理。村里设置垃圾箱 150 多个，专门整理出一处填埋垃圾的空地，村民垃圾定点投放，村里每天收集处理。我们也发现，在垃圾处理方式上，简单填埋存在污染环境的隐患。

村负责人介绍说，因为目前村里大多是生活垃圾，填埋后会自热腐熟沤肥，不会产生次生污染。村里也希望能够有更先进的垃圾处理设施和处理方式，但缺乏足够的资金支持。我们感到，随着美丽乡村的深入推进和旅游业的快速发展，来李家庄村住宿旅游的游客会越来越多，产生的垃圾和垃圾的种类也将更为复杂，村里应提前做好应对准备。

"住上一夜，才能真正感受乡村的安静和舒心"

1959 年，为修建岗南水库，使滹沱河下游人民免受洪涝灾害之苦，李家庄村村民响应号召，离开祖祖辈辈居住的土地，从富庶的瓦口川河口整体搬迁到现址。搬迁后，村里土地人均不足 4 分，而且都是沙石坡地，十分贫瘠，平均亩产不足百斤。同时因为这里是水库水源地，周围严禁工业、畜牧养殖业和地产开发，加上交通不便，导致李家庄村一直发展比较缓慢，经济相对落后。2015 年，全村人均收入仅 5250 元，青壮年劳动力主要靠外出打工谋生。

2015 年，李家庄村抓住国家推进美丽乡村建设的有利契机，积极申请项目，被河北省列入西柏坡美丽乡村片区建设的重点村。委托天津市城乡规划设计院编制了美丽乡村发展规划，深入挖掘整理红色文化特色和山水资源特点，重点实施"环境整治、民居改造、基础建设、产业发展、旧址复建"等工程，对村庄进行整体升级改造。拆除违章建筑、猪圈鸡窝，清理垃圾，硬化路面，建设公共绿地。实施村庄美化，聘请河北师范大学美术设计学院等规划设计单位，对景观设施、旅游设施、文化元素进行设计，打造 31 户星级农家院和 1 条特色美食街。

乡村变美了，旅游业就有了发展基础。李家庄村还积极发展与乡村旅游相配套的传统手工业，扶持村里农户发展豆腐、香油、粉条、石磨面、烧酒等特色手工作坊，引进中国文化纪念品开发企业，开发老粗布、剪纸等旅游纪念品。

发展乡村旅游说起来容易，但真干起来，如果没有经验，有时也难免会走弯路。老百姓的积极性"伤不起"，一旦经历失败，就很难让大家再相信村"两委"谋定的发展路径。为了避免走弯路，李家庄村引进了专业的旅游开发企业荣盛集团，建设特色旅游小镇。

荣盛集团将李家庄村十多座闲置农家院升级改造为特色民宿，以此为示范带动乡村旅游。依托李家庄村中央统战部旧址所在地的优势，建造精品农家院荣馨院子，成为全域旅游接待中心。还建造了荣逸乡村客栈，可以承担大型接待任务，已经成为石家庄市旅发大会的承办场馆。

受益于乡村旅游产业的蓬勃发展，2016 年，李家庄全村人均收入 1.1 万元，2017 年达到 1.6 万元。以前，村里很多人在外地务工，留下来的大多是老人和小孩。现在村子变美了，就业机会增多了，一些人陆续开始回村创业。

村民谷文朝夫妇之前一直在石家庄打工，自从村子开始改造建设后，二人就回到家乡，参与起农家院经营。谷文朝将自家的老院租给荣盛集团，每年可获得 3 万元收益；老伴被招入荣盛集团工作，有固定收入。他们还在村里开了个小店，从事石磨面粉加工生意。一年下来，夫妇俩在村里工作经营收入有 9.6 万元，比之前打工收入高出 3 倍还多。

如今，像谷文朝这样返乡的人达到 40 余人，他们都积极参与到村里的乡村建设和旅游建设中来，为村子作了贡献，自己也得到了收益。

在李家庄村，旅游发展的效果是显而易见的。顺着村口的柏油马路往村里走，不出几分钟，一排排精致的农家小院就映入眼帘。在旅岛农家院，老板谷国才正在厨房里忙活着，为预订客房的游客准备丰盛的大餐。他边忙边说，开农家院以后生意一直不错，有时一周得接待几百号游客。

到李家庄村旅游后，有游客这样写道："在这里住上一夜，才能真正感受乡村的安静和舒心，可以去参观中央统战部旧址，可以沿着登山道爬到山顶，也可以到岗南水库游玩。但就算什么都不做，就在村里随意走走，或者在小石凳子上闲坐，同这里的村民聊天侃大山，也是很惬意的。"

未来，依托红色旅游资源和太行山独特的山水风貌，李家庄村将会继续大力发展以红色旅游和休闲观光为主导产业的新型旅游。"旅游休闲区""特色美食区""太行风情文化区""怀旧住宅区""商业步行街"五个板块逐渐成型，滨水观光道、登山漫步道、生态菜园、垂钓场等景观游玩设施布局其中，观光采摘、手工作坊等产业也逐渐兴起。

红色印迹，代代相传

在村里的这段日子我们发现，李家庄村民风淳朴，村民朴实大方、仁义豁达。村里人告诉我们,在中央统战部等中直机关驻村期间,李家庄人像对待亲人一样热情接待民主人士和党的工作人员。村民谷涌和弟弟谷志将自己的房子让给中央统战部使用。房子还不够,村民们有的献出大梁,有的献出椽子,有的献出檩条,与中央统战部工作人员一起动手建房。

而在发展产业、整治环境的过程中,除了良好的乡风传统,强有力的村党组织更是发挥了重要作用。

在李家庄村这几年的发展中,村支部当家为村民做主,发挥了显著作用。李家庄村"两委"通过严纪律、立规矩,在美丽乡村建设中推行"硬杠杠":从整村改造做决定、制定方案到启动实施等各项重大事项,一律由党支部领导、集体研究决定,定期召开党组织会议、村"两委"联席会议,集体商量村级事务,并通过党员大会、村民代表大会、全体村民大会,让党员群众广泛参与村内事务。

就拿发展乡村旅游产业来说,在发展农家院的过程中,李家庄村引进了荣盛集团。刚一开始,需要选10家农户和荣盛集团签约,由荣盛集团租赁农户的院落经营。对这个决定,村民们最初很不理解,有的怕和大公司合作会吃亏,有的怕若干年后院落收不回来,结果没人愿意做"吃螃蟹"的人,事情胶着起来。

在这种情况下,村干部走家串户、苦口婆心地给村民做思想工作。村党支部书记刘树彦率先拿出自己家的院落,第一个与荣盛集团签约,消除村民顾虑。其他村干部和党员也带头签约,发挥示范引领作用,带动村民纷纷行动起来,李家庄村的农家院才迎来了如火如荼的发展。

在发展产业时,李家庄村党支部更是冲在前头,带领群众进行旅游开发和农家院经营,成立了绿岛农宅旅游专业合作社,实行"企业+党支部+合作社+农户"的模式。这种模式把党的政治、组织和群众优势,与企业的市场、资金优势和专业合作社的组织化、标准化等方面的优势有机结合起来，以支部为纽带，使企业、农民专业合作社和农户形成利益共同体。

推进乡村人居环境整治也是这样。为了村庄环境干净整洁，需要拆掉村民建在路边的猪圈、鸡窝、厕所，面临很大阻力。这种情况下，又是村委成员、有着42年党龄的谷文朝第一个拆掉自家的猪圈。在他带头引领下，拆迁工作顺利推进。

在李家庄村我们发现，一个强有力的党支部不仅能凝聚起村民们发展产业的向心力，改善村民们的物质生活，在提升精神生活水平方面也发挥着不可或缺的作用。

在李家庄村的村民中心和村广场上，都能很显眼地看到村规民约，对村里土地、建房、卫生、公共设施、社会秩序、村风民俗、产业发展进行了约定。村"两委"还积极发挥老党员在村民中威信高、带动强的作用，倡导良好乡风。

老党员谷文朝经营了一家小饭馆。在饭馆里，有一张特殊的"告示"，上面写道："对村里生病卧床不起者、走路不便者免费送饭上门，管吃饱、吃好，一天收费7.5元（早、晚各2元，中午3.5元）。"

我们问老谷张贴"告示"的初衷。老谷讲起了自己遇到过的一件事，有村民和老母亲一起生活，母亲因生病长期卧床，这个村民要在家照顾母亲，就没办法出去找活干，生活十分困难。老谷得知后，就想免费给他送饭。但村民过意不去，虽然接受了老谷的好意，但执意要给饭钱。老谷想，一定还有类似情况的村民，于是就想了这个办法，象征性收取一点费用，又能让大家吃饱吃好。

在村"两委"的积极倡导和老党员的带头下，老区淳朴的民风在李家庄村扎根茁壮。这些年，村里偷盗现象基本不存在，打架斗殴也很少，在村里路上走着，可以看到家家户户院门都是敞开着。

村民们白天各忙各的，张罗自家的"农家乐"或者小作坊，在村里几乎看不到游手好闲的人。晚上，大家就聚集到一起，跳起广场舞。随着生活水平的提高，村民们也越来越会享受生活，不仅自发组织了一支跳舞队，平时在村广场敲鼓、跳舞、扭秧歌，还有爱唱歌的村民，自己买了电子琴组建唱歌队。村里家家户户都忙着过红火日子，打牌的也很少。

总结李家庄村的发展经验，可为我国革命老区村庄建设提供经验。李家庄村的特色明显，发展制约也同样突出。山区、水源地生态涵养区、限制开发区、人少地少地力薄，如果从传统农业的角度来看，李家庄村几乎没有发展前景，这也正是村子过去贫困的原因。2015 年以来，在政府"有形之手"和市场"无形之手"的共同作用下，李家庄村在地理空间和产业结构受限的情况下，走出了一条跳出传统农业、开展乡村旅游的新路子。他们充分借助外力开展农村人居环境整治，进而实现乡村生态宜居。在此基础上，挖掘乡村生态优势和红色文化资源，发展休闲采摘农业和乡村旅游等新产业新业态，实现乡村产业兴、村民富，形成了一套具有自己特点的"美丽老区"发展模式。

在发展过程中，有三个关键词尤为重要——特色、文化、绿色。其中，"特色"是基础，乡村要有"一方水土养一方人"的地域特色，在建设过程中绝不能千篇一律；"文化"是源头，历史悠久的农耕文化是乡村发展的深厚底蕴，离开了乡土文化，将乡村建设成单纯的人造景点，乡村旅游的发展就是无本之木、无源之水；"绿色"是关键，乡村必须要走绿色发展之路，绿色生态、绿色优质农产品，这些都是乡村的魅力所在。因地制宜深挖自身优势，尊重乡村发展规律，推进乡村振兴，李家庄村的发展历程，对一些同样具有"红色＋绿色"资源条件的老区村庄，也是足以借鉴的宝贵经验。

村庄小传

　　李家庄村位于河北省石家庄市平山县岗南镇。原为平山县李家庄村，位于滹沱河北岸、郭苏河东岸，村庄依山傍水，风景秀丽。据《平山县志》记载，李家庄明初已建村，李氏首居。在建村后600多年的发展过程中，逐步形成了以刘、谷氏为主，史、郭、赵、王等姓氏共存的大家庭。李家庄人历来尊师重教、知书达理，是当地有名的文化村。清光绪三十三年（1907年），村人谷瑞即开始兴办学校；村人谷正直是清末秀才，后被委任为平山县第二高小校长，桃李满天下。

　　20世纪50年代末，为使滹沱河下游人民免受洪涝灾害，国家兴建岗南水库，李家庄人响应号召整体搬迁。搬迁后的李家庄，以村建制的有4个行政村。其中，从原址向东坡后靠的仍称李家庄村，俗称东后靠，归岗南公社管辖（现属岗南镇）。

　　岗南镇李家庄村是中央统战部旧址所在地。目前全村共有87户256人，村"两委"干部5人，党员17人。近年来，在中央统战部和省、市、县支持下，李家庄村"两委"班子团结带领村民，立足特色资源优势，发挥党建引领作用，通过集体产权制度改革整合利用闲置资源建设旅游业态，走出了一条旅游产业壮大集体经济的新路子。

　　2015年，李家庄村深入挖掘中央统战部旧址红色资源和生态优势，进行美丽乡村建设，开展了道路硬化、民居改造、绿化美化等一系列举措。2016年，围绕盘活"三块地"积极引入社会资本，探索股份合作机制培育富民产业，荒滩开挖蓄水成为景观塘坝、垂钓场，荒山经过土地整理成为滨水观光采摘园，村内闲置资源整合建设成为菜馆、茶室、农业展厅、房车营地等，为壮大集体经济奠定了基础。2017 年，李家庄村大力发展特色民宿，同时扶持有能力的村民发展手工作坊，复原了一系列传统手工产品，有效促进村民增收。2018 年，借助石家庄市第三届旅游产业发展大会的契机，李家庄村对基础设施和旅游业态进行了进一步完善，增加了统战文化园、特色商业街等一系列村集体经营性资产资源，村集体和村民收入实现了跨越式提升。2019 年，河北省第四届旅游产业发展大会召开，李家庄村作为重要观摩点，引进了新文创产品开发商，打造"同心工坊"，开发红色统战文化和民俗民风文化的文创产品。2020 年，引进民宿运营商通过大数据平台发展智慧旅游，乡村旅游产业不断升级。2021 年，注册成立"平山县同心文化研究会"，挂牌成立"民建中央画院河北分院"，引进河北西柏坡旅游集团和大德东方科技（北京）有限公司，深入挖掘统战"同心文化"和村庄文化，使李家庄村庄产业和旅游业态运营专业化、规范化。

通过发展，李家庄村民人均纯收入由 2015 年的 5255 元增加到 2020 年的 2.5 万元，村集体收入由 2015 年的 2 万元增加到 2020 年的 90 万元，集体收入除了进行基础设施维护、完善和再提升外，剩余进行分红，2020 年股民每人分红 248 元。李家庄集体经济壮大模式还带动了区域发展，通过整合周边村庄资源共享、同步提升，辐射带动岗南片区整体发展水平不断提高。

山东 得利斯村

一 个 村 庄 与 一 家 企 业 的 故 事

初到山东省诸城市昌城镇得利斯村，最显眼的就是村中央十字路口的正中位置，有一座三米多高的花岗岩雕塑"拓荒牛"，下面刻着四个草体字：抵定青山。

走过"拓荒牛"，一座蓝色的四层建筑映入眼帘，外墙面上竖挂着"得利斯"三个大字，正是山东得利斯集团公司总部。

一个村庄以一家企业的名字命名，这并不多见，这个村与企业是什么关系呢？

村民郑淮茂递给我们一本由他主编的《得利斯村志》，据村志记载，得利斯村原名西老庄村，改革开放前，是一个贫穷落后的小村庄，被人嘲讽"要吃西老庄饭，拿着命来换""辛辛苦苦几十年，没攒下粮食也没挣着钱，光棍子却拉起一个连"。

1986年，一个叫郑和平的年轻村干部领着全村人，硬是靠全体集资和东拼西凑，创建了村办屠宰冷藏加工厂，后来改制成得利斯公司。1996年，得利斯公司创建10周年时，西老庄村更名为得利斯村。

在郑淮茂老人笔下，一个伴随着改革开放的伟大进程，以集体积

村庄崭新的房屋

累起家创办企业，从无到有、从小到大，把一个村办屠宰厂发展成全国农产品加工业 100 强企业，把贫穷小村嬗变为经济强村的共同富裕故事跃然纸上。

如今，公司创始人郑和平已经退休。回忆起那段创业往事，他说："诸城没有山、没有水、没有矿石，却有一个特点，是什么呢？就是气候条件好，适合发展农业，村民养猪养鸡养牛的都多，农副产品丰富，这是西老庄村发展的先决条件。"

1983 年冬天，西老庄大队改村，时任西老庄大队农机队队长的郑和平当选为村委会副主任。郑和平正当而立之年，敢想敢干，一上任就提出了"想致富，上项目"的想法。他和几名干部群众通过仔细考察，发现周围几十里范围内都没有面粉厂，老百姓换面非常不方便，便拿出当年农机队的部分积累，同时带领村民集资，投资 45 万元建设面粉厂，为村里挣到了"第一桶金"。

郑和平说，当时脑子里就有个清晰的判断，党的富民政策给了农村难得的发展机遇，农民要脱贫致富，就要立足当地农业实际，适应市场消费需求，搞农产品精深加工。当地除了产粮多，再就是家家户户都养猪，搞生猪屠宰加工成了下一步目标。

1986 年，西老庄村在原面粉厂的基础上，注册成立了诸城县西老庄食品工业公司。当年 11 月 1 日，屠宰冷藏厂建成投产，当年屠宰生猪 16000 头、肉牛 1000 头，盈利 69 万元。畜禽屠宰冷藏厂的建成投产，奠定了得利斯发展的基础。

1987 年，西老庄食品工业公司更名为诸城市第二食品公司；1992 年，更名为诸城市得利斯公司；1993 年，组建成立山东得利斯集团总公司；2000 年，得利斯集团公司推进股份制改革，更名为得利斯集团有限公司，股东由郑和平、公司内部职工持股会、西老庄村委会三方组成，持股结构分别为 51%、39%、10%。

可以说，得利斯公司一步一步的发展历程，实际上也印证了我国农业产业化的发展轨迹。

改革开放初期，我国农业逐步摆脱计划经济的束缚，探索市场经济发展之路。但一家一户的农民在这个过程中，不同程度存在不适应的情况，生产、加工、流通环节相互脱节较为严重，出现了农产品销售难和增产不增收的问题，亟待破解。

得利斯正是在当时那个背景情况下发展壮大起来的。他们以农副产品加工为核心，一头连着种植养殖的生产环节，一头连着流通消费环节，走出了一条市场化产业化经营之路——"公司＋基地＋农户""贸工农一体化，产加销一条龙"。在总结得利斯探索实践的基础上，诸城逐步形成了"诸城模式"，一度闻名全国。

在调研中，"得利斯"这个词引起了我们的好奇：一个土生土长的村办企业，为什么要取这样一个带着洋味的名字。他们的解释是，得利斯既与英文"Delicious"谐音，是美味的意思，又暗含"得利于斯、回报于斯"的创业初衷。

得利与回报，其实就是企业与村庄根脉相连、相生共荣。创业初衷传承至今，村庄与公司仍密不可分。村里2200亩土地全部流转到公司经营，保证了企业生产经营用地需求，村民以土地入股，职工设员工股，全村2600多人在集团持股，每人每年可领取800—2000元的分红，村集体通过土地流转、房屋租赁等实现年收入130万元以上，村民人均收入达到36887元，位居诸城市首位。

经过多次股份制改革，得利斯村集体在得利斯公司中所占股份比例并不大，仅有10%，但以党建为核心，以资源为纽带，村庄与公司仍然保持稳定的利益联结。

纵观全国，许多脱胎于村办工厂的企业集团，都与村庄形成了特殊的利益共同体：村民共同创造企业，企业根植村庄，企业、村庄、村民三者的命运紧紧捆绑在一起，形成了企业和村庄发展的良性互动、相得益彰和融合发展。

日子过得一年比一年红火，口袋一年比一年鼓，这是千百年来老百姓的理想生活。走在村里，不由得被一排排时尚的别墅所吸引。令我们没想到的是，这 680 栋现代化小洋楼是早在 1987 年就统一修建的，丝毫看不出这是 30 多年前的设计，看上去毫不过时。

从 1987 年开始，得利斯公司在打造现代化社区方面共投资了 2 亿多元，几乎每家都住进了小洋楼。从 1994 年起，公司又开始统一为村民免费供暖、给每人每年发放 400 斤面粉，60 岁以上的老年人由公司按月发放生活补助金等。

在走访过程中我们深刻感受到，得利斯村的村民对企业发展很上心，干活也卖力气。村民郑桂华是得利斯公司安全管理中心的负责人，他说就想在公司好好干，为公司创造好效益，只有公司发展好了，大家才能安居乐业。

据统计，目前村里在得利斯公司上班的有 1120 人，占了村内劳动力的 90% 以上。外出求学的年轻人，80% 以上愿意回村到公司工作。公司管理层退休后回村担任基层干部，进一步提高了村级事务管理能力。还有从得利斯公司走出来的创业者，在村子周边成立了华昌、佳士博等食品企业。

就像鱼儿离不开水，农业产业化龙头企业的健康发展，离不开土地和农民。得利斯村、得利斯公司的发展说明，企业与村庄、村民完全可以形成紧密的利益联结关系，企业发展带动村庄发展村民致富，村民才能反过来热爱企业，进而更好地回馈企业，呈现企业强、农民富、乡村兴的良性循环。

村民郑汝铎今年 71 岁，全家共 6 口人。儿子在得利斯公司从事管理工作，每月工资 5000 多元；儿媳在车间包粽子，每月 3000 元左右；

自己原来是村里的老师，退休后公司每月给 330 元的养老金，老伴每月也能从公司领 100 元，两人同时还享受国家给的养老金，每月又是 200元。家里每年能领 2300 斤面粉（小孙子未成年，每年领得 200 斤），去年公司还分红 2400 多元。大孙子正在上大三，小孙子在村里上小学，一家子年收入 10 多万元，日子过得红红火火，2017 年国庆还新购置 1台哈弗 H6 越野车。郑汝铎一家的情况在村里比较普遍。

在走访中我们了解到，得利斯公司不同岗位收入水平不同，技术工人占大多数，每月税后收入大多在 2600—2800 元，多的有 3000 多元；管理人员和技术人才，工资一般为 4000—5000 元。受得利斯公司影响，周边其他相关企业的工资水平也不低，村民的平均收入水平较高。

中国农民乡土观念比较重，不强求大富大贵，一家人安稳在一起过日子，就是农民对生活品质的朴素追求。得利斯公司及周边相关企业基本容纳了昌城镇农村劳动力就业。既有稳定收入，又能顾上家，这种离土不离乡的生产生活方式很受农民欢迎。

得利斯村大多数农民与小城镇的居民一样，过着朝八晚五的上班生活，城镇化的痕迹在这里越来越重。自 2007 年起，诸城市停止批复新增宅基地建房，改为大力推进聚居融合区建设，吸引农民向中心村聚集融合。

走在得利斯社区周边，经常能看到房地产商的各种广告。得利斯村周边有 8 个聚居融合区，2018 年时多层楼房均价为 3500—3700元 / 平方米，电梯房均价 5100 元 / 平方米，相比诸城市每平方米要低1000—1500 元。与村民平均收入水平相比，房价水平基本能够承受。据村民郑乾坤估计，得利斯村有一半以上的村民买了楼房。

得利斯村作为聚居融合中心村，配有便民服务中心、文体广场、卫生院、银行、邮局等完善的公共服务设施，尤其农民最看重的供暖和卫生。因为不再以种地为生，在这里，搬上楼房生活反而更方便。

今年 67 岁的刘均策和老伴是得利斯的退休职工，全家 7 口人。每天早饭后，儿子和儿媳去得利斯的工厂上班，孙子则背着书包去上学，幼儿园和小学都在村里，熟人熟路的，不用老两口去接送。

刘均策一辈子没有离开过农村，提及城市生活，刘均策并没有太多憧憬，他说现在村里生活和城里差不多，形容自己是"工作在厂区、活动在街区、生活在小区，生活就像花儿一样"。

刘均策的话，触发了我的思考。农村和城市，除了产业发展的区别外，最大的差距还是基础设施和公共服务方面，如果这些方面能提上去，让老百姓生活更便捷，老百姓的幸福感、满意感自然也能提上来。

我还想到，现在一些地方在推动农民集中，从某种程度上说，这有利于集约利用土地资源、提高公共服务质量。但是，也要结合实际，要尊重农民意愿，让农民群众拥有充分的自主选择权，不能强迫命令、赶农民上楼。而且，要有产业的支撑，有基础设施、公共服务的配套，做好了这些工作，农民迁入新型农村社区就会水到渠成。

村民们告诉我，现在年轻人结婚，一般是男方买房女方配车，典型的城市小家庭形式，也早不是传统农村的大家族居住方式了。

咸家河岔村的咸民清 2010 年给自己儿子儿媳在得利斯水岸花城买了楼，当时价格是 1690 元 / 平方米，房子 110 多平方米，算下来一共花了 20 多万元，这对于一个种菜的农民来说可不是笔小数。问起为什么不让子女住在家里时，老汉笑着说："嗨，儿子儿媳都在得利斯上班，就图个近呗。"

由此可见，有了产业的支撑和吸附，生活形态和生活方式也就自然要发生改变，政府只需做好规划引导即可。相反，离开产业这个前提，强推农民上楼，只会损害农民利益，影响党和政府的形象。

村民买楼房还有一个重要原因是方便子女就学。尊师重教，历来是孔孟文化的重要传统，在得利斯村也得到了充分体现。

在昌城镇有一个流传较广的事，20 世纪 90 年代中期，得利斯公司在教师节的时候，向昌城镇的所有教师赠送了一套西服。当时的乡村教师一般家里还种着地，赶上农忙就回去务农，昌城镇老师穿西服干农活就成了笑谈。这也从一个侧面反映出了农民对老师和教育的尊重与重视。

乡村教育事业是乡村振兴战略的重要支点，也是阻断贫困代际传递的重要根基。走访中也听到不少农民说，盼着孩子上学能更方便一些，教育的成本再低一点，农村和城市在教育资源的分配上再均衡一点，不要再让教育成为城乡分割的鸿沟。

昌城镇街道上的商店中，以药店最多，几步就能看到一个。我们走访的农户中，没几个老人不用吃药的。

医疗保障与村民日常生活联系越来越紧密，大家对此也非常关心。得利斯村民的医疗保障主要有两种：一种是务工企业给上的职工医疗保险；另一种是居民基本医疗保险，也就是原来的农村合作医疗保险，一档为每人每年 180 元，二档为每人每年 310 元。

村民关恩平上的是 310 元档的医疗保险，前年心脏动手术花了 13.7 万多元，医疗保险报了 7.4 万多元，每年通 1 次血管花费 2000 多元，自己只要负担 500 多元。

农民群众对于基本医疗保险也有自己的诉求和不满。按照 310 元档，一家 4 口人就得 1240 元，这不是一笔小开支，不少人嫌贵就上的第一档。

农民去医院看病的时候医生经常会搭着开一些医保范围外的药，住院治疗也有不少医保范围外的支出，过度医疗的现象也时有发生，有时候看个感冒也得花个千八百的，农民也搞不清楚该不该花。

我们常说要补齐"三农"短板，落到农民群众具体的感受上，就是水电路气房、教育、医疗等民生需求，在多大程度上得到了实现。在走访中，我们了解到，这些年得利斯村的基本公共服务有了很大提升，基本解决了"有没有"的问题，站在了向"好不好"迈进的一个新的起跑线。

我们认为，建设美丽宜居的乡村，不是简单的村容村貌建设，也需要持续不断加强公共服务。只有让农民群众享受更加平等的公共服务，让农民群众对于美好生活的向往不断得到满足，让农民群众的幸福感获得感不断得到提升，农村才能真正成为安居乐业的美好家园。

在走访农民家中时，有一个细节很有意思，不管到谁家，不论收入水平高低，都能拿出一整套的茶具泡上茶来接待客人。这在一般的农村是很难得的，也反映出得利斯村民在文化礼仪方面格外注意。

每年得利斯村都会举行"善行义举四德榜"评选，评出 12 个品德优秀典型个人，公布照片、名字和突出道德成绩；社会公德、职业道德、家庭美德每类评选 20 人，主要公布名字和道德成绩，没有照片。

这种量化记录的榜单，实际上是一个个村民的道德档案、道德积分，有助于实现社会德治，发挥道德模范的引领作用，让群众比有方向、学有榜样，形成见贤思齐的良好氛围。

得利斯村民风淳朴，婚丧嫁娶很少有大操大办，一般都从简安排。婚嫁一般就是近亲办个四五桌，随礼多数为 200—300 元。

我们走访时正好赶上当地一次婚宴，当天中午在旅馆摆了 6 桌，每桌按 500 元标准备席，办喜事的还给来的每家回礼，每家一袋鸡蛋、花生和豆皮，大约有 20 个鸡蛋。

白事的话则更为简单，一般不吃饭，也不搞吹吹打打，亲戚朋友大多随礼 100 元。诸城市都实行火葬，第二天就出殡，村里都有自己的墓地，本村村民免费使用。总体来看，得利斯村人情债不重，更没有"死不起"等现象。

推进乡村振兴，乡风文明是重要标志，移风易俗是重要工作。一个地方民风淳朴、新风盛行，说明这里重视文明，治理有效。虽然热闹喧哗少了一些，但乡土中国最浓烈的人情味并没有淡，农民群众更加轻松和愉悦，亲戚关系更融洽、邻里之间更和睦了。

目前得利斯村隶属得利斯社区管理，社区由得利斯村、北邱家庄子村和咸家河岔村合并而成。诸城市自 2007 年起推行"多村一社区"农村社区化建设，以社区为中心，实现基础设施和公共服务等资源的下移，建成乡村"两公里服务圈"。

得利斯社区根据群众需求，在得利斯村原有公共服务设施的基础上，通过资源整合优化，带动了市、镇公共服务资源和服务力量下沉，180 项公共服务事项下放到社区，农民在家门口就能享受到与城市基本相同的公共服务。

在得利斯村走访的过程中，我们多次向村民问起村庄变社区的好处，大家都是一致称好，但要具体说好在哪里却说不太清楚，总之就是办事方便了，活动有地方了，干部比原来懂的多了。

我想，城乡融合发展，拉平公共服务是关键。推进农村新型社区建设，也要把着眼点放在让农民享受更平等的公共服务上，不断提高农民群众的幸福感获得感。离开了这个核心，农村新型社区建设的经则容易念歪，最终要损害农民利益。

诸城市有关同志介绍，当初在推进农村社区建设的政策设计中，以农村社区为单元推进农村经济融合发展也是重要目的。

但我们注意到，尽管同处一个社区，3 个村庄集体经济发展水平差异程度较大。由于北邱家庄子村和咸家河岔村集体产业基础薄弱，很难直接共享得利斯村农业产业化发展成果。用咸家河岔村村民的话说，穷亲戚肯定想沾富亲戚的光，也得人家乐意呀。

事实上，随着农村集体产权制度改革的推进，集体产权愈发明晰，简单地"均平富"不太现实，对已经经过多年打拼、形成固定积累的原有富裕村村民也不公平。发展壮大集体经济，还是要创新集体经济的运行机制和实现形式，如吸纳多个村集体联合组建联合体、公司等形式，整合资源要素，加快产业融合，不断催生新产业新业态，才能激活集体经济的"一池春水"，推动农民农村共同富裕。

《得利斯村志》的序言写道："一乡一村，兴衰乃社会大象之缩影。"任何一个时代，都不会亏待为了梦想敢想敢干、不懈奋斗的人们。

像得利斯这样将企业发展、村庄建设、村民致富三者有机融合发展的村，在全国占比可能不多，但其中蕴含的共性规律仍值得吸取。乡村要振兴，产业是根本。发展产业，离不开龙头的带动。龙头要壮大，也须处理好与农民的关系，与农民形成紧密的利益联结。得利斯公司从一家村办企业一路走来，始终坚持立足农村，坚守好"以民为本"的初衷，这是一家企业 35 年不断累积沉淀、发展壮大的根本所在。

在全面推进乡村振兴的今天，农业产业化龙头企业仍然不可忽视，甚至更为重要。它是打造农业全产业链、构建现代乡村产业体系的中坚力量，是衔接带动合作社、家庭农场和广大小农户的重要力量。"龙头"越来越多、越来越强，产业链上的各类主体就会发展得越来越好，农业产业发展质量就会越来越高，乡村振兴的步伐就能越走越坚实。

村庄小传

得利斯村地处山东省中部潍河平原地带，属诸城市昌城镇管辖。该村紧邻镇政府所在地，南濒芦河，西望潍河，总面积 2.33 平方公里，地势平坦，土地肥沃，四季分明，气候宜人。全村 690 户，总人口 2859 人，郑姓为村内大姓。

据郑氏族谱记载，明朝洪武二年（1369 年），郑氏弟兄二人由河南迁到此地开荒定居，随人口聚集逐渐形成郑家老庄，后改为西老庄村。1996 年，西老庄村更名为得利斯村。2008 年，得利斯村并入得利斯社区。

得利斯村名来自村办集体企业得利斯公司。1986年，在村委会支持下，年轻村干部郑和平带头集资成立了诸城县西老庄食品工业公司，后经多次更名、改制，成长为首批农业产业化国家重点龙头企业——山东得利斯集团，旗下拥有1家上市公司、62家子公司、6000多名员工。

得利斯村坚持"村企融合"发展，公司与村民结成"命运共同体"。村内全部劳动力在企业上班，从农民变成产业工人，不仅领工资、有保险，还享受企业股金，员工按不同年限每年领取历史贡献奖。全村有2600多人在集团持股，每人每年可领取800—2000元的分红。

得利斯公司不断扩大对新农村建设的投入，先后投资2亿余元打造现代化社区，实施旧村改造，对村庄进行绿化、亮化、美化，鼓励和支持村民建造二层单元式别墅楼房680栋。公司投资5000万元打通乡村到县城的公路，投资5000多万元配套建设文化设施，投资1800余万元重建得利斯小学、幼儿园，形成了一条"以企带村、企兴村富、村企共荣"的新农村建设之路。

如今的得利斯村，环境优美、村庄和谐，实现了水、电、气、暖、路、排污、电话、网络"八通"，学校、幼儿园、图书馆、社区医院、植物园等公共设施一应俱全，村民的就业、养老、看病、上学等后顾之忧由村庄和公司统一解决，居民生活丰富多彩、热情向上。

得利斯村已率先在当地完成了煤改气工程，成为潍坊市首个电气化村，2019年，得利斯村入选"第二届中国美丽乡村百佳范例"，2020年，得利斯村被认定为"首批国家森林乡村"。在此之前，得利斯村还被评为"全国十佳小康村""全国文明村镇"等。

2020年，诸城市启动了"得利斯德风小镇"项目建设，以得利斯村整体改造提升为基础，新建商业街，融合田园风光、欧式风情、工业旅游等元素，将得利斯村打造成集"美食生产、展示、销售、游乐"于一体的食品工业旅游小镇，让农民群众实实在在享受到乡村振兴带来的丰硕成果。

青海 城外村

高原古村的文化传承

一

一走进城外村，首先映入眼帘的是依山而建的村庄，古朴的房屋错落有致，青石铺成的小路蜿蜒曲折，残留的夯土城墙、古城遗迹等依稀可见，仿佛看到当年屯田戍守的壮丽景象。

青海省同仁市城外村因地处保安城外得名，历史悠久，遗迹众多，文化传承丰富，有独特的丹霞地貌。村子的军屯历史可追溯到西汉时期。村内现有保安古城、古烽火台、营房、忠烈祠、都司衙门、茶马古市、关帝庙、城隍庙、二郎庙等军屯文化遗迹，被史学界称为"西汉以来屯垦戍边的活化石"。村内至今还保留着丰富的屯垦文化传承，有书法、刺绣、剪纸，以及金匠、银匠、木匠、石匠等手工工艺，是一个"人人有手艺，户户出匠人"的地方。村内广为流传的保安社火，是黄南地区起始时间最早、延续时间最长、文化内涵最丰富、传承体系最悠久的以汉文化为主的民俗文化，发展文化旅游得天独厚。

城外村　清代都司衙门遗址改造后　2018 年摄

　　文化是一个国家、一个民族的灵魂，而乡村文化是传统文化的生命家园。两千年的军垦历史，给城外村留下了众多的历史遗迹和丰富的民俗文化。其特定的历史背景和生态环境，使得这里的村民习俗、文化素养、社会道德、生活情趣和历史渊源等，也具有鲜明的时代和地域特征。城外村传统文化氛围浓厚，家家舞文弄墨，户户琴棋书画，名家辈出，乡贤不绝，是典型的特色文化之乡。

　　"雍州古城，深入西塞。河关故地，孤悬口外。东通起台河州，西楼兰贵德，南邻曲草原，北抵果木黄河……"从小在村里长大的青海省作家郎清满怀深情地说："城外村有看不完的古迹、说不完的历史、演不完的民俗。"这样一个既有深厚历史积淀和人文内涵，又有优美和谐自然生态的西北高原村落，乡风文明建设如何开展，面临的问题如何解决，值得我们探索和剖析。

二

　　乡风文明本质上是农村精神文明层面的要求，集中反映了农村人与人之间的关系。透过乡风，人们往往可以感知当地百姓的思想修养、道德素质和文化品位。说到城外村的乡风文明建设，村主任羊忠保自豪地说："城外村的乡风文明建设有基础，容易搞。"这个"有基础"，体现在民俗文化、乡贤传统、优良家风和村民文化素养四个方面。

　　民俗文化演绎着乡风文明的重要内涵。城外村内的保安古城遗迹有几千年的历史。据史料记载，城内的保安汉族早在西汉时就进入了同仁地区，成为了保安大河流域早期原住民之一。自汉唐以来，一批批中原人来到保安地区筑寨屯守，中原的农耕文明溯河而上，戍边军人亦兵亦农，定边兴边、稳边固边，逐渐演绎形成了源远流长的"屯垦文化"。作为农耕文明与游牧文明载体的"屯垦文化"。

村里的民俗文化当属保安社火，是由两汉两晋南北朝时期的"军屯社火"演变而来。它融音乐、舞蹈、歌唱、戏曲、武术表演于一体，不仅有着深厚的军营文化沉淀，而且它的产生和发展都与军屯人民的生产生活、风俗民情、文化观念、宗教信仰和社会风貌等息息相关。20世纪80年代，这项民俗活动恢复以后，在保留了大家喜闻乐见的经典节目的同时，不断创编出符合时代潮流的节目内容，增加了藏、土、回、蒙等民族舞蹈，融合了农耕文化与游牧文化，结合了中原道教、汉传佛教、藏传佛教和西域伊斯兰教文化。

村里的保安社火传承人韩发科自豪地讲："保安社火这项大型民间民俗文化活动，不仅在黄南地区独一无二，就是在省内也是独树一帜的。"

保安社火作为珍贵的非物质文化遗产，是保安人传承和发展保安屯垦文化的灵魂，也是他们生活在这一方热土的精神财富，演绎着孝、悌、忠、信、礼、义、廉、耻，是乡风文明的魂。保安社火与藏乡六月会、土族於菟舞一起组成了同仁地区多元文化精彩的核心体系，成为一张不可多得的地域文化名片。

社火传人之一唐先操着地方口音回忆道："我从上世纪80年代就跟着父亲从事社火表演，每次表演的人数达到150多人，全是城外村、城内村和新城村的一些村民。"他从抽屉里取出了几张光盘，是往年社火表演录制的影像，我们边看影像边听他讲解，对保安社火有了更深层次的认识。社火表演不仅传承了历史文化，增强了村民的参与感、凝聚力，还促进了民族团结，成为当地一个盛大节日。

乡贤文化是乡风文明的源头活水。乡贤文化中的敬祖先、重乡土、爱桑梓，培育乡土观念，成为族人、乡人、国人增强凝聚力的一种方式。古时的乡贤是乡村的灵魂，代表着一方的风气和文化。正如张集馨在《道咸宦海见闻录》中所记载："其绅士居乡者，必当维持风化，其耆老望重者，亦当感劝闾阎。"光绪年间，村里乡贤"岁进士"王化行卸任后，在家乡办私塾、建义学，广收学童，无偿传授知识，为当地公益事业带头募捐，赢得了极好的口碑。他还为处理各种民族矛盾奔走各地，避免了许多部族之间的冲突和纠纷，为民族间的和睦团结作了贡献。

新时代的乡贤是村落文化的传播者、乡村自治的实践者、乡村富裕的引领者。尽管今天的城外村已经大有变化，但还是有不少从村里走出的、已经在社会上有建树的商人、机关干部和艺术家等成功人士，为乡情乡愁所吸引和凝聚，愿意回到城外村，为桑梓贡献自己的力量。他们拥有较高的文化水平和道德素养，拥有一般农民所没有的经济、社会和智力资本，在乡村社会中的威望也很高，组织能力和交际能力强。

正所谓"仓廪实而知礼节，衣食足而知荣辱"。村支书张海山说："他们可以通过亲情、乡情和自身的声誉威望，调节乡村社会的矛盾纠纷，丰富村民的精神生活，破除陈规陋习。"83岁的退休干部阮海是当地一名书法家，他边翻着印有"共筑炎黄锦绣春，同圆华夏富强梦"字样的书法日历，边深情地讲道："我喜欢这片朴实的热土，愿意用毕生的精力去赞美和讴歌这里的每寸土地和勤劳纯朴的村民。"作家郎清在《保安社火》一书中呼吁保护城外村历史古迹，保护民俗文化，传承保安社火，丰富农民的精神家园。

优良家风助推乡风文明建设。"家是最小国，国是最大家"，家庭是社会的基本单元，家风是乡风的基本内容。城外村历史悠久，家风深厚。"岁进士"王化行的妻子詹氏，勤俭持家，教育子女有方，曾获当时抚番府赐"孟范陶规"的匾额。家风看似小事，实则是影响乡风文明建设的大事。优良家风润物细无声，会传染、能感动、有影响，相互贯通、相互作用，是整个社会风气的根基。"忠厚传家久，诗书继世长"，苏轼的《三槐堂铭》对优良家风作了经典诠释。结合青海省"五星级文明户"创建活动,城外村在家庭建设、家风传承中迈出了坚实的一步。

通过对爱党爱国、诚信守法、勤劳奉献、团结风尚和勤劳卫生五个方面综合考量,2017 年城外村共评出"五星级文明户"5 户,郝仲林家就是其中一户。"爱国爱党爱家、诚实守信守法是我们家风的首要内容。"他的话中透着一名老党员的自豪与信心。女主人辛秀珍笑着讲:"把家里捯饬干净,让别人看着高兴,自己住着舒坦,本就是俺的本分。"话语中带着纯朴农家妇女的羞涩。村里一位没有评上"五星级文明户"的中年妇女讲:"我们这几户都在努力向他们家学习,可不是为了钱,老郝他们一家,看着就让人觉得美、幸福,人家老两口还拍了一张新的结婚照。"周围的人随即送来了一阵爽朗的笑声。

村民文化素养不断提高。城外村有着深厚的文化艺术氛围,男人爱书法,女人喜刺绣。村里走出了多位著名的书法家,每一家的客厅内都挂着字画,整个村庄都散发着浓浓的艺术气息。城外村村委会根据这个优势,设立了文化大院,成立了书法、剪纸、刺绣兴趣组,提高了村里乡亲们的文化素质,丰富了他们的业余生活。村联点干部吴小青告诉我们,"通过这些艺术活动,村里妇女同胞们的文化素养提高很快"。

看着每天晚上 7 点村部楼前准时开场的广场舞,还有在舞池中间来回戏耍的孩子们,我们被城外村这种家庭和睦、乡风文明、安居乐业的生活彻底感染了。

在乡风文明建设路上,城外村有着得天独厚的条件和丰富的文化资源,也取得了一些可喜的成就。但调研中也发现了一些问题,值得我们去思考和研究。

民俗文化缺乏传承,精神实质不断流失。时至今日,保安社火传承了上千年,虽骨架犹存,气势不倒,但却丢失了一些本不该丢失的文化精粹,遗落了本不应遗落的文化符号。一些传统的文化节目像道情、贤孝、眉户折子戏等,随着老艺人们的谢世而失传;一些社火节目像竹马、扑蝶、高跷、尕老汉、民间音乐等，已淡出了人们的视线。村里的乡贤作家郎清非常痛心地告诉我们："这些都是保安社火的文化精粹和思想灵魂，都演绎着爱国爱家、尊师重教、孝老爱亲、诚实守信的中华民族传统美德，是乡风文明的精华。"即使保留下来的曲目，其中的深刻内涵也被人们所忽略。村里的社火总指挥唐先无奈地说："由于文化传承的缺失，保安社火正逐渐沦落为一种单一的娱乐活动，其所蕴含的家国情怀和忠信道义等精粹正在被世人所遗忘，迫切需要挖掘，重塑传统文化精神。"

陈规陋习仍须破除。据乡干部介绍，村里有白事的家庭还是会花钱请喇嘛，大操大办的情况仍然存在。我们在城外村走访的第四天，突然发现村民大门紧锁，都不在家。带领我们走村入户的驻村干部陈风告诉我们，村西头有个老人去世，大家都去他们家吃席了。村民间，甚至村与村之间解决矛盾需要"活佛"出面的情况时有发生。特别是在周边的牧区，解决草地纠纷的时候，牧民更相信"活佛"。

乡村不能失去自己的"本味"，丢了自己的"底色"。城外村的乡风文明建设要在传承中华民族优良传统中，弘扬社会主义核心价值观；要传承"社火文化"中的"和而不同，同生共荣"的理念；要打造一个有着村民自己"乡村魂"的特色文化品牌，使乡村充满生机和活力，传承发展提升农耕文明；应对乡村特征进行凝缩与彰显，加快提炼出真正被广泛接受、认同和追随的新时代的乡风乡俗，不断增强村民的认同感、归属感、荣誉感和自豪感，让乡愁留得住、让山水更相宜，走出一条独具特色的乡风文明兴盛之路。

三

乡村文化旅游是展示乡村文明的一面镜子，是推动乡村文明建设的"隐形翅膀",为乡村的发展注入源源不断的活力。城外村发展乡村旅游也有很多优势。

城外村不仅历史悠久,而且位于交通要道。同仁市交通便利,高速公路横跨全县,距西宁市不足180公里。据保安镇党委书记陈赟章介绍:"在城外村3公里处将建高铁站出口(同仁北站),同仁县在此拟建设几千亩地的轻工业园区,给当地旅游和农民就业带来很大的机遇。"

村主任羊忠保介绍:"党的政策好,过去人畜饮用水靠10里以外田边挑水,水质还不达标,现在家家户户通自来水,烧水不像以前那么多水垢了。现在全村装的都是太阳能路灯,间隔2米有一根电线杆,晚上也是灯火通明;通过镇政府窄路加宽项目和行政村道路硬化工程,我们的道路基本硬化完成。网络通信发达便利,价格便宜,村里上网的农户达到60%以上。"

近年来,当地政府在文物保护与修复、基础设施改造与建设方面作了大量工作,正在为发展乡村文化旅游蓄势。可以说,城外村已经具备了发展乡村特色旅游业的基本条件。

同仁市地处黄土高原与青藏高原交会处,两种地貌相互交织,形成了独特的丹霞地貌自然景观。在城外村附近的花儿沟尕麻口,壮观的红色丹霞地貌让人不由感叹大自然鬼斧神工的魅力。

当地人也已经看到了其中的旅游资源价值,在保护生态的基础上,加大了乡村旅游的开发力度。结合城外村的实际情况,依托本村特色风情风貌,精心设计旅游观光路线和娱乐活动,并逐步向精致型转化。

原同仁县农牧局退休职工田万德说:"我父亲30年前承包了这片荒山,现在我和我哥都退休了,子承父业,继续开发这片荒山,现在已经初具规模,从沟底抽水建起了池塘,在半山腰修建了窑洞宾馆等,争取让这片荒山成为旅游休闲胜地。自2016年以来,县文化局举办的花儿文化演唱活动就在我们这里举办,从甘肃、宁夏等省区慕名来的游客很多……"2018 年 8 月 16 日，第十五届西北五省（区）"花儿"演唱会就在保安镇城外村附近的花儿沟景区举办。

多年来，城外村一直想依托当地的人文景观和历史文化，发展旅游产业，打造特色文化旅游品牌，同时，通过引导群众参与餐饮服务以及书法、刺绣、剪纸等旅游纪念品制作，让群众从旅游业中求效益，有创收。但一直成效不大，面临不少难题。比如，开发乡村旅游缺少统一的规划和设计，缺乏项目引导；地方财政困难，投入不足，大多数历史文物遗址都遭到不同程度的破坏，保护乏力，修复速度缓慢；等等。

村支书张海山愁眉苦脸地讲道："我们想搞文化旅游，就是不知道从哪入手，知道俺们这里的人还是太少啊。"退休老教师吴有明无奈地谈道："我们这里一直想搞旅游，都喊了多少年了，也没有项目投资搞起来。"村民辛正南谈道："村里有 12 户老房屋多年没有住人，保持了原有古香古色的面貌，急需复古维修。"郝仲林既是"五星级文明户"，又是老党员，他谈道："儿子和女儿现在生活都比较好，我利用闲暇的时间搜集古代物件。我想在村里建立一个文物博物馆，把家里搜集的老物件放到博物馆，让村民们和游客们来免费参观。这是我们村的财富，更是我们下一代子孙的财富。"

城外村在外工作的人很多，当地的文化氛围始终熏陶着他们，他们都愿意为家乡文化传承与发展奉献光辉余热。郭巴是黄南州畜牧局退休职工，回到家乡养老并义务在关帝庙讲解，他指着一块刻有"汉鼎孤烟"的匾，充满激情地介绍："据说这是甘肃临洮吴镇题写的，这些遗址是古代千年屯垦戍边的活化石，被誉为'汉鼎孤烟'，也反映了同仁县汉族移民文化变迁的历史……"尽管当地政府和一些返乡游子凭着一腔热情对当地文化传承作了一些工作，但是当地民俗文化的传承与发展的激励机制还没有建立起来，明显后继乏人。

乡风文明建设与乡村旅游发展目的具有内在的一致性和耦合性，

乡风文明建设可以促进乡村旅游发展，乡村旅游发展反过来又可以带动乡风文明建设。如何将本土资源优势切实转化为良好的社会效益和经济效益，让村民获得实实在在的幸福感？如何更好地传承农村优秀传统文化？如何建立有效的"农村双创"激励机制，做好农村人才引进和培育工作？这一系列的问号都亟待被拉直变成句号、乃至变成感叹号。

村庄小传

城外村是一个历史文化底蕴较深的西北高原古城山村，位于同仁市东北部，是保安镇政府驻地，东临莲花山，南接新城村，西有铁城山、隆务河，北有城内村，海拔 2400 米。

同仁市是青海唯一的一座国家级历史文化名城，城外村是同仁古城所在地，附近有著名的坎布拉国家森林公园和贵德国家地质公园，上接四川九寨沟旅游区，下联西宁旅游区，区位优势明显，旅游资源极其丰富。

城外村现有总户数 137 户 448 人，农户 41 户 82 人，居民 96 户 366 人，其中劳动力 60 余人。城外村党支部共有党员 41 人，其中妇女党员 11 人，公益性岗位 6 人。全村辖区面积 7.5 平方公里，可利用草场 4721.59 亩，人均 10.5 亩；共有耕地面积 1730 亩，人均耕地面积 3.8 亩，现有各类牲畜 50 余头（只）。村集体经济项目为分布式屋顶光伏项目。

城外村是个城乡混住的高原山村，村民以汉族为主，同时还有藏族、土族和回族。目前，村中多数中老年人擅长丝竹乐和汉族书画，尤其以演唱"保安花儿"的保安令见长，起源于明代，流传至今，2009 年 9 月被列入世界非物质文化遗产名录。保安花儿主要以歌唱爱情为主，以"花儿""少年"为简称，被誉为我国"西北之魂"。这里既有名噪一时的西北歌王"花儿王"朱仲禄(已去世)，又有小有名气的作家郎清，还有青海省著名书法家阮海等。其中，朱仲禄1922年出生于邻村新城村，老一辈河湟花儿歌唱艺术家，风靡全国的《花儿与少年》创始者之一。他自幼学唱花儿，博采众长，形成了自己的演唱风格，声音明亮挺拔，刚柔相济，给人以天高气朗的高原感受。他是一位集"花儿"演唱、创作、研究于一身的艺术家，是名副其实的"花儿王"。1953年作为西北地区的代表，他将"花儿"唱进了中南海，受到了毛泽东、周恩来等国家领导人的接见。后来他参加了第七届世界青年联欢节，演唱的《花儿与少年》受到国际友人的赞赏，第一次让"花儿"走出国门……他创作的《花儿与少年》节奏舒缓轻柔，已成为民乐经典。

同仁市地处黄土高原与青藏高原的交会处，两种地貌相互交织，形成了独特的丹霞地貌自然景观。自然景观美丽奇异，充满了神秘感和吸引力。花儿沟景区和保安古城每年都吸引周边省区很多游客不远千里慕名而来，亲自体验大自然的鬼斧神工和流传至今独具特色的屯垦文化、保安社火，当地旅游、交通、农业农村等部门也多措并举，对保安古城进行抢修，基础设施大为改善，带动了城外村特色文化旅游。

陕西 党家村

一 座 述 说 着 历 史 的 古 村 落

七月盛夏，在烈日炎炎的照耀下，我们一行人来到了陕西省韩城市一个充满神秘感的小村落，展开了为期近一个月的走访和调研，探索这个具有 700 年历史的古老村落。

到村口一下车，远处"党家村"三个大字便映入我们的眼帘，还看见一位中年汉子在向我们招手，一路小跑过来用一口地道的陕西方言跟我们说："我是大队派来迎接你们的人，家里开着农家乐，对村庄比较熟悉，这几天你们有什么需要帮忙的地方尽管说，村子我熟！哈哈！！"

一阵爽朗的笑声，让我们赶路的疲惫感瞬间烟消云散，陕西人的淳朴和热情在他身上可谓展现得淋漓尽致，我们开始兴奋地期待着后面的走访调研工作。

作为关中平原向陕北黄土高原过渡区的组成部分，党家村台、塬、谷、川兼有，其地貌特征在韩城很具有代表性。

党家村位于陕西省韩城市区东北九千米处，在西庄镇东南方向，距离镇政府驻地2.3千米，东起下甘谷村，西与郭庄村、上甘谷村接壤，南临泌水河、柳村，北至汶水河。总占地面积 1.2 平方公里，背靠108

党家村老村俯视图

国道，濒临黄河的便利，交通便利，又非常隐蔽。

到了党家村，感觉这个小小村落好像受到了大自然的眷顾。村庄依塬傍水，位于狭长的沟谷之中，南北土塬高达 40 米以上，既减弱了西北季风的侵袭，又使夏天的凉风顺沟谷吹过，是名副其实冬暖夏凉的好处所。另外由于北塬的红黏土与南塬的白黏土均不起尘，加之泌水绕行，空气得到净化，使党家村的古建筑数百年来一尘不染。

调研第一天，我们找到村里一位名叫党建泉的老人进行访谈，他被称为党家村的"活化石"，对村子过去的历史和现状发展十分熟悉，有了他的讲述，我们对村子的发展情况便更加清晰了。

党建泉告诉我们，元至顺二年，关中大旱，一位叫党恕轩的年轻人逃荒到此，开荒种田并与一位樊姓女子结婚养育了四个儿子，公元 1495 年，党贾联姻，党家的第 5 代女儿嫁给了贾家第 6 代儿子贾连，后来生了个儿子贾璋，1525 年贾璋正式入住党家村，村里从此成了党贾两姓，后来村庄经济发展得比较好，又有一些外来人开始移居到本村，村内的姓氏逐渐多起来，但目前村庄主要还是以党姓和贾姓为主。

村庄目前有 5 个村民小组，431 户，1570 人，村子由老村和新村两个部分组成，老村有一村一寨，新村和寨子建在塬上，老村建在塬下谷中。村中有建于 600 年前 100 多套"四合院"和保存完整的城堡、暗道、风水塔、贞节牌坊、家祠、哨楼等建筑以及祖谱、村史，非常具有历史文化价值。

党家村是一个极具文化底蕴的古村落，历史上 1414 年，党恕轩的孙子党真中举，开启了党家村重视教育文化的先河。自此，党家村开始代代都有功名，不足 100 户出了 1 个进士，5 个举人，7 个贡士，44 个秀才。受先辈们的影响，同时有村内的祠堂、家谱等历史文物遗迹作为载体，使得党家村村民延续了先辈们重视文化，保持优良传统的习俗。

祠堂文化是党家村重视文化教育的一个重要的体现。党家村总共有 11 个祠堂，其中党家祠堂 9 处，贾家祠堂 2 处。党家祖祠俗称"老户"，是党家村保存最完好的祠堂，供奉的是党姓的始祖，各自门的祠堂供奉的是各自门的祖先。

祠堂大门的两侧分别有旗杆斗子，表明家族中出过光宗耀祖的人物，即党蒙。贾祖祠俗称"贾户"，供奉贾伯通为始祖，贾连、贾璋为宗祖。贾祖祠门前两侧有旗杆斗子和栅栏。贾祖祠大门前用栅栏围封，只留下与台阶位置等宽的出入通道，这是因为老祖宗希望贾家的后人行走有正道，做人要公心。

立祠堂主要是根据人丁多少而定，人丁兴旺的，就要设立分祠堂。祠堂日常虽然也供奉，但最重视的还是清明节和春节的供奉，表达对先辈敬仰和缅怀之情。

党家村的祠堂外观看似没有什么特别大的区别，但从文化的角度来看，党家总祠堂和贾家总祠堂在建筑构造上其实有着严格的等级序列区别。

因为贾家入住党家村比党家晚近 200 年，又是以外甥的身份定居，辈分要低于党家，所以贾家祖祠的基座是比党族祖祠略低的。党族祖祠门前为三级砖石台阶，贾祠则为二级。党家祖祠的旗杆斗子基座位于大门口，贾祖祠的旗杆斗子则在台阶两边。这些建筑上的区别都体现了贾家的地位是要低于党家，不敢逾越党家的。但贾祖祠的台阶跨度比党族祠的宽，则显示的是经济地位的富有。

除此之外，党家村的祠堂上面往往挂有牌匾和有作为的先辈的画像，这些也是为了激励后人奋发向上。

如果说祠堂是党家村文化的一个具体载体，那家训文化则是党家村文化的另一种隐性展现方式。

党家村家训形成于明清时期，既是祖上留给后人的经验之谈，又是祖辈对后人的要求，现存比较完整的家训有 26 则，反映的是主人的生活品位和精神需求。党家村的旅游景区有家风园展馆专门展示家训文化，古村落也家家户户都有家训，家训以名言警句的形式出现，并且家训雕刻的位置也十分讲究。以砖雕的形式刻在正对着大门的照墙，进门给人以警示；雕刻于供奉祖宗牌位的厅房歇墙上，表示它是家族精神和最高准则，必须代代传承，严格遵守。家训除了教育作用外，还是一种艺术品的展现，字体各不相同。

家训的精神实质在于教化育人，通过时时提醒，处处警示，教会家庭成员为人处世的道理。所以很多游客带着孩子来村里旅游，也是想让孩子感受家训文化的内涵，教育孩子正确的为人处世观念，这也为党家村旅游业的发展带来了一定的客流量。

我们在跟村支书党立稳聊天的时候了解到，村子现在的文化活动种类也非常繁多，如每年的 9 月 9 日都会举办重阳节活动，村集体出资为老人们在村内的幸福院免费提供美食，还给他们免费理发等服务，从党家村走出去的已经事业有成的人，这一天也要回村看望这些老人们，实在回不来村子的人便会给村集体捐一部分钱，表达自己的孝敬之心。听到这里我十分感动。村支书党立稳也骄傲地说："党家村每一代人都会受到上一辈人的教育，要对得起'额'（"我"的意思，陕西当地方言发音）们老祖宗以前留下来的习俗，不能断了根"。

乡风文明是乡村振兴的重要内容，党家村充分响应国家的号召，以村内的历史文物遗迹为依托，传承先辈们重视教育的精神并且发扬了中华民族尊老爱幼的优良传统，不断加强对村庄的乡风文明建设。

除此之外，党家村 2015 年还组建了锣鼓队、秧歌队等文艺班子，锣鼓队现在有 40—50 人，男女老少都可以参加，秧歌队 10 多个人，主要是 60 岁以上的老人参加，逢年过节便在村内举行演出活动，有时其他村庄有结婚的也会来邀请他们演出，可谓是村内一道靓丽的风景线。

村内的妇女主任党存弟跟我们聊天时说："我是一个爱唱爱跳的人，

以前经常吃完晚饭就组织一些人跳广场舞，后来觉得应该让全村的男女老少都活动起来，便带头组建了秧歌队和锣鼓队，大家没事跳跳唱唱，心情变好了，也锻炼了身体，多好的活，你们说对不？"说完我们一起哈哈大笑起来。

党家村不仅在文化传承方面做得好，村庄的产业发展也非常不错。十九大乡村振兴提出了要实现产业兴旺的目标，促进一二三产业融合发展，实现农业农村现代化。

党家村三产融合发展得比较好，这主要得益于该村优越的资源发展条件。就一产来说，村庄主要是以花椒种植为主，粮食作物的种植很少。小农户在农业发展中，最大的问题是难以与市场对接，具有不稳定性，而党家村则没有这个难题，这主要是因为本地的花椒产业比较发达，1980—1990 年改革开放以后，实行家庭联产承包责任制，村民们改变了之前单一种植小麦玉米粮食作物的方式，开始种植水果、花椒等经济作物，并且经济作物的比重逐年增加。花椒产业也慢慢开始发展起来，打造花椒生产基地，形成规模种植。每年到花椒的收购季节，政府都会联系来收购花椒的采购商，农户们不必为销售问题而担忧。

党家村的花椒种植主要以中老年人为主，年轻人基本都到镇上的厂子去上班了，也出现了所谓的"老人农业"现象。我们采访了一位比较具有代表性的老人，今年 65 岁，是一位中学退休教师，每月拿着4000 元退休金，问他为什么拿着退休金还要这么辛苦地种花椒，老人家说："退休了没什么事情干，花椒种植对土地要求没那么高，价格也不便宜，两三亩的花椒收入大约能在 5 万元左右，可以多攒点钱帮衬帮衬儿子还房贷，再一个就是我们这辈人对土地都有感情，现在的年轻人体会不到这种感情，我们到地里干点农活心里开心，不觉得累。"

透过老人的这番话，可以体现出农业作为国家经济的基础，不仅具有经济功能，有时候对于农村人来说更是一种精神的依托，老人与土地相结合，在生产过程中产生了自己的意义和价值，农作物的生产更是带给了他们成就感，所以说土地对于农民来说具有重要的意义，是农民生活的最低保障，也是农民精神的寄托方式。

提到产业，不得不说党家村的旅游业发展。作为一个村内具有众多古建筑和院落的村庄，依托得天独厚的村集体资源，再加上国家近几年提出了要发展乡村旅游，打造特色乡村的机遇，党家村不断加强村内旅游业的发展，增加村集体收入。

其实党家村的旅游业从 1987 年就开始打造，1997 年成立了旅游公司，到 2011 年一直是由本村村集体进行管理的，2012 年以后开始由本地政府接手管理。

党家村依托村内所拥有的 123 座四合院、11 座祠堂、25 个稍门和泌阳堡、双神庙、文星阁、看家楼、节孝碑等元、明、清建筑资源，1987 年开始发展旅游业。1987 年中日联合考察团第一次来村里考察，1989 年 5 月份二次进行考察，补充第一次考察的不足，从此党家村的名声打出去了，韩城市政府也开始重视对党家村的保护。

但当时村子里的很多干部还没有这种意识，1988 年还有很多干部在拆古建筑，如祠堂、庙宇等，文物保护意识极差。1992 年村长上任后，开始对外来考察村庄的人收取接待费，当时收取的接待费是 2 元，1994 年后开始收取 5 元，这标志着党家村旅游景区正式开始营业。

1995 年党家村的旅游业开始步入正轨，正式对游客开放，村集体的经济收入也得到增长，开始给村民分红，当时村民每年大约能拿到人均 300 元左右的分红，增加了他们的一项经济收入来源。

随着名声的不断打响，越来越多的人开始到党家村进行旅游，这也为党家村带来了更多的发展机遇。

首先是景区的管理和发展需要大量人力，如保安、保洁、导游等都缺乏人力，这为本村的村民带来了很多就业机会。我们对本村以前在景区干导游的党小玲进行了采访，问她的就业感受，说："村庄发展旅游业真为我们这些无法外出打工的人带来了便利，当时在招聘保洁和保安的时候，优先考虑村内身体不好和经济上有困难的人，想着帮帮他们的生活，像我们这种孩子小，没法外出打工的人就可以报名参加导游，时间比较自由，接待完游客没有什么事情就可以回家看看孩子，领导们对我们也好，我们都很高兴能赶上这么好的机会。但是现在孩子大了，要去城里上学，我经常得去陪读，也就不能再继续干了。"

其次，村庄旅游业的发展还带动了本村农家乐经济的发展。我们对本村最早开始参与发展农家乐的一位村民党亚民展开了访谈，了解本村的农家乐发展情况。党亚民今年 60 岁，是村民小组 2 组的成员，从1992 年开始开农家乐，一直到现在还在经营。据他说，他最初开农家乐的目的是觉得自己家本来就在景区内，位置比较好，房子也是自己家的，没有额外的成本，还能多赚一笔钱，岂不是一件有利无弊的事情嘛。

党亚民在开农家乐之前对房子进行了三次改造，打造吃住一体的布局，每次改造的成本差不多在 2 万—3 万元之间，主要是用于房间的装修，当时总共有 9 间房，每间房能容纳 2、3、5、6 人不等，房间内是炕，没有床，每间房的收费标准不同，每人收费在 10—30 元之间。

当时韩城的高速路还没有修通，所以来旅游的客人基本晚上都要留宿，那时候村集体还没有干预农家乐的发展，需要自己拉客人，但客源非常充足，旺季的时候白天来吃饭的人非常多，以至于晚上都没有精力招待住宿了，干脆关门不营业，生意一度十分火爆。

随着村子里来的游客越来越多，村里仅有的 3 家农家乐已经完全不能满足游客们的需求，村集体开始对农家乐进行管理。村委提倡村民们自愿参与到农家乐的发展中，但是要达到开农家乐的标准要求，即：卫生条件好、身体健康且有健康证、年龄要在 50 岁之内，服从村委的统一领导和管理。在前 3 家农家乐的影响下，再加上村委的带领，众多村民开始加入到农家乐行列中，外出打工的人越来越少。

农家乐解决了游客的住宿问题，但吃饭也是一个重要的方面，村委考虑到陕西的面食是特色，还有羊肉泡馍等招牌食品，不如再打造一条小吃街，于是旅游景区的门口西侧开发了一条特色小吃街，村民可以租赁门头自己开店，向村集体缴纳一定的租金，剩下的都是自己的。

在村委的带领下，党家村的农家乐和特色小吃街又成为了集体和村民们一项重要的收入，经济不断得到发展。党亚民说："现在高速公路发达了，很多本地游客都是当天来当天回，客源减少了一些，但仍有很多外地的游客来旅游时选择留宿一晚，体验这边的美食和古居特色，收入水平还是比较乐观的。"

党家村的经济发展不仅有花椒和旅游业作为支撑，同时离村庄比较近的西庄镇发达的工业区也为党家村村民提供了较好的收入来源。

西庄镇的工矿和煤矿及钢铁企业比较密集，比较出名的有黑猫和龙钢两大企业，目前村内年轻一点的村民基本都在这两个厂子上班，月收入能达到约 8000—9000 元左右。村支书说，由于一二三产发展得都比较好，可选择的就业机会比较多，党家村的村民很少有外出务工的，基本都选择留在本地就业，形成了一种本地就业圈，这也使村庄青壮年流失现象没有那么严重，村庄的发展还是比较有活力的。

党家村三产融合发展为村庄集体经济和村民的收入创造了很大的价值，村集体的收入主要依靠政府给村子的文物保护费，其次还有景区的租赁费，除去给村民的分红，村集体每年的经济收入约为 30 万元左右。

村民的收入来源基本由花椒种植、景区旅游业分红和工厂务工工资三部分构成，收入水平总体来说比较可观，2021 年村内家庭收入状况的构成大约是以下比例：60% 的家庭条件是一般，温饱住房没问题；

35％的有车、房、存款，收入约 10 万元；5％的家庭大约需要政府的帮助。

一个村庄要想发展得好，必须要有一个好的领导班子带头。党家村之所以能够发展起来，与村庄的领导班子有着密不可分的联系。党家村的村庄治理体系是非常完整的，包括三委即村委、支委和编委会，村委和支委的书记是一肩挑，统筹管理村庄的各个事务。三委以外又设立了各种专门的组织协会，主要包括老年人协会、建设小组（代表村里对村内的一些工程质量进行监督）、书法协会。其中两委和建设小组有工资，编委会、老年人协会和书法协会没有工资，书法协会与编委会的人员也不存在交叉，建设小组的组长，书法协会会长、副会长参加委员会议。完整的治理结构体系使得村庄在处理村级事务时能够有序进行，各级成员充分发言，提出自己的想法，为村庄治理献计献策，避免了一些村庄当前存在的无序治理或一人独大的现象。

党家村的村治有序还有两个重要的原因：

一是村庄小组的重要作用。党家村总共有 5 个小组，小组长的情况分别如下：一组组长党建红 55 岁，主要是搞运输，妻子开蛋糕店，担任了 3 届小组长；二组组长党锐生 60 岁，以前是建筑工人，现在在家里种地；三组组长党西强 43 岁，在龙钢上班，担任了两届小组长；四组组长党武强 40 岁，在私企上班，媳妇开五金店；五组组长党小亮 40 岁，有吊车，雇着司机，今年刚入党，是干部候选人。

我们对其中几位小组长进行了访谈，了解到小组长一般都是兼业，平时有着自己的工作。每个小组都有自己的机动地，是小组的集体公共资产，因此主要依靠土地将小组的成员连结起来，比如土地灌溉要小组一起、景区如果需要用地也要联系小组，小组则将获得的土地补贴进行分红，实现组内成员的利益共享。

三组的组长党西强说："别看我们是个小组长，村内的很多事情都需要靠我们小组长的力量来完成。"以三组为例，三组总共有 98 户，400 多口人，可用地 300 亩左右，当时景区建设的时候需要用挖掘机和铲车等，而本组的成员恰巧家里都有，于是他便主动来到景区找负责人谈，以低于其他商家的价格将项目谈了下来，挖掘机和铲车都用本组成员家的，但是对挖掘机和铲车的组员提出了一个要求，将自己所赚取钱的 10% 拿出来给小组，平均分给组内其他人，使大家都获利，这个做法一致获得了大家的好评，并且使大家更加拥护小组长的工作，提高了小组长的威望。

党西强说："自从有了村民小组，我们基本秉承的原则就是小事不出组，有事先找组长，组长解决不了再去找支书必须按照程序严格执行。所以一些邻里间的鸡毛蒜皮小事基本都被我们劝和了，村里现在基本没啥矛盾了。"

通过对其他组的组长访谈，我们还了解到小组的作用不仅局限于工作上，还体现在生活中的方方面面，如疫情期间各个小组组织起来给自己负责的范围内消毒，进行疫情防控工作、清明节等节日一起去做上坟防火工作、组织一些文化活动等等。可见，小组在村庄治理中着实发挥了重要的作用。

二是能人治村带来的正面影响。能人带头在党家村的发展中也发挥了重要作用。党家村的村支书党立稳 60 岁左右，2018 年上任，当时村里村民选举的时候基本是全票通过的，人缘非常好。

我们对这位村民口中的好支书进行了访谈了解，看他是如何带领村庄进行发展的。支书说自己在未上任之前在县城有两家公司，一家是建筑公司，一家是汽车租赁公司，生活条件还算富裕，在村庄换届选举时，陆陆续续有村里的老乡联系他，希望他能参加选举。他想到自己从村子里走出去的，现在经济条件也足以支撑家庭生活，回村子里帮着老少爷们做点实事也算是比较有意义的事情，就当选了村主任，并且后来一肩挑，兼任了村支书。

由于村庄是发展旅游业，基础设施对于村庄来说非常重要，尤其是交通便利，而自己正好有建筑方面的优势，上任后第一件事便是免费为村里修了路和桥，使外来游客到村庄参观的时候能够更加方便。

支书想着每年村集体都会有一部分的收入，这个钱可以用来为村里办点实事。他发现村里有一些老人，因为子女外出打工或者因为其他原因不想跟子女一起住而独居，这对于上了年纪的老人来说吃住都不方便，最主要的是没人说话，缺乏陪伴。

考虑到这里，他召集村里的领导班子开会，打算建设一个幸福养老院，为老年人提供一个吃住娱乐一体的场所，这个提议得到了大家的赞同，便由集体出资，在村头建了一个幸福院，2018年重阳节开始正式运营。

老人入住需要本人申请、子女同意、身体健康体检三个流程，60—70岁的老人收费260元一个月，70岁以上的老人200元一个月，对于家庭困难的老人则视情况进行减免。幸福院为老人们提供一日三餐，每个人单独的床位，配有卫生室、多媒体室、棋牌室等基础设施供老人们娱乐放松。

我们到幸福院进行参观的时候，正赶上傍晚，一帮老人们在说说笑笑，还有的在跳着广场舞，脸上洋溢着幸福的笑容，让我们心生感动。

一座古老的村落，在安静地诉说700年风雨沧桑的历史变化，见证了一代又一代人的成长故事。从党家村的发展，我们看到了中国传统文化的传承性，看到了传统文化在今天乡村振兴背景下所带来的不可估量的价值，党家村中的传统古村落文化瑰宝的魅力依然在日渐迸发，在现代化气息浓厚的当今社会中依然留有一抹古色古香，祖先前辈智慧的结晶直至现在也令世人惊叹，这必将对中华民族伟大复兴产生重要的影响。

村庄小传

党家村位于陕西省韩城市区东北九千米处,在西庄镇东南方向,距离镇政府驻地 2.3 千米,东起下甘谷村,西与郭庄村、上甘谷村接壤,南临泌水河、柳村,北至汶水河。村庄由老村和新村两个部分组成,老村有一村一寨,新村和寨子建在塬上,老村建在塬下谷中。村内主要有党、贾两族,村中有建于 600 年前 100 多套"四合院"和保存完整的城堡、暗道、风水塔、贞节牌坊、家祠、哨楼等建筑以及祖谱、村史,被专家称为东方人类传统民居的活化石。

党家村总占地面积 1.2 平方公里,气候冬暖夏凉,背靠 108 国道,濒临黄河的便利,交通便利,又非常隐蔽。建筑学家来本村考察认为:该村自然条件优越,依塬傍水,位于狭长的沟谷之中,南北土塬高达 40 米以上,既减弱了西北季风的侵袭,又使夏天的凉风顺沟谷吹过,是理想的冬暖夏凉的好处所。另外由于北塬的红黏土与南塬的白黏土均不起尘,加之泌水绕行,空气得到净化,使党家村的古建筑数百年来一尘不染。同时,作为关中平原向陕北黄土高原过渡区的组成部分,党家村台、塬、谷、川兼有,其地貌特征在韩城很具有代表性。

全村有 5 个村民小组,431 户,1570 人。村内居民经济收入状况的大概比例为:60% 的家庭条件是一般,温饱住房没问题;35% 的有车、房、存款,收入约 10 万元;5% 的家庭大约需要政府的帮助。目前村内的土地总共有不到 1600 亩左右,700 亩地被征用为北林工程用地,还有接近 800 亩耕地是用来农业生产的。

1987 年该村在一位名叫师引莲的女支书带领下,依托村庄的古建筑文物资源,正式开始发展旅游业。2012 年,村庄的旅游业开始交由当地的政府管理。旅游业的发展为村庄集体经济带来了收益，也使村民享受到分红的福利。2003年10月，党家村被建设部、国家文物局公布为第一批中国历史文化名村。2012年12月党家村被列入第一批中国传统村落名录，2016年12月陕西省爱国卫生运动委员会命名党家村为"2016年度陕西省省级卫生村"，2019年7月文化和旅游部公布了第一批全国乡村旅游重点村名单，党家村榜上有名。随着乡村振兴战略的提出，党家村的旅游业也必定会迎来更好的发展机遇。

北纬 **35.53**° 东经 **110.72**°

山西 武家堡村

一 个 晋 中 乡 村 的 发 展 图 谱

七年前，我们决定去山西省太谷县武家堡村做"三农"调查。为什么是武家堡村？

山西两山夹川，南有传统农耕区，北有农牧交错区，我们从晋南、晋中、太行、吕梁、雁北五个区域聚焦到晋中盆地的太谷县选村，主要是因为这个地方在工业化城镇化进程中，农业发展比较好，"四化"关系总体是良性互动的。而在太谷县，经过多点比较，我们最终选择了比较具有典型性的武家堡村。希望以此为窗口和样本，为大家呈现一个观察当下中国农村经济社会发展情况的解剖图。

"菜粮兼种"局面的形成

九月的武家堡村，丰饶厚重，景色宜人。入村第一天，我们到村里的玉米田、菜棚、鸡舍、街巷和农户家中走着、看着、聊着，心情很舒畅。

武家堡村域内土地平整，土壤肥沃，耕地都是井灌保浇地，农业生产条件良好。目前种植的粮食作物主要是玉米，还有小面积的小麦和红薯；经济作物主要是蔬菜，大田菜有茴子白、茄子、辣椒等，拱棚和日光温室主要种植西红柿、茄子、西葫芦等。由于这里的蔬菜品质好，又距城市比较近，20世纪末就成为太原市的"菜篮子"基地。

据村干部和老人们回忆，新中国成立以来武家堡村一直是太谷县的农业先进村。在农业合作化和学大寨运动中，多次受到表彰。60年代中期，太谷县在山西省率先实现粮食达纲要，武家堡村是全县首批达纲要村，也是全县有名的粮食调出村。改革开放以来，为不断适应市场需求，该村产业结构几经变化。先是由一粮独大演变为以瓜菜、养猪为主，此后又经历蔬菜产业升级、养猪几近淘汰、养鸡迅速发展的变化过程。目前形成了以蔬菜、养鸡和粮食为主的多样化产业格局。

改革开放以来，受国家粮食政策松绑、城镇居民对菜肉副食品需求快速增长、村里存在大量剩余劳动力等因素影响，武家堡村出现了从主要种粮到主要种菜的演变。然而，值得注意的是2007年以后，武家堡村的粮食种植面积不知不觉中开始小幅回升，这一趋势一直延续，直到平分秋色，基本持平。

为什么会出现这一变化？我们与村里"明白人"进行了讨论分析。一个显而易见的原因是，大量非农就业，使大田菜的劳动力出现了相对短缺。种大田菜是一项劳动强度较大的生产活动。目前武家堡村约四成劳动力在外务工，其中近80%是男劳力。许多家庭因此放弃了种大田菜，原来种菜的地种了粮食。早在20世纪90年代武家堡村就开始了劳动力转移。为什么那时的转移并未影响到大田菜呢？大家的说法是，当时确有许多青年人进城，但村里依然有大量中年人种菜，当年的中年劳动力现在都成了老年或高龄劳动力，没有能力继续种菜了，只好弃菜种粮。

与此同时，设施蔬菜和肉鸡养殖的兴起，又拉走了一部分大田菜的主劳力。21 世纪以来，武家堡村的农业结构又进入了新一轮调整，设施蔬菜和肉鸡养殖快速发展。截至我们调研时，日光温室从 2000 年的 4 栋发展到 27 栋；拱棚从 2005 年的 150 亩发展到 370 亩，达到 140 栋；肉鸡养殖由 2004 年的 7 户发展到 60 户。一方面，这些新兴产业比大田菜收入高、有效就业时间长。显著的收入差距是拉走大田菜劳动力的关键原因。另一方面，新兴产业比大田菜劳动密度更大，劳动与土地的配置比例更低。受家庭劳动力约束，由大田菜转营新兴产业的农户，他们的一部分耕地，必然转向节省劳动力的粮食生产。

粮食生产的高度机械化，使种粮"就和捡钱一样"，也是粮食种植面积增长的重要原因。武家堡村玉米和小麦生产已实现全程机械化，整个生产过程中劳动投入很少，且粮食生产的劳动收益也在提高。经测算，种植玉米每个工日净收入 247.27 元，比务工和养鸡的工日净收入还高；种植小麦每个工日净收入 82.94 元，与打零工收入不相上下。村民形象地说，"现在种粮就和捡钱一样"。所以村民谁也不会轻易放弃种粮。我们在村里看到，没有能力从事其他生产经营的家庭如留守妇女户、高龄户，都坚守粮食生产；即使有能力从事其他产业的家庭，哪怕是收益较高的肉鸡养殖户或同时经营温室和拱棚的蔬菜大户，只要还有富余耕地，也都要捎带着种粮。简单地说就是"大家都在种粮食"。

最后，蔬菜的连作障碍和市场结构性过剩一定程度上制约着大田菜种植，间接增加了粮食种植面积。武家堡村的西红柿、西葫芦因连作障碍退出大田种植已十多年了；辣椒病害近年来接连大面积暴发，估计再有两三年也要退出生产；茄子虽然采用了嫁接技术，也只能连续种植3—4 年。尽管菜农每年都在寻找新品种，仍难以做到合理倒茬，致使不少农户想种菜而不能种，只好选择种粮。另外，为了规避市场风险，武家堡村没有农户把所有的耕地都用来种菜，每年都会安排一定面积的粮食生产。近年来种菜的风险越来越大，滞销发生频率越来越高，一些农户只好选择多种粮少种菜，致使许多传统菜区出现了粮食种植面积回升的现象。

蔬菜产业的隐忧

武家堡村的种植结构虽几经变化，蔬菜仍是重要的支柱产业。蔬菜收入约占全村农业总收入的 50%，对村民可支配收入贡献率近 30%。蔬菜生产也由单一的大田菜，逐步升级到了 1/3 的面积为设施菜。

蔬菜在武家堡村的未来发展中，扮演着重要的角色。在武家堡村的主要农业产业中，粮食生产虽有较高的劳动效率，但存在着土地效率过低、有效就业时间过短和劳均收入低的问题，所以基本处于兼业经营状态。

又因为粮食生产既有较高的劳动效率，又对劳动力质量要求不高，适合目前存在的大量留守妇女和老龄劳动力，因此粮食生产的兼业经营将会是一个较长的过程。养鸡业的三项效率指标和就业程度、收益水平都是最优的，但资金需求强度太高，对广大农户来说资金门槛高，所以养鸡业在目前条件下成为少数农户经营的产业。

蔬菜虽然各项指标并非最优，但它的劳动效率已超过社会平均水平，劳均收入水平也接近或超过社会平均收入水平，同时还具有较高的就业程度，加上广大农户可及的资金需求强度，所以蔬菜具有成为稳定职业或是劳动主业的基本条件。

蔬菜是劳动密集型产业，不仅用工量大，而且劳动时间散布于各个生产季节，不像粮食生产具有很强的季节性，因此从事蔬菜生产的劳动力必须以蔬菜为主业。

武家堡村目前有设施菜经营户 84 户，大田菜经营户 172 户，除了一些大田菜农户的主劳力兼业在本地打零工外，其余蔬菜经营户的主劳力都是以蔬菜生产为职业的。在蔬菜的三种生产方式中，拱棚和温室菜适合于中青年劳动力职业化，大田菜适宜于老年劳动力职业化。其中，大田菜的主劳力年龄多在 60 岁左右，设施菜的主劳力年龄多在 50 岁左右。

近年来，为了促进产业升级，武家堡村大力发展拱棚设施菜，全村已建成拱棚 140 栋，主要种植茄子和西红柿。我们在田间看到，大多数农户都在悉心照料着自家的拱棚。菜农说，1 亩拱棚菜的收入相当于 4 亩大田菜，价格也比较稳定。

不过，我们也发现武家堡村蔬菜产业背后的隐忧：就蔬菜产业劳动力状况来看，从业者基本都是中老年劳动力，近年来养鸡业的发展又拉走一部分种菜劳动力，青年劳动力种菜的很少，蔬菜产业后继乏人，这将影响蔬菜产业的长远发展。

兼业种粮的"简约模式"

在武家堡村调查时，我们发现农业生产中一个特别的现象——不少村民启用种粮的"简约模式"。

我们进村时，正值玉米收获季节。田里的玉米长势喜人，大家都说又是一个丰收年。沿着田间道路边走边看，联合收割机在地里忙活着，村民有的正在协助收割机作业，有的在自家地头清理杂草或垫平小水渠，为收割机的到来做准备。与等待收割的农民聊起收成，他们估算自家亩产，有的说 1800 来斤，有的说 1600 斤左右，还有不少在 1500 斤以下，估产水平有较大差异。

武家堡村田地平整，全是井灌保浇地，各户生产条件没有明显差异。那是什么原因造成农户间的产量差异呢？据山西省农科院的专家介绍，这里的土壤肥力并不差，农户的化肥用量普遍都超过了合理用肥量，低产户形成的关键原因是缺少田间管理。这就是说，玉米生产过程已被模式化，模式里只保留了施底肥、耕种、收获等必不可少的环节，其余环节均被省略了。我们把这种模式称为种粮的"简约模式"。

那么主要是哪些农户采用了简约模式呢？村民讲，一般种大田菜和设施菜的农户玉米种得比较好，男人在外务工靠妇女种地的和养鸡户玉米普遍种得不好，还有一些高龄户地种得也差一些。村里的低产户基本属于这几类农户。

村干部说，村北那 3 亩长势最不好的玉米是一个在县城搞装潢的农户种的，春播时工地业务忙，播种晚了五六天，玉米一直长势弱，到收获时都没缓过劲。

专家总结道：简约模式是一种粗放经营模式。种粮缺少精细管理肯定不会有好产量。"人误地一时，地误人一年"，村民也这样说。武家堡玉米生产的简约模式引起了我们的思考。现在兼业户和高龄户种粮已经很普遍了，由此推想，山西可能有相当数量的农户种粮是比较粗放的。改进简约模式、实行精耕细作，是需要我们认真研究解决的课题。

大象模式的利与弊

与种植业中的"简约模式"不同，武家堡村养殖业实现了较为成熟的组织化、标准化。这得益于"公司 + 农户"模式的建议。这之中的"公司"指的是山西大象农牧集团有限公司（以下简称"大象公司"）。

大象公司 1989 年以 300 只家庭蛋鸡场起步，逐步转向蛋种鸡孵化、饲料加工。2002 年建成第一条肉鸡屠宰生产线，开始以"公司 + 农户"的模式发展肉鸡产业。目前在山西签约养殖户 2200 多户，年放养肉鸡7000 多万只，总屠宰量突破 1 亿只。大象公司的快速发展离不开"公司 + 农户"模式的成功运作。用他们自己的说法：破译"大象禽业"化茧成蝶的真谛，秘诀就是以市场为导向，与农民互为依存、共生共荣的"大象模式"。

"大象模式"的核心内容可归纳为"三固定、五统一"。"三固定"是指鸡雏价格、饲料价格、回收价格固定；"五统一"是指公司统一供鸡雏、供饲料、供药品、制定防疫程序、回收。双方以合同作为履约依据，肉鸡养殖户提供符合要求的养殖场地和相应的养殖设备，在公司技术指导下按合同约定为公司代养肉鸡，公司按照合同规定统一提供鸡苗、饲料、兽药，并负责回收成鸡，业内又将这种形式称作"合同放养"或"合同代养"。

在养殖户与大象公司签订代养合同后，养殖户需要先行缴纳每只鸡 5 元的鸡苗、饲料、兽药押金，此后按养殖规模从农户的养殖利润中逐批继续扣押金，直到扣够每只鸡 22 元为止。其实每只鸡在大象公司发生的成本仅 19.54 元。可以这样理解，公司出于扩大养殖基地、保证肉鸡供应的目的，为吸引农户养鸡，在养殖户进入之初垫付了部分启动资金，降低了进入门槛。

但从养殖户正常运转开始，公司的所有流动资金就全部由养殖户承担了。仅武家堡村的养殖户就在大象公司账上扣押资金 616 万元。从整个公司的数据来看，在山西存栏规模 1222 万只，除了公司给新进养殖户垫付的流动资金，养殖户缴纳足额押金的占到 70%，共计 1.88 亿元。如果公司自养，这部分资金是需要自己解决的。在"公司＋农户"模式下，养殖户也为公司全产业链经营提供了很大一部分流动资金。

在"公司＋农户"合作关系下，大象公司以"三固定、五统一"的形式稳定养殖户的代养利润，解决了养殖户在销售上的担忧，一定程度上规避了农民的市场风险。但这还不能说养鸡户已经被大象公司请进了"保险箱"。农民虽然避免了直接面对市场，但在养殖过程中依然隐性或间接地承担了一定程度的市场风险。

日益增长的村民收入

武家堡村农业产业优势在周边村庄中是较为突出的，为村民增收致富提供了有力支撑。据村干部介绍，2014 年武家堡村农民人均可支配收入 14958 元，比 2013 年增长 5.3%。同期太谷县这一指标为 14027 元，山西省为 8809 元，武家堡村比太谷县高 6.6%，比山西省高 69.8%。

武家堡村农民收入结构上有哪些特点？从家庭经营性收入来看，人均 4745 元，占人均可支配收入的 31.7%。从工资性收入来看，人均 8937 元，占人均可支配收入的 59.7%。其中非农务工收入占到工资性收入的 95.8%，占人均可支配收入的 57.2%，已成为农民收入的主要来源。从财产性收入来看，人均 742 元，占人均可支配收入的 5%，对农民收入的贡献比较小。这块收入主要包括耕地流转收入和储蓄利息，并且储蓄利息占 80% 以上，土地流转收入仅占不足 20%。从转移性收入来看，主要来自财政转移支付，人均 533 元，占人均可支配收入的 3.6%。

从武家堡村收入结构和改革开放以来增收的历程可以看出，农民收入增长的动力主要来自两个方面：一是得益于农业内部的搞活经营，农业结构不断调整，农业效益不断提高；二是受外部工业化城镇化的拉动，劳动力实现了非农转移，非农收入不断增长。在内外部的"双轮驱动"下，农民收入在不同阶段的增幅波动中实现了持续增长。

武家堡村距县城较近，为村民就地就近务工提供了便利，也影响着村民的务工习惯。村民外出的少，就地就近务工成了普遍的选择，"不迁移中的转移"是最明显的特征。首先，县域经济发展为他们提供了工作岗位；其次，城郊区位使就地务工成本低，村里很大一部分人都是白天务工，晚上回家，有的中午还能回村吃饭；最后，在举家外出务工困难很大的前提下，一个人外出会降低家庭幸福指数，迁移的隐性成本大。

村里的年轻人小王夫妻在玛钢企业设在哈尔滨的销售点务工，大城市对他们是有吸引力的，但干了两年就不打算去了，原因是生活成本太高，赚得多，花得也多，一年到头落不下多少钱。我们将小王夫妻的收入开支情况与在本地务工的年轻人小白夫妻进行了对比。到更远的大城市务工虽然收入高，但是生活成本成倍增加，年结余反而不如在家务工。加上缺乏安全感和归属感，又不能照顾孩子等，就必然得返乡了。这是进入大城市务工的新生代农民工遇到的普遍问题。

期盼最大的公共服务三件事

收入水平提高了，生活变好了，村民希望得到更多优质的公共服务，其中，大家反映最多、期盼最大的当属三件事。

首先是污水处理问题。武家堡村没有排水设施。一到雨天，硬化的街道就成了排水道，加上村庄地势低，遇上大雨，雨水还要往村里倒流。一些住在村边的农户告诉我们，他们曾有过被雨水灌了院子的经历，更严重的是村西的耕地还被夹杂着垃圾的雨水泡过，那一年颗粒无收。由于没有下水道，村民对污水的处理也犯了难，住在村边的把水倒到田里，住在村里的就直接泼在街上，还有的在自家院子里挖个坑倒污水。全村有249户安装了热水器，洗澡水要么挑出去倒、要么渗到自家院里。

我们请环保、住建部门的同志来村里查勘，建议搞一个农村污水处理样板村。他们说，在村里建设污水处理站，将处理后的中水排到村西的排洪坑，并将排洪坑整修成公园，应该是个不错的方案，但最小的处理站，每天也要 500 吨以上的污水才能运行，武家堡村现有人口每天产生污水 270 吨，难以达到建站标准。他们给出的方案是，武家堡村距县城较近，且毗邻高铁太谷西站，接入太谷县城污水管网可能更为可行。

由于没有排水系统，农户还沿用旱厕，一般是在宅院西南角露天或搭个棚子挖坑埋缸，直接排便。这种沿用了上千年的旱厕，夏天散发臭味，滋生蚊蝇，很不卫生，冬天又很不方便。

我们问大家愿不愿意改成水冲厕所，他们都说："谁不愿意啊？问题是怎么改！"前些年，山西许多地方选择推广的是双瓮漏斗式无害化厕所，这种厕所结构简单、造价低、取材方便，也能在很大程度上改善卫生环境，但毕竟是农村在没有下水管道情况下的权宜之计，还没有根本改善农民群众的"方便"问题。

杨老三家的改厕方式，在没有管网的情况下，需要经常外抽污水，使用成本很高，不是家家户户都能做到的。要根本解决改厕问题，还需因地制宜，多管齐下，从建立污水管网和污水处理系统着手。

其次是垃圾处理问题。这是改革开放以来农民逐渐富裕后出现的新问题。村里老人们回忆，在新中国成立前农村是没有垃圾的，泔水等厨余物被用来喂养家畜，家畜排泄物和柴草燃烧产生的草木灰则作为肥料运往农田，一切剩余物在农民眼中都是"宝"。

即使新中国成立后至改革开放初期的几十年里，农村物资相对紧缺，碎布、旧报纸多用于纳鞋底，碎碗破罐用于铺路，厨余物和家畜的排泄物仍然作为不可多得的农家肥，生锈的锁链、废旧铁钉、塑料品等金属和塑料则直接卖给垃圾收购者，由于综合利用率比较高，虽然垃圾产生量在逐渐增加，但并没有对村民的生产生活产生明显的影响。

要紧的是近 30 年来，随着农村群众生活水平的提高，工业产品的废弃物迅速增加，农户家庭不再饲养家畜家禽导致厨余垃圾增多，农村垃圾和城市垃圾的同质化倾向越来越明显。

2013年实施了农村环境治理工程，武家堡村被列入太谷县农村环境连片整治示范区，村里配备了垃圾清运车和垃圾桶，家家户户的生活垃圾有了去处。现在每年2.48万元雇用两个村民清运垃圾。堆积在院里或是房前屋后的垃圾不见了，以前满村飘撒的纸片、塑料袋也不见了，村里的环境卫生状况大为改善。

不过，现在的问题是，收集运走的垃圾被倾倒在了村北的一个浅坑里，不压实、不掩埋，露天堆放，夏天垃圾散发出浓烈的恶臭，刮风天垃圾碎片四处飘飞，下雨时溢出垃圾坑的污水常常会污染四周农田。村民们说，"垃圾清运干净了村里，污染了村外"。由此看来，农村垃圾已超出了农村环境的自净能力，必须建立完善的农村垃圾处理系统和运作机制。我们还有大量的工作要做。

最后是能源污染问题。目前武家堡村村民的主要生活能源，一是电能，二是煤炭。夏天有不少家庭用电磁炉，但更多的还是用蜂窝煤。冬天家家户户还是用煤炭或蜂窝煤取暖做饭。用煤炭作燃料，家里烟熏火燎的，还产生大量炉渣，村民的说法是"想干净也干净不起来"。到了冬天采暖季节，大量的烟尘排放还成为致"霾"的污染源。

我们了解到，使用清洁能源，村里也做过尝试。2006年山西推广农户沼气池建设，每建一个沼气池造价约2000元，省里补500元，并且免费提供灶具，农民只需自备少量水泥、沙子、砖等建材即可。武家堡村的沼气池建设在全县带了头，到2008年建了126个沼气池，全县第一。村里还成立了沼气合作社，县里还奖励合作社一台抽渣车，并配备了柜台、零件、宣传板等。

但是，这些沼气池运行了不到两年大都停用了。当时的合作社负责人告诉我们，村里养猪的越来越少且都在村外，填料需要专门拉粪，县里给的抽渣车有人用没人修，社员们觉得用沼气麻烦又不划算，沼气池很快就被扔在那里了，抽渣车折价卖给了个人，沼气合作社也不办了。如今全村只有 5 个沼气池还在使用。沼气没搞起来，能不能对接县城的燃气管网呢？或者采取其他低碳方式呢？山西有电有气，解决农村能源污染问题，应该提上日程了。

"儿媳存款，老人还债"的由来

驻村期间，我们还对农民消费和积蓄情况进行了调查。这项调查是从房东邻居家的婚礼开始的。

一天，房东老杨跟我们说，邻居杜俊安家儿子办喜事，他得去帮忙。杜俊安是村里的种菜专业户，和妻子经营着两座日光温室，儿子在太原务工。村里住久了，和乡亲们也熟识起来，我们就随了份子钱去吃喜宴，正好借此机会了解一下农村结婚的花销。

据婚礼现场的村民介绍，村里娶媳妇的花销，多的 30 多万元，少的也要 10 多万元，平均在 20 万元左右。这些开支中，所占比重最大的是日益抬高的彩礼。目前，武家堡村多数家庭娶媳妇的彩礼为 12.8 万元，并已出现 16.8 万元、18.8 万元的价码。

我们参加婚礼的杜俊安家，在村里算中等收入户，他家娶媳妇的花销可代表村里的普通水平。老杜家办喜事的开支总计约 20 万元。其中，彩礼支出占到全部支出的 64%。"这几年，咱们家俊安靠种大棚菜攒了点钱，翻盖房子和办喜事，没有摊饥荒，这算好的了，村里好多家娶媳妇都要摊饥荒咧！"杜俊安三叔说。

向导老冯是村里的热心人，多数家庭办喜事，都请他去当总管，他说："村里娶媳妇的家庭，有 3/4 都要摊饥荒。"这个数字又让我们吃了一惊。我们对 2012—2014 年武家堡村娶媳妇的家庭进行了详细调查，三年间共有 39 户家庭为儿子娶了媳妇，其中有 30 户向亲友借了钱，并且多数家庭负债数额占到花销的一半以上，有的甚至要通过贷款才能凑够。

根据武家堡村家庭积累能力的测算，目前一个家庭的年积累能力是 18772 元（人均积累能力是 5505 元，户均人数是 3.41 人），按照目前娶媳妇的平均费用 21 万元计算，积累够这一费用需要 11 年。一个普通农户，积累够盖房和娶媳妇两件大事的钱，需要 29.6 年。

如果一个农民 25 岁结婚的话，完成给儿子盖房、娶媳妇并还清债务，大概要到 55 岁。由此看来，多数农户靠借贷娶媳妇有其必然性。他们大约在孩子接近 20 岁时，才能完成盖房的资金积累，而盖房到结婚的时间一般在 3—5 年。

如果盖房时间是正常的，那么孩子结婚时间越早，娶媳妇借贷的比例就越高，资金困难就越大。如果家里有两个以上儿子，负担就更重了。调研中也确实发现一些家庭因为钱没攒够延迟了孩子结婚时间。历史上同姓家族中，富贵的辈分低、贫穷的辈分高，我们猜想很可能就是这个原因。

尽管办一场婚事花销甚大，但村民对这件事一点儿也马虎不得。大家都说："娶媳妇是农户人家顶大的事了，家家户户都会尽力办得热闹些，一来，道喜吃席的都是乡里乡亲，不能给人家留下说道；二来，不愿给孩子留下遗憾和埋怨。"

菜农老刘 57 岁，经营着一座拱棚。2009 年他给儿子办喜事借了不少钱，近 5 年的收入全都还了债。他对我们讲，"再有两年差不多可以把为儿子摊的饥荒还清，然后再干三四年攒点养老钱，就不再干拱棚菜这苦重的活了"。老刘这样的境况，也是武家堡村许多中老年人的真实写照。

一般农户，父辈 50 岁左右给儿子办婚事，儿子婚后一两年就和父母"分家"单过，而娶媳妇形成的债务是由父母来还的。父母也会在有生之年尽最大努力还清债务，只有实在无能为力，儿子基于社会道德的约束，才会子偿父债。当父母的，前半生养儿育儿、为儿子盖房娶媳妇，后半生为儿子娶媳妇还债。传宗接代、延续香火的传统观念，使他们把帮儿子成家当作自己最大的人生任务。这个任务完成不好，家庭的未来缺少希望，自己脸上无光，也会被人耻笑。当然，家庭养老的需要，也迫使他们不得不这样做。于是"儿媳存款，老人还债"成为一种普遍现象。

亟待破解的农村养老问题

我们在武家堡村调研时，所接触的村民大部分是中老年人。2014年武家堡村户籍人口1780人，其中，60岁以上老人294人，约占全村人口的17%；65岁以上老人170人，约占10%。这是以户籍人口进行的统计，由于许多青壮年常年外出务工或举家进城，如果按照常住人口统计，老龄化比例会更高。可以说，武家堡村已经进入老龄社会。

农村对于"老"的概念是模糊的，农民也没有"退休年龄"。从武家堡村老年人身上可以看到，只要身体允许，他们就会一直劳动下去，直到哪天干不动了，才算"退休"了，也就进入子女供养阶段。

武家堡村全村60—64岁的老人基本都在劳动，65—70岁坚持劳动的依然有80%，70—74岁还能占到50%。我们见到村里一位名叫杜马林的老人，86岁了还种着4亩玉米。75岁以前退出劳动的大多因为身体原因。普遍情况下，老人能劳动就不会向子女分摊赡养费用。

当老人体力明显下降或得了大病，不能再种地了，就会将耕地分给儿子来种，老人的生活费用也开始由儿女分摊。米面油和蔬菜一般由子女提供，肉蛋奶等其他副食由老人自己购买。实物供养水平，村里差别不大，现金供养差别就大了，这主要由儿女的数量和经济状况决定。

如果有 2—3 个子女，每人每年大概给老人 300—1000 元，平均 600 元左右。这一阶段大部分老人的生活能够自理，老人能够自理时不需要子女太多照顾，只要身体允许，农忙时还会帮子女做些力所能及的活。

老人失去自理能力后，只要老伴身体允许，还是以老伴照料为主。如果老伴力不从心或已逝，老人的生活就需要子女照料了。村里的普遍做法是老人在几个子女家轮流住，或者子女轮流给老人送饭并照料生活，特殊情况是协商确定由一个子女承担全部照料任务，其他子女经济分担。子女大都会把照料老人当成无可推卸的义务，没有发现遗弃或虐待老人的现象。当然，也有极个别的由于家庭矛盾，出现过儿子赌气不赡养老人的情况，但也没到什么都不管的地步。

调查中，68% 的老人在生活照料上不太担心，多数老人说："儿女们会管的，养活他们一辈子，不就指靠他们这点吗？"村民的话也是如此，"好养赖养都得养，谁家也不能不管老人呀"。

近几年在政策扶持下，社会资本积极参与养老事业，民营性质的农村社会养老机构发展起来了。老人对这种新事物怎么看呢？85% 的老人明确表示不愿进养老院，12% 的视以后的情况再考虑。全村只有一位患有脑梗的老人住进了养老院，因为三个儿子都常年在外跑运输，实在无暇照料老人。

绝大多数老人不愿进养老院，首先是负担不起，距武家堡村不远有个民办养老院，这里的收费标准是每人每月 1200 元，一年需要 1.4 万元，是家庭养老花销的 4 倍；其次是老人在思想上接受不了，有儿有女的，进养老院被认为是很不光彩的事情，有悖农村的道德和家庭观念；最后是不管养老院设施多么好，服务多么周到，离家离土，离开熟人环境，缺少归宿感，老人在情感上也不接受。

家庭养老是农村老人成本最低的养老方式，这是由老人们目前的经济能力决定的。政府公益性养老机构只能满足"五保户"等特殊照顾群体，而社会上的民办养老机构只满足了很少一部分人的养老需求。

我们认为，要根本解决农村养老问题，实现有质量、有保障的养老，就要有稳定的经济来源，建立现代农村养老制度。新农保政策的实施，已经跨出了一大步，但由于保障水平低，还不足以让老人脱离子女供养。我们想，对于农村养老保险的制度设计，可以步子再大一些。考虑到传统观念和习惯影响，可尝试运用法律手段让农民在有劳动能力的时候，就为养老做准备，同步加大公共财政的投入。要把握好尊重农民当前意愿和为他们长远打算的关系，力争通过若干年的努力，让农民通过养老保险过上经济独立并有尊严的晚年生活。

村庄小传

武家堡村地处山西省太谷县西北部的平川区，汾河支流乌马河南岸，全村现有人口 1780 人，耕地 3966 亩。武家堡村建于何年，尚无文字可考。"堡"有保家守土之意，以堡命名的村庄多是村内或周边有砖石结构的军事建筑，"武家堡"或因此得名。

能查到最早记载武家堡的文献资料是明嘉靖二十年（1541 年）明军与俺答作战，为拱卫县城在这里设置过报警的"墩台"。据专家考证，这里是乌马河两岸最低的区段，隋唐以前很可能是一片芦草丛生的沼泽湿地，经唐宋时期大量垦荒拓田，才慢慢变为粮田。由于历史上连续移民屯军，到了清代武家堡人口急剧膨胀，最多时有千余户、三千多口人。康熙年间出了个叫王相卿的人，由于生活所迫走西口，创立了晋商对蒙贸易最大的商号"大盛魁"。村里现在还有许多王家宅院的遗迹，老人们讲原来村里到处是青砖灰瓦的建筑，街道称作"九爪龙泉街"，至今保留完好的还有一座关帝庙和一个古戏台。

新中国成立以来，武家堡村的发展与党的"三农"政策紧密相连。1949年土地改革后实现了"耕者有其田"。1953年成立了11个互助组，第二年成立了初级社，到1956年全村有95%的农户都入了社。由于地势低洼，村里半数耕地都是下湿盐碱地，经过实施一系列盐碱地改造工程和水利化、电气化建设，农业生产条件得到改善，在农业学大寨运动中成为远近闻名的粮食调出村。

党的十一届三中全会后实行的家庭联产承包责任制，极大地释放了农民的生产积极性。为了适应市场需求，村里种菜、养殖的农户越来越多，最初是种大田菜和养猪，后来又发展了设施菜和肉鸡养殖。

近年来，随着工业化、城镇化的推进，外出务工、跑运输、做买卖的也越来越多。2014年该村居民人均可支配收入14958元，比山西省农民收入平均水平高出六成以上，在太谷县属中等偏上水平。如今，在全党全社会关心"三农"、支持"三农"的浪潮下，武家堡村正朝着乡村振兴的美好明天阔步前进。

河南 水牛赵村
黄河边上的拓荒牛

　　来到河南省原阳县水牛赵村一片郁郁葱葱的绿野上，会看到几头由水稻秸秆编织的硕大"水牛"立于田地之上，真不愧是"水牛赵村"。

　　这只水牛，不但寓意着村名中的"水牛"，也是村里水稻品牌"水牛稻"的含义所在。作为观光旅游时一个醒目的标志、一座质朴的景观造型，串起几个故事，让人一下子便对"水牛赵"和"水牛稻"有了深刻的印象。

　　"水牛赵寨，去县三十四里。"清康熙二十九年（1690 年）《阳武县志》如此记载。水牛赵村的赵姓人家本是外来户，当年赵氏先祖从直隶永平府昌黎县迁驻此地，因以养水牛为业，故命名为"水牛赵村"。

　　现在，水牛赵村由水牛赵、罗李两个自然村组成。罗李村，原名"骡李村"，据说与骡子有关，村民全部姓李，后来演变成为罗李村。由牛与骡的故事也可见，水牛赵村的经济以农业为基础。

　　"夏天一片水汪汪，冬天一片白茫茫，夜里走路"唰唰"响，只长红荆不长粮。"曾经，水牛赵村属于华北平原典型的洼涝盐碱地区，历史上土壤盐碱化严重，这是当时流传着的顺口溜。1949 年新中国成立

鸟瞰水牛赵村

后，重修了黄河大堤。20 世纪 70 年代，水牛赵村引来黄河水，用其沉淀的泥沙淤住盐碱地，后来逐步推广水稻种植，将贫瘠的盐碱土改良成肥沃的弱碱性土壤。

大概因为种植水稻的传统，水牛赵村村民的主食，除了人们印象中的中原地区传统面食，还有米饭。菜式差不多，烩菜是村里宴席必备的菜品，将猪肉先红烧，在肉烧烂时，加入粉条、白菜、炸豆腐、豆芽等炖烂，起锅时加入香菜，端上桌时仍然冒着热气，吃一碗下肚，连汤带菜，浑身暖和。

村里人常吃的面食还有羊肉烩面，用羊骨炖制高汤，将烩面在汤中煮熟盛碗，加以老汤，然后再配以香菜或者韭菜、味精、香油、羊肉片、辣椒等，热腾腾、香喷喷、清清爽爽，吃完以后暖气涌身，村里老少都喜欢吃。

水牛赵村的主导产业是农业，不过此农业，已经非传统农业。在乡村振兴的大背景下，这个昔日盐碱地上拓荒出来的村庄找到了新的发展机遇，找到了新的"风口"，走出了一条以农业为基础，一二三产业融合发展的道路，探索了粮食主产区推动乡村振兴的新方式。

2012 年 4 月，村支书赵俊海发起成立了原阳原生种植农民专业合作社，并引进"稻蟹共养"的模式，在稻田里养蟹发展生态种植，以高效、生态、无公害为标准，在自己的土地上，和水牛赵村及周边村庄的乡亲们一起重铸原阳大米新品牌——"水牛稻"。

合作社流转了水牛赵村及周边土地，统一选用适应当地水土条件的水稻品种。除了统一供种，还有统一物料配置、统一技术服务、统一品牌、统一销售等"十统一"，覆盖了水稻生产从种到收，再到销售的全产业链。

在合作社的带领下，农户比自己种植亩均增收 500 元以上。2017 年，有机水稻"黄金晴"种植面积 3000 多亩，产值 4800 多万元；"新丰 2 号"

种植面积 18000 多亩，产值 1.56 亿元；小麦种植面积 20000 多亩，产值 2200 多万元。

通过口口相传，大家逐渐认可了"水牛稻"，以前普通的大米每斤不到 2 元，现在优质品种"黄金晴"一斤能卖 20 多元，直接拉高了村民们的收入。

如果说"十统一"是在平面上将土地联结起来，那么"立体种养"则是在多维度上将土地加以充分利用，把"生态 +"理念与土地和谐地融合起来。

2012 年，合作社从辽宁盘锦引进稻蟹共生高效生态种养模式，发展"种养结合、稻蟹双赢"1000 余亩，实现了"一地两用、一水两养、一季双收"。据测算，"稻田养蟹"每亩收入可达 16000 元以上，高出普通水稻种植 6—7 倍。

"咱们经常说'有机、绿色'，但光嘴上说空口无凭，现在通过稻蟹共养，变成了现实。客户实实在在看到了稻田里活蹦乱跳的螃蟹，这稻米也肯定是绿色健康的。"村民李荣福说。

酒香也怕巷子深，好地产好粮，还要有好的推广，最基本的当然是有个好的品牌。"水牛稻"释义为："一取赵稻谐音，见商标即知原产地，二为牛气十足之意，三见商标即知商标品类，四可产生水乡田园牧歌式联想。"如此丰富的寓意，代表了大家对"水牛稻"的期许。

"这几年，俺们'水牛稻'的品牌一年比一年响，村里农业观光基地的发展也越来越红火，老百姓的日子就像芝麻开花节节高！"村民赵世房如此感叹。

"水牛稻"在创意推广上下足了功夫。"我们的水稻和租地服务都是面向城里人的，必须把品牌的销售和推广拿到城里去。"

如今，每到春天，水牛赵村的乡间小道上，清风阵阵，空气中弥漫着小麦与秧苗特有的芬芳。稻田里，众人插秧，繁忙异常。仔细观察，不难分辨出他们并不是地地道道的农民，而是从各地过来体验"农夫生活"的城里人。

这就是合作社推出的"都市人的一亩三分地"项目。只需支付3299元年租金就可以认领三分地，获得"地主证"，并立上个性化的木制标牌。

很多城里人，到了农时节点，喜欢带着家人朋友，特别是带着孩子来到这里，赤着脚踩踩松软的泥土、亲手插下一束秧苗、呼吸一下乡间的新鲜空气，这些都是繁忙都市中难得的放松体验。

到了收获季节，还可以吃到自家地里生产的150斤"黄金晴"有机胚芽原阳大米、70斤石磨面粉、20斤无公害蔬菜、2条黄河鲤鱼、3斤螃蟹等绿色产品。

除了"水稻＋螃蟹"，还有"水稻＋泥鳅""莲藕＋小龙虾"模式。

入夏，水牛赵村新建的120亩莲心湖上开满了荷花，别有一番"接天莲叶无穷碧，映日荷花别样红"的江南水乡韵味。

既是生产场景，又是观光景点。村里还修建配套观景亭、栈道、码头、游船等，稻田间修建景观大道，建了1000平方米的水上生态餐厅，为游客提供了采摘、垂钓、餐饮、娱乐等多项服务。每年基地接待旅游人数超过10万人，实现了"水上能看，风景宜人；水下能吃，绿色有机"的转变。

在"接二连三"的产业链上，村民利用相对富余的时间增加了务工收入，还有的利用闲置的房屋开设"农家乐"，增加了财产性收入，村民获得感满满的。

走在水牛赵村，看到村民的房屋地基都垒得很高。因为水牛赵村海拔低，常年有水坑，每三五年就要发大水淹一次，每年黄河水灌溉会留下一层黄胶泥。小浪底水库建成之前，黄河水每年都要漫灌到村里，河水泥沙含量很高，河水退去后，会留下5—8厘米黄胶泥的泥沙。为了避免年年堆积的泥沙高过住宅，村民在规划建房之初，就将地基建得很高，高出路面约 1.5 米。

水牛赵村的正房全都坐北朝南，一般正屋要盖到 2 层高，正房东西两侧盖有厢房或围墙，大门朝南临街，大门左右各盖有一间门房，两间房的门是对向而开的，分别用作厨房和餐厅。厢房、门房都是 1 层的平房。所有房屋、围墙构成一个封闭的院落。有的人家经济周转不开，会先把门脸的两间房和厢房盖好。

住宅的大门往往都很气派，由水泥堆砌成一个高约 4 米的门牌，配一对双开铁门，有的人家门口还有石狮子。铁门左右两侧是贴着写有对联的瓷砖，铁门上左有秦叔宝，右有尉迟恭。

村民喜欢在自家院内养几只鸡鸭，种些蔬菜，如油菜、白菜、韭菜，还有的种些大蒜，有的人家会在门前和院中栽树，如杏树、石榴树。由于院子较大，不盖厢房的人家还可以在东西两侧搭个棚子，停放家中的农机具。

我们走进村民家里，只见正屋的一层由堂屋和四五间卧室组成，堂屋北面的墙上大多是一幅大壁画，靠墙摆一排储物柜，上面放有电视。东西面的墙上大多挂着十字绣、照片等。

住宅二层房间目前利用率比较低，所以，随着游客越来越多，很多村民打算将闲置的卧室打造成家庭旅馆，而且已经有很多率先试水的村民开设"农家乐"，将二层房间租出去。

水牛赵村人努力发展产业，不断提高收入水平，同时也给村庄带来了新气象。

细心的游客将会发现，村里每家门外都摆放有绿色塑料垃圾桶，可盛放家庭生活垃圾，也可用于回收公共垃圾。垃圾由原阳县进行统一运输处理，原阳县实行全域化市场保洁运作机制，每天都有环卫车辆到村里运输垃圾，固体垃圾处理比较好，保洁公司每回收 1 吨农村垃圾，可获得 80 元补贴，以前"垃圾围村"的情况大大改善。

走在村里，发现家家门前都修上了水泥路，户户都通上了自来水、用上了照明电，实现了天然气管网入户、Wi-Fi 和 4G 信号全覆盖。自 2018 年"厕所革命"实施以来，厕所改造在 2021 年已全部完成，村内每户人家都安装了冲水厕所，生活更加便利。

村内街道干净整洁，村里统一组织粉刷了墙外壁，古香古色的白灰色，配上河南省美术学院学生涂画的"水牛赵"壁画，让村里的居住环境更加温馨。

基础设施改善的同时，村庄的公共服务水平也在不断提升，主要表现在医疗卫生水平显著提高上。目前，村里建有卫生室，配备驻村村医一名，村民们每人每年仅需交 280 元，即可应急看病、抓药。

村里人也比较重视教育，村内的儿童都到太平镇上幼儿园，每天有校车免费接送。在水牛赵和罗李两个自然村之间曾经设立过一所小学，因近年来生源缺乏，村里的孩子大多去 1000 米外的裴岭新村上小学。大部分初中到太平镇乡中就读，小部分到县城内的几所中学就读。

风俗是一个地方长期形成的通行的风尚、习惯、礼仪等，随着社会的发展，风俗也会发生一些变化。随着水牛赵村这些年的发展变化，传统文化的根保留下来的同时，也与时俱进发展出新风尚。

水牛赵村的嫁娶仪式，既有传统做法，也融合了新的文明婚姻仪式。婚前男方遵循传统向女方提亲，对男方叫"说媳妇"，对女方叫"说婆家"。提亲后双方约定时间订婚，一要设"定亲宴"，二要送彩礼。随着移风易俗的推进，女方有时会不要彩礼，或者象征性地要 9999 元、10001 元，取个"长长久久""万里挑一"的好彩头。婚礼当天，一般请亲戚朋友来坐席，摆 5—10 桌，亲朋一般馈赠喜幛、礼鞋、被单等礼品或以现金做贺仪。

村中老年人祝寿注重"十"，如六十、七十、八十、九十、百岁。

另外，有庆"六十六"、庆"八十八"、庆"九十九"的。一般老人到了六十岁，子女亲朋便要进行一年一度的生日庆祝活动，称为"做寿""做生""祝寿"。祝寿一般由子女晚辈出面举行，为老人尽孝道和慰藉。庆六十六大寿，闺女还要割块猪肉，一定是一刀下去，最好是六斤六两重。

水牛赵村设有红白理事会，村里遇到红白喜事，都由理事会主持操办。为杜绝大操大办，村"两委"和理事会研究形成了新的理事会制度，并于 2017 年 1 月开始实行。举办喜宴时，当天待客桌面一般不超过"8、6、4"，即每桌不超过 8 个凉菜、6 个下酒热菜、4 个下饭菜，酒席每桌上只发 2 盒烟，接亲车辆一般不超过 10 辆。办白事时，一律使用大碗菜，不再用酒菜盘，每盒烟的价格不超出 5 元，也不再搞燃放烟花、请戏班等活动。

平时村民往来，客人到家后，主人会让座、敬烟、奉茶、留吃饭，表示热情待客，离去时送至门外。在路上遇到，大家都会互相简单问候，或驻足聊聊天。

走亲戚有四个时节，春节、麦罢、端午、中秋。春节最重要，从正月初一到初十，不论远近亲友都要串遍。麦罢串亲戚也比较普遍，是农民互祝麦季丰收的意思。端午和中秋则多是出嫁的女子走娘家。各节日礼品多不同。春节拿柿饼、点心等，麦罢拿油条，端午拿糖糕、菜角，中秋拿月饼、水果。而且，新婚闺女头年麦罢和春节走娘家须夫妇同去，所带礼品须格外丰盛，礼品中必须有 10 斤左右猪肉一块。

村主任李新社说，新制度的实行使村民们操办红白喜事的成本大大下降，宴席的功能也回归其最初的目的，大家坐在一起交流情感，互相帮助扶持，杜绝了攀比之风。

仓廪实而知荣辱。水牛赵村乡风淳朴，村民热情好客，邻里之间讲信修睦，相互扶助。

水牛赵村全体村民讨论通过、制定本村的村规民约，内容涵盖社会治安、消防安全、村风民俗、邻里关系、婚姻家庭五个方面，倡导大家遵纪守法、睦邻友好、尊老爱幼。村委会将村规民约印制成展板贴在村头的墙上，村民来往都能看到，有效推动了民主法制建设，有助于维护社会稳定，提高村民素质，树立良好的民风、村风，创造安居乐业的社会环境，促进经济社会发展。

水牛赵村非常重视村党支部建设，把乡风文明当成党组织建设的"试金石"，创新文化建设方式。村委会连续四年发起"好媳妇""好婆婆""文明家庭"评选活动，引导村民向善向美、家庭向和向好、集体向上向团结。通过组织以敬老爱老、文明行为等为主题的小品、歌舞等，提升了整村人的文化水平和综合素质，形成了家庭和睦、村内和谐、讲信修睦的整体氛围。

此外，村里由党员成立的义务打扫队，每天早上有 13 人左右，自主分工、主动打扫村内每一条街道。在党员的带动下，村民人人爱村，主动奉献，上至耄耋老人、下至垂髫稚子，都努力为建设家乡贡献力量。2019 年，水牛赵村被评为新乡市"文明乡村"。

行走在水牛赵村，并对村庄进行深入调研、思考后，我们认为，水牛赵村进入了"三期叠加"的关键时期。

一是转型升级的关键时期。作为水稻、小麦种植的传统农区，水牛赵村已经度过了脱贫致富攻坚期，二三产业有所发展，进入了转型升级的关键期。

二是各种矛盾的凸显期。经济发展与环境污染、劳力不足与就业不足并存、规模经营与小农户生产、家族企业与现代管理等发展过程中的矛盾，考验着村"两委"的能力和水平。

三是乡村振兴的机遇期。水牛赵村不属于老龄化村、空心化村，反之，可以说有一定的物质基础、产业基础和人力基础，在国家实施乡村振兴战略进程中必将大有可为，也是可以大有作为的。

村庄小传

水牛赵村位于河南省新乡市原阳县太平镇辖区东部，由水牛赵、罗李两个自然村组成，辖 3 个村民组，现有 96 户、516 人，党员 44 人。村境南北长 800 米，东西宽 2000 米，村域总面积 2300 亩，其中，耕地面积 1791 亩，以种植小麦、水稻为主。

从地理位置来看，水牛赵村地处黄海中下游冲积平原，地势平坦、土地肥沃，属温带季风气候，日照充足、四季分明，昼夜温差较大，北面是黄河故道，南面是黄河高滩，水资源条件便利，利于发展基础农业。

从交通位置来看，水牛赵村西距京港澳高速路口 20 公里，东距大广高速 40 公里，省道 327 公路横穿村北，交通便利，官渡黄河大桥开通启用后，交通优势更加突出。

从规划定位来看，水牛赵村是"郑新融合的中心区"、原阳县三区"中原城市群最具魅力都市生态农业示范区"的重要示范点，境内水域面积广阔，有"莲藕之乡""豫北水乡"的美称。

水牛赵村隶属于原阳县太平镇，这里曾是东汉贡米的主要生产地之一，水牛赵村的赵姓人家本是外来户，当年赵氏先祖从千里之外的直隶永平府昌黎县迁驻此地，因以养水牛为业，故命名为"水牛赵"村。根据清康熙二十九年（1690 年）《阳武县志》"乡村集镇"记载，称之为"水牛赵寨，去县三十四里"。然而，历史上由于黄河决堤改道频繁，洪涝和盐碱阻碍了水稻的种植发展，曾经富庶的村落也一度发展停滞。1949 年，国家重修黄河大堤。20 世纪 90 年代，老村支书把握时代红利，启动盐碱地改造工程，引入黄河水进行稻田灌溉，将"无望"的盐碱田改成了现今的"金色"良田，水稻种植才又一次获得繁荣，从此，水牛赵村也获得了新生。

水牛赵村积极开展农村五项制度改革试点工作，成立了水牛赵村股份经济合作社、原生种植农民专业合作社，围绕建设"水牛稻特色生态农业观光基地"，按照"第一产业做精原阳大米、第二产业发展稻田养蟹和稻田养鳅等立体生态混养、第三产业大力承接都市人的农业观光旅游，形成一二三产业有机融合、相互拉动"的发展格局，夯实产业基础，壮大集体经济。

通过流转村内土地，水牛赵村以黄河文明为媒、农耕文化为魂，以文商旅农学游有机结合的黄河农耕文化休闲旅游为目标，发展绿色生态农业基地，搞好立体混养，提高土地效益，打造了集科普教育、娱乐展销、互动体验为一体的三产融合"田园综合体"，成功探索出了适合水牛赵村综合发展的"种养结合、稻蟹双赢"的立体生态种养新技术模式，实现了"一地两用、一水两养、一季双收"，户均增收 1 万元。

曾经的水牛赵村一穷二白，外村姑娘都不愿意嫁到村里来，作为土生土长的村里人，村党支部书记赵俊海深感痛心。在老村支书的举荐下，他成立了原生种植农民专业合作社，决心要带领村里人发家致富。建社初期，全村人及家人都极力反对，但为了发展稻田综合种养，他"先斩后奏"，"骗"家人外出旅游之时，自掏腰包 60 余万元，开始了有机稻米、土地认领的项目；为打开市场，他多次调研，采用稻田蟹养殖、水稻加工、农事体验、乡村旅游等方式，加强一二三产业融合，并注册"水牛稻"品牌，提升产品影响力；通过加强科普教育示范，持续推进"水牛稻"有机无公害种植方式，"水牛稻"大米顺利通过有机认证，并多次荣获中国农产品加工投资贸易洽谈会"优质产品"称号。

山西 刘原村

晋 南 古 村 有 个 振 兴 梦

  这是山西南部一个普通得不能再普通的村庄。早春三月，暖洋洋的太阳爬上中天，几位银发老人倚在房前，一边晒着太阳，一边看着路边嬉闹的孩童。齐整的村舍，干净的路面，袅袅的炊烟，为村庄平添了一丝静谧。偶然传来几声犬吠，不多时，又随风飘散了。

  我们在村口被杂草包围的斑驳石碑上，看到了村庄的名字——刘原村，隶属山西省运城市芮城县古魏镇。据村里老人讲，很早很早以前，是刘姓人家最先来到这片平坦的土地上，开垦荒原、种田立业，才拉开了村庄人口繁衍、世代发展的序幕。为此，人们称之为"刘原村"，以示纪念之意。

  那么，这个"很早很早以前"，到底是什么时候呢？有人找到了《芮城县志》，据史料推测，刘原村大约在元末明初立村，距今已逾600年。目前，这个跨越岁月长河的古老村落，由刘原和兰原两个自然村组成，辖12个村民小组、480户、1810人。

  2018年3月，我们在刘原村待了整整十天，走巷串户，访谈聊天，慢慢熟悉了这个平凡的村庄，了解了这个村庄里老百姓的柴米油盐、喜

刘原村一景

怒期盼。

总体来看，这些年刘原村农民增收效果显著，和谐乡村建设形势喜人。2017 年全村人均可支配收入 1 万余元，所调研的农户普遍对生活感到满意，对中央和地方政府的政策及措施表示支持，干群关系比较和谐。但同时也面临着许多亟待研究解决的问题。

收入是最能直观反映一个村庄发展的晴雨表，也是我们在调研中和村民们聊得最仔细的话题。由于位处引黄灌溉区，刘原村土地肥沃，林茂粮丰。但是同全国大多数农区一样，他们都面临着一个相同的问题：种粮不赚钱。

村支书张银虎对此深有体会。据他介绍，刘原村一直以来以种植粮棉作物为主、经济作物为辅，全村粮棉种植面积曾占到全村农田面积的 90% 以上。随着市场经济的发展，1980 年以后，粮棉种植面积逐渐减少，苹果等经济作物种植面积不断增加。现在，村里已经不再种植棉花。

我们在走家串户时，无论是种粮大户还是普通农户，都说种粮食不挣钱。究其原因，一个是市场销售价格太低，尤其是玉米，另一个是成本太高。这儿的老百姓习惯用"种两茬挣一茬的钱"来粗略估算一年的收入，意思就是一亩地一年的收入可以用玉米的出售价格乘以种植面积来估算。如果玉米的收购价不到 7 毛 / 斤，这样算下来一亩地全年的种植收入在 700 元左右（亩产平均在 1200 斤左右）。这个收益是没有雇工的情况，也没有计算自己的人工成本。

该村原大队会计家种了 10 亩地，小麦种植成本 535 元，主要包括：种子 60 元（一亩地用 30 斤，每斤 2 元）、机耕 50 元、打药 10 元、施肥 130 元、浇水 240 元、机收 45 元。种玉米的成本跟小麦差不多。他家全年两季作物收益为 7000 多元，不足以满足生产生活基本需要，而且受到干旱等灾害影响时，收益难以稳定。

　　既然种大田作物不赚钱，那么刘原村经济作物种植情况如何？我们了解到，20 世纪 90 年代，苹果曾经是村里的主导产业，但目前看来，由于已经栽种超过 30 年，腐烂病多，管理也比较差，经济效益并不好，每亩平均收益 5000 元，与陕西、山东等苹果产区相比差距甚大。目前，村里还有一部分桃树，但种植年份比较短，尚未到盛果期，收益还无法计算。

　　刘原村土地平坦，又靠近黄河，虽然气候比较旱，但灌溉条件不错，又集中连片，很适宜大规模种植。但农业规模化水平仍然较低。这是因为种植粮食不挣钱，尽管地租很低（每亩才 150 元），依然没有人愿意大规模种地，种粮大户很少，最多的一户刘建方才包了 100 亩地，大部分的人种地都是为了换点粮食。同时，村民对于土地流转的意愿也不强烈，因为价格低，宁可自己随便种点，也不愿租出去。

　　村里"老人农业"的现象也较为突出。现在村子里最年轻的劳动力都在 40 岁左右，除了有病不能外出务工的，年轻人没有留在村里种田的，从小就念书，不愿意更不会种地，也没有回乡创业的大学生。

　　食为政首，粮安天下。然而如果没有生产者，这一切都无从谈起。刘原村是再普通不过的一个村庄，但面临的问题也是我国农村再普遍不过的一个问题。未来的中国谁来种粮？

　　这个问题归根结底是问未来怎样种粮才能有合理的收益。首先要做的是算成本，尤其是土地成本和人工成本。我们认为，要把青壮年留下来种植大田作物，只有在地租合理、多数农户有出租意愿，这样能助力实现土地连片后的农机作业，能实现两三百亩以上的适度规模水平后才有可能性。未来农业的发展，尤其是粮食作物的生产，一定要依靠培育职业农民和经营主体，开展适度规模经营。

　　这就又说到了我们现在正在开展的高标准农田建设。集中连片、旱涝保收、稳产高产、生态友好，高标准农田的这些特点天然有利于推进规模化、集约化、专业化和机械化生产，提高土地产出率，促进土地有序流转和适度规模经营。此外，对年轻人来说，易上手、好操作、不枯燥也很重要，当前信息技术在农业生产领域的应用让粮食生产未来的图景逐渐清晰。

由于距离县城仅 1 公里左右，属于划定的畜禽限养区，刘原村的养殖业发展受到了限制。目前，村里一共就 2 个养猪场，存栏猪 900 余头。

村民老李从 2003 年开始养猪，投资了 60 余万元建立了这个小型的养殖场，有 1 头种公猪、50 头母猪，基本上自然配种，自繁自育，目前存栏的育肥猪有 400 余头。育肥猪一般喂养 180 天，养到 250 斤左右卖掉。

老李的养猪场是一个小型种养结合的家庭农场。一家四口人，儿子和儿媳给老两口打工，每年的工钱是固定工资 4 万元。流转了 20 亩地，主要种植玉米作为饲料。每个猪圈都有管道，猪的粪便通过管道进入沼气池，产的沼气用来做饭，沼液和沼渣用来肥田，实现了循环利用，环保又经济。

在谈到养猪业的市场风险时，老李说养猪这行价格波动比较大，有赚有赔，猪价低迷的时候他最多赔了 20 多万元。

刘原村没有自己的工厂企业，但有 1700 余亩河滩地，村集体的收入来源主要就是依靠这 1700 余亩河滩地外包的租金。

这些河滩地非常平坦，集中连片，很适宜耕作。但并没有大规模地租给种粮大户，都是分散租赁给周边的农户，租金每亩 450 元。这些河滩地的租金收入由生产小组和村集体分配使用，村集体每年的可支配收入在 20 万元左右。

县里对属于村民共有的集体资金有着严格的管理。各乡（镇）依托农经中心成立了农村会计服务中心，并与村级组织签订了委托代理协议，形成统一财务管理、统一开设一村一账户、统一票据管理、统一会计档案、统一电算化的"五统一"管理模式。

芮城县统一实行"25281"工作模式，即每月 25 日为民主理财日，28 日为集中报账日，翌月 1 日为财务公示日。并制定了严格的财务支出制度和审批程序，除实行财务支出"五联签"审核审批制外，支出500—3000 元须经村"两委"联席会议讨论通过，并附参会人员签名盖章的会议记录；3000 元以上须经村"两委"会议提出、村民代表会议讨论通过，并附参会人员签名的会议记录；数额较大且关系到全体村民利益的，召开村民代表大会讨论通过。每个村都在村委显要位置设置固定的公开栏进行财务公开。

如何带领村民致富，一直是扛在村"两委"肩头最重要的职责。为此，刘原村"两委"在书记张银虎的带领下进行了一些探索和尝试。

从 2010 年开始，他们先是号召种植绿化苗木，村"两委"组织大家外出参观学习，然后几个村干部凑钱买了树苗子，分给村民，但可能是由于自己没有掏钱，村民不珍惜，没有好好管理，导致最后树苗都死了。

之后，他们又考虑发展冬桃（10 月左右成熟的桃子），2013 年开始去山东考察，几个村干部先凑钱购买了树苗，已经种下去了，目前长势还不错，这条路能不能走通也说不好。他们最担心的还是市场，村"两委"正计划成立一个销售方面的专业合作社，为将来的销售打开渠道。

在引导村民发展产业过程中，张银虎感触颇深。他向我们坦言："中国的农民都很现实，哪怕你说得天花乱坠，没有眼见为实，没有见到实际效果，都不会轻易尝试。因此，不管是推广一种新的生产经营模式也好，还是转型生产一种新的品种，都需要有人先行一步，作出示范。一旦村民见着实际效果了，自然会跟着学。"

在带领村民增收致富的同时，村里也着眼于群众最关心、最急需的问题入手，不断提升基础设施和公共服务水平。客观上，刘原村虽然集体经济欠发达，但得益于国家的优惠政策，公共设施和服务还算不错。

道路实现了"户户通"。刘原村里的路面硬化率在 100%，且路面平坦、用料结实，两侧配有排水沟渠，方便降雨排水。主要的街道上都安装了路灯，晚上出门也不再是一片漆黑了。

家家户户吃水不用愁了。据村里的老人回忆，20 世纪 50—60 年代之前，村民吃水都在自家院里打水井，井深 20 多米。从 1964 年起，刘原村开始了水利建设，从浅井到中型井，又由中型井到深井，不断改善着村民的生活和农业生产。

目前，全村共有 200 米深井 7 眼、4 座蓄水塔，吃水方便，全村的地也都能水浇。村民吃水是不用钱的，电费由村集体统一负担，但这也在一定程度上造成了村民不太节约用水。

电力供应基本满足村民日常需要。村里也采用阶梯电价，最低档每度电 0.475 元，比较便宜。冬季取暖方面村里还不具备集中供暖的条件，基本上各家都安装了空调，但普遍采取自家烧锅炉取暖，部分家庭还沿用火炕取暖。根据山西省的政策，每个冬天每户能领到 200 元的冬季取暖补贴。

村里的通信和网络配备基本到位。各大通信运营公司的网络信号在村里覆盖效果良好，村里几乎人手一部手机。虽然大部分人的手机都是千元以下的低端机，但是很多老人也使用微信来进行联络。

文化活动日益丰富。刘原村文化底蕴和文化氛围都是比较浓厚的。自古以来，刘原村人在春节就有闹红火的传统活动，正月里敲锣打鼓、舞龙灯、踩高跷，特别是正月十五家家挂灯笼等活动，一直延续至今。由于受到"文化大革命"的影响，村子里的社火活动多年停止，一直到1980 年才恢复。

2010 年，村委会投资在村中间建立了一个文化广场，有健身器材、乒乓球台、篮球架。村里成立了舞蹈队，不但有年轻的妇女，还有六七十岁的老太太。自从有了广场跳舞队，妇女们不打麻将了，家庭和睦了，身体也更健康了。

村里这些变化，正是马斯洛需求层次的体现。诚如一位村民说的那样："以前生活苦，大家天天琢磨的就是怎么样把肚子喂饱，谁还关心生活的品质、文化的享受呀。现在吃喝不愁了，大家才有心情来考虑要生活得更加舒畅。"旧的需求满足了，新的需求又出现了，只要社会还在发展，人的需求就会一直在运动式推进。

建党百年之际，我们在中华大地上全面建成了小康社会，历史性地解决了绝对贫困问题。在满足了吃穿不愁的需求后，农民期待着更舒适、有品质的生活。在向着全面建成社会主义现代化强国的第二个百年奋斗目标迈进的过程中，我们要从发展的角度看待农民的需求，这是一个动态平衡的过程，而非一锤子买卖。

乡村为谁振兴、靠谁振兴、谁来评判、由谁享有振兴成果？答案毫无疑问是农民。多看看整个国民经济对乡村、对农民、对农业还有哪些需求没有得到满足，抓住这些需求，就能更好解决"三农"问题，这也是乡村振兴的内生动力。

随着生活水平的提高和老年社会的到来，村民们除了收入之外，最关心的问题，就是医疗和养老保障。

刘原村的新型农村合作医疗是从 2006 年开始的。从 2017 年开始，运城市将城镇居民基本医疗保险和新型农村合作医疗两项制度进行整合，由人力资源和社会保障部门统一管理与经办，建立起全市统一、城乡一体的居民基本医疗保险制度。

从 2009 年起，认识到新型农村合作医疗带来的好处，除了学生以外，村民基本上都参加了新型农村合作医疗。但村民普遍反映，在报销范围内的药品较少，那些特效的药品以及进口药等往往不在报销范围内，实际上的报销比例并没有那么高。

2012 年，村民卫盛娥患脑癌，在运城市中心医院治疗半年，先后检查、手术、化疗、吃药等共花费 8 万余元，新型农村合作医疗仅报销了 3 万余元。

2009 年，国家开始实施新型农村社会养老保险政策。从 2015 年起，山西省将新农保和城镇居民社会养老保险制度进行整合，建立了城乡居民基本养老保险制度。按照规定，年满 60 周岁的老人，每月可以领取 80 元的养老金，多缴多得。从实施养老保险制度以来，村里每年缴纳保险金的比例保持在了较高水平，大多数村民自愿缴纳。

按照中国的传统，养儿为了防老。但现在，我们走访的所有农户都表示，子女不仅不往家拿钱，反而需要父母为儿子出钱在县城买房子、买车子和娶媳妇。高昂的结婚费用让父母们不得不负重前行。

不过村里对老人都很尊重和照顾。之前每年的九九重阳节村"两委"都会给 70 岁以上的老人发点慰问金表达心意。去年，村委改变了方式，由村集体出钱，组织村里所有 70 岁以上的老人到县里进行一日游，老人们都很高兴。

按照市里的统一布置，刘原村在原来兰原村大队部建立了老人日间照料中心。这里休闲娱乐室、图书阅览室、厨房餐厅等一应俱全，打扫得干干净净。村里 60 岁以上的老人每天缴纳 2 元钱就能在照料中心吃两顿饭。

老人们白天在日间照料中心娱乐和就餐，晚上依旧回自己家休息。日间照料中心方便又舒适，受到了村里老人们的欢迎。

驻村期间，我们还注意到一个现象，刘原村的人口数量出现负增长，年轻人生育意愿普遍低落。1979 年，刘原村开始实行计划生育，多年以来，全村人口出生率一直稳定在低生育水平上。1976 年全村 1060 人，2000 年 1153 人，2013 年人口总数为 1286 人。张银虎书记介绍，近年来，村里人口甚至出现了负增长，每年去世的老人都有十几人，但出生的仅有五六人。

问到国家放开二胎、三胎政策以后对村民有何影响，村主任范金锁一脸笑着摇头："现在的年轻人都不愿生娃，负担不起啦。"

张书记也笑着说："说到这个老范得感谢我。他家就一个孙女，都十几岁了。放开二胎以后，老范就想让儿子儿媳再要个孙子，结果人小两口就是不想要。后来老范没办法，请我去帮做工作，我费了好多口舌。这不，刚添了个孙子。"老范一脸苦笑："那是因为我答应给他们俩买辆车，不买车人家才不给生呢。"

思考刘原村人口生育意愿不强的原因，主要有三个方面：一是之前多生孩子为了多分口粮田，但随着"增人不增地，减人不减地"政策的实施，多生了孩子也分不了地，反而添了吃饭的人口，不划算；二是之前多生是为了"养儿防老"，现在人人都缴纳新农合、新农保，医疗和养老有了基本的保障，依靠子女赡养的需求下降了；三是养不起，这是最关键的原因。虽然说生活成本不高，但农村的传统观念，生了儿子要给儿子张罗买房娶媳妇，这个成本太高，没有几十万元下不来，对于父母来说是压在身上的一座大山。

在人口老龄化不断严重的今天，在黄河旁边一个普通的小山村里都出现了生育意愿不强烈、人口低速甚至负增长的情况，应该引起我们重视。

事实上，"农村更愿意生娃""农村不重视教育"等这些刻板印象早就该打破了。我们走访的所有农户，有钱也好，没钱也好，所有家庭都对教育给予了高度的重视。家长们的想法很朴实，再难也要供孩子念书，让孩子考上大学，走出"农门"。这也秉承了我们自古以来唯有读书能摆脱田地的观点。

为什么让孩子"出人头地"就是离开农村，摆脱农民的身份？恐怕不外乎这么几个原因：一是农业意味着低效率、脏乱差，农村意味着贫穷、闭塞和落后，而农民则更是与土气、愚昧直接相连；二是"面朝黄土背朝天"，终日在田地劳作，从事农业很辛苦；三是当农民不挣钱，在如今物质利益至上的社会，不挣钱的工作吸引不了人才；四是生活保障水平低，虽然有田园风光，但生活质量和便利程度与城市相差太远。

这些因素叠加起来，造成了精英人才的流失，而精英人才的流失又让农村更加穷困。我们在讲"留住乡愁"的时候，首先要留住的是"乡愁"里的那些人。当做农业也能赚钱的时候，当乡村像城市一样便捷的时候，当城乡之间的差异仅存在于功能定位上时，当农民成为受人尊敬的职业、农业成为能致富的产业、农村成为大家向往的乐土时，才能留得住人才，才能实现乡村的振兴。

十余天的驻村生活很快结束了，我们在暮色中离开了刘原村。站在村口回望，眼前是整齐的村舍，是干净的巷道；是一望无际的田野，是高高低低的果树；是精明能干的村支书张银虎，是精神矍铄的老支书阴祥祥，是笑容明媚的郑大姐，是愁容不展的老侯会计，是憨厚的养猪大户老李，是忧心忡忡的面粉厂李老板……

这一张张脸庞层层叠叠，汇成一幅生动的中国乡村画卷。从他们眼里，我们看到了对美好生活的向往，对乡村振兴的期盼，我们看到了乡村的凋敝，我们看到了乡村的生长。

在广袤的乡土大地，刘原村不过是一个毫不起眼的小村庄，正如浩如星海中的一粒微光。但也正是它的普通与平凡打动了我们。这里是城市的边缘，生活在这里的一代代人，会迫不得已卷入时代的风潮，但热闹是别人的、是时代的，与他们并无太大关系。可是，他们像草木一样见证了四季，见证了时代的变迁，体会着土地带来的力量。

正如熊培云在《一个村庄里的中国》里所说：在每一个村庄里都有一个中国，有一个被时代影响又被时代忽略了的国度。

从刘原村，我们看到了一个传统村庄在城市化大潮中的式微，也看到了一个普通乡村在未来走向振兴的无限可能。

村庄小传

刘原村位于山西省西南部的汾河谷地。建于明代初期，距今有 640 余年历史。地处广袤平原，全属引黄灌溉区，土地肥沃，林茂粮丰。

刘原村地处芮城县中部偏东，县城西 1 公里许。西与郭原、堰原毗邻，东与西关、兰原为邻，南接西垆，北至西张、铁王沟村。南眺黄河 8 公里，北望中条山 10 公里。总面积 4 平方公里，地理位置优越，交通便利，土地平坦肥沃。

刘原村建于何年并无详细记载。建村伊始，刘姓最先来到这片平坦的土地上，种田立业，后有李姓和张姓到村，因刘姓人多，又地处一片平原，就立村名为刘原村。根据《芮城县志》等史料推测，刘原村立村在元末明初期间，距今已逾 600 年。目前，刘原村由刘原和兰原两个自然村组成，辖 12 个村民小组、480 户、1810 人。

刘原村地处中条山与黄河之间的华北黄土高原平原上，地势北高南低，落差约 15 米，易于灌溉，耕作方便。北纬 34.7°，属暖温带大陆性半湿润气候，年均气温 12.8℃，年平均日照时数为 2366.2 小时，无霜期 205 天，≥ 10℃有效积温为 4223.9℃。热量充足，降水量少，且年际变化大、时空分布不均，年平均降水量 513 毫米，90%雨日集中在春、秋、夏三季，对农业生产有较大影响。

由于邻近县城，畜牧业发展受到限制，刘原村的农业生产以种植业为主，并且大多数是自给自足的小规模生产。虽然粮食作物种植基本实现了全程机械化，但较大范围土地流转情况仍然较少，主要劳动力为 50 岁以上的老人。

刘原村自 1979 年开始计划生育工作以来，全村人口出生率一直稳定在低生育水平上。1976 年刘原自然村全村 1060 人，2000 年 1153 人，2013 年人口总数为 1286 人。近年来，村里人口甚至出现了负增长。

刘原村一直以来以种植粮棉作物为主、经济作物为辅，全村粮棉种植面积曾占到全村农田面积的 90% 以上。随着市场经济的发展，1980 年以后，粮棉种植面积逐渐减少，苹果等经济作物种植面积不断增加。现在，村里已经不再种植棉花。目前，刘原村耕地面积 2700 亩，人均 1 亩 6 分地，种植桃 600 余亩，苹果 200 余亩，绿化苗木 500 余亩，小麦 1100 亩，其他农作物 300 亩，另有黄河岸边的河滩地 1700 亩。

刘原村没有自己的工厂企业，但有 1700 余亩河滩地，村集体的收入来源主要就是依靠这 1700 余亩河滩地外包的租金。这些河滩地非常平坦，集中连片，很适宜耕作。但并没有大规模地租给种粮大户，都是分散租赁给周边的农户，租金每亩 450 元。这些河滩地的租金收入由生产小组和村集体分配使用，村集体每年的可支配收入在 20 万元左右。

在新农村建设、精准扶贫等政策的支持下，刘原村农民增收效果显著，和谐乡村建设形势喜人。2017 年全村人均可支配收入 1 万余元，摩托车已完全普及，计算机上网、有线电视等都进入了普通家庭；路面全部硬化，自来水、电力、通信等生活基础设施建设一应俱全；广场、图书馆、运动器械、卫生院、老年日间照料中心等基本完善；新农合、新农保普及率较高，村容村貌比较整洁。

河南 西姜寨村

"后进村"的生态蝶变

在开封，西姜寨村一直很有名。过去出名，是因为穷。穷到啥程度呢，乡政府院里的树都被拿去卖了。而现如今，整洁而错落有致的房屋旁，白玉河清澈的河水潺潺流过，任谁也不会想到，曾经的西姜寨现在会变成这样一个宁静宜人、古韵悠悠的美丽村庄。

900年前，宋人张择端用一幅《清明上河图》将北宋繁华收入画卷，900年后，开封人用一城宋韵将历史画卷变成了现实。在开封古都文化复兴的背景下，西姜寨村每天都在发生着令人惊喜的变化，如今已变成一个集文化观光、休闲农业、健康养生于一体的乡村振兴示范区。

昔日"脏乱差"在短时间内逆袭为"绿富美"，靠的是一种什么力量？西姜寨村在近几年的蝶变，是否在某种程度上佐证了中国农村发展的必然性，对其他地区是否有可供参考借鉴的经验？带着这些疑问，我们走进了西姜寨乡政府所在地西姜寨村。

开封西姜寨村爱思嘉农业嘉年华俯瞰图

一 把 扫 帚

刚到西姜寨村，就听人说起了一把扫帚的故事。

2015 年 11 月 25 日，一场大雪刚刚落下，新选派的乡党委书记李恒志第一天上任。在食堂吃了一碗大锅熬菜，身穿军大衣的李恒志出现在西姜寨村的街道上，挥动着铁锹铲移积雪，一铲一锹缓缓前挪，一举一动铿锵有力。

书记上任第一天上街扫雪？陪同的干部看愣了，转身跑回去，拿了扫帚冲上街。

有老百姓见这么多干部同时在大街上扫雪，好奇地问："今天怎么回事？是不是有什么大领导要来？"一位老干部边扫雪边笑着回应村民："你还不知道吧？咱们来了一位新书记，他在扫雪，我们也就跟着一起扫了！"

天气越来越冷，扫雪的队伍却不知不觉变为一条长龙，左邻右舍的群众纷纷涌上街头，接长了这支冒着热气的队伍。

面对参与扫雪的群众，李恒志深深地鞠了一躬："老乡们，我是来还债的。这些年西姜寨的民生欠账太多了。请大家监督我，作为共产党人，'欠账'要有羞愧感，'还债'也必须要有紧迫感！"

那一天，李恒志带领着全乡的党政干部在西姜寨村的大街上扫雪，从中午 1 时一直扫到了下午 6 时，积雪一扫而光，西姜寨村东西大街前所未有的干净。

一传十，十传百，西姜寨村群众很快知道，乡里不仅有一位带头给群众鞠躬的书记，还带头拿着扫帚天天扫地。10 天后，西姜寨村大街小巷到处是拿着扫帚扫地的群众。

有人不理解为什么向群众鞠躬时，李恒志说："你把群众放在了心里，群众就会把你举过头顶。"

自此，一把扫帚，正式打开了西姜寨村干部与群众关系的心门。

美丽乡村建设是一条扁担，一头担着绿水青山，一头担着金山银山。作为多年"脏乱差"的代表，西姜寨几乎年年在开封市综合环境检查中排名倒数第一，干部群众都习惯落后了。

为一举摘掉多年来在市、区乡村建设垫底的"帽子"，西姜寨村打响了一场轰轰烈烈的全民参与美丽乡村建设的攻坚战。

"乡村建设归根结底是人的建设，不光是要把街道上的垃圾清除，不作为、不敢为、不愿为的'精神垃圾'同样要清除。如果旧思想不去，新思想难进来，西姜寨的'脏乱差'就没人可以改变。"李恒志认为，一些领导干部至今对扫地、修路不感兴趣，看不到扫帚、镐头的作用，说到底是缺失为人民服务的观念和情怀。

为了提升群众的参与度，除了干部带头干之外，西姜寨村开始探索新的实践，首先创立了"四摸五进""网格化管理""积分制管理""十大战区区长"等管理体制，通过对全乡群众实现网格化排查摸底，真正了解群众诉求，挨家挨户做思想动员工作，之后参与西姜寨美丽乡村建设的群众也越来越多了。

多年的土路铺成了柏油路，房前屋后栽植的是 24 小时释放氧气的名贵树种红豆杉。以前晚上黑灯瞎火群众不敢出门，如今条条街道安上了太阳能路灯，村村修建起文化广场。每到夜幕降临，村民敲起盘鼓、跳起广场舞，一派黄发垂髫其乐融融的富美乡村景象……

每一次扮靓西姜寨村的"战役"，从离退休党员干部、中小学师生、青年志愿者到家庭妇女，都可以见到西姜寨人舍小家为大家、不计报酬自发劳动的身影。从之前的"门前冷落鞍马稀"，到现在的投资项目纷纷落地；从往年村民疾病多发到如今发病率大幅下降……西姜寨就像"变了个人"，里里外外"焕然一新"。

一把扫帚,扫美了乡村,扫净了党员干部内心里"心无群众、不愿作为"的"垃圾山",也扫净了多年来蒙在西姜寨村干群关系上的灰尘。西姜寨村这片热土的变化印证了一个道理:美丽乡村建设需要发动群众,人民群众才是历史的创造者。

一 条 路

来到西姜寨村后发现,路是西姜寨人心里长久的痛。

西姜寨村素有"鸡鸣闻三区"之称,东临历史四大名镇之一的朱仙镇,南接尉氏县,西临中牟县,北临城乡一体化示范区,原是一个偏僻落后、无人问津的贫困乡镇。

西姜寨村的路有多差?"西姜寨人爱晃悠"——这句玩笑话因路而起。人在路上深一脚浅一脚,车在路上下摇上颠,不晃悠能行吗?玩笑话可能有夸张成分,但夸张背后见"路愁"。

车难走,里面有车"出不去",外面车辆"进不来";人难行,晴天"一脚踏得沙尘扬",雨天"抬脚两腿满泥浆"。日常生活中的不便尚且能够忍受,而无法忍受的是发展上的"无路可走",西姜寨村的西瓜、大蒜、花生这"老三宝"等大批农副产品年年卖不上好价钱,收入总是比周边低三四成。

听当地人说,曾经在某一年,区委书记三进西姜寨村都被气走了,随后怒批——西姜寨村的路不是人走的!

西姜寨的老乡们说,幸亏书记连来三次还都是好天儿,要是赶上雨雪天气,估计他一辈子都忘不了。

以前,西姜寨村与中牟县交界的村庄,村民都说,这里有两种天,一种是西姜寨村的天,一种是中牟县的天。村民都非常羡慕中牟县的天,因为在他们的眼里,中牟县的路修得特别好。李恒志听到村里有这种说法，话语坚定地对村民说："老乡们，咱们拧成一股绳大干，一起把天翻过来，让中牟的人民来羡慕我们。"

一场鏖战在天寒地冻中拉开帷幕。说到修路，最难的部分还是"钱"。老百姓盼路盼了多少年了，望眼欲穿呀。富有富的干法，穷有穷的干法，有钱没钱都要修路，这个决心不能变！

西姜寨村党支部随即宣布两条原则：不等不靠原则——有条件的村组立刻行动，没条件的村组创造条件、积极备战；各显其能原则——有钱出钱，有力出力，有谋出谋，发动群众，调动各方力量。

接着，西姜寨村召开党员干部大会动员"人人添柴"："打扫庭院是'冬天的一把火'，我们点着了，群众的心有点暖意了。修路依然是件温暖民心的事，希望大家要'加柴'，让这把火再旺些，让民心再暖些。"

制订好施工计划，李恒志第二天就带着施工队伍进村了。村民们看到新来的书记真要干、带头干，突然"有反应"了：为咱修路，咱还能光看热闹不出力？

政府财力虽有限，但群众的无限力量却让人心头热了起来。修路义务参与者天天增加，一些村民主动当起"临时村干部"，动员力量、组织协调、检查质量、现场鼓劲，比村干部还上心；80多岁的老年人提着暖水瓶出门了，一些村民开着自家小四轮拉土运料，几家村民把自家的砖也贡献出来……

此后两个月时间，包括西姜寨村在内的全乡86个自然村的道路全部进行了整顿，能硬化的硬化，由于天气原因不能硬化的，也被铲车推平，等待着土地开冻后再修整。

路平整完那天，一些贫苦户赶着几头猪，敲锣打鼓来到政府送锦旗，在场的不少人都满含热泪。

一 颗 心

来到西姜寨村，可以感受到这里每天都在变化，如同春日正在消融的冰河，噼噼啪啪、由点及面，不断爆发出令人震颤的脉动力量。这力量由何而来？

一个关键词可以回答：党建。有话说，"干部不领，水牛掉井"。西姜寨村的发展归根结底是依靠党员干部和群众。正是干部们敢于担当、能够担当、善于担当，才有了普通群众能奉献、愿奉献、无私奉献，才有了西姜寨村的蝶变。

在西姜寨村，群众不追明星追党员干部。为啥？因为党员干部能吃亏！

为了调动党员积极性，发挥其在美丽乡村建设中的作用，西姜寨村采取网格化管理和党员积分制考核，用积分记录党员变化、衡量党员作用、评定党员优劣，促使党员肩上有责、争先有标、行为有尺、考核有据。

党建做实了就是生产力，做强了就是竞争力，做细了就是凝聚力。西姜寨村通过认真做好基层党建工作，积极创新党建工作机制，打通了党员干部联系服务群众的"最后一公里"。

据统计，积分制考核实行以来，西姜寨村党员"三会一课"出勤率和各类活动参与率由原来的 60% 提高到现在的 95%。在此基础上，西姜寨村成立了"四队三会"，即党建服务队、青年突击队指挥队、夕阳红志愿服务队、为民服务服务队、乡风文明促进会、复退军人联谊会、乡贤联谊会，先后组织开展了"我身边的好榜样""我身边的好媳妇好婆婆""爱家乡建故乡先进人物""优秀老党员"等评选活动，实现了比精神文明建设、比移风易俗成效，构建了淳朴民风。

行百里者半九十。西姜寨村党员干部深知，打造美丽、生态西姜寨，不可能一蹴而就。招商引资、精准扶贫、文明创建，任何一项重点工作，要啃下难啃的"硬骨头"，就要依靠钉钉子精神，只有一锤一锤接着敲，方能取得实效。

村看村，户看户，群众看干部，享誉开封市的小尹口夕阳红志愿服务队应运而生。

"就参与一次吧。"这是 76 岁的队长李恒山参与夕阳红服务队时的想法。没承想，这一参与，手中的扫把就再也没有放下，从一个人到两个人到更多的人参与到打扫村庄中，西姜寨村第一支夕阳红志愿服务队成立了。这支平均年龄达到 76 岁的老年服务队，推着三轮车，拿着扫帚、铁锹和村干部一起开始在村里劳动。正是这样一股执着的力量，把小尹口村全部带动了起来。

"书记、乡长都来了，给我们带来了慰问品，给我们鞠躬，并正式给我们取名'小尹口夕阳红志愿服务队'。当老农民一辈子了，第一次有领导给我们鞠躬，那心里的高兴劲别提了。你说，还有啥理由不坚持下去？"李恒山讲述这段历史的时候，夹烟的手指都是颤的。

老兵在西姜寨村是个人数众多的群体。为了凝聚力量，2017 年西姜寨村通过打造复退军人活动中心，把复退军人融进了美丽乡村建设中。随着老兵之家的成立，老兵各项活动丰富了起来，除了日常的管护树木之外，老兵们主动担起了国防教育宣讲员。不到半年时间，老兵们在全乡 20 余所小学进行国防教育 20 余次。

饺子宴，是西姜寨人最津津乐道的话题。为了让老人在乡村振兴路上有更多的获得感和存在感，西姜寨村自 2017 年 10 月起，在每月10 日举办西姜寨村"孝老敬老饺子宴"。一个乡，一口锅，一顿饺子，联动全乡群众的心，暖化了老人的心房。"孝老敬老饺子宴"迅速成为家喻户晓的固定活动，更成为开封市很多义工纷纷前往的地方。有些村庄对饺子宴的捐赠异常积极，经费甚至已排到了三年之后。

从最初吃饺子只是吃饺子，到吃饺子不仅是吃饺子，一场场"孝老敬老饺子宴"的举办，不仅和谐了邻里关系，让老人与孩子之间的距离拉得更近，也让乡风文明的孝道之风吹得更浓更烈，西姜寨成了一座没有围墙的敬老院。

夕阳红服务队、老兵之家、饺子宴……西姜寨村值得诉说的变化太多了！

最近，我又打电话回访了西姜寨村的老乡们，听说，如今村里的几项重要产业都日渐成熟，西姜寨在乡村振兴的道路上越走越远。

文化是乡村发展的重要支撑，西姜寨村发展文化产业，实现了"游开封、逛朱仙、吃住在西姜"的旅游梦。与此同时不断创建新文化，如民宿文化、爱思嘉农业嘉年华景区的农旅文化，把群众闲置的院落改造成具有特色的乡村民宿群，年收益达 354.4 万元，反哺了乡村经济。

乡村振兴离不开产业。西姜寨村引进社会资本建设了爱思嘉农业嘉年华景区，占地 390 亩，投资 4.8 亿元，是以高科技展示、农业观光旅游、研学基地为内容的现代都市农业样板，景区的 6 大主题场馆包含蔬汇高科、汴州粮仓、花开盛世、扶正本草、果趣农乐、汴都水韵，致力于打造中原地区集现代农业示范、农业科普教育、乡村特色亲子游乐、农事和民俗演艺、农业观光及研学基地、农业创意产业孵化等多功能于一体的现代农业旅游目的地。

"解得了乡愁，留得住游客"，把美景美食和游购娱有机结合一直是开封乡村振兴探索发展的方向和目标。集高科技展示、农业观光旅游、研学基地为一体的爱思嘉农业嘉年华惊艳了一批又一批采风团成员。2020 年 9 月，第三届中国农民丰收节河南主会场设在西姜寨村。景区运营半年多，销售门票突破 100 万张。

到开封，不可错过的还有人间美味。大宏·爱思嘉还倾力打造了建业大食堂作为园区的配套餐饮场所。建筑风格取法明清古建，巧妙地将市井小巷、传统院落、户外戏台作为经营区域，复原古时市井生活场景。

"我家的老院子被改建成了民宿，一楼我家六口人住，二楼是民宿，对外接待游客。我和老伴在村里还干着保安保洁的活儿，现在我们有土地租金、房屋租金，每月还有打工收入，儿子媳妇在外边又有自己的生意，现在这日子过得可得劲儿！我对现在的生活很满意！非常满意！"村民老张日子过得乐呵呵。

现如今，曾带领西姜寨村走向振兴的李恒志已经退休，成了老乡们口中的"老李"，他依然对农村饱含着浓浓深情。

"人，永远是乡村振兴的关键。西姜寨村的成功，就是因为有这样一群肯付出、能贡献、敢牺牲的干部群众队伍。"李恒志动情地说，"十几年前，医生帮我换了一个肝脏，十几年后，西姜寨人民帮我换了一颗'心'，一颗纯净的为人民服务的心。"

村庄小传

开封西姜寨村素有"鸡鸣闻三区"之称，东临历史四大名镇之一的朱仙镇，南接尉氏县，西临中牟县，北临城乡一体化示范区，原是一个偏僻落后、无人问津的贫困乡镇。曾经的开封西姜寨，既穷又普通，自己村人都找不出什么值得说的东西。

受够了穷、吃够了苦的西姜寨人，在新时代终于开始奋起直追。以传承历史文脉、保留农村风貌、创新农文旅经营模式为核心，将历史文化与自然资源深度融合，把农村建设得更像农村，让农民更像农民，通过招商引资，整合资源，西姜寨村悄然变身集文化观光、休闲农业、健康养生于一体的乡村振兴示范点。

过去的"后进生代表"西姜寨村，不仅开始变富裕了，新型发展能量也开始在域内聚集，以开封市爱思嘉农业嘉年华景区落户西姜寨村为重要标志，西姜寨村向着乡村振兴开封样本不断迈进。农业嘉年华以农业文化为主线，结合黄河文化、中原文化等向人们展示极具地域特色的农耕文明，项目共分蔬汇高科、汴州粮仓、花开盛世、扶本本草、果趣农乐、汴都水韵六大主题场馆，打造大蒜、番茄、小麦、花生、鲜切花卉、菊花、蒲公英、山茱萸、梅子、西瓜、黄河鲤鱼、荷藕等多条产业链，打造的是集高科技展示、农业观光旅游、研学基地为一体的现代都市农业样板。

果香迎宾客，民乐庆丰年。2020 年 9 月，以"庆丰收、迎小康"为主题的 2020 年中国农民丰收节河南省主会场开幕式在开封祥符区西姜寨村拉开帷幕，开封全市人民与亿万农民一起载歌载舞，共庆第三个中国农民丰收节，西姜寨村以崭新的面目站在聚光灯下，不断改写属于自己的历史。

文化是乡村发展的重要支撑。近年来，西姜寨人瞄准发展文化产业，实现了"游开封、逛朱仙、吃住在西姜"的旅游梦。一方面是挖掘十字坡文化、盘鼓文化等古文化；另一方面是创建新文化，如民宿文化、爱思嘉农业嘉年华景区的农旅文化等。西姜寨村民宿采用"设计＋建造＋运营＋增值服务"的创新理念，把群众闲置的院落改造成具有特色的乡村民宿群，年收益达几百万元，不仅反哺了乡村经济，也极大开拓了老乡们的视野。

2021 年五一前，古都开封西姜寨村开始迎来与潮流文化的碰撞，大宏·爱思嘉炉火音乐节在这片美丽的土地上激情上演，两天两夜的盛大音乐派对满足了来自全国各地乐迷们的期待。炉火音乐节不仅有音乐，还有美食街市、创意市集、轻奢民宿，爱思嘉农业嘉年华六大场馆，无动力设施乐园、豫家村三农供销社，爱思嘉建业大食堂等，一站式满足乐迷朋友们"吃住行游购娱"的所有需求。现如今，文化产业已成为西姜寨乡环境优美、绿色环保、创效增收的现代服务业。

古老的西姜寨村，在现代化乡村发展浪潮中再次蝶变。

陕西 漖池庙村

关中小村的苹果味道

　　在秦岭和黄土高原的怀抱之中，静卧着古老而神奇的关中平原。这里被称为"八百里秦川"，王朝更迭无数，古迹遗留遍地，是一个传奇而富有风情的地方。我们要去往的陕西省宝鸡市凤翔区漖池庙村就坐落在关中平原之西，从凤翔区一路向北，只需 8 公里就能到达。

　　漖池漖池，为什么一个关中小村会有如此诗意的名字？

　　在手中握着的《凤翔县志》中，我们找寻到了答案。漖，有"水潭"之意，相传很久以前，这里是一片浩浩湖泽。沧海桑田，漖池昔日淼淼之势不再，只留下一眼常盈的泉水，为漖池泉。后有人于梦中见到凤凰经过此地，被这里的泉水吸引，停下来饮用。梦醒后，此人一路找去，果真找到喷涌而出、清澈无比的泉水，于是定居于此，在这里繁衍生息。

　　同行者还向我讲述了另一个版本的漖池泉传说。据说，姜嫄在这里饮用泉水，祈求得子，不久便诞下后稷。因此漖池泉被善男信女奉为福水，即使到了现在，依然有人慕名前来饮用泉水以求庇佑。

　　神话便是如此，虽不尽真实，但却让此地萌生出一种神秘色彩，

湫池庙村一景

也为人们寻根问祖保存了历史文化想象空间。就这样，神秘的湫池庙村
与我们邂逅了。

一

北方的三月还很清冷，村子似乎尚未从冬天苏醒过来，略显色彩
单调，老人和儿童依偎着晒太阳，年轻的姑娘三三两两闲话家常。笔直
的道路、齐整的村舍、袅袅的炊烟……这似乎是一个极其普通的北方
村落。

同行的凤翔区干部看我怔怔，告诉我："别小看这个村，这可是我
们这带远近闻名的富裕村，村里人比我们城里人有钱多了！"

这是一个以苹果为主导产业的村子，在走访村民之后，我们简单
勾勒出了村子苹果产业发展的大体轮廓。这轮廓，与我们国家苹果产业
发展也大致重合。

苹果是 19 世纪从美国引入我国的，最初发展缓慢，主要集中在辽
南和胶东一带。新中国成立后，百废待兴，国家积极扶持果业发展，各
省苹果种植面积和产量都稳步增长，其中以山东省发展最快，独占鳌
头。20 世纪 80 年代后，新品种的引进和技术的进步，让我国苹果生产
迎来了发展小高峰，西北地区苹果种植和产量也迎来突飞猛进的增长。

就是在这一波小高峰中，湫池庙村搭上了苹果种植的列车。村子
所处黄土高原目前已经成为我国两大优势苹果产区之一，也是唯一符合
最适宜区 7 项指标要求的苹果优生区。这里平均海拔 700 多米，昼夜温
差大，光照充足，属暖温带半湿润气候，所产苹果以"个大、形美、色
艳、汁多、酸甜适口"而著称。

产业发展一般都离不开一个带头人。湫池庙村的苹果之路也一样，
在村民的徐徐讲述中，我了解了村支书任珠亮带领大伙儿种苹果的故

事。初中毕业后，任珠亮回乡务农，1984 年，敢于尝试的他在自家两亩责任田里栽上了苹果树。经过 3 年的精心管理，苹果挂果了，当年产生经济效益竟高达 6500 元！这可远远比种粮食挣得多！

从 1987 年到 1990 年，任珠亮的果树所产生的经济效益连续 4 年以每年 2000 元的速度增长，他家的三间土坯房也变成了二层小洋楼，一家人的生活红火美满起来。独乐乐不如众乐乐，他毫无保留地将全部技术——讲授给村民，并手把手地教大家施肥、剪枝、疏花、定果……在任珠亮的带动下，越来越多的村民开始种植苹果。

现在，全村栽植苹果已达 5100 余亩，人均 1.5 亩，年产鲜果 1.5 万吨，年收入 8000 万元以上，靠着红彤彤的苹果，湫池庙村成为远近闻名的果业大村，村民的腰包也鼓了起来。

富起来的村民说着，笑着，但往回看，这几十年来苹果的味道并不总是香甜的，甜中也夹着涩，笑中也带着泪。

苹果种植过程繁杂且精细，对技术和风险防范都有很高的标准。村里很多农户都是半路出家，怎么种？新技术又怎么能及时有效地推广？其中，湫池庙村村民也吃过不少苦头，走过不少弯路。

"知识是第一生产力"，凤翔将新型职业农民培育列为重点，创新模式、注重培训、强化扶持。"我参加了农广校举办的新型职业农民培训，不但学到了果树栽培的新技术新方法，更开阔了眼界，帮助确实很大。"50 岁的任珠亮兴冲冲地拿出了自己的《新型职业农民（中级）证书》和《凤翔县职业农民技术员开展技术服务责任书》，"自己家的苹果种好了，就想着给更多的乡亲传授新技术，带领大家一起发展。2017 年，我带着职业农民证书参加了区果业技术推广中心组织的统一考试。考试顺利通过后我成了政府购买服务的职业农民技术指导员，去年包了 2 个村，农民对我的服务挺认可，还一次性拿到了政府 5000 元技术补贴"。

2016 年，凤翔开展了县政府购买农业服务的试点，推行"专家＋

技术员＋职业农民＋示范户（贫困户）"的模式，聘请职业农民开展果业技术服务，有效弥补了农技推广队伍人员不足的问题。全区目前有多名政府购买服务的职业农民技术指导员，每人每年包 2 个村提供农业技术服务，并创建 20 户示范户。

"不够，远远不够。"谈及村里的人才需求，任珠亮说现在村里的新兴职业农民数量无法填补需求，村民务农年龄总体偏老龄化，"还是希望政府要落地职业农民培养政策，给予更多优惠，吸引和鼓励人才在农村创业兴业"。

二

农业是生态产品的重要供给者，生态是乡村最大的发展优势。近些年，湫池庙村的苹果种植正在逐步向绿色生产方式转变。很多农户不仅使用有机肥替代化肥，还使用微灌设备给苹果园浇水。

走进湫池庙村果园，只见一行行苹果树底下，整齐排列着一根根手指粗的黑管道，在经过果树根部时，便向上延伸出一尺多长麦秆细的管子。村民田拉科拉着我们介绍说："以前常采用大水漫灌的方式，一次 10 亩面积的果园，就要差不多花费 3 个人 15 个小时的时间和 540 元水费，浇地时人还得跑前跑后，忙得团团转，但是大量的水没有进入果树根部，利用效率很低，漫灌后太阳一晒土壤干裂、板结，还要锄地保墒，投入大、成本高。"

2014 年，镇里给免费安装了小管出流灌溉系统，从机井上给果园连通 PE 管道，将管道沿每行果树布设在树根土层上，再从每株树附近引出一根流水的细管，每个系统可灌溉 10 亩果树。"这种灌溉方式只灌溉作物根系范围内土壤，灌水均匀度高，既保证了作物的需水，又不会造成耕地板结和灌溉水浪费，还能实现水肥一体化，真是省心又高效。"

果业兴带动百业旺，湫池庙苹果产业的兴盛也直接带动了上下游和周边产业的发展。目前，村里已初步形成了集苹果种植、销售、包装耗材生产、冷藏为一体的产业链。

苹果种植的收益到底如何？为了了解这个问题，我们走访了苹果种植户、营销经纪人田正斌。虽然已过 70 岁，但田正斌却完全没有这个年纪的老迈之感，说话中气十足，谈起苹果就神采奕奕，他说自己种了几十年的苹果，现在对苹果可是"情根深种"，"苹果改变了我们村的发展轨迹，也让我们真正过上了如今的幸福生活，我们都心存感激哩！"

他非常主动地给我们算了一笔"苹果致富"账："我家一共有 11 亩苹果，去年每亩苹果毛收入为 1 万元，刨除肥料、农药、套袋等费用，每亩纯收入 5000 元，总收入 5.5 万元。作为苹果经纪人，我还向外地客商介绍苹果，介绍费为每斤 6 分钱，去年大概介绍了 500 吨，介绍费就有 6 万元。跟苹果种植收入加起来，我一年就能挣到 11 万元，对于现在的生活，我非常知足！"

据了解，村里有 16 位像田老这样的经纪人，他们大都之前在外面跑过市场，有相对固定的人脉。近几年，为了加强对苹果经纪人的管理，范家寨镇对苹果经纪人进行挂牌，田老就是镇上的优秀苹果经纪人。

为了降低种植风险，村里也试图寻找多元发展其他产业。考虑到湫池庙村属于半山区，近 1/3 耕地为山坡地，村"两委"经过考察，将花椒作为一项新兴产业大力推广，村里邀请了专家为村民们做培训，并进行实地讲解，引导群众做好田间管理；同时结合实际、因势利导，调整果树用工高峰期，引导群众栽植桃子、杏等水果；结合半山区的实际，鼓励发展核桃等产业。目前，全村栽植桃 200 余亩、核桃 200 多亩、花椒 320 余亩，形成了以苹果为主导，桃子、核桃、花椒产业为补充的产业结构，一村一品发展特色明显，各项产业欣欣向荣。

整体来看，漱池庙村的发展势头良好，取得了有目共睹的成绩，但走访中，我们了解到，近几年，漱池庙也面临着不小的挑战。2015年，苹果价格达到顶峰之后，村里的苹果一直卖不上好价钱，2017年开始甚至出现了销售难的问题，产业组织化程度较低。

最关键的是，最近几年陕西省严格落实耕地保护制度，严厉处罚在永久基本农田上发展林果业的行为，对残次低产低效及老龄化的园地进行有序调减。村里已有果园面积不允许再扩大，通过扩种提高产能的做法不再可取。

面对困境，村里正在努力提质增效，加快推进农业标准化生产，讲好品牌故事、走"人有我优"的品牌崛起之路。

一方面，大力推广栽培技术，提高苹果品质；另一方面，着力推进品牌战略，提升产业价值。当地对符合规定的凤翔标识包装箱实行补贴，免费发放标贴，打造"凤翔苹果"品牌，拓展市场影响力。镇政府还连续几年举办万亩苹果花海乡村旅游文化节活动，向游客积极推介生态苹果，提高凤翔苹果知名度。

2017年，凤翔苹果成功登记国家地理标志，并获得"最受欢迎十大水果品牌""中国好苹果""优秀区域共用品牌奖"等多项大奖。随着凤翔苹果品牌越来越响，农民卖苹果也更加方便。村里的经纪人介绍，以前需要拉上苹果到外地推销，现在收购商直接到村里收苹果。村里培育电子商务，扩展电商销售平台，如今越来越多的种植户通过微信、淘宝来卖苹果。近两年，村"两委"和驻村工作队还将带领3000多名父老乡亲，积极发展苹果花海旅游、拓展采摘体验，推动一二三产业融合发展。

三

口袋鼓了以后，越来越多的村民开始寻求精神世界的富足，也有不少"新新人类"试着用不一样的媒介感受和观察周边世界，程乖坠大姐就是一例。

"现在口袋里有钱了，我也想着丰富丰富业余生活。我个人本身挺爱好文艺的，说拉弹唱都会点，这不，茶余饭后组织起姐妹，编排了好几段快板书。"程大姐提起快板书双眼闪亮，"只希望啊，能通过这种大家喜闻乐见的形式，把党的好政策和我们村里的苹果宣传出去，展现咱新时代农民的精神风貌。"

说着，程大姐就拉起老伴，现场给我们表演了一段快板书。

凤翔苹果嘹的太，香飘九州美名外；

喜逢十月你来看，火红一片照亮天；

没过几天销售完，苹果变成钱串串；

赶上党的政策好，不想致富不由我；

党的十九大精神指航向，职业农民斗志旺；

新时代、新征程，顽强拼搏再攀登……

程大姐夫妇满溢的笑容，我们感慨万千，老百姓的幸福简单而直白，虽然农村在变，生活在变，但只有对幸福美好生活的追求，从未改变。此刻，在秀美乡村背景映衬下，我们用双眼定格了新时代农民的新风貌。

我们还了解到，村里还结合妇女节、重阳节等节日，组织好媳妇好婆婆、孝老爱亲模范的评选表彰，以期典型引路，大力倡导家庭美德，优化乡风民风。

湫池庙村共有 16 个村民小组，863 户 3329 人，经过调研我们发现村里常住人口和务农人口中，男性都略高于女性，这与农村过去长期存在的重男轻女的传统观念有一定的关系。

村里老龄化也比较严重，从年龄结构来看，常住人口和务农人口年龄都偏大，常住人口中 50 岁以上的人口占 42.1%，务农人口中 50 岁以上的人口占比更是高达 74.2%。虽然苹果产业的发展让一部分人选择了回流家乡，但是对于大部分年轻人而言，生活更加丰富便利的城市更具有吸引力，目前村里几乎没有 30 岁以下的年轻人务农。

为了解决老龄化问题，经过探索，村里形成老年人幸福院养老新模式。村妇女主任程红利介绍，幸福院是由村委会主办，村老协管理的公益性活动场所，主要是为了解决农村的留守、空巢老人日间照料就餐、文化娱乐、精神慰藉等方面的问题，它跟养老院最大的区别是幸福院采用的是"日托夜归"的模式。

我们走进幸福院内，只见近 100 平方米的场地被布置得井然有序、一尘不染，棋牌娱乐室、图书阅览室、灶房、餐厅、休息室等功能区合理划分，灶房配备了电饭锅、电磁炉、电热水壶，休息室配备有电视机、沙发、电暖气，娱乐室里也配备有自动麻将机、象棋和扑克牌等娱乐项目。

幸福院条件这么好，资金从哪里来？"2016 年，响应政府号召，在区里给的 8 万元补助资金基础上，我们村里自筹了一部分钱，利用原有闲置办公用房，改建成了幸福院。"程红利说，宝鸡市每年还给每个农村幸福院拨付运行管理经费 5000 元，在此基础上，凤翔区还另外配套 5000 元，确保其运转正常和作用发挥。

67 岁的崔泽辉老人说起幸福院赞不绝口："区里的敬老院离得远，还贵，现在村里有了幸福院，不但饭菜味道好，能打牌能谝闲传，想歇有沙发，想躺有软床，看电视有秦腔，口渴有热水喝，农闲的时候我们几个老哥们经常在那里聚，感觉比原来好多了！"

"离家不离村，空巢变暖巢，离亲不离情，养老有依靠。"湫池庙幸福院的模式不仅化解了农村老人的情感纠结，提升了幸福指数，更让老人们找到了精神寄托，既符合传统理念，又推陈出新，达到了"老人开心、子女放心、政府省心"的多赢效果，经验值得推广。

同很多北方村子一样，湫池庙村依旧存有红白喜事大操大办、铺张浪费等陋习。"现在农村娶个媳妇越来越难了，谁家娶个媳妇，不得还上十年八年的才能把账还清"，走访中我们不时能听到村民这样感叹。

村民王政见我们到来，禁不住吐了一番苦水，在他的描述中，一张结婚账单渐渐清晰地呈现在我们面前——女方彩礼10万元，买车8万元，装修房子和办酒席7万元，"三金"（金戒指、金耳环、金项链）8000元，女方的酒席和离娘钱2万元……

"为了儿子结婚，不仅拿出了老本，还借了8万元，其中向银行借了5万元，向朋友借了3万元，现在银行的钱月月都需要还息，我们老两口压力非常大。"王政无奈地说。

这样的家庭并不在少数，王军民最近正忙着给儿子装修婚房。"估计全算下来差不多得花20万元，给了女方家10万元彩礼、1万元酒水钱，再给小两口买个车，本来家里还算得上小康之家，眼看着孩子结完婚我们老两口就要变成贫困户了。"他说。

听完王政和王军民的话，我们都沉默了很久。农村的移风易俗整治提出了很久，但落到实际生活中，还是一个大写的"难"字，难在一个攀比心理上，都知道大操大办劳民伤财，但都不愿意从自己开始，既无法摆脱"面子"的束缚，又无奈于"里子"的不足，只能苦苦挣扎在这种矛盾中。在我看来，推动移风易俗，破除陈规陋习，不可能一蹴而就，需要潜移默化，在创新中做好教育引导。只有村民们思想和价值观真正发生改变，才是摁下大操大办红白喜事"暂停键"之时。

每个村落所携带的生长基因不尽相同，我们无法复刻出湫池庙村的资源禀赋，却可以学习其产业发展的路径——苹果产业的发展，让湫池庙村找到了适合自己的产业方向，找出了"种什么"的问题；通过大力培育新兴职业农民，推广新兴职业农民试点，解决了"由谁种"的问题；推进农业绿色生产方式，回答了"怎么种"的问题。放在中国千千万万个明星村落中，湫池庙的发展看似普通而没有特色，但也正因如此，它的振兴之路才更具推广借鉴意义。

苹果引入我国迄今不过百多年的历史，但如今，我国已经成为世界上苹果种植面积最大和产量最高的国家，是国际苹果市场上最有话语权的国家之一。这种巨变，是千万个湫池庙村共同努力的结果。十几天的走访，给我感触更深的是这个关中小村目标一致、勠力同心的态度。种植户、技术员、经纪人、村"两委"、县镇政府，每个群体都拧成了一股绳，大家各司其职、各尽其责，为一个村的产业发展画出了最大的同心圆，也让村里的苹果有了更广的辐射面。

乍暖还寒的三月，湫池庙村看上去还浸润在北方的萧瑟中，但细看，路边柳枝已悄然抽芽，春天已经不远了。

村庄小传

湫池庙村位于陕西省宝鸡市凤翔区，东邻糜杆桥镇太相寺村，南接本镇干河村，西挨张家沟村，北靠老女沟村，渭北环线穿村而过，交通便利。

全村总面积 15 平方公里，耕地面积 8200 亩，平均海拔 700多米，昼夜温差大，属暖温带半湿润气候，年平均气温 9.5℃，年平均降水量 600 毫米。

相传村庄以前是一片浩浩湖泽，所以名为湫池。沧海桑田，湫池昔日淼淼之势不再，只留下一眼常盈的泉水为湫池泉。古时逢旱人们常在池中取湫水祈雨，泉水所在的庙院也被称为湫池庙，湫池庙村，由此而来。

关于湫池泉的传说还有一种是，后稷母亲姜嫄在这里饮用泉水，敬奉神明，祈求得子。一日，姜嫄看见一个巨人的足迹，就踩上去。突然，她感觉一股暖流汇入身体，不久便怀孕生下后稷。后人将姜嫄祈嗣于此地，后稷的事与饮用湫池泉水联系在一起，泉水有了神奇的色彩，被善男信女奉为福水。饮泉水求子、"洗目则睛明、润喉则嗓清、涤肤则疾愈"的传言也不胫而走，即使到了现在依然有人慕名从远处赶来饮用泉水以求庇佑。

2018年3月，湫池庙村与页沟村合并，目前全村共有16个村民小组，共863户3329人。在湫池庙村常住人口和务农人口中，年龄都偏大，常住人口中50岁以上人口占42.1%，务农人口中50岁以上人口占72%，且男性都略高于女性，这与农村过去长期存在的重男轻女的传统观念有一定的关系。

在任珠亮等一批能人的带领下，湫池庙村从20世纪80年代开始发展苹果产业，是全区最早栽植苹果的村子之一。经过30多年的发展，目前全村栽植苹果5100余亩，占全村耕地面积的62%，人均1.5亩，年产鲜果1.5万吨，畅销湖南、湖北、上海、广东等省（直辖市），年收入8000万元以上。

近年来，湫池庙村开始多元发展其他产业，栽植桃200余亩、核桃200多亩、花椒320余亩，基本形成了以苹果为主导，桃子、核桃、花椒产业为补充的产业结构。

村庄持续开展美丽乡村建设，不断提升村内道路条件，大力推进生活垃圾治理，着力开展村容村貌美化，美丽乡村建设成效显著，被评为县级环境优美示范村。持续提升村级治理水平，定期组织群众治理"三堆三乱"，推进"美丽乡村·文明家园"建设。持续丰富农村群众文化生活，配套设施不断完善，修建有文化活动广场、文化活动室、简易戏台、宣传栏，配有文化器材、广播器材和体育设施器材等。持续推进移风易俗工作，充分发挥村民议事会、道德评议会、禁赌禁毒会、红白理事会等群众组织的自律监督作用，引导群众遵守道德规范，厚植社会新风正气。

江苏 马庄村

"口袋"与"脑袋"的辩证法

"读懂村庄，读懂中国。"从某种意义上讲，这话并不夸张。翻阅30余年来江苏省徐州市马庄村村史，折射出的正是改革开放以来，中国农村乃至中国社会变化发展的轨迹。

从欠贷款46万元到依托煤炭资源开发鼓起"钱袋子"，从"天灰灰、雾茫茫、黑乎乎、脏兮兮"到吃上"生态饭""文旅饭"，从家庭邻里纠纷、酗酒闹事、聚众赌博频现到村庄文化活动丰富、村风醇厚和谐。

曲折求索中，马庄人寻得了支撑村庄长远发展的精神文化内核，再一次用鲜活实践有力佐证了辩证法：追求物质丰裕和追求精神富足并不矛盾。为丰盈精神文化家园腾出精力、付出心血，不但不会挤占建设物质家园所需的资源与时间，反而会激活物质与精神相互转化与相互促进的良性循环。

回顾马庄村30余年来的奋斗史，一位"关键人"将村庄成功蜕变的点滴串联起来——马庄村原党委书记孟庆喜。

20世纪80年代，孟庆喜是当地最早出现的万元户之一。30多岁正

马庄村标志

值壮年的他，脑子活、有胆气、有冲劲，搭着改革开放的发展快车，很快就成了远近闻名的养鸡专业户和致富能人，并且带动了几十户村民通过养鸡脱贫致富。

直到 1986 年 11 月，孟庆喜本打算趁热打铁，在养殖上大干一场，连厂房、土地都找好了，但乡党委的一纸任命，给他风头正劲的养鸡生意画上了休止符，转而将他与整个马庄村的前途命运联系在了一起。

"当时乡党委书记找我谈话说，马庄村有困难，让你当支书是马庄村父老乡亲的意愿。你的为人、你的能力大伙儿都很认可，对你抱有很大的期望。"孟庆喜回忆，"我 1971 年入党，22 岁就是村里的团支部书记兼民兵营长。公家和私家孰轻孰重，还是掂量得明白啊！接到任命，我就给家里人做工作，把养鸡场陆续处理掉了，开始一门心思梳理马庄村未来到底咋走。"

彼时的马庄村，是最穷与最艰难的时候。每年总结大会都排名靠后，还欠了国家 46 万元贷款。可面对这旁人看来举步维艰的境况，孟庆喜却自信地喊出了村庄发展的目标：让村民收入两年小变化，三年中变化，五年大变化！

此时孟庆喜心里盘算的，正是不久后即将给马庄村带来第一次转折的"主角"——煤炭。

原来，马庄村虽经济落后，但优势也明显：地处矿区，煤炭资源丰富，所在的贾汪区正是当时江苏重要的煤炭能源基地。又适逢改革开放春风劲吹，孟庆喜带着村干部连开了三天会，最终村"两委"决定开办煤矿厂，发展"黑色经济"。

启动资金哪里来？孟庆喜带头把 10 万元积蓄砸了进去，又号召村里人共同筹钱。1987 年元旦，伴随着鞭炮的霹雳声响，马庄村第一座煤矿厂开建了。利用村子周边两家大型煤矿采剩的小煤田，村民用铁锹生生挖出了年产 10 万吨的中型煤矿。投产后不久，就还清了村里欠的债，村民还得到了分红。

"那时难啊，挖的时候遇到过十几米深的流沙层，全村七八百口人，没日没夜干了一个多月！"村里老人说，"好在煤厂成功运营起来了。后来村里还贷款买了10辆汽车，组建了运输队。又想办法筹措资金，买了拖拉机、播种机、联合收割机、秸秆粉碎机、脱粒机。那么早的年代，马庄就基本实现了农业生产机械化，不容易！是实实在在让别人羡慕的富裕村、小康村。"

那几年，是村里人撸起袖子干劲正盛、人人意气风发挥汗挣钱的时候。然而在一派生机与热烈中，孟庆喜却心存隐忧：煤炭毕竟是不可再生资源，如果有一天离开了煤，马庄村又靠什么生存？一味靠山吃山，必然坐吃山空。要想保障马庄村有发展后劲，就不能只把眼光盯在地下的黑煤上，还得抬头看路，利用开发煤炭资源的积累，拓展地上产业的发展。

"简单说，就是'地下积累，地面发展'。"孟庆喜解释，"要把马庄一半收入用于改善村民生活，另一半用于发展地面产业，比如机械、化工、冶金、建材、运输等，当然农业也要发展。当时村里兴办了砖瓦厂、化工厂、面粉厂、水泥厂、机械厂、仪器厂、塑料加工厂和化妆品厂等10多个企业。我们的规划是农、工、商、贸综合发展。"

1990年，马庄村正式成立徐州金马集团。1991年，村总产值突破1亿元大关，比1986年年底增长3.3倍，村民人均收入增长2.85倍，村民在家门口基本实现了充分就业，马庄村也被媒体誉为"没有贫困户，没有暴发户，家家都是富裕户，靠集体走上共同富裕小康路"的样板村。

故事讲到这里，似乎已经有了一个完美的结局。然而事实是，在马庄村经济迅速腾飞的另一面，是村民精神的无处安放和醇厚村风的悄然消解。村民富了口袋，家庭邻里纠纷、酗酒闹事、聚众赌博等现象却开始频频出现，不良风气日渐滋长。

"富了口袋却空了脑袋，这还能叫社会主义新农村？"孟庆喜意识到，必须想办法让村里的歪风邪气"刹住车"。刹车板哪里找？琢磨了半辈子怎么挣钱的孟庆喜，脑海中蹦出三个字："搞文化！"

话放出去，几乎所有人都觉得孟庆喜疯了。那是一个村中众人一门心思发展经济的年代，放着好好的钱不挣，搞这虚头巴脑的文化干啥，不是不务正业、瞎折腾吗？

孟庆喜有自己的考虑。带动群众参加文化活动，除了能给富起来的村民找到有益身心的爱好，让他们"没有时间精力去做错事"，文化搞得好，还能提升马庄村的社会知名度："在社会上没有影响力，干啥都不行！"

拿什么搞文化？这一次，孟庆喜盯上了西洋铜管乐团。或许他自己都没有想到，顶着种种非议，凭着推断和直觉成立起的乐团，会给马庄村带来第二次转折。

不过不得不承认，一个中国传统的小村庄，要大张旗鼓搞西洋乐团，这样的"跨界"确实出人意料，更何况是在30多年前。孟庆喜的理由是，村里有人会铜管，马庄村有这个基础，组建乐团是可行的。而且要想打出马庄村的名声，必须人无我有，人有我新！这话听起来，倒也确实"志存高远，脚踏实地"，没有胡来。

于是，集聚了马庄村20多名音乐爱好者，总计投资3.7万元的苏北第一支农民铜管乐队——马庄村农民铜管乐队于1988年正式成立。3.7万元，在30多年前的马庄人眼中，简直是一笔巨款。有的乡亲说，孟庆喜就是个败家子，连连质问："这个乐队能吹出粮食？能吹出票子吗？"

另一头，初期组建的乐队也发展得并不顺利。尽管村里出钱配齐了单簧管、萨克斯、雅马哈电子琴等专业设备，但大多数人都缺乏乐理知识，甚至摸都没摸过这些"洋玩意儿"。据当时乐队成员王飞回忆：

"第一次看五线谱，那叫个丈二和尚摸不着头脑！一个个小蝌蚪上上下下，根本不知道啥意思！我不认识它，它不认识我！但村里投入这么大，我们不能认孬啊！"

孟庆喜找来专业人士，手把手教乐队成员吹奏乐器。大家农忙时拿锄头，农闲时拿乐器，练着练着就找到了感觉，慢慢地竟都"上瘾"了。

在一次春节团拜会上，马庄村农民铜管乐队演奏的《西班牙斗牛士》一曲成名，引起社会各界广泛关注。随着乐队发展步入正轨，队伍不断壮大，孟庆喜提出乐队要走专业化发展道路。1995 年 10 月，马庄村农民铜管乐队正式更名为徐州市马庄乐团。乐团有 30 多名专业演员，90 多名业余演员，还有以农民乐团成员为骨干组建的共计 180 余人的民俗文化表演团。乐团不仅在当地农村、学校、厂矿和部队等单位演出，还送文化进城，到江苏电视台、中央电视台演出，名扬大江南北。

2007 年 4 月，乐团漂洋过海，远赴欧洲，在意大利久里亚诺瓦市参加第八届国际音乐节，凭借铜管演奏加中国特色舞蹈的独特表演，一举斩获团体二等奖，颠覆了欧洲观众对中国农民形象的传统认知。"铜管乐的发源地是西方，本来担心去那边会被嘲笑，没想到最后还拿了奖，为国争了光！好几个女同志都流眼泪了。"提起那次获奖，王飞至今难掩激动。

就这样，通过文化立村、文化兴村，马庄村获得了更多机会。现任乐团团长孟辉说，2016 年以来，乐团开启了市场化运作模式，承接了许多商演。乐团成员每月能挣 2000—5000 元不等，大家干劲更足了。靠着乐团集聚起的名气，一大批人力、物力、资金都开始向马庄村聚拢。不少客商慕名而来，马庄村也顺利将招商引资变为招商"选"资，为接下来的发展奠定了基础。

以乐团为依托，村里各类文化活动红红火火地开展起来。如今，村里有四五百人经常参加各种文化活动，新年和元宵节有文艺晚会，过年有农民运动会，三月初八有庙会，夏季有纳凉晚会，周末有舞会。其中，文艺晚会表演水平之高，形式之多样，内容之丰富，让人很难相信，整场表演竟然完全由村民自编自导自演完成。并且，这样的文娱盛会已在马庄村坚持了30多年，成为远近闻名的文化品牌。

而马庄村的精神文化品牌不止这些。在马庄村，有村歌、村旗，每月1日组织全体村民参加升旗仪式，这在全国农村并不多见。每月20日，是马庄村的法制教育日，村里还投资200万元改建马庄村文化礼堂和村史馆，建成集演出、宣讲、展示、培训为一体的综合文化平台，定期举办道德讲堂，宣讲好人事迹、最美家风家训，实现了文化有舞台、活动有阵地、宣讲有平台。

前些年，村里搞环村水系建设，沿岸需要清理坟头。有人强烈反对，还声称要"拼刀子"。孟庆喜当即表态，先从自己开始迁，然后是党员干部，最后是群众。结果补偿还没到位，全村360多个坟头不到一周全迁完了。

"文化活动在潜移默化中，改变了马庄村民的精神面貌。过去的那些陋习，在村里已经没有生长的土壤了。并且在活动中，还能引导大家爱家爱国爱社会主义。"孟庆喜介绍，"我们还总结出了28字马庄精神：一马当先的勇气，跃马扬鞭的速度，马不停蹄的毅力，马到成功的效率！"

马庄村的第三次，也是影响最为深远的一次转折，起源于一次危机。2001年，徐州"7·22"矿难发生，马庄村三座煤矿全部关闭，村集体收入锐减。孟庆喜一直担心的事，果然发生了。

事实上，多年的采矿历史让马庄村这片土地早就千疮百孔，空气污染更是严重。煤矿关闭后，村"两委"带领村民由发展地下煤炭工业，转型为发展地上轻工业，逐渐形成了以精密铸造、食品、纺织为核心的十几家企业。但孟庆喜心里明白，仅依靠传统轻工业，村庄发展仍会面临不小局限。

2013 年，贾汪区被批准为国家第三批资源枯竭型城市，采煤塌陷地潘安湖的开发建设走上快车道。通过系统生态修复和环境综合治理，潘安湖被改造为湿地公园，成为国家 4A 级旅游景区。而地处潘安湖西畔的马庄村，被规划定位为民俗文化体验区。

"这是借力旅游开发，走绿色发展之路的好机会啊！"已到晚年的孟庆喜兴奋不已。

可马庄村百姓心里却打起了鼓："咱这马庄的山水，哪里能和别人家的山山水水比呀？山是矮山，更没啥湖，根本没有办法跟别的景区竞争！"

为了给村民吃"定心丸"，孟庆喜在每次升国旗仪式上都不忘鼓励大家："咱马庄不缺旅游资源！民俗文化就是我们的优势！"

这一回，孟庆喜盯上了手工中药香包，这个曾在徐州农村广为流传，如今却日渐被人们淡忘的民俗工艺品："马庄的山水和表演带不走，这个小小的香包却可以轻松带走，不仅有纪念意义，有历史风味，还有保健功效，能体现马庄最淳朴的民情风貌。"

过去，每逢春节、端午、中秋等传统节日，马庄村民都会缝制香包，内装中药随身佩戴，以驱蚊避虫、御邪防病。而有一段时间，与全国各地普遍状况类似，徐州掌握传统香包技艺的民间艺人屈指可数，传统手工艺日渐式微，有些已被机械工艺替代。可自小喜爱做针线活儿的马庄村民王秀英，心里却一直割舍不下钻研香包制作的爱好。

如今已是耄耋之年的王秀英，天生一双巧手，十岁时就能绣花、做布鞋、缝荷包。长大后的王秀英，成了缝制小鸭子、绣球等图案香包的一把好手，还会制作虎头鞋、虎头帽、衣服等大些的物件，赶庙会时拿去卖钱，补贴家用。她对制作香包的热爱，透着一股子朴素又坚定的执着。只要一忙完家中琐事，铁定会埋头缝制，反复琢磨，空闲时常常一坐就是十几个小时。孩子们担心她身体受不了，常劝她别做了，她就在晚上偷偷做。当马庄村的煤矿正源源不断给村民带来真金白银，家家户户都忙着张罗矿上的事时，家境并不富裕的王秀英却在购买中药、布料等香包原料上花去不小开支。在很长一段时间里，王秀英制作香包的爱好一直得不到老伴和儿女们的支持。

但执拗的王秀英还是几十年如一日地坚持了下来。在继承传统香包制作技艺的基础上，她苦心创新，逐渐形成了自己独特的艺术风格，创作出一批带有徐州汉代文化特征的作品。其造型美观精致，内装由十几种中草药配制而成的香料，戴在身上可驱毒驱蚊、防潮保健，挂在家中能装饰房间、净化空气。

最初，由于知名度不高，加上其他地方也有类似香包出售，王秀英的香包很难卖出去。然而终归是功夫不负有心人，有一年，王秀英制作的十二生肖香包，因为每个动物都异常逼真，惟妙惟肖，被人以1000元价格买走。这让王秀英燃起了信心，也让她的家人和更多的马庄人看到了传统老手艺广阔的市场前景。

在马庄村"两委"邀请下，王秀英以香包文化传承人的身份，配合马庄村探索发展香包文化产业。她在景区里开起了工作室，既制作销售香包，又授艺培养新人。在她的影响下，喜爱香包、自发传承香包制作技艺的人越来越多，马庄村香包制作队伍很快发展到200多人。香包从邻居间互赠的小礼物，变成了国家级非物质文化遗产，以及见证马庄村第三次成功转型的亮眼名片。王秀英也成了省级非遗传承人。

在王秀英看来，现在所做的不仅是自己喜欢的事，更是在传承着非遗香包的文化价值："一些游客来参观后，想亲手做做香包体验一下。我们就教游客做些简单样式，还给他们讲解马庄中药香包的历史、香包的材料、香包的作用和香包的文化。"

2017 年 12 月，习近平总书记来到马庄村，看到村民们手工制作的特色香包，连连称赞"真不错""很精致"，还亲自买了一个"捧捧场"。马庄香包更是火遍全国。2018 年，马庄村将原先的旧厂房改造成集制作、销售、展示为一体的香包文化大院，将香包生产推向了一体化，也为村里妇女搭建了就业好去处。

走进香包文化大院，正缝制香包的妇女们个个穿针引线，手快如飞。一个小小的香包，至少要缝几百针，需要经历配制草药、刺绣图案、下板型、填充草药棉花、手工缝制、装饰六道工序，每一道都必须严谨细致。香包材料由村里统一采购，村里妇女每日手工缝制香包，计件拿薪。60 多岁的村民夏桂美 2016 年就开始缝香包，现在每天能做十几个，平均一个月能挣 3000 多元。80 多岁的村民王庆荣身子骨还算硬朗，但平时家里没什么人，生活孤单。"反正在家闲着没事干，过来做活，还可以和大伙儿一起说说话，日子过得有盼头。"王庆荣说。马庄村妇联副主席厉慧卿说，由于香包文化大院融洽的工作氛围，村里妇女没事都爱来搭把手。大家有了交流的平台，婆媳、妯娌之间矛盾也少了，算是挣钱之余的"意外收获"。

如今，马庄村还陆续建成了香包合作社、香包主题客栈、民俗手工坊、工艺品店、香包广场、香包青创大院等，原本只是小规模生产的香包，现在注册了商标和专利，不仅卖到全国各地，还出口到一些欧美国家，虽然一再扩大生产规模，仍然供不应求。2020 年，马庄香包线上线下销售额达到近 1000 万元，香包产业让二三百名妇女在家门口就业，从业人员人均年收入达 3 万元。而马庄村继续做强香包产业的探索仍未止步，进一步延伸产业链，从中草药种植到文创产品，逐步形成以特色香包和生态旅游为核心的综合产业发展新格局，是马庄人的奋斗目标。

"改革开放挥去了昔日的忧伤，开拓和进取扬起金色的帆。富裕文明各业迅猛发展，安定祥和马庄面貌大变样。马庄的粮把我们的背养直，马庄的炭把我们的血煨烫。青山挺起了高耸的脊梁，金马河流淌着欢乐的诗行……"一首《马庄之歌》，唱出了新时代马庄人的精气神。实施乡村振兴战略，不能光看农民口袋里票子有多少，更要看农民精神风貌怎么样。而马庄村从丰富群众文化生活入手，抓农村精神文明建设，不仅抓出了社会效益，为经济社会发展提供了"黏合剂""润滑油"，也抓出了经济效益，创造了文化、旅游等新的经济增长点，激发了干事创业的巨大动力，提升了农民群众的精神风貌。看到加强精神文明建设在这里实实在在的落实和弘扬，正是品读马庄村发展史的意义所在。

村庄小传

马庄村位于江苏省徐州市区东北、贾汪区西南，全村区域总面积 5.2 平方公里，现有 3 个自然村，5 个村民小组，人口 2863 人。该村西邻 104 国道 7 公里、京福高速公路 3 公里，东靠 206 国道 5 公里，南濒京杭大运河 4 公里、京沪高速铁路徐州站 18 公里、观音机场 50 公里，交通便捷，地理位置优越。

徐州属温带季风气候，四季分明，夏无酷暑，冬无严寒，年均气温 14℃。温和的气候带给了马庄村水明山秀的景致。村东与潘安湖连为一体，俯瞰近观间，青山叠翠，绿水潋滟，岸芷汀兰，好一泓清流韵律。绿水青山间，"马庄印象"一条街集非遗展演、土特产采购、特色小吃、民俗体验等为一体，中药香包、民俗表演、特色农家乐引人流连。曾靠挖煤谋生，"一城煤灰半城土"的马庄，如今已成功走上"文化+旅游"的致富路。

马庄是有着千年悠久历史的古村。北宋真宗年间即成村落，曾名军马庄。北宋真宗年间后期，将"军"字省略，改为马庄。从前的马庄村是一个普通的苏北小村，村民从事着传统农业生产，村人崇文重教，耕读传家，乡风淳厚。改革开放后，马庄村围绕"工业立村、文化兴村、旅游强村"目标，秉承"党建引领、文化铸魂"理念，带领群众大力发展现代工业、特色农业、文化旅游业，壮大经济实力，实现农民增收致富，村民生活全面步入小康。该村先后获得"全国文明村""中国十佳小康村""中国美丽乡村""中国民主法治示范村""全国基层民兵预备役工作先进单位""全国服务农民服务基层文化建设先进单位""全国造林绿化千佳村"等荣誉。马庄香包被列入国家级非物质文化遗产名录。

1988年，马庄村创建了苏北第一支农民铜管乐队，1997年参加了中央电视台的春节联欢晚会，2007年4月应邀赴欧演出，并获意大利第八届国际音乐节第二名的好成绩，向世界展示了当代中国新农民形象。随着农民乐团的发展，乐团逐步与市场接轨，促进了全村文化产业的大发展。

2021年，全国首部全媒体村志《江苏名村·马庄村志》由江苏人民出版社出版发行。该书实事求是地还原了马庄村的历史风物，揭示了沧海桑田的生态巨变，连接了文化传承的血脉纽带。翻开这本村志，不仅可以从中感受到马庄村的历史嬗变，获取转型发展的有益启示，更可以从一个村的发展轨迹中，看到一个地区乃至一个国家奋进跨越的矫健步伐，听到一个民族推动时代车轮滚滚前行的号角。村志坚持美文、美图、视频三种载体并举，并大量运用二维码，依托云平台技术，通过扫码识别，延伸阅读功能，多维度、多视角、多媒体展示马庄村的村情村貌。

湖北 后坝村

春风拂绿"藤茶村"

汽车在陡峭的盘山公路间穿梭，经历一个多小时的颠簸，终于来到了后坝村。这是湖北省恩施土家族苗族自治州来凤县旧司镇一个盛产藤茶的村落。

刚下车便感受到扑面而来的清新空气。这里群山环绕，植被丰富，放眼望去，数不尽的楠竹、麻竹、斑竹沿着山势生长，青翠而茂密，在微风中轻轻颤动，像是冲着远道而来的客人点头致意。

如同置身于《卧虎藏龙》竹林打斗戏的片场，我们很兴奋地在郁郁葱葱的竹林里漫游起来。几位热心的村民赶过来连连道：莫要走远，莫要走远。这些年村里生态好了，山林里野生动物也多了，兔子、竹鼠是常客，有时还有蛇和野猪出没……

后坝村村内有"一溪一河一水库"，即洗脚溪、老峡河和一座长1千米、宽15米的小水库，地下水由降水和地表水补给，水量充足。

这里的空气质量常年为优，天气晴朗的时候，抬头望去，天空蔚蓝高远、清朗明澈。不过，这里晴天的时候似乎并不多，听村里人讲，一年四季多是绵绵阴雨天，云雾缭绕是村里常见的景象，给人的感觉仿

群山掩映下的后坝村

佛是进入仙境一般。夜晚住在河边农户家，还能听到潺潺的流水声，那一刻，不禁生出"欲此归隐林泉、品味岁月静好"之叹。

村上住了几日，听老人讲起村庄历史，才知道后坝村有近 500 年建村史，最初归明代土司腊壁蛮夷长官司管辖，清代乾隆元年改土归流后，归入聚伦乡。

后坝村以前并不叫"后坝"，有人叫它"洗脚溪"，也有人叫它"虾爬沟"，还有人叫它"邓家堡"。这些都是《来凤县志》上有过明确记载的名字。

后来，20 世纪 60 年代，在洗脚溪下游筑起了一座高高耸起的拦水堤坝，用以灌田抗旱，于是开始有了"后坝"这一名称。不过，村里有些老人认为，由于村庄位于旧司镇后面，故为"后坝"。

后坝村位于湖北省西部边缘，雨量充沛，日照充足，山清水秀，植被极好。优良的气候条件培育出一种特别的农产品，叫藤茶。

藤茶，顾名思义是长在藤上的茶，是茶家族里一朵绚丽的"奇葩"。严格地说，藤茶并不是茶，不属于茶科植物，而是显齿蛇葡萄种的多年生藤本植物，是宝贵的药食两用植物。藤茶最早被称为古茶钩藤，《诗经》中早有记载，唐朝茶坛宗师陆羽在《茶经》里将其命名为藤茶，后人将此美名一直沿用至今。

据乡亲们讲，来凤土家人饮用藤茶已有 500 多年历史，主要用于治疗黄疸型肝炎、感冒发热、咽喉肿痛等，被当地人称之为"神仙草""长寿茶"。北纬 30° 独特的地理环境，造就了来凤藤茶在"植物总黄酮含量""硒元素含量""营养成分的全面性"三个方面的保健优势，藤茶也被列为来凤县重点发展的产业之一。

我们在后坝村村委会大楼上，看到了"藤茶第一村后坝"7 个大字。山坡上，漫山遍野的藤茶绿浪起伏，产业工人们在茶园忙碌着。

后坝村种植藤茶，优势得天独厚。这还要从当地的气候条件说起，后坝村地处武陵山区腹地，这里青山叠嶂，平川丘陵相依，生态环境优越；俗话说"好山好水出好茶"，后坝村年平均降雨量1580毫米，日照1400小时，平均温度15.8℃，充沛的降水量和充足的光照，为藤茶提供了优越的生长环境。2013年3月15日，国家质检总局批准对"来凤藤茶"实施地理标志产品保护。

2012年，时任来凤县旧司镇后坝村党支部书记邓国海，考虑最多的事情就是怎么选准、发展好适合后坝村的产业，带着村民脱贫致富。

产业发展不是一家一户的事情，邓国海为了团结全村齐步走，广泛发动群众，结合后坝村气候特点谋出路，最后把目光锁定在了山间随处可见的绿色藤茶上。

邓国海认为，后坝村虽然发展底子薄，没有完整的生产线，但辩证地看，这恰恰就是藤茶产业发展的优势所在——生态环境好，土壤无污染，这样的水土种出来的藤茶一定品质高；同时，邓国海考虑到，要想降低成本、提高效益，就要发动大家，规模化连片种植。

邓国海挨家挨户讲政策、算收入，在他的号召和带领下，后坝村建成成片连块藤茶基地400亩。

为了让农民更多地获益，邓国海积极组建属于后坝村自己的专业合作社，面对启动资金不足的问题，他自掏腰包，面对群众的疑惑，他积极引导、解释，终于在2014年建立藤茶种植专业合作社，广泛吸纳本村村民入股，让每一位村民都看到希望，进一步增强了共同致富的凝聚力。

为了进一步提高产品附加值，他自己筹资实施的后坝村藤茶加工厂建成投产，推动藤茶生产、加工、销售完整产业链的建立，不断挖掘产品附加值。

2014年，后坝村提出了"2016年农民人均纯收入达到9500元"的总体目标，全村以藤茶产业为切入口，综合发展藤茶、特色蔬菜种植、土鸡养殖、乡村旅游等项目。

2013年至2015年，后坝村连续三年被评为来凤县"社会经济发展先进村"，由全县综合考评的垫底村一举成为产业发展的排头兵。

好山好水并不必然意味着能培育出一门顺风顺水的产业。前些年，藤茶产业发展却遇到了很多问题，后坝村的藤茶种植面积也起伏不定，其中主要原因是市场销路问题。

销路受阻直接影响了村民种茶的积极性。村民潘九安老两口以种植藤茶为生，虽然收获采摘的鲜叶量每年都很稳定，但由于加工企业收购意愿不稳定，藤茶种植的亩收入最低时只有1000元左右，而前些年市场行情好的时候，种植的亩收入能够达到4000元。由于担心藤茶收购和销售环节再出问题，潘九安本来计划种植10亩的藤茶，但实际上只种了7亩。

村民种植意愿低下的背后，是市场对接环节出了问题。后坝村的金藤子合作社建有藤茶加工厂，但受价格波动的影响，工厂产能并未"火力全开"。

金藤子合作社负责人李晓艳告诉我们，2014年藤茶园大面积采摘时，来凤县加工企业无法消化大量鲜叶，采取了限量收购的方式，那一年金藤子合作社送去了4000斤鲜叶，只卖了3000斤，剩余的1000斤中，有900斤都烂掉了。

为此，后坝村决心把加工环节的主动权掌握在自己手中，于是坚决办了加工厂，当年就加工出了3000多斤藤茶，但加工不等于销售，由于市场开拓没跟上，藤茶只销售了1000斤，当年库存积压了200多万元的产品。

李晓艳分析说："当前藤茶不缺产量，而是缺少销售渠道，缺少专门的电商销售人才。"来凤县藤茶局的技术员邹平也认为："现在最大的薄弱环节，还在于无法有效开拓市场、打开销路。这也会引起一系列连锁反应：一旦销售不畅，加工厂和合作社将难以及时收购种植户的鲜叶，造成农产品积压、滞销，进而影响种植户积极性，而农户不再种植，又进一步影响藤茶产业的发展，造成行业萎缩，形成恶性循环。"

过去的后坝村，信息不畅，农户单打独斗销售无门，摆摊"马路市场"拦车叫卖；村民不懂包装，让高品质的藤茶卖不出高价，甚至将"好肉"卖个"豆腐价"。

对此，来凤县政府充分发挥政府"有形之手"的作用，利用行政力量为尚不健全的藤茶产业保驾护航。

来凤县设置了全国唯一的藤茶产业发展局。县政府要求，藤茶产业发展局要把每年工作50%的时间用在一线指导藤茶生产、加工以及营销推广，为合作社、家庭农场和散户提供统一的技术指导等服务，对藤茶苗、土地流转费、培管费等给予适当补助，乡镇按每千亩藤茶园配备1人的标准，建立藤茶干部队伍。藤茶专业合作社为藤茶种植户提供全程服务，打造国内最大藤茶种植基地。

同时，政府还利用"有形之手"积极对接市场的"无形之手"，积极招商引资，引入有实力、有意愿的龙头企业入驻来凤县，带动各乡镇藤茶产业发展。

政府引导后坝村积极发展订单农业，引进上海一润茶叶公司与来凤县藤茶专业合作社、家庭农场及种植大户签订了3500吨收购协议，农民种茶的积极性提高了，藤茶生产的第一环节被激活了。

随着政府招商引资的力度越来越大，仅靠订单农业已经不足以把产业链产生的价值更多地留在村里了。优质藤茶要想变成高端商品，还需要向产业链要效益。

在龙头企业的带动下，藤茶产业的产业链条被大大拉长了，产品附加值越来越多地留在了后坝村。

走进来凤金祈藤茶生物有限公司的产品车间和展示区，一样的藤茶被做成不一样的产品，不仅能喝，还能制成功能更多的消费品。金祈藤茶生物有限公司副总经理彭高林介绍，现在常见的藤茶产品，除了盒装、袋装的藤茶饮品之外，还有藤茶牙膏、洗液等深加工产品，每一样藤茶产品都深受市场青睐。

同时，藤茶的药用价值也在不断被激发出来。把野生藤茶制成药品的是拥有"来凤藤茶第一人"称号的向班贵。1996年，向班贵在大河镇担任村医，每天走村串户为乡亲们诊病送药。

一次偶然的机会，他发现，用路旁野生的藤茶治疗高血压效果很好，于是他把野生藤茶采回来，给村民们看病使用。因为药效明显，藤茶入药的需求越来越大，野生藤茶已经无法满足百姓需求。经过上千次试验，他掌握了完整保存黄酮成分的生产技术，成功作出10多款藤茶产品。

湖北藤一藤茶有限公司董事长苟肖就是在喝了一口"神奇"的藤茶之后，感觉困扰多年的咽喉肿痛大大缓解，所以决定来来凤县投资，注册了藤一藤茶公司。

"藤茶浑身都是宝，它能开发的产品有饮料、化妆品、酒水等10个大类上百个品种。"苟肖对藤茶产业很有信心，截至2018年3月已投入1000余万元，开发出首款保健饮料，直接供给高端消费者。

在后坝村，物联网技术已经应用到大片的藤茶园——每天，村民都会在400亩藤茶基地里调控摄像监控设备、检测各种水土指标，对种植全流程进行可追溯质量管理。规模化、集约化种植由点及面，在来凤县越铺越大。

通过"公司＋合作社＋农户＋基地"模式，全县标准化藤茶基地将扩展到10万亩。上海一润茶叶公司董事长周东香说，以后坝村为例，来凤县拥有极佳的藤茶资源，通过对产业链实施标准化提升，达到大规模工业化生产目标。一润公司与全县藤茶专业合作社、家庭农场及种植大户签订收购协议，藤茶茶粉自动化生产线投产，可实现年销售收入1.2 亿元。

下一步，后坝村藤茶产业将从以种植为主逐步转向一二三产业融合发展，打造、延长精深加工产业链条，并依托县域产业集聚，实现包括茶精粉、黄酮提取物、藤茶饮料、医药保健品、面膜等 50 多个品类的大规模生产。

绿水青山如何变成金山银山？这个过程并不是坐着等就能实现的。后坝村的探索与实践告诉我们，借助产业发展的力量是一条路子。

良好的生态环境是大自然的"奢侈品"。这里有风景，有人们未曾见过的"晴雪满汀，隔溪渔舟"，未曾听过的"采采流水，蓬蓬远春"，未曾体验过的"融雪煎香茗，春深一碗茶"。这里也有无限丰富的动植物、农产品，松茸只生在没有污染和人为干预的原始松林中；白虾熟时色洁白，以太湖所产者甲天下；而藤茶，也是后坝村这方绿水青山滋养生长出的特色产品。

生态优势如何变为经济优势？找准产业、找到市场很重要。当绿水青山产出的农产品真正成为农民口袋里的真金白银时，金山银山的"成色"才更足。

产业的发展，富裕了村民的口袋。近年来，后坝村生活水平有了较大提高，衣食住行等物质生活条件明显改善，但是，村里人生活性支出比重偏高，礼金支出负担过重，每年结余有限。

我们了解到，村民支出主要分为生活支出、教育支出、医疗支出和礼金支出。其中生活支出比较固定，主要集中在柴米油盐、水电气费、购置衣物、食品等方面。

村民一日三餐主食以米饭为主，主要购买本地稻米，每斤 2 元左右。食用油基本为桶装的菜籽油，每月平均食用 1 桶，每桶 60 元。猪肉基本为农户家宰杀，镇上猪肉价格每斤 12 元。食用的蔬菜主要为自家房前屋后种植，禽类、鸡蛋等基本为自家养殖。农户平均每月用电200度左右，用水3—4吨。村民多到镇里或县城购买衣物，年人均消费300元左右。

罗子元说："家里电费每月100多块，水费每月不到10块，平时自己买烟叶卷烟，每斤烟叶40块，能抽一个月。"

老干部龙胜通家里装有宽带，每年300元，有线电视费每年340元，他说："现在日子比以前好过多了，吃的、穿的、住的都好了，以前日子过得紧巴巴的，现在随便买。"

教育支出今年呈现递减趋势。

旧司镇上的幼儿园、小学、中学，2015年全部归并。小学从五年级开始实行寄宿制，初中以后集中在来凤县的教育城上学。镇里的幼儿园每学期1500元，小学每学期学费290元。幼儿园和小学都有校车接送，按距离每学期收费300—800元不等。由于初中生年龄太小，一般家里会有人在县城陪读，据村民算账，陪读每年花费不低于4000元。

医疗支出仍居高不下。

据统计，80%的后坝村村民都缴纳了养老保险，通常标准为每年100元。医疗保险的缴纳标准是每年180元，贫困户可以减半。后坝村因靠近旧司集镇旁，村里未设卫生所，村民看病一般去镇里的中心医院。

近年来，镇医院专门安排了驻村医生，每个季度一次进村入户为村民检查身体，建立了村民健康档案，长期跟踪患有重病或慢性病的村民情况。目前，村民通过医疗保险，住院费用报销比例达到70%，贫困户能达到90%以上，但是门诊费用报销额度相对较低。

贫困户潘九新的儿子患有血友病，每月药费支出7000多元，通过合作医疗报销70%，民政部门和医院报销20%，报销后每月自费800元。

我们了解到，很多患有慢性病的村民，平时不住院只在门诊拿药，能够报销的费用相当有限。村民杨顺池的老伴患有风湿性心脏病，每月仅用药开支就达 600 元，但每年门诊费的报销额度仅 120 元。

后坝村的礼金支出占所有开支的比例较大，普通农户一年礼金开支 1 万多元。小孩满月、周岁、结婚、老人生日等都要随礼，通常标准是 100—200 元，对于直系亲属一般礼金标准是 1000 元。

段绪平说："每年人情开支最低 1.5 万，最高 2 万元。曾经有一天赶人情赶了八家，其中两家是亲戚，就花了 2000 元。那一个月的工资都不够送礼的。"

老干部向桂仕家里有三个儿子、一个女儿。儿子结婚了就分家，大儿子 1986 年分的家。那个时候结婚给彩礼的钱不多，就是几套衣服；那个时候客人不多，需要办三天流水席，酒、肉都要有（家里养四五头猪，结婚一次得杀两头猪）；那个时候没有红包，客人来的时候带十来斤粮食，如果是两块钱，就是大人情。"现在只要是认识的人都是客，都给礼金。"

2013 年以来，后坝村开展了"十星级文明户"创建活动，并且制定了村规民约，引导村民不办无事酒、不大操大办，整个后坝村的民风焕然一新。目前，后坝村的乡风文明氛围向上，干群关系和谐，移风易俗已成村民自觉行动。

在调研中，我们切实感受到，后坝村的村民普遍存在自立自强的良好风气。家家户户修建的新楼房，大部分支出是靠村民外出打工挣的钱。

61 岁的田金凤是七组建档立卡贫困户，他非常勤劳，每年喂十几头猪，养 100 多只鸡，种甘薯、玉米等三四亩地，2017 年还新建了住房。

村里的低保户李海英双目失明，享受国家的相关补助政策。问她对未来还有什么需求？她说，希望去学习盲人按摩，不想每天待在家里等着救济过活。

走访时，我们注意到，很多农户都在厅堂醒目的位置上挂着"天地君亲师"的牌位，上面还记载着祖训家训。据了解，后坝村每个家族都有自己的家训，主要内容多为"忠孝""勤俭"等。

在后坝村，三代同住的现象很普遍。有些农民为了照顾老人，甘愿放弃外出务工的机会。村民段双春以前在宁波务工，每月能赚6000多元，2013年母亲生病了，便主动回来照顾。

77岁的村民向桂仕是村里以前的大队干部，他对孩子的要求比较严格，现在三个儿子都已成家立业。大孙女在北京工作，二孙女和三孙女大学毕业后分别考入来凤县财政局和社保局，子孙都很有出息。

近年来，后坝村邻里关系日趋和睦，"和谐之花"悄然绽放。村民段绪平告诉我们，2012年前，后坝村家族内抱团、家族间排斥现象较为普遍。以前村里家族间常打群架，有时为些鸡毛蒜皮的事也会动手。

2013年以来，村"两委"大力加强法制、德治教育，特别是在一些需要共同努力才能完成的事情上，有意识引导群众相互帮助、相互谦让，团结和睦的乡风才渐渐形成。

62岁的贫困户陈顺祥，在自家宅基地上修房子的时候犯了难，周边全是农田，盖房子需要货车进出送建材。住在隔壁的段绪平了解到情况后，主动找到陈顺祥，让货车从自己的田里进出，并无偿让他修水泥路。村里办丧事修坟基本上都是大家相互帮忙，没有收费的，这已经形成惯例。

翻开后坝村的收支账，我们读到了生活水平的提升，也读到了经济发展给乡风文明带来的改变。抛开物质生活的改善谈乡风文明建设是空谈，不讲思想文明的经济建设也缺乏支撑。实施乡村振兴战略，不仅要让农民"住上好房子、开上好车子"，还要让农民"过上好日子、活得有面子"，满足其精神需求。

后坝村是我们这些年发展大潮中一个具有典型性的村庄。党的十八大以来，后坝村发生了翻天覆地的变化，脱贫致富成效明显，已由2012年旧司镇倒数第一的"后进村"跃升为恩施土家族苗族自治州的"先进村"。

但在乡村振兴的道路上，还有很多需要研究和攻克的难题，例如产业发展要以市场为遵循、要进行县域统筹，人才振兴以创新农村人才上升通道为引导等。

我们期待，春风吹过后坝村，未来就如藤茶一样绿意葱茏、枝繁叶茂。

村庄小传

后坝村位于湖北省西部边缘，邻近来凤县旧司镇政府所在地，东接东流坝村，西邻新街村，南接三寨坪村，北靠腊壁司村。据《来凤县志》记载，后坝村原名为洗脚溪、虾爬沟、邓家堡。在明代土司时期属腊壁蛮夷长官司管辖，清代乾隆元年（1736年）改土归流后，属聚伦乡，此后历经建制变动，1958年恢复区乡建制，属旧司区、旧司公社，名五星大队。20世纪60年代在洗脚溪下部筑一拦水堤坝灌田抗旱，因此人们都称"后坝"。村里也有老人认为，由于村庄位于旧司镇后面，故为"后坝"。

后坝村地处武陵山区腹地，土地面积约4.95平方公里，境内重峦叠嶂、沟壑交错，耕地面积1472亩、山林3000余亩，总体呈现"六山一水三分田"的格局。村域北部、南部有两条山间夹谷地带，老峡河、马家沟小河在此交汇，有二水拖蓝的自然景观和海拔1000米的雷公顶高峰。村内有"一溪一河一水库"，即洗脚溪、老峡河和一座长1千米、宽15米的小水库，地下水由降水和地表水补给，水量充足。这里冬无严寒，夏无酷暑，空气质量常年为优，雨量充沛，空气湿度较大，年均降水量 1580 毫米，相对湿度达 81%，藤茶等土特产品以品质优良而闻名。

作为我国第一个土家族自治县内的普通村庄，后坝村 1877 人中土家族约占 60%，汉族约占 35%，苗族约占 5%；全村共有 12 个村民小组 523 户，以田、段、邓、陈、杨、张、龙、唐姓等为主，同姓居住相对集中，分为虾爬沟、洗脚溪、五里牌、田家湾、山海湾、潘家院子、段家院子 7 个居民点，呈"7"字形分布。人均耕地 0.82 亩，由于人多地少，大量劳动力外出务工，全村 18—60 岁的 1000 多名劳动力中，外出务工达到 872 人。

后坝村交通相对便利，距离旧司镇政府 1 公里，X034 县道通往 25 公里外的来凤县城；经来凤县城，可通过高速到达恩施机场，距离约 150 公里；距离 2019 年底开通运营的黔张常铁路来凤站约 15 公里，约半小时车程。

多年来，后坝村围绕提高农业生产效益，多次尝试发展不同特色产业。20 世纪 80 年代和 90 年代栽桑养蚕盛极一时，后期因为国际国内大市场变化而终止。1996—1998 年，烟叶产业迅速发展，高峰时全村一度达到 800 多亩，后因为价格下降效益不高而消失。2013 年以来，藤茶种植规模迅速扩张，当前村里呈现出多种特色产业并行发展、主导产业仍在打造的状态。其中，藤茶 400 亩、生姜 300 多亩、百合 200 亩以上、晒烟 79 亩、水稻 10 亩，还有玉米、甘薯以及柏树、黄连等中药材 500 余亩；在养殖业方面，全村 40% 的农户养猪，年出栏生猪 300 头，大多以自养自食为主，另有少量农户养殖本地山羊、鱼和蜜蜂等。

据旧司镇财政所统计，2012—2017 年，后坝村农民外出务工收入和农民人均收入呈逐年递增趋势。2012 年，农民外出务工收入总额为 218 万元，人均收入为 3921 元；2017 年，农民外出劳务收入总额为 535.17 万元，人均收入为 9823 元，年均增长率分别为 19.68%、20.16%。

安徽 七房村
千年古县崛起"中华蟹苗第一村"

乘车穿梭在当涂县境内，只见沟渠交织、河网密布，一派水乡泽国风光。当涂县位于安徽东部，地处长江下游水网地区，是一座千年古县、鱼米之乡。

传说中，唐朝大诗人李白晚年就定居在当涂，写下了《望天门山》等多首千古绝唱。"我住长江头，君住长江尾；日日思君不见君，共饮长江水"，这首经典的浪漫诗词，也是北宋著名词人李之仪在这里写下的。

一路领略当涂的美丽风景，了解当涂的人文历史，大约一小时的车程，我们来到了乌溪镇七房村。

走进七房村，一块块格田成方的蟹苗培育池，组成了一个偌大棋盘，数千万只蟹苗在水下悄悄生长。七房村是个以蟹苗培育为主打产业的特色专业村，走在路上到处能看到"中华蟹苗第一村"的宣传标语。

此时的七房村，正值初春，天气虽然微冷，但蟹苗交易已经开始热闹起来，来村里选购蟹苗的客户络绎不绝。

"这里的蟹苗纯生态养殖，品种好，存活率高，成蟹规格大"，来

鸟瞰七房村

自江苏南京高淳区的蟹农刘敬，承包了 100 多亩水塘，蟹种大都是从七房村买的，尝到甜头的刘敬依然将这里作为蟹苗的首选地。

越是在一线生产环节，越知道种苗对增产增收的重要性，在村里经常看到一个个养蟹户不惜远道而来，只为求购优质蟹苗。所谓苗要种好，树要根好。作为一个农业大国，我们确实要把民族种业搞上去，要让种业创新成为保障粮食安全、实现农业现代化、促进农村农民共同富裕的重要力量。

顺着宽敞清澈的河道，我们来到了文锋水产养殖家庭农场。蟹苗养殖户周先锋正站在蟹苗培育塘口，对着写满了订购信息的记事本，和农场工人们一起为客商准备蟹苗。

七房村党总支书记刘小兵介绍说，周先锋是村里的蟹苗养殖大户、致富能手，也是党员示范户，不仅养殖经验有一套，蟹苗营销也是一把好手。

周先锋脸上荡漾着笑容，高兴地说："今年蟹苗销售最大的特点就是产量大，不愁销，年前价格最高卖到了 52 元一斤，这是近年来的最好卖价。"

周先锋告诉我们，他原来是县塑料厂的一名员工，2000 年下岗后开了个小超市维持生计，2003 年，他看到了老家蟹苗养殖的消息，便回村里用家中的 3 亩水塘试了一茬蟹苗，后来慢慢摸索经验、扩大规模，如今扩大到了 40 亩的规模。

说起当年的收益，周先锋掰着指头算起来："平均 40 块钱一斤，一亩水塘大约能产 400—500 斤的蟹苗。刨去成本，一亩能净挣 1 万元左右。"

周先锋还介绍，他准备拿出 7 亩水塘，创新采用"小精高"养殖模式，利用小塘口开展精品养殖，进一步提高蟹苗质量。"如果试点成功，每亩塘产出蟹苗将由原来的 400 斤提高到 1000 斤，每亩塘纯利润将达到 2 万元。"周先锋踌躇满志。

就在文锋水产养殖家庭农场不远处,村民梅占斗正在自家水塘前后忙着打扫卫生。60 多岁的梅占斗育蟹苗已有 20 多年了,家里 4 亩多田全部用于蟹苗养殖,过去一直按老观念饲养,收入虽然平稳,但增长不快。

此前村里组建了"红色帮帮团",组织党员干部、养蟹大户与小散养殖户"结对子"。梅占斗在周先锋的帮扶指导下,蟹苗产量和品质都有增长,销路也好多了,每亩能增加三四千元收入,全年蟹苗纯收入接近 4 万元。

七房村党支部委员李保根介绍,"红色帮帮团"是 2018 年由党支部引导成立的,当时蟹苗价格受市场波动影响,加上部分蟹农的蟹苗产量、质量不过关,一些蟹农出现亏损,养殖积极性下降。

大国小农是我们国家的基本国情农情,任何农业产业中都不可避免地存在小户、散户、弱户,如何把他们扶持好、引导好,是农业现代化进程中须破解的问题,也是农村改革发展的一个难题。七房村党建引领、大户带小户,或许可以提供一些破题思路。

在村里走访时,不时有村民提起这里的民谣,"门前门后有口塘,三年盖栋小楼房","一只螃蟹一担稻,一斤螃蟹一克金"。七房村党总支书记刘小兵跟我讲,现在七房村蟹苗养殖形成了三个 95%,"全村 95% 的村民从事蟹苗养殖、95% 的耕地用于蟹苗培育、95% 的农业总收入来源于蟹苗销售"。"鱼米之乡、富庶之地",文字的描画在七房村有了现实的对应。

76 岁的老人周光平亲眼见证了七房村蟹苗产业从无到有、从小到大的成长之路。他回忆,以前村里老百姓多数在家靠着仅有的几亩圩区田地务农,有的也外出打工,总体收入都不高,日子过得苦巴巴的。

20 世纪 80 年代末,当涂掀起一股养蟹热。但由于无节制掠夺式捕捞，长江天然蟹种产量大减，大量劣质蟹种充斥市场，导致成蟹养殖效益大幅下降，全县多半养殖户都出现了亏损，七房村也不例外。

时任村支书刘文尚下决心攻克蟹苗培育关。1994 年，他筹资 2 万多元，派大儿子刘军去长江口选购优质幼体，回家进行培育。10 个月后，蝌蚪般的幼体全长成了大拇指甲般大小的蟹苗，获得了 32 万元的收入，带来了很好的示范效应。在刘文尚的带动下，村民纷纷开始蟹苗养殖，七房这个传统种植村，变成了养殖特色村。

产业发展的蜂拥而至、迅猛增长，带来了新问题。受暴利刺激，养殖户为了追求产量，过度投放蟹苗，每亩水面投苗多达一两千只。粗放式掠夺性放养，不仅导致水质变坏，螃蟹的个头和质量也明显变小变差，养殖效益大幅下降，村民亏本了一大片。此时，七房村的环境保护与经济发展矛盾日益突出，亟待解决。

在弯路中，七房人很快摸到"生态门道"。村"两委"大力推广当涂县提出的"种草、投螺、稀放、配养、调水"的生态养殖模式。种草就是在养殖水域种植金鱼藻、轮叶黑藻、伊乐藻、苦草等，保持水生植物的多样性；投螺就是每亩投放螺蛳 300—400 千克，保持一定的底栖动物生物量；稀放就是每亩投放 400—500 只蟹苗，控制养殖密度，减少对生态环境的压力；配养就是以螃蟹为主，配套放养鳜鱼、青虾及鲢鱼、鳙鱼，按照食物链特性构建平衡、稳定的生态系统；调水就是定期加水换水，通过生物手段改良水质。

调研中，我们问起生态养殖模式，大多数养殖户都说得头头是道，关于螃蟹和哪种鱼类配养都有自己的独门经验。

随着市场竞争越发激烈，单门独户卖蟹苗的劣势也愈加凸显。2007年，村里成立了七房蟹苗养殖合作社，注册了"七房蟹苗"品牌，将村里的养殖户聚集起来，抱团闯市场。合作社为养殖户进行统一的技术培训，制定统一的技术标准，帮助养殖户找市场，还建立了蟹苗养殖基地，通过统一的管理和服务，形成了规模效应。

近年来，七房村又连续举办"蟹苗文化艺术节"，通过节庆活动吸引四面八方的蟹农前来购买蟹苗。

"养殖户在外面买的蟹苗存活率30%，买我们的能达到八成以上，所以就算我们的价格高，依然会选择我们。"在与村民的访谈交流中，七房人的自信和殷实写在脸上。

乡村要振兴，因地制宜选择富民产业是关键。产业兴旺，乡亲们收入才能稳定增长。七房村的蟹苗养殖历程，是市场经济条件下乡村培育特色主导产业的一个缩影。透过七房村，能看到千千万万个普通村庄探寻发展之路的不易与不屈，也能发现一些共同的趋势与规律。

乡村要发展产业，特色是前提，要立足资源禀赋，选准产业方向，做到人无我有、人有我优。发展特色产业，选好育好种苗是基础，好的种苗才能带来高产量、高品质、高价值。有了好的种苗，还须注意生态环境和种养模式，时代发展到今天，生态种养、生态产品越来越受市场青睐，产品溢价也越来越高。农业产业的发展，家庭经营是基本的单元，"小散弱"的问题不同程度存在，必须通过合作社等组织载体，抱团闯市场，聚力谋发展。

在村里走访时，树木青翠、水清岸绿，道路硬化到村到户，一个具有皖南水乡特色的生态宜居村落清晰可见。

刘小兵介绍，这些年通过发展蟹苗养殖、招商服装企业，村里积累了一些集体收入，再加上争取一事一议财政奖补、美丽乡村建设等财政项目，从2005年开始，一年接着一年干，先后修了20多条路，现在村内主干道和各自然村之间都通了水泥路。村里近几年还花了70多万元栽了几万棵花草苗木，也在道路两侧、绿色景观带、文化活动广场装上了照明灯。

家家户户的住房，几乎都是二三层的小洋楼。不仅样式新颖，宽敞明亮，而且内部装修也很漂亮，大部分家里都铺上了瓷砖地面，有些人家还装有水晶吊灯。家里彩电、冰箱、洗衣机等家电基本一应俱全，汽车、手机、计算机等现代生活用品也很普及，家庭都装上了宽带。

与村里老人们聊天，提起最多的就是变化大。"以前村里都是土路，出行很不方便，现在走哪里都不用犯愁""以前晚上黑乎乎的，现在晚上特别亮堂""我女儿在服装厂上班，过去晚上加班我都很担心，现在不怕了，路灯亮到 11 点"，大家你一言我一语中，幸福感自然流露，充满着对新生活的满意、对新时代的期待。

让他们感到的幸福还在于，儿女们就在身边工作和生活，可以尽享天伦之乐。在工业化、城镇化大背景下，许多地方的年轻人背井离乡、进城务工，既为城市建设作出了贡献，也为自己家庭带来了收入、改善了生活，但一家人分隔多地所带来的生活不便和心理问题也有所暴露。七房村由于有了产业的支撑，家人分离的苦涩就不复存在了。

七房村除了有蟹苗养殖这个主导产业，周边还有服装厂、电子厂，村里 90% 的年轻人就在家附近工作，收入有保证，还能照顾家庭、陪伴父母孩子。

今年 70 多岁的刘大妈给我们介绍，自己两个儿子养蟹苗一年收入 10 多万元，儿媳妇带着孙子在镇里的服装厂打工，每个人一年收入 6 万多元，自己和老头子在家照顾重孙子，两个人平时还能做点小工挣零花钱，"如今真是过上了小康生活"！

随着生活水平的提高，七房村的村民都很重视孩子的教育。小孩主要到乌溪镇上幼儿园和小学、初中，初中毕业后的学生大部分都会进入县城的当涂中学念高中，高中毕业后则会尽力考大学，至少也要上专科。村里 60% 的高中毕业生都考上了本科，硕士及以上学历的有 13 人，博士学历的有 3 人。

村民张久桃说："自己只有小学文化，这么多年都吃了没文化的亏，所以一定要把孩子培养出来。"她家三个孩子中有两个大学生,大女儿本科从中国农业大学毕业后一直念到了博士,目前正在中国科学技术大学深造。

除了"中华蟹苗第一村",七房村还有一个响当当的称号:全国文明村。

跟村民聊起乡风方面的变化,村民们跟我讲,这些年来,随着当地就业机会增多,游手好闲的少了,勤恳干活的多了;打牌赌钱的少了,跳广场舞的多了;乱扔乱倒的少了,爱护环境的多了。

七房村人在当涂县是出了名的勤劳,"村里人都在比着挣钱,人家盖了楼房,我也要抓紧攒钱盖楼,人家买了汽车,我也要攒钱买车"。

白天在村里走,路上几乎看不到闲人。家家都养蟹苗、养螃蟹、养鱼、养虾,青壮年劳动力在周边的仪表厂、服装厂工作。

蟹苗养殖大户王成荣介绍,这一茬蟹苗卖完后,马上就要给塘口清淤和消毒了,开始新一茬蟹苗的培育,后面还有施肥、投喂饲料、每日巡池等多个环节,大眼幼体成长为蟹苗有 8 次脱壳期,每次持续 3—4 天,每天都要仔细观察脱壳情况。忙的时候,天刚蒙蒙亮就要去水塘里干活,中午回来吃口饭就继续,风吹日晒也得坚持干。

七房村党总支书记刘小兵跟我讲,好习惯是养出来的,培育文明乡风离不开"管"。村里定期开展"好儿女、好婆媳、好夫妻""五星级文明家庭""示范党员户"评选,在村委会和村内主要道路两侧宣传"我们的榜样""乡贤榜""好人榜""致富帮手"等先进典型事迹,弘扬孝老敬亲、诚实守信、乐于助人等传统美德。

村里还成立了红白理事会、禁赌协会,制定了村规民约、移风易俗倡议书,印发到户并在村内主干道公布张贴,引导村民规范言行、崇德向善。

村里有一个"名人"周俊保,2012 年 7 月获得孝老爱亲类"中国好人"

荣誉。

老周是同镇的一名退休小学教师。小儿子不幸患上癫痫病，有次因病发作落水身亡。岳母遭受巨大打击，从此瘫痪在床，周俊保尽心尽力照顾3年，不嫌脏，不嫌累。现在的他仍悉心照料着患有帕金森病的高龄岳父。这样的榜样在身边，给了七房村村民更多见贤思齐的动力。

进入新时代，农民群众对精神文化的需求也在日益增长。七房村近年来积极组织龙舟、马灯、庐剧、蟹灯、广场舞等文化活动，丰富老百姓的业余生活。

2017年6月，七房村龙舟队代表马鞍山市参加了全国龙舟邀请赛并获得第二名，代表乌溪镇连续参加了县第七届、第八届龙舟锦标赛，并连续两届获得了第一名，这更加激发了村民参与文化活动的积极性。

村民周来凤说："以前晚上没事干，聚在一起就是打麻将。现在天天晚上跳广场舞，跳不动的在旁边看，聊聊天。"

乡村富庶而文明，此谓"泽惠绵亘"。乡村振兴，既要富口袋，也要富脑袋。"仓廪实而知礼节，衣食足而知荣辱"，让村里的风气好起来，需要想办法先让乡亲们的钱包鼓起来。

但兜里有了钱，并不意味着乡村文明的必然进步，没有巧妙适度的引导，村子仍可能是一盘散沙。只有多方入手，绵绵用力，文明乡风才能吹进千家万户，让广大乡村更加充满生机活力。

"资门财"，是七房村红白喜事随礼金的俗称。传统的婚丧嫁娶，都要去"资门财"。近年来，随着七房村村民收入提高，盖房、买车、考上大学也要上门随礼。而且，人情开支越来越大，2012年人情开支普遍行情是一二百元，近几年升级为三五百元，婚宴上标配的酒水由50元左右升级为100元左右，提供的香烟都是中华、苏烟。虽然说人情开支不至于把普通家庭拖垮，但确实让不少家庭压力加大。

村民参与村庄公益事业的积极性不高，是村干部提及较多的一件烦心事。村党总支书记刘小兵介绍，前几年村里搞的道路硬化、装配路灯、修建污水处理设施，都是申请的一事一议财政奖补项目，需要以农民筹资筹劳为基础，村里的农民都不差钱，筹资筹劳金额也不多，但村民参与的积极性和自觉性普遍不高，没办法只能以村集体垫资的方式解决村民自筹部分。

村干部葛爱红谈到，村里搞绿化亮化，要占用村民房屋前面的空地，有些人就很不乐意。建成后，有农户会在道路两旁的绿化带里放羊，破坏绿化环境。

"有事联系党员，'大管家'为您服务"，七房村路边的一块标语牌非常醒目。刘小兵介绍，"大管家"指的是群众身边的党员干部。

从 2016 年开始，七房村开始开展村民"大管家"服务平台建设，在村党总支下面设 2 个支部，2 个支部分别设 4 个网格党小组，69 名党员分属不同的网格小组。网格小组的党员都要承担起为民服务的职责，随时掌握社情民意，反映群众诉求，调解群众矛盾，把每一位党员变成村民身边的"大管家"。

王成荣是村里数一数二的蟹苗养殖大户，也是第八党小组的组长。"话说千遍，不如实事一件"，是他总结的工作秘诀。

有村民反映路灯坏了三天没人管，王成荣用了不到半天就联系供电所修好了路灯；有村民反映道路两旁乱堆乱放影响环境，王成荣就组织小组内党员进行整治，环境焕然一新。群众的态度也从最开始冷眼旁观转变为有事就找身边的党员，村里党员的威信也大大提高了。村民张久桃说："现在的入党标准高了，党员真正为老百姓做事了。"

乡村治，则百姓安。我想，农村要成为安居乐业的家园，离不开科学有效的治理。"村看村、户看户、农民看支部"，乡村治理得好不好，关键还要看支部得力不得力、方法得当不得当。

时代发展到今天，群众的利益诉求、思想状况都更加多元，光靠指挥命令显然难以奏效。要达到好的效果，就要建立服务导向，从老百姓的操心事烦心事揪心事入手，一点一滴用力，一件一件破解，用周到的服务去润泽群众的心田，用规范的管理去凝结群众的力量。

调研中，我们还了解到，七房村近年来开展了村级事务流程化管理，便于群众参与和监督。针对民主选举、民主决策、民主管理、民主监督等行为，完善制度规定，细化"两委"换届、民主决策、村务公开、"一事一议"筹资筹劳、农村征地补偿费分配、集体账务收支管理、集体资源项目发包等42项村庄管理大小事项和工作流程，老百姓看了一清二楚，更愿意参与进来，监督起来也懂得要领。

值得一提的是，七房村还探索开展了信用村建设。2019年8月，安徽省启动信用村建设试点，七房村作为首批试点，由村"两委"牵头成立评议小组，从乡风文明、从事产业、房屋等方面进行评议，评议结果录入农户信用信息采集系统，推荐给银行利用。

七房村成品蟹经纪人刘允初，凭信用贷款40万元做河蟹生意，5个月赚了40万元。老刘说，原来以为信用村只是一块挂在墙上的牌牌，没想到是块金字招牌。如果没有信用村这块"金字招牌"，顶多能贷到几万元，还得找人担保。

"绿水逶迤去，青山相向开"。短短几天时间，我们看到了一个产业兴、村庄美、生活富、生态优的现代乡村新图景。

一路边看边聊边想，我更加认为，乡村振兴，是全面的振兴，不能只顾盖新房、修大路，忘记发展产业增收致富这个根本，也不能只抓经济，忽视政治、社会、文化、生态等事业的发展；乡村振兴，是一项长期的历史任务，要遵循乡村建设规律，找准突破口，排出优先序，一件事情接着一件事情办，一年接着一年干，让广袤乡村呈现更新更美的图景，让老百姓的生活越来越美好幸福。

村庄小传

七房村隶属安徽省马鞍山市当涂县乌溪镇，位于马鞍山市当涂县的南端，地处两省（安徽、江苏）、四县（当涂、芜湖、宣城、高淳）交会处，地理位置非常优越，交通十分便捷。全村区域面积4.5平方公里，总户数780户，人口2439人。七房村设党总支，下设2个支部，8个党小组，党员76名，现有"两委"班子成员6人。

七房，作为古村落地名，历史悠久。据《刘氏族谱》记载，刘氏祖先为刘邦后代，明末自博望迁至藤子村（现属塘南镇），开荒种地，生息繁衍，育七子，成年婚配各称一房。后刘姓七房子孙人丁兴旺，择地分散而居，每房子孙所居地发展成一个村庄。因七房村是块风水宝地，人居环境最佳，七个房下皆有后代居此，故名七房村。

七房村境内水网密布，沟渠纵横，水产品极其丰富，螃蟹养殖、蟹苗培育产业久负盛名，被誉为"中华蟹苗第一村"。七房村三任村支书接力传棒的故事，在当地口口相传。

20世纪90年代初，面对大半养殖户亏损的局面，时任七房村支书刘文尚成功引进培育大眼蟹幼体，一举扭亏为盈。在刘文尚的带动下，村民纷纷开始养殖蟹苗。第二任书记徐书龙、第三任书记刘小兵"一任接着一任干、一张蓝图绘到底"，走出"建基地、搞合作、打品牌"三步棋，建立起"党支部＋合作社＋农户"的管理模式，打造出七房村"中华蟹苗第一村"的品牌。目前，全村从事蟹苗培育农户740户，占总农户数的95%；全村农地面积2400亩，其中蟹苗培育面积达2300余亩，占农地总面积的96%；2020年全村蟹苗销售收入达3000余万元，占全村农业总收入的 95%。2020 年，农民人均可支配收入 34600 元，高于全县平均水平近 20%；村级集体经济 2020 年突破 117 万元，年均增幅超过 10%。

七房村充分发挥农民理事会作用，大力推进农村人居环境整治，推进硬化、绿化、亮化等工作，为村民提供良好的生活休憩空间。村内主干道和各自然村之间都铺设了水泥路，实现了"村村通，户户通"；在主要道路及空地零星地块进行统一绿化，在道路两侧、文化广场等安装了照明灯；为全村农户配齐垃圾桶，聘请保洁人员，增添专用保洁车，新建垃圾分类亭；加强塘沟清淤，铺设污水管网，打造具有皖南水乡特色的生态宜居村落。

从 2016 年开始，七房村就开展了"村民大管家"服务平台建设。在原有 15 个自然村的基础上，将全村划分为 8 个网格小组，网格小组内的党员都承担起为民服务职责，每一位党员都变成村民身边的"大管家"，把矛盾化解在网格内。依托"村民大管家"服务平台，建设党员活动阵地"党群微家"，将"党群微家"建设在群众家门口，不断延伸服务群众的触角和领域。

七房村以村规民约和示范创建为抓手，大力推进精神文明建设。加强红白理事会建设，完善村规民约，积极推行喜事新办、厚养薄葬、丧事简办等文明新风。通过"文明户""身边好人""好婆婆""好儿媳"等评选，示范带动村民。通过道德大讲堂、新时代文明实践所和志愿服务超市，积极开展丰富多彩的群众文化活动。

如今的七房村，已呈现出"党建强、乡风美、生活富、生态优、人才兴、治理好、改革活"的崭新局面。2012 年七房村被评为全国"一村一品"示范村，2016 年七房村党总支被评为"安徽省先进基层党组织"、获得全省"五个好"村党组织标兵荣誉称号，2017 年 11 月被评为"全国文明村"，2019 年被评为"全国乡村治理示范村"，2021 年 6 月被评为"全国先进基层党组织"。

浙江 移沿山村

平 原 水 乡 逐 梦 绿 色 崛 起

移沿山村位于浙江省湖州市吴兴区八里店镇，村域中心离湖州市中心 10 公里左右。村庄旧名"余安山"，因元代大书法家赵孟頫的"余得此山可以安矣"而得名。全村耕地面积 4075 亩，有 20 个自然村、村民 3443 人。

"行遍江南清丽地，人生只合住湖州。"移沿山村风景清丽，是个典型的平原水乡。这里既有"西塞山前白鹭飞，桃花流水鳜鱼肥"的田园风光，又有独市古村落和特色民间舞蹈"稻穗龙"等人文资源，还有着深厚的历史文化底蕴。据出土文物考证，早在 4000 多年前的新石器时代，这里就有人类居住生活、从事农桑渔猎生产活动。

时光荏苒，沧海桑田。随着时代变迁，在移沿山村这个古老的平原水乡，生产生活方式等各方面的变化也在悄然发生——村里形成了优质粮油、瓜果蔬菜、特色水产等主导产业，村庄环境整治全面开展，农民安置社区配套设施完备，村里的幸福礼堂和舞台每月都有活动，"稻穗龙"舞龙品牌在全省打响知名度，村民创业创新意识强烈，全村人均纯收入近 4 万元。而在发展中，村里人也遇到了一些矛盾和困惑，并不

移沿山村一景

断结合村情寻找破题之路。

移沿山村的变化、困惑、发展，正是江浙平原水乡绿色蜕变的一个缩影。

稳粮路：风险基金和"米票"制度

江浙平原古往今来都是富庶之地，位于平原上的移沿山村有4000多亩肥沃良田，以往基本都种了水稻，但这些年，种水稻比较效益不高，村里水稻种植面积出现下降趋势。

粮食生产要保障，水稻面积要稳住，可是现实难题怎么解？

2007年，当地政府开始推动土地流转，希望通过流转改变土地碎片化、经营分散化的状况，实现一定程度的规模经营。但经过几年的试水，土地承租关系不稳定、利益纠纷等问题浮现出来，退租、停租、断租等现象屡有发生，大大损伤了种粮大户和农民土地流转的积极性。

逢山铺路，遇水架桥。为破解土地流转中的问题，移沿山村开始实行"承包户＋村集体＋承租人"机制，所有土地承包户先与村集体签订合同，然后土地由村集体统一定价、统一流转。达成土地流转意向的，村集体再与承租人签合同，所得租金给承包户。

2017年，村里的土地流转又有了第二道"保障线"。区、镇两级分别投入相应数额资金，开始在移沿山村试运行土地流转风险基金。一旦出现土地流转断租的情况，就由风险基金补贴承包户一年租金，降低风险、减少损失的同时，也给了村集体和承包户充足的时间，重新寻找合适的土地承租人，让村民土地流转更省事省心、收入更稳定。

两道"保障线"，解决了村民和大户流转土地的后顾之忧。为推动土地流转，移沿山村又因地制宜，创新实行"米票"制度。

所谓"米票"，就是在土地流转中，承租土地的经营主体发放一定量的大米提货券，作为土地租金付给农民，农民可以凭票领取大米，也可以把盈余的粮票折现处理。"米票"的实施，一方面缓解了合作社的资金流转和粮食销售压力，另一方面解决了外出务工村民的口粮问题。

种粮大户孙建龙成了第一个"吃螃蟹"的人。

孙建龙今年 30 多岁，17 岁就开始跟随父亲孙梅金种水稻，是典型的"粮二代"，也是吴兴区规模经营种粮大户。父子俩创建的尹家圩粮油植保农机专业合作社，流转土地 3350 亩，种植一季水稻和一季小麦、油菜，有农机 110 台（套），年产值 900 多万元，是八里店镇南片粮食生产功能区最主要的种粮主体。

合作社的 3000 多亩土地中，100 多亩在移沿山村。有了"米票"制度后，村民每流转 1 亩地给合作社，就可以获得一张合作社发放的"米票"。凭"米票"可随时兑换合作社生产的 380 斤大米，也可以按每斤大米 2 元的价格折现。

流转土地的资金压力小了，更多的资金被用于扩大再生产。如今，从育秧、插秧、施肥、打药到加工，孙氏父子的合作社实现了全程机械化，生产效率大大提高。孙建龙告诉我们，以前种 1500 亩地就要用工 80 人，现在种 3000 多亩地只要 9 个人就够了。除了自己流转的土地，合作社还为周边 1.5 万亩地提供农机服务，每年可增加收入 40 万元。

孙建龙父子俩说，种粮大户不能盲目追求数量，要走质量、品牌之路。尽管也有对种粮效益低、银行贷款难的担忧，但是孙建龙父子俩觉得，"种了一辈子粮食，国家这么关心，我们一定会坚持干下去，努力生产出高质量大米，走出自己的品牌大米之路"。

转型路：短期阵痛和长期投资

这些年来，除了水稻种植，移沿山村也在寻找新的产业。后来他们找到了水产养殖和木线条加工，这两大产业逐渐成为村民增收的主要来源。但是，伴随高效益而来的，还有粗放发展方式对生态环境造成的破坏。

比如，移沿山村盛行的温室养鳖，平均每亩利润可达 12 万元，废水直排却严重污染了环境。再加上村里养殖户"小散多"，养殖水面分散在各处，废水集中处理很难，单打独斗成本又太高。

是继续走老路，还是拿出"壮士断腕"的勇气转型？是守住眼前的高利润，还是以短期损失换取长期发展？在这道艰难的选择题面前，移沿山人没有过多犹豫，给出了他们的答案。

村里坚决取缔污染严重的养殖企业，在"温室龟鳖清零行动"中，拆除全部龟鳖棚，大力开展养殖尾水治理，建设尾水排放池，配套相应净水设施。

为疏浚、治理河道，湖里的养殖设施被拆除，渔民被"请"上岸，成为水面管护队伍的成员，从"上岸"放下渔网到"下水"管护河道，从生态环境的"污染者"转变为"保护者"，让移沿山村真正实现了河畅、水清、岸净、景美。

这个过程中，在移沿山村从事沼虾养殖的汤宇伟，先投入 60 万元将煤炉改造为烧燃气，又投入 40 万元、腾出 11 亩鱼塘专门建设养殖尾水治理工程；青虾养殖大户章国良养了 30 年虾，近年来专门引进立体生态养殖技术，新购置底部增氧设备，确保排出的水符合国家标准。

这么大投入，到底值不值？

答案明明白白："搞养殖只有保证不产生污染，才能实现可持续发展，以后才能赚到更多的钱，这些都是投资。"

除了水产养殖，木线条加工业也是移沿山村的一个特色增收产业。经群众首创、能人推动、干部带动，村里的木线条加工从最初的零星十几户发展到 114 户、产值 1.5 亿元、利润超 3000 万元，成为村民致富的支柱产业和村集体经济的重要来源。

20 世纪 90 年代，时任村支书褚云江首先敏锐捕捉到了木线条产业的商机，推动创办了村里的木线条产业孵化基地、划定三个木线条加工功能区，带领村民人均收入从 2008 年的 8000 元增至 2017 年的 3.2 万元，使村集体经济一举扭亏为盈，不仅还清了 40 多万元债务，还实现年收入 100 多万元。

然而随着当地社会经济的发展，人们对生态环境的要求越来越高。"小、散、乱、污"的木线条加工业，成为生态环境整治的重点之一。村"两委"筹集专项整治资金 1200 万元，对本村 114 户不合标准的木线条生产加工户进行整治和转型升级，统一搬迁到新规划的工业园区。因为工业园区对环保要求较高，搬进去的加工企业需将 3 万元的设备升级成 70 多万元的设备，一些难以负担的企业被淘汰，企业数量又减少了一半左右。

为弥补转型中的经济损失，村里一方面对进入工业园区的企业进行整合，扩大规模，引入先进生产线，建立集中处理污水设施，进一步提高木线条产业的竞争力和效益；另一方面，企业搬迁后村里整理出 50 亩土地，对其中 30 亩进行土地复垦，另外 20 亩作为建设和其他用地对外招商，以租金弥补整治带来的经济损失。

回忆起转型的阵痛，村支书施阿三说："木线条产业转型升级的确给我们带来了一定损失，但长远来看对发展是有利的。"产业的转型升级，让移沿山村的生态环境明显改善。发展乡村旅游，创建生态景区，被提上了村里的发展议程。

绿色路：大景区和小盆景

走进移沿山村，小桥流水人家，绿树粉墙黛瓦，一派江南水乡的动人景象。

移沿山村长漾湿地是当地最大的天然湿地，总面积 3 平方公里，水域面积达 1 平方公里，已被列入浙江省第二批重要湿地保护名录。非物质文化遗产、湖州"桑基鱼塘"在这里也有留存，老村长周锦方指着一个鱼塘告诉我们，挖深鱼塘、垫高基田、塘基养桑、塘内养鱼，就是"桑基鱼塘"。蚕粪喂鱼、塘泥肥桑，养桑、养蚕、养鱼生态循环，既避免了水涝，也减少了环境污染。

这些得天独厚的生态人文优势，如何转化成产业优势？绿水青山如何变成金山银山？近年来，移沿山村大力发展休闲农业和乡村旅游，打造宜业宜居宜游的移沿山生态大景区。

村里十分重视湿地保护，正以长漾湿地为依托，申报国家级和省级湿地公园。同时利用 4A 级景区创建，逐步恢复桑基鱼塘，既有效保护了非物质文化遗产，也作为一种旅游文化资源进行开发利用，让更多游客了解桑基鱼塘文化，体验养蚕织丝，消费丝织品。

在移沿山村，我们见到了汪拥军。原来是矿山老板的他，关掉矿山后转行干农业，在移沿山村投资建设了生态农庄，一干就是 11 年。目前，他创立的生态农庄已成为国家 3A 级乡村旅游景区，解决了移沿山村和周边农民 130 余人就业。

为避免乡村旅游同质化现象，汪拥军根据当地优势和特色，将特色盆景园艺产业作为农庄的发展重点，认真学习和钻研盆景园艺技术，投资 1500 多万元，建设盆景园、兰花苑、月季园、锦鲤池等园区，引进杜鹃珍稀品种 200 余种、月季珍稀品种 600 余种。为吸引游客前来游玩消费，他还每年举办月季花节、杜鹃花节、油菜花节等活动。

"湖州盆景市场已经形成，我要打造盆景花卉育苗基地，吸引盆景制作者和电商入驻，形成产业链，以特色精品盆景园艺吸引消费，让所有做盆景的都来我这买种苗。"汪拥军说。他看准"小盆景＋电商"的发展模式，在农庄内为电商免费提供住宿、水电，低价提供种苗和盆景制作材料，吸引电商入驻，销售基地的盆景产品。

虽然目前盆景园艺产业还在起步阶段，利润不多，但他相信，只要"盆景产业基地＋电商"发展格局形成，将来一定大有发展。

除了风景秀丽，发展历史悠久的移沿山村还有唐代开元禅寺、尉迟恭洗马桥、汉代古镇遗址、古银杏等人文景点。

走进移沿山村下辖的自然村独市村，只见古庙、古桥、古树融为一体，四面环水，门前溪从村中穿过，村内传统民居沿溪而建。独市村形成于汉代初期，是一个典型的水乡古村。唐宋时因为紧邻商舶要道，成为盛极一时的市镇，到民国始称"独市"，并一直沿用至今。

在新农村建设过程中，移沿山村专门将这个古村落进行整体保留，同时将大部分民居集中流转、统一修缮，既是对古村落和乡土文化的传承保护，又让古村落焕发出新的活力，成为颇具特色的乡村旅游地。

结合独市古村落的保护开发，移沿山村整体统筹规划，正着力打造生态大景区。施阿三对此信心满满："一定能创建成功的，我们还要成立景区运营公司，让村民入股分红，村民收入会越来越高。"

宜居路：农民管乐团和好人好事馆

"稻穗龙"，是发源于移沿山村的一种民间舞蹈，主要体现江南水乡稻谷飘香、群龙欢腾庆丰收的场景，已有数百年传承历史。近年来，这条"稻穗龙"不仅从移沿山村舞到湖州市里，还舞进了桂林山水间、舞到巴黎埃菲尔铁塔下，名气越来越响亮。

在移沿山村，"稻穗龙"只是丰富文化生活中的一小部分。村里有舞龙队、腰鼓队、铜管乐队、"稻穗龙"队、舞蹈队、戏曲队、小品队、街舞队、少儿舞蹈队等9支文体团队，村"两委"为各团队配备专门的服装、道具和器材，定期进行训练和表演。

生活在移沿山村是幸福的，这里没有"好山好水好无聊"的无奈，而是天天有排演、月月有主题、季季有大赛、年年有"村晚",文化生活之丰富远近闻名。

除了特色乡土文化活动,移沿山村也有铜管乐、街舞这些"洋味"文化活动。移沿山村的铜管乐队是吴兴区首支农民铜管乐队,人们印象中不识五线谱的农民,放下锄头,拿起西洋乐器,表演起《歌唱祖国》《友谊地久天长》等各种曲目,演奏娴熟自信。

搓草绳、包粽子、划菱桶、拔河……平时,村里常举办各种活动。村民都踊跃参加,一人参加比赛,全家人在场外呐喊助威,场面异常热闹。这些活动聚起了村里的和气,通过参加活动,村民们碰面的时间多了,交流的机会也多了,相互.之间关系更和谐、感情更融洽了。

作为远近闻名的乡风文明村,移沿山村从 2009 年起,一直坚持开展"村民道德评议",从全村村民中推选出德高望重的老党员、老干部、知识分子、社区医生、企业家等十余人,成立村民道德评议会,围绕大家关心的好人好事、村务公开、环境卫生等热点、难点问题开展道德评议。针对村民的不文明行为,评议会成员到现场实地评;针对家庭矛盾、乡邻纠纷,评议会成员到村民家里谈心;针对义务捐款、困难帮扶等事项,评议会成员坐下来开会集中评;针对好人评选,评议会发动全体村民进行投票评议。

为了记录和展示村里的好人好事,移沿山村还建起了湖州市第一家村级好人好事馆。

走进移沿山村好人好事馆,"好人墙"和"好事树"格外显眼。"好人墙"上展示的45名好人,都是从村道德评议会评出的320多名好人中、由村民一人一票选举产生的。他们有的助人为乐,有的热心公益,有的扶贫济困,有的孝老爱亲,都是村里做好事多、影响力大、群众认可度高的典型代表。

"好事树"则记录了全村村民做过的所有好事,树上的 771 片叶子代表着771户村民,颜色深浅代表所做好事多少。"浅绿色叶子+名字",

代表这一户做了1—3件好事；"深绿色叶子＋名字"，代表这一户做了4件以上好事；没做过好事的，户主名字就不会出现在叶子上。听说，村里有几户从未"上树"的村民，看到代表自己的叶子空着，觉得十分难堪，就找到村里主动要求安排一些志愿服务的活动。

"王金法广播"，也是移沿山村乃至吴兴区的一个特色文化品牌。王金法是全国基层理论宣讲先进个人，40年如一日开展广播宣讲，每周3次，雷打不动。每周一、三、五，"王金法广播"都会在移沿山村准时播出，每次10分钟，内容涵盖形势政策、农业工业、民生实事、美丽乡村、"五水共治"、好人好事等村民关注的方方面面。每年累计固定播出100多期，遇到台风暴雨、洪涝干旱等自然灾害和突发事件，还会随时广播，提醒村民防范。如今，准时收听"王金法广播"，已经成为移沿山人生活中不可或缺的一部分。

火车跑得快，全靠车头带。回顾移沿山村的绿色变迁路，离不开有一个理念新、作风实的基层党组织。

村里有个不成文的规定，那就是每年正月初七上班第一天，村党总支都会组织党员进行义务劳动，为美化村庄环境出力。对村民关心的财务收支等热点问题，村里都会在公开栏中定期分类、分片公开，有关政策和重大事项及时公开，通过村务公开征求和听取村民意见建议，发挥村务监督委员会的作用，接受村民监督，及时解答村民提出的问题。

村干部扎实的工作作风，赢得了村民的支持。在建设农民新社区时，很多农民不理解，不愿意离开生活了几代的祖屋。村党总支委员不厌其烦地走访、谈心，进行政策宣传，化解群众心中的疑虑。村干部带头签协议、带头拆房子，动员身边的亲朋好友做表率。渐渐地，越来越多村民从反对变为理解支持。如今，住进环境优美、生活便利的新居，村民都感受到了生活的变化："跟着党走，跟着村里走，不会吃亏、不会错的。"

移沿山村的路，还很长；移沿山村的未来，让人期待。

村庄小传

移沿山村位于浙江省湖州市吴兴区八里店镇东南部，旧名"余安山"，因元代大书法家赵孟頫的"余得此山可以安矣"而得名。东临南浔区旧馆镇，南与南浔区和孚镇毗邻，西邻本镇尹家圩村、永福村，北面紧靠长湖申航道、318国道，村域中心离湖州市中心10公里左右。全村区域面积5.39平方公里，共35个村民小组、854户、3443人。

移沿山村自然环境优美，历史文化底蕴深厚。据出土文物考证，早在4000多年前的新石器时代，移沿山村区域内就有先人居住生活，从事农桑渔猎生产活动。紧邻的潞村钱山漾遗址出土了距今4200—4400年的织物，是世界上迄今发现的最早的家蚕丝织品，被命名为"世界丝绸之源"。汉朝以后，本区域逐步形成集居村落和集镇。

历经多次行政区划变革，于2002年成立移沿山行政村，由原独市、升南、南潘田村三村合并而来。古村独市形成于汉代初期，时称东堡西堡。唐宋以后，因为紧邻商舶要道，东堡西堡相连成为盛极一时的市镇，由于当时此地以独孤家族为最大，所以起名为独林镇。元末明初朱元璋军队攻占湖州后，独林镇为战火所毁，街道无存、集市消失。明代改名为独林村，沿用至清代。清光绪《归安县志》卷六有独林村、独墅村的记载，到民国已称独市，一直沿用至今。明清以来，独市是以稻作养蚕养鱼为主导产业的农业村落。升南村地处升山南侧，西晋时形成村落。荻塘开挖后南岸形成多个集居村落，清代光绪年间升山大环桥建成后形成南岸集市，后因日本侵略，集市遭战火损毁而消失。南潘田村起源于南宋时期，河南移民陆氏两兄弟在此定居生活，后逐步形成村落。

名为南畔田，含南迁居河畔之意，后逐渐演变为南潘田。

20世纪90年代末，时任村支书褚云江敏锐捕捉到木线条生产加工产业商机，立志要带动全村村民共同致富。2008年他推动创办木线条产业孵化基地，成立木线条产业协会，在项目推介、信息收集、技术培训、资金帮扶等方面为村里木线条业主提供帮助和服务。经群众首创、能人推动、干部带动，移沿山村木线条加工业得到发展。相关从业人员550余人，产值1.5亿元，利润超3000万元，令村集体经济扭亏为盈，实现年集体经济收入100多万元，摘掉了经济薄弱村的"帽子"，村民年均收入也从不足8000元增长到3.2万元。

2017年，移沿山村深入践行"绿水青山就是金山银山"理念，开启大刀阔斧的改革之路。村党总支克服村民不理解等困难，筹集专项整治资金1200万元，对本村114户不合标准的木线条生产加工户进行整治。木线条产业的转型升级，使生态环境得到明显改善，为移沿山村创建4A级生态旅游景区打下了良好基础。

目前，移沿山村将生态农业和旅游业作为重点产业，走上了一条绿色生态的高质量发展之路。结合独市古村落保护开发，着力提升国家4A级生态景区，打造生态湿地游憩区、水乡古村游览区、盆景园艺观赏区、亲子活动互动区、运动项目生态区五个功能区。逐步恢复部分桑基鱼塘，既保护这一传统产业，也作为一种旅游文化资源进行开发利用。同时积极推动打造千亩移沿山临港工业产业平台项目，全面打造优质工业发展平台。截至2020年年底，移沿山村集体经济收入达175.41万元，较往年翻了一番。

移沿山村历史文化底蕴深厚，文化活动丰富多彩，是远近闻名的文明村。建有9支文体团队、152名文艺骨干，每年开展各类大型文化活动50多场，全村1/3以上的村民参与活动。2021年移沿山舞龙队荣获浙江省第四届体育大会舞龙比赛第一名、浙江省龙狮锦标赛一等奖。

四川 农科村

"农家乐第一村"转型之路

万木葱茏、莲叶满池，骄阳盛夏，成都平原川西坝子上一派生机盎然，农家旅游迎来旺季。

作为中国农家乐旅游发源地，农科村是成都人夏日休闲纳凉的绝好去处。绿荫掩映，川西民居式的大宅院内，一排排摆放整齐的休闲茶桌上宾朋满座，村民们正忙碌地来回从堂屋里拿出又一年新茶，招待远道而来的游客。

早在 30 多年前，农科村就以中国"农家乐第一村"闻名遐迩。在 20 世纪 80 年代，随着改革开放和市场经济的发展，这个位于天府之国成都市西北部的普通小乡村，率先打破"地要种粮"传统，大力发展花卉苗木产业，创办"农家乐"，走出了一条乡村旅游的新路子。

不种粮的"苗木村"

在"古蜀之源"郫都区迎宾路和西源大道交叉口的位置，刚好是农科村的村口。

农科村一景

　　顺着石板路往里走，一幢幢白墙黛瓦、川西风格浓郁的院落沿街两旁一字排开，每户的庭院前摆满形状各异的盆景园艺。透过绿植缝隙，人头攒动，茶盏飘香，好不热闹。

　　"水好，自然泡出来的茶也甘甜。"生意闲暇之余，村民与客人闲聊拉起家常，正得意地透露一壶好茶的秘密。话语间，尽显农家人的朴实无华以及热情真诚。

　　农科村的"农家乐"声名远扬，全村 703 户人中有近 180 余户从事农家民俗旅游接待，年均接待游客 12 万人次，曾被农业农村部推介为2020 年全国乡村特色产业亿元村。

　　不过，从一穷二白发展成为富裕村、明星村，农科村也历经了一路坎坷和数次改革创新。

　　现已步入花甲之年的宗竹林就是曾经农科村的致富带头人之一，作为村里的老支书、老村长，他见证了农科村由小变大、由穷到富并成为"农家乐"旅游发源地的漫漫发展长路。

　　20 世纪 70 年代，农科村还仅是个从事传统农业生产的无名村落，村民们就靠挣工分过活，一天只有几毛钱，一年下来，人均挣百十块钱，"日子那叫一个苦"。宗竹林回忆。

　　直到 1980 年，乘上改革开放的春风，家庭联产承包责任制"包产到户"从安徽凤阳小岗村推广至农科村。也就是从这一年开始，农科村迈上了和中国其他乡村不一样的发展轨迹。

　　分田到户，村民们有了自主权，1 亩 2 分的地里想种什么自己说了算。可即便如此，刚开始村民们的生活也未发生太大变化。自望帝教民务农以来，农耕便是农科村人养家糊口的生计。"土地不拿来种粮食，又能种什么？"村民们日日思索和商讨着。"当农民，又苦又累，但是不当农民又能干啥子！既然是农民就老老实实务好农，地里长出粮食，让全家人吃饱不比啥都强。"村里的老人这样劝导小一辈。

蜿蜒的走马河、清水河流亘古流淌，受都江堰水利工程惠泽，农科村境内河渠纵横，土地肥沃，种粮食倒也容易，日出而作，日落而息，过着天府之国"水旱从人、不知饥馑"的安乐生活。

1982年金秋，稻谷长势喜人，正当老一辈村民为又是一年好收成高兴时，村里的一群年轻人却不以为然。走出去的机会多了，见识也广了起来，村里以徐纪元为代表的一群年轻人，在田里面全部种上不开花又不结果的树苗，做起了花卉苗木生意。

徐纪元的父亲在花果园里工作，受父亲影响徐纪元很早便已接触到花卉园艺，加之自己平时对花花草草就情有独钟，曾有一次不顾母亲反对，把宅基地后面的一亩竹林砍掉，用来安置他的那些苗木宝贝。后来，他将自家房前屋后扦插的一批万年青树苗全部卖掉，共卖了240元，这让徐纪元尝到了甜头，也发现了一个赚钱路子，"种养苗木能赚钱"。

如今刚好遇到国家有好政策，自留地可以种植经济作物，徐纪元便开始大胆尝试起来。但是在那个年代，土里最应该长的就是米面豆菜，种些稀奇古怪的树，必然遭受众人质疑的眼光。

宗竹林说，农科村种植花卉历史可久了，村子在20世纪60年代是郫都区友爱公社的农科试验队，自己就曾是一名高级园艺师。"不过在当时，土地拿来种苗木卖，徐纪元是第一人。"

很快，徐纪元成了村里首个致富人，是戴着大红花游县城四门的万元户代表。有了他及宗竹林等"先行者"带头，慢慢地农科村越来越多的农户开始加入花木种植行列。到1990年，农科村形成90余亩种植规模，人均年收入达5000元。此后，村里种植队伍像滚雪球一样越滚越大，种植品种和工艺也丰富起来，获得"中国盆景之乡"殊荣。其中，川派盆景尤为著名，特色为"三弯九拐，逢弓背出枝，悬根漏爪"。

从面朝黄土背朝天的地道农民，到制作盆景的手艺人，农科村人改变的不只是生活方式，农村产业结构也跟着实现了调整。80年代末期，不少农业经济学家、其他乡村到农科村学习借鉴其因地制宜大面积发展花木种植、促进农民增收等方面的经验。

不仅如此，农科村还对周边农村产生了明显的带动效应，郫都区不少其他村子也开始发展花卉苗木产业，提高了经济水平。"那个时候，谁也没想到这一种还种出了新路子。"徐纪元笑道。

时至今日，花木盆景生产、销售仍是农科村乃至当地友爱镇的主要产业之一。苗木花卉种植面积达300余亩，花卉品种以金弹子、银杏、桂花、海棠、榕树为主，桩头、盆景、造型等各具特色，各种高档次木本、草本花卉随处可见，是成都市花卉供应基地，产品远销国内各地和东南亚地区。

中国第一家"农家乐"诞生

家家户户地里种植苗木，花卉苗木产业走向了规模化发展，80年代末期，农科村一举成为当时成都乃至川外远近闻名的"苗木村"，凭借着优良的产品和优质的价格，当时以农科村为核心的周边镇（村）苗木产业经济发展，很多外地的采购商都慕名到农科村采购。

最初，采购商来买苗木，都是在当地农户家里免费食宿。"人少倒可以，不过后来人越来越多了。"苗木采购不像市场买卖，全链条完整采购至少要2—3天才能完成。这个时候，一向精明的徐纪元和几个年轻小伙子又在心里打起了"小算盘"。他们一边卖着苗木，一边在自家院坝家里面搞起了"旅馆"，接待来自四面八方的采购商。

不过事情不像他们想的那么简单，"成都周边的采购商还好，都能接受，那些外地的就不得行，挑得很"，徐纪元回忆。"挑得很"其实就是"挑剔、讲究的意思"。也正是这一挑剔，就挑出了"中国农家乐第一家"，也挑出了农科村"中国农家乐旅游发源地"的金字招牌。

1986 年，徐纪元利用自家院坝，在旧宅基地上建起了一栋川西民居风格的穿斗式房屋，黛瓦白墙，共 13 间房，并在房子周围遍植花草树木，郁郁葱葱。这成了当时周边农村面积最大、环境最好的建筑，率先在农科村搞起了规模化的农家旅游接待，即今天的"农家乐"的雏形。

除了前来采购苗木的远地客商，还有周边的成都人在周末假日也会赶来徐家"游玩做客"。随着徐家的农家接待日益火爆，农科村的宗家、何家、蒲家、邹家、赵家等花木种植大户也如法效仿，纷纷利用自家川派盆景、苗圃的优势，吸引近郊市民前来吃农家饭、观农家景、住农家屋、享农家乐、购农家物。到 2000 年，农科村已有 200 余家农户开办"农家乐"，成为集花木盆景生产、销售和农家旅游于一体的基地。

饱尝农家风味佳肴，接受自然风景熏陶，这样的旅游休闲模式在当时算是"新鲜玩意儿"，一时间，农科村的农家旅游越来越火爆，各地前来参观的游客络绎不绝。

有人就有市场，有市场就有生意，有生意就能有钱赚，这是当时改革开放时代背景下的经济思潮，而这一思潮在农科村迎来送往的车流人流中早已扎根在了村民心里，也体现在农科村日新月异的村庄发展建设之中。

做"人"的经济，自然就离不开最基本的衣食住行。立足这一需求，农科村开启了崭新的"村庄提升整治"工程，筑基修路、清污美化、提挡升级等系列行动，仅一年下来，整个农科村"旧貌换新颜"，整洁秀丽的川西民居、宽阔硬实的马路、缤纷葱郁的苗木景观，光鲜亮丽，跟普通乡村完全两个模样。

1987 年的《成都晚报》刊登了一篇名为《鲜花盛开的村庄，没有围墙的公园》的文章，对此进行了专题报道，这样一个"社会主义新农村"被更多的人知晓，也吸引了更多的人来农科村游玩。

届时当地县委、县政府抓住这一机遇，全面谋划推出"农家乐"经济。越来越多的村民加入"农家乐"队伍，到 1998 年鼎盛时，农科村一大半的村民都办起了"农家乐"。其中，首屈一指的就是徐纪元所创办的"徐家大院"，被誉为"中国农家乐第一家"。2006 年，国家旅游局将"中国农家乐旅游发源地"的称号授予了农科村。

"农家乐"文化便悄然从川西坝子这样一个小乡村迅速风靡起来，"一花引来万花开"，一时间"吃农家饭、住农家屋、干农家活"的全新的旅游模式在成都乃至全国各地蓬勃发展，风起云涌，逐步影响了后来的乡村旅游发展。

农科村的产业发展之路，是市场之手天然的选择。从产业调整，到村庄改造，农科村经历的这些更多是自发性的。这种自发性的背后，有徐纪元这样的先行探索者，也有抓得住机遇的政府，更多的是赶得上时代浪潮的当地农民。

中国农民身上蕴藏着创造力和智慧才能以及许多惊人的不可想象的东西，怎么估计也不过分。远的不讲，安徽小岗村的 18 枚红手印就时刻提醒着我们，是农民，让我们听到了中国改革开放的一声春雷。过去的实践让我们得出一个结论，广大农民是乡村振兴的根本力量，实施乡村振兴战略，必须坚持以广大农民为主体、动力和依靠，广泛汇聚广大农民的智慧和力量。

"农家乐"该何去何从

时过境迁，随着经济社会发展，人们对乡村旅游呈现出更加多元化需求，"农家乐"也因大规模简单模仿造成严重同质化，新鲜感过后，游人热度渐渐散去。另外，"农家乐"已不再是农科村特有，游客不远千里万里来这里体验，面临"功能过于单一、设施并不完善、体验性还不够"等硬性问题，当初农科村"农家乐""一家独大"的旅游经济在市场更迭发展下逐渐走上了"下坡路"。

2010年前后，川西平原上的休闲旅游目的地越来越多，面对三圣花乡、三道堰等"后起之秀"，农科村"农家乐"的硬件水平、专业化程度日渐滞后，大部分经济实力不足的小农家乐因为缺少客源只能歇业，整个农科村从原来大大小小近200家"农家乐"锐减到只剩50多家，核心景区的"农家乐"从最初的40多家减少到只剩10家左右。

"往日辉煌不再，很多人都逐渐退出了。"当时作为村主任的侯云秀说。那段时间，全村经济都陷入低谷，很多农家乐门可罗雀，院子里整齐摆放的桌椅少了往日的喧嚣，只有零星的游人在村里闲逛，整个村子一下子陷入了冷冷清清的状态。甚至很多村民直接关门闭户，有的把院子转租出去当仓库，置购的桌椅全部打包低价出售，还有的干脆直接关门跑到城里转行做别的生意。

"硬撑下去也没有多大希望。"村民何国平说。他家从20世纪80年代末开始经营"农家乐"，生意一直比较火爆，也算是当时除了"徐家大院""临水轩""观景台"等知名"农家乐"以外小有名气的私人"农家乐"。"生意好的时候，都要提前预订。"回忆起来，何国平言语里还带着一丝自豪。那个时候的农科村，略带些许萧索，何国平选择了"关门大吉"。

不过仍有一批人在坚守阵地，准备绝地反击——对"农家乐"软硬件进行提挡升级打造，开始向第二代、第三代农家乐更新，希冀不久之后再回到以往的光景。"说不准比之前还好哩。"有人坚信。

占地40多亩，设施完善、规模庞大，可同时容纳1400人就餐、700人会议、380人住宿，在当地农家乐中有着"领头羊"意义的徐家大院就带头进行了再造。现今看见的徐家大院其实已经过四次提挡升级，亭台楼阁，假山池水，像是大户人家的后花园，十分气派。在改造过程中，徐家大院保留了前后五代"农家乐"接待场所，算得上是"农家乐"的博物馆，其中收藏的旧家具农具、曾经待客的老照片，可以清晰地看到整个"农家乐"的发展历程，展现农科村人对幸福生活的不懈奋斗。

"对软硬件设施的升级，是为了更好满足游客多元化休闲旅游需要。"时任农科村党支部书记宗竹林表示，在整体科学合理的规划设计下，以前"喝茶吃饭打麻将"的"农家乐"逐渐走向了"休闲、餐饮、娱乐、商务、会议、婚宴"等多元一体功能的品牌酒店。这一升级打造，让原本以农家生活体验的发展模式，开始逐渐向"农商文体旅"融合发展的新阶段进军。

2014年，友爱镇党委提出"再造农科村、振兴农家乐"的战略部署，促进"农家乐"转型升级，以"一家一特色"为基底，在兼顾盆景景观、休闲餐饮的同时，有机植入独特的文化内涵，让服务更具人性化，待客热情周到，全方位满足游客需求，价格依旧亲民，村里旅游业逐渐呈回暖趋势。

经过几十年的改扩建，如今吴彬的"临水轩"占地面积已达到15亩之巨，整个院子里，川西民居与仿古建筑融为一体，颇具苏州园林韵味，生意在村中数一数二。

"2000年的时候，我还在农科村当党支部书记。那时才是'农家乐'最火爆的时候。"吴彬追溯起以前"农家乐"的历史，"临水轩开始就是在河边搭个水泥瓦房，大家喝茶打麻将，吃饭就到对面的老房子，有6间房可住宿，一晚30元。"

"现在游客坐的地方，以前就是片泥巴地，整个房子都是2010年以后新盖的。"吴彬表示，"整个村里的农家乐景区差不多都翻新了一道，可即便硬件设施和服务普遍有了大幅提升，但农科村仍不赶往日。"

乡村振兴样板村

曾火遍全国、被誉为"中国农家乐第一村"的农科村出路究竟在哪里？村里那些还在经营"农家乐"的村民不禁这样问自己，村党委也在继续探索和积极思考着怎样打好手中的一副"好牌"。

近些年，农科村搭上乡村振兴战略的快车，实施整体规划发展策略，让农科村焕发出新的生机。2018 年，农科村景区管理运营有限公司正式揭牌。该公司由农科村集体资产管理公司主导，公司与村民商定，通过租赁、转让、入股、联营的形式，将原本分散的农家乐收归公司，进行统一运营，进行"腾笼换鸟"。公司请来了专业景观规划设计公司，为农科村勾画蓝图，将农科村营造为"看得见乡愁记忆、聚得起乡村活力"的乡村文旅景区。

位于农科村核心景区的子云书院就是赶上了景区公司项目招引的契机。书院主人梁琳筠是一位作家，她和丈夫出资 200 万元租下这座经营困难的"农家乐"小院，改建成以国学为主题的精品民宿，并开展文化讲堂、座谈，可供专家学者、游客前来读书品茗，"文化味儿"十足。

子云书院也是农科村重点包装打造的文化项目。"南阳诸葛庐，西蜀子云亭"，农科村历史悠久、文化底蕴深厚，是西汉大儒扬雄的故里。村"两委"开始在乡村文化上做起了"文章"，打造扬雄绿道、讲好当地文化故事，将本土文化植入乡村旅游产业，吸引来不少新村民的入驻。依托现有陶瓷艺术引入"青舍"陶瓷艺术中心，依托银杏景观引入红尘外"田园风"休闲民宿，形成艺术文化气息兼备的民宿群集聚。

"我们的目标就是将农科村核心景区打造成'精品民宿聚落'，'一院一主题'，围绕艺术、中医、汤道、陶艺、汽车、茶道、文创等多个主题，通过项目招商的方式，吸引有实力、专业化的投资人，形成 IP

集聚的经济效应。"农科村景区管理运营有限公司 CEO 范国辉表示。

子云书院、红尘外、久里……从提出打造主题民宿聚落以来,农科村截至目前已引进花园民宿、设计师民宿、汤道民宿等各色主题民宿企业 20 余家,它们错位发展、各不相同,却能带给游者多样化的体验。

目前,农科村已拥有乡村酒店 40 余家,其中星级乡村酒店 9 家,全村乡村旅游直接从业人员达 3000 余人,2020 年接待游客突破 175 万人次,旅游收入超过 1.2 亿元。其中有些民宿的年营业额已达上百万元。

不只是局限于农家乐核心景区,借助"中国农家乐旅游发源地"的品牌优势,农科村也在不断挖掘和利用"古蜀之源、川菜之魂、蜀绣之乡、生态之城、科教之区"的历史文化和区域特色资源,构建川西田园风光与现代都市生活体验完美结合的新型城乡形态,以此将农科村打造成为国家级乡村旅游示范区。如今,农科村广袤的土地上布满了一个个农业观光基地、生态农业公园、林盘滨河景观休闲带、涵养林带以及星罗棋布的乡村艺术馆群落。

栉风沐雨三十载,依靠花卉盆景种植发展农业旅游,成为农家乐旅游的典范,农科村历经了四次艰辛创业。一部乡村振兴题材的电影《鲜花怒放》就以农科村为原型,讲述一个普通乡村通过不断摸索转型成为乡村振兴样板村的故事。

先行者难免会先走到岔路口、遇到转型的阵痛,而样板村之所以成为"样板"的意义大概就在于此。先行者在探路过程中,遇到问题、解决问题,再以自己先行先试的经验为后来者提个醒。当新鲜感褪去之时,本地的乡村旅游乃至依托于乡村旅游而发展的一产、二产要何去何从?前行中的农科村把这个问题摆在了以乡村旅游为支柱产业的村庄面前。人的需求是变化的、多元的,但对美好生活的追求是不变的。

在如火如荼的全国乡村振兴的历史机遇下,未来的农科村又将给人以何种期待,中国"农家乐"的发源地能否再次引领众多乡村迈向新纪元？答案也许就在农科村人艰苦奋斗、砥砺奋进的血液精神中。

村庄小传

农科村位于四川省成都市郫都区西部，隶属于友爱镇，东距成都市区 20 公里，西邻都江堰市 30 公里，是西汉大儒扬雄故里。全村面积 2.6 平方公里，耕地面积 2400 余亩，辖 11 个社、771 户、2497 人，人均耕地 1 亩，花木种植面积 2300 余亩，核心景区占地 800 余亩，是全国农业旅游示范点，也是"农家乐"的发源地，被美誉为"鲜花盛开的地方，没有围墙的公园"。

农科村的"农家乐"旅游起源于 20 世纪 80 年代。农户利用自家川派盆景、苗圃的优势，吸引市民前来吃农家饭、观农家景、住农家屋、享农家乐、购农家物。城里人休闲至农科村，品尝农家风味佳肴，感受自然风景民情，返璞归真，回归自然，其乐融融。

农科村有着丰厚的文化底蕴。唐代诗人刘禹锡《陋室铭》中的"南阳诸葛庐，西蜀子云亭"，所述"子云"即指西汉一代大儒扬雄，"子云亭"即位于友爱镇子云村。这里是扬雄的故里，在现今的子云村尚有"扬雄墓"，又称"子云坟"。"扬雄墓"为全国名胜古迹之一，1985 年被列为成都市重点文物保护单位。

农科村"农家乐"发展经历了初创期、发展期、巩固期、跨越期四个阶段，先后荣获"中国农家乐旅游发源地""国家 4A 级旅游景区""全国农业旅游示范点"等称号，获得"全国美丽宜居村庄""成都市首批特色示范镇"、成都市 50 家休闲农业乡村旅游目的地殊荣，被列为农业农村部农村实用人才培训基地和全国农家旅游服务业标准化试点单位。农科村以花卉苗木和农家旅游为主导产业，目前全村共有"农家乐"接待户 32 户，其中，星级"农家乐"8家,包括以徐家大院为首的五星级乡村酒店2家;以临水轩休闲庄为代表的四星级乡村酒店3家。农科村景区以观光、休闲、体验、赏花为主要特色,2020年接待游客175万人次,旅游收入1.2亿元。

农科村因地制宜,坚持"建改保"相结合,注重"小规模、组团式、微田园、生态化"建设细节,注重村庄规划、改善村落布局、进行科学合理的民居住房设计,保证全村所有村民都有安全住房,提高全体村民的生活质量。新建住房明亮通透,生产生活用房分区合理、布局协调,房屋质量高。每家农户水、厨、厕等均符合或高于房屋改造标准。村内无房户、危房户、住房困难户问题基本解决,安全住房保障率达100%。全村设施齐全、功能配套、环境优美、特色鲜明,基本达到门外就是水泥路,出门就是小轿车的生活状态。通过发展休闲农业,大大改善了本村农民的住房和生活条件。

农科村聚力打造"国际乡村会客厅,主题民宿聚落群"。2018年成立农科村景区管理运营有限公司,在街道党工委的指导下,探索出一条基于市场运作模式的农家乐提挡升级转型之路,开展包装、策划、招商、营销、运营,将农家乐升级为主题精品民宿、精品园艺培育、文创娱乐体验三种类型。

为创新发展乡村旅游,在区、镇相关规划范围之内,立足实际、立足发展,街道主持科学制定了"泛农科村"发展规划,确定"一心两轴三区"泛农科村发展格局,编制和完成"泛农科村"景区产业提升规划、农科村景区民宿聚落规划、川西农耕文化展示展现规划、精品盆景博览园发展规划等。依托"泛农科村"国际旅游度假区发展理念形成"一心"(即以农科村景区为核心)、"两轴"(即IT大道、迎宾路)、"三区"(即农科村4A级景区、石羊精品花木观赏区、子云扬雄故里文化区)的格局。

四川 黎坝村

一 样 的 土 地 不 一 样 的 日 子

　　说起黎坝村，有些人可能并不熟悉，不像华西村、南街村、江村等那样出名，但是常跟"三农"打交道的人，或多或少还是听过的，这里曾探索出"农业共营制"土地经营模式，被全国不少地方学习借鉴。

　　在黎坝村，我们走街串巷和村民交流、调研土地股份合作社、召开座谈会，蹲点 16 天，白天夜晚的点点滴滴绘成一幅活力与祥和并存的美丽图景，从中真切地感受到乡村在改革开放以来的巨大变化和乡村振兴的新风貌。

　　黎坝村位于四川省成都市崇州市隆兴镇，处在川西平原、天府之国的腹心。全村户籍人口 2662 人，常住人口 3050 人。耕地面积 3400 多亩，承包地 2800 多亩，属于西南平原地区中等规模的村落。

　　刚到黎坝村的时候，正值三月，田野里成片的油菜花开了，金黄金黄的，空气中还飘散着淡淡的花香，令人心旷神怡。

　　村里一排排设计美观大方的双层小楼被周围平坦规整的农田包围着，美丽又富有诗意。晚饭后，村里很热闹，广场舞动感的音乐、村民的说笑声、孩子的嬉戏声交织在一起，一派祥和安乐的景象。

黎坝村风貌

村党支部书记宁致全跟我们讲，2017 年，黎坝村农民人均纯收入1.72 万元，村民普遍都缴了医疗保险和养老保险，不少村民搬进了新家，70%的村民开上了小汽车，生活条件便利。

田肥美则民殷富，在我国几千年历史进程中，很多乡村的发展便是如此。村里的老人讲，黎坝村田地肥沃，雨水充足，粮食打得好，村民生活相对比较宽裕。

改革开放以来，黎坝村和全国大多数乡村一样，逐步建立起家庭联产承包责任制，土地和农民都得到了解放，产量也上去了，那时候，土地基本是多数村民的主要收入来源，甚至是唯一来源。村民们讲，有地，温饱就有着落，生活就有希望和奔头。

土地是农民的命根子，在黎坝村，我们深有体会。20 世纪 90 年代末，黎坝村和全国多数农村一样，面临着土地细碎化等问题，种地成本增加，收益下降。

面对世代所赖以生存的土地，黎坝村开始了自己的探索。为了地的事情，村民们没少花心思，想了多种办法、进行了多次尝试。

1998 年以来，尝试发展种粮大户，由于缺乏资金、信息、服务等要素而发展缓慢。也试着发展订单农业，但最终难以持续。

2008 年，崇州市引进农业公司，探索"公司＋农户"的土地流转发展模式。村民说，一开始还不错，自己不用管，地不用荒着，还能收钱。但后来，流转的公司经营困难，2019 年就单方面毁约了。

尽管如此，黎坝村没有放弃，开始实行土地股份合作社发展模式，"入社自愿、退社自由""利益共享、风险共担"，黎坝村成立了 2 个土地股份合作社，引导农户以土地承包经营权折资入股，总入社农户 654户，占全村承包地面积的 64.3%。

人性的光辉总是具有打动人心的力量。在黎坝人的身上我看到了一种天生的倔强劲，从不肯向困难挫折低头，反而越挫越勇，越战越强，他们相信幸福掌握在自己手中，只要不放弃，那些美丽动人的乡村梦想终能开花结果。

在解决地的问题的同时，黎坝村也在思考种地人的事情。村干部告诉我们，不能再像以前一样一家一户单打独斗了。黎坝村 2 个土地股份合作社都公开招聘了农业职业经理人，与其签订经营合同，对产量指标、生产费用、奖赔规定等进行约定。

事实证明，黎坝村的探索是有效的。土地股份合作社成立的第一年，就实现了大春（水稻）分红 400 多元 / 亩，给处于土地流转纠纷中的农户带来了希望，激发了农民入社积极性。

目前，黎坝村加入土地股份合作社，2017 年实现经营利润 16.5 万元，社员连续 8 年受益，2015 年每亩分红 698 元，2016 年每亩分红 615 元，2017 年每亩分红 730 元。

谈到土地流转与股份合作社的差别时，合作社领办人周维松认为，最大差别在于农民组织化程度的高低。参加土地股份合作社的农民是合作社的主人，直接参与理事会和监事会选举、农业生产计划安排、成本预算及利益分配方案等决策，既是经营管理的实际决策者，也需要对其决策承担相应的收益和风险。

这正是土地股份合作社的优势所在。通过土地入股，农民成为股民，既能享受规模种植的分红，又能从土地中解放出来，事关自身利益，还充分调动了主观能动性，村里"碎片化"的土地被集中起来，有力激活了土地、劳动力等生产要素，实现了小农户和现代农业的有效衔接。

杨柳土地股份合作社理事长王志全以前从事建筑行业，在周维松的带动下，2013 年 9 月通过公开竞聘担任了职业经理人。经过多年发展，王志全和女儿王伶俐已经在杨柳土地股份合作社、隆兴志全土地股份合作社和石马土地股份合作社担任了职业经理人，服务面积超过 3000 亩。

仅杨柳土地股份合作社的固定资产就超过 464 万元，王志全说："这些年，农户都是来申请入社的，没有一户要求退股。"

村民们也逐渐明白，现在的农业生产不再是单家独户经营，具备一定的规模后，无论是投入、管理、销售，都有了更多话语权，如购买农资可以更便宜，管理上更规范，销售上可以有更多的议价权，还能精深加工，获得更大利润。

村里时不时会有来参观学习的人，主要是学习土地合作经营，村民都司空见惯了，但当聊起这个话题，他们仍然觉得很长脸面，觉着自己村里成了先进，做了一件好事大事。

除了入股分红外，黎坝村村民从土地上还能获得一部分收入。近年来，国家为了鼓励农户种粮，给予种粮、良种和农资等综合补贴 98 元 /（亩·年），成都每年给予耕地保护金 480 元 /（亩·年）。以前是给国家交钱，现在是国家发钱，领着国家发的钱，村民都很高兴。

跟村民聊天，言谈中能够明白，村民的高兴一部分是国家的补贴能够为他们的生活带来些支持，少些开销，但更重要的是，他们觉得国家更重视农业、农民了，农民地位更高了，这种被重视感、获得感是他们打心底里高兴的原因。

一如所有的中国农民，他们所求不多，只需一点点安身立命的资本和足够的生而为人的尊严。这是这片土地上无数平凡人的奉献和乐观，也是他们与土地紧密相连的朴素与善良。

谈到收入情况，村干部告诉我们，即便黎坝土地收入很重要，但是外出务工收入是一般农户最主要的收入来源。黎坝村民外出务工，主要是去西藏从事建筑行业，工资相对高一些，一个月能挣 6000 元左右。每年 3 月去，11 月回来，工作 8 个月，而且要克服高原缺氧环境。

47 岁的村民文国良说，到西藏要坐 37 个小时的火车，比较辛苦，但是现在干活比以前好多了，没有以前累。说到将来，他说有合适机会的话还是想就近务工。文国良的想法，也是不少村民的想法。村干部也讲，与往年相比，劳动力省外务工数量减少了，选择到省内其他区（市、县）务工的村民越来越多。全村 18—60 岁劳动力有 1731 人，常年外出务工的有 233 人，其余劳动力主要是就近务工。

2017 年，全国农村居民人均可支配收入是 13432 元，而黎坝村农民人均纯收入超过了 17200 元，比全国水平明显高出不少。对于西部地区的农村来讲，这样的水平已经很不错了，这都是黎坝村村民辛苦打拼的结果。生活条件好了，村民们并没有满足不前，依然保持着吃苦耐劳的传统美德，不管男女老少都想方设法挣钱养家。

走在村里，路两边多是两层小楼，进到农户屋里，装修也都不错。宁致全告诉我们，这在 2009 年以前还是另外一番模样：住房缺少规划，选址比较随意，房子零散混乱，不少村民家庭住房和猪圈建在一起，生活垃圾没办法处理，卫生条件差。饮用水靠打井，水质发黄，口感不好，矿物质超标；烧火做饭用秸秆和柴火，合作社把秸秆还田后，农民的燃料越发捉襟见肘，很多民房年久失修；等等。村民们改善居住环境的愿望很迫切。

2009 年，黎坝村依托政府政策扶持，开始改造。在 2009 年和 2012 年，黎坝村通过引入社会资本等方式，建造了黎苑小区和文林小区，统一规划水电路气等配套设施，还有水冲厕所，干净整洁，和城里差不多，解决村里 300 户的集中居住问题，大家都说居住条件和生活品质明显提高了。

除了解决村民的住房问题，村里积极改善全村的基础设施条件，进行道路沟渠建设、垃圾清运和治安巡逻，推进全村的基础设施建设和公共服务。对黎坝村来讲，这些费用不是小数目，村集体经济薄弱，难以支撑村庄改造。村干部讲，这主要有赖于成都市财政每年给村上的 50 万元农村公共服务资金。村民们也格外珍惜这部分资金，具体用途上，村里广泛征求村民意见建议，召开村民代表大会进行表决。

通过近些年的建设，村里近40%的农户搬入了新居，其他农户通过改扩建，改善了居住条件，两个集中居住区还用上了自来水。全村60%的农户完成了厕所改造，用上了水冲厕所。

走在黎坝村，只见村容干净整洁，主要路口和居住点都有垃圾箱，日常有专人打扫卫生和清运垃圾，村里还专门设置了旧衣服回收点，村民不用的衣服可以用来捐献。

全村互联网入户率也达到了50%，农民用手机上网、看新闻成为日常习惯。村里的道路都接入了崇州市的主干道路网，开车到市中心只需要10分钟。

村里还建成了老年日间照料中心，平日里很多村上的老人在这里打牌、跳舞、唱歌。

这些年，国家大力推进义务教育全面普及，提升农民群众的文化水平，在黎坝村，这一成效非常明显。村里20世纪60年代以前出生的村民大都是小学文化，"70后""80后"的村民中，初中生、高中生成了主流，而"90后"的村民则绝大部分都具有大专及以上文凭。

不仅如此，村民对教育的重视程度与理念也和城里人差距缩小了。现在村里的家长都舍得在子女教育上花钱，只有孩子不想学、学不会的，没有家长不让读、没钱读的，不少家长会首选送孩子到城里读书，有的甚至花几十万元在城里买学区房。

与以往不同的是，现在农村家长还非常重视孩子兴趣爱好的培养，每年给孩子报乐器、舞蹈、美术等艺术特长班和课外辅导班的费用都高达一两万元。为了更好地教育孩子，很多家长选择就近务工，早出晚归，全村只有6名留守儿童。

当然，村民教育理念进步的背后，也反映出现在城乡教育资源依然分配不均，教育水平相差悬殊，或许是由于近年来乡村学校布局调整，黎坝村里没有小学，村民需要把孩子送到镇上的学校才行。

黎坝村的这种情况不是个例，农村人的教育意识在不断觉醒，与之相矛盾的是城乡教育资源配置不公平的现实，以后村小学消失的趋势或许会愈发明显。除了一声叹息，我们需要做的还有很多，实在的政策保障、充足的资金扶持、可持续的激励机制、以人为本的教育理念……或许，只有当办好乡村教育从一种"关爱"变成一种"责任"时，我们离问题可解项才能更近一步吧。

村里的卫生所比较简单，来看病的基本上是即看即走的感冒、发烧咳嗽之类的常见小病，但是村民都觉得很方便，省去了大量往返乡镇卫生院的时间和路程，更重要的是不用像以前有些村子一样，没有固定的诊所和医生，治病靠等。

和村民们聊天得知，村里普遍也都购买城乡居民医疗保险，每年交 820 元，如果住院的话，乡（镇）报销 90%，在成都看病能报 50%，但在门诊看病不报。村医宁天兴坦言，虽说可以治疗一些常见病症，但是水平还是有限，自己以前是赤脚医生，而且今年已经 71 岁了，家里还要种田，卫生所这一摊子将来怎么办，他也在考虑。

村民普遍缴新型农村社会养老保险。60 岁以后每月可以领钱。上了年纪的能领到钱的村民非常高兴，有的村民跟我们开玩笑讲，这跟养个儿女差不多。后顾之忧慢慢缓解，老人们的心态也越来越好，长寿的人也慢慢多了起来。村干部告诉我们，村里 80 岁以上高龄的村民有 72 人，其中 90 岁以上 11 人。

走在村里，能明显感受到村民有一种昂扬向上的精神头。在带领村民发展过程中，宁致全发现，村民的生活条件好了，生活方式也在潜移默化地发生变化，对村风村俗和精神文化的要求高了。

为此，村里挑了比较适合跳广场舞的场地，用公共服务配套资金给配了音响，拉了电线，晚饭后，时常有不少村民去跳舞。村干部告诉我们，村里成立了文艺舞蹈队，除了日常组织群众参与跳舞健身外，还多次参加成都市、崇州市组织的文艺演出活动。不仅如此，村里组织村组干部、党员和村民代表观看了《兰辉》等教育主题电影。

在村里，经常听到村民们讲李建英的故事。李建英是村里评出的"好儿媳"代表，由于丈夫常年在外开出租车，照顾家庭的重担就落在了她瘦弱的肩膀上。她本身也患有股骨头坏死，在家里不仅要种责任田，养猪喂鸡，操持家务，还要照顾肝癌晚期的公公和年迈的婆婆，夏天为了不让公公生褥疮，她每天给公公擦洗身体，冬天为了不让公公吃凉菜，她就把饭菜一直温着然后一口一口地喂老人，这样一做就是多年，无怨无悔。李建英的事情也感染了不少村民，大家孝敬老人的意识更强了。

什么是生活富裕？这些年，村民的收入提高了，生活条件好了，这应该就是最显而易见的。和村民交谈，能够感受到他们的喜悦，但是偶尔也会感受到他们的一些隐忧，"挣得再多也很难说就是富裕，怕的是开支大哟"。

确实，富裕与否不只是收入的事，而是收支差的体现。不少村民买新房子也增加了比较沉重的负担。在黎苑小区，村民购买240平方米的新房要支付近18万元，加上装修和家具等总共花费将近40万元。这些支出对于只靠农业和务工收入的农户来说，压力很大。宁致全告诉我们，搬进这俩小区的村民80%都负债，多数是向亲戚朋友借钱。

在村里期间，工作日我们每两三天就能看到一次宴请，周末几乎每天都有，随礼的名目也繁多。关系一般的送300元，关系紧密更多，送礼金成为家里重要的日常支出。很多村民说这种风气不好，但又身不由己。

村民李洪建告诉我们，每年的人情往来费都要一两万元，压力很大。村民罗万祥说："农村大事小情，七大姑八大姨，都要礼尚往来。

一般关系还是要去邀请，关系好的打打电话。"

这几年，国家也在农村地区推进移风易俗，破除陈规陋习。黎坝村干部也给我们看了村里的村规民约，规定得明明白白，红白喜事家宴超过 5 桌以上必须进行申报，但实际效果还不够，人情支出依然是影响村民富裕程度的重要因素，旧观念很难一时就改变，还需要时间，移风易俗工作还需要持续推进。

在生产力比较落后的年代，自给自足、邻里互助、街村互补的生产生活方式，很大程度上是帮助村民减少支出的重要方式。现在不同了，农村也更加开放，市场经济进来了，延伸到农民生活的方方面面，对传统乡村生产、生活、人际关系结构进行着重组。电网、天然气通了，而且很稳定。手机、电话、电脑、汽车都成了家家户户的必需品，村民也享受到了改革、市场、科技等带来的便利，接触了很多新事物，特别是网络进村，让村民明显感觉和世界的距离近了，和城里的差别小了，当然便捷的同时也意味开销的增加。

村民告诉我们，日常水电气、电视电话和上网费大概 400 元 / 月。不可否认的是，在黎坝村，自给自足的生活样态还存在，但明显减少了，黎坝村民会在房前屋后的空地上种点菜，但是粮食和油要靠买了，现在一般家庭一年要买 60 多斤 400 多元钱的菜籽油，包括烧火做饭用的燃料也是一笔不小的开销。村民文国良说："地都承包出去了，吃穿用和城里人一样都要买，要靠打工挣钱，但好日子不就是这样嘛，要不断奋斗。"

虽然村民的日子越来越好，生活也越来越便利，但村干部跟我们讲，这还远远不够，他们在想方设法把村集体经济发展壮大一些，既能给村民带来更多福利，让大家把日子过得再富裕一些，也能把村里的凝聚力再加强一些、更好地开展工作。目前，他们把焦点放在了发展乡村旅游上。

从黎坝村的过去和现在、方方面面上，我们都能明显地感受到时代发展的印记和国家政策的影响。从中，也让我们明白，这个西南地区平凡的小村庄，有着自身的特色乃至优势，但同样和全国大多数乡村一样，都在新时代大潮中一步一步向前。无论何时何地，"三农"的事情，农民始终都是主体，要相信农民，依靠农民，亿万农民的智慧是无穷的。对于政策研究制定者来说，这是所有工作的出发点和落脚点。

从黎坝村的点点滴滴中可以看出，一项政策举措会在无形中发挥作用，会对很多乡村产生巨大影响。要有一颗敬畏之心，更好更全面地考虑到乡村实际，遵循乡村演进发展规律，尊重农民的主体性和创造性，把政策制定得更实一些、更细一些、更准一些，和农民群众一道，把乡村一步步振兴起来。

村庄小传

黎坝村位于四川省成都市崇州市隆兴镇，处在川西平原、天府之国的腹心。距崇州市区 5 公里，距成都市区 39 公里，距双流国际机场 40 公里，处在光华大道延伸段和成温邛至安仁连接线交叉的方块区域内，村里的道路都接入了崇州市的主干道路网，交通相对发达。

全村现有 21 个村民小组，户籍人口 730 户、2662 人，常住人口 850 户、3050 人。18—60 岁劳动力 1731 人，常年外出务工人员 233 人，其余劳动力就近务工，其中合作社务工 100 人。全村特困人员 22 人，残疾人 60 人，低保户 19 户、30 人，优抚对象 15 人，80 岁以上高龄人员 72 人，其中 90 岁以上 11 人。

全村面积 4350 亩，经 2009 年土地确权，确定全村耕地总面积 3432.47 亩，集体建设用地面积 917.52 亩，承包地 2816.91 亩，自留地 111.51 亩，农业设施用地 504.3 亩，人均农用地约 1.3 亩，属于西南平原地区中等规模的村落。

黎坝村土地肥沃，气候宜人，农业生产条件优越，物产丰富，主要农产品有芹菜梗、生姜、青椒、紫色包心菜、干梅子、甜椒等，是崇州市十万亩粮食高产稳产高效综合示范项目核心区。

按照崇州市政府的整体规划，黎坝村属桤泉现代农业园区范围，主要以乡村旅游、优质粮油为主导产业。但崇州市旅游条件处于弱势地位，只能分流部分闲散游客。当地曾经投入大量资金发展以油菜花观光为主题的乡村旅游，但因季节性强，旅游业发展总体成效不明显。

黎坝村的另一个核心产业是粮油生产，具体包括水稻 2400 亩、小麦 2000 亩、油菜 400 亩，另外还种植了水果、蔬菜、林木等。过去，黎坝村一度存在着土地细碎化、农业副业化、劳动力弱质化、粮食生产边缘化等问题，原有的农业生产经营体系已难以有效支撑农业农村发展。近年来，黎坝村经过多年探索，成功走出了"农业共营制"发展道路，较好解决了"谁来经营""谁来种地""谁来服务"三个难题，粮油生产能力和农民收入显著提升。

目前，全村 60% 的农户完成了厕所改造，用上了水冲厕所；村容整洁也有了大幅改善，在主要路口和居住点都有垃圾箱，日常有专人打扫卫生和清运垃圾；村上专门设置了旧衣服回收点，可以用来捐献。全村互联网入户率也达到了 50%，农民用手机上网、看新闻成为日常习惯。村里建成了老年日间照料中心，为村里老人打牌、跳舞、唱歌提供了场所，丰富了老年生活。

黎坝村村民民风淳朴，多数保持着吃苦耐劳的传统美德，家庭和睦，邻里和谐。随着义务教育全面普及，读书改变命运的思想也越来越深入人心，乡风文明进步明显，越来越多的旧风陋习被摒弃。村"两委"积极实践，坚持自治、法治、德治相结合，扎实推进乡村治理民主化、规范化，村庄整体稳定和谐、有序发展。

近年来，农民外出务工便利，乡村休闲旅游等第三产业发展起步，村民收入较之前有大幅度增长，村里 70% 农民家庭购买了小轿车，达到小康生活水平。

湖北 赵脑村

小 龙 虾 也 能 过 " 龙 门 "

当你在城市的小吃街里大快朵颐麻辣小龙虾时，你可曾追问一下，这美味的小龙虾从哪里出产？它们是怎样长大的？又为养殖户带来了什么？……在湖北省潜江市熊口镇赵脑村，我们找到了答案。

坐在驶往村庄的车上，我们就对赵脑村的名字产生了兴趣。熊口镇政府的一名干部拿出一本《潜江市志》告诉我们，在 2005 年以前，赵脑村还被写作"赵垴村"，"垴"就是"小山头"的意思。后来，"赵垴"二字在大家的口口相传中变成了"赵脑"。

名字听上去普通，可到了赵脑村，这里却是另外一番景象，颠覆了我对这个村庄的想象——一排排 5 层高的楼房鳞次栉比，硬化路两侧种满了绿树，楼房中间是一个宽阔的广场，不少人在这里散步、运动、聊天。"这哪里还是农村，不就是城里的社区嘛！"我心中暗暗惊叹。

也许是看出了我的心思，同行的赵脑村党支部书记赵常洪微微一笑："这是我们 2013 年新建的赵脑综合社区，本着自愿的原则，村里95%的村民搬进了这里，过上了城里人的生活，这在早年可真不敢想。"

走进一座楼房，居民柴大姐热情地招待了我们。在她家里我们看

赵脑村田园风光

到，这个 138 平方米的三室一厅经过精装修，充满浓郁的现代化气息。她家卫生间里用的是陶瓷马桶和太阳能热水器，厨房用的是天然气，书房安上了两台电脑……与城里的生活没什么两样。

"真得感谢党和政府，生活条件一下子变得这么好啦！"柴大姐非常健谈，"我们以前可不是这个样子。以前村里坑坑洼洼的，小水洼特别多，被叫作'水袋子''水窝子'。出门一不小心就是一脚泥巴，空气里常常夹杂着一股腥臭味。"

听柴大姐这么一说，同行的赵脑村老支书李巨洲也打开了回忆的"匣子"，大家你一言我一语，把我带回了那个曾经脏乱差的赵脑村。

时光回到 20 世纪 70 年代，赵脑和联合两个村庄合并成了现在的赵脑村。因为地势低洼，当时村里水患不断，庄稼一度"十年九不收"，甚至当地有"有女不当赵脑媳，当了等于下地狱，勤劳一生无结果，子孙后代没出息"的戏谑说法。

刚刚送走"瘟神"血吸虫病不久的赵脑村，马上又面临治理水患的难题。在时任村党支部书记李巨洲的带领下，全体村民齐心协力，全凭"一把铁锹、两只手"，修建了 5 个涵闸泵站、搬迁了 500 多户、新挖和修建了 50 多条河渠、平整了 5000 多亩土地、栽植了 5 万株树木、铺设了 5 亿多立方米土石方，造就出一个新赵脑。

然而，随着时代的发展，赵脑村的短板再一次凸显出来——由于没有统一的规划，赵脑村的民居逐渐老旧、坐落无序，各家各户的承包地分布散碎，产业经营难成规模，村里地面坑坑洼洼、常年积水，天气一热就蚊蝇横飞，村民们对此抱怨颇多……

转折，发生在 2013 年。这一年，赵脑村作为"四化同步"的试点，一方面大力建设赵脑综合社区，促进新型城镇化发展；另一方面，大力推进生态种养，培育了虾稻共作大产业。

"可以说，没有党和政府的好政策，就没有赵脑村的今天。"赵常洪告诉我们，2013 年项目启动时，大多数村民有搬进新社区的意愿。新社区户型有 90 平方米、100 平方米、130 平方米和 150 平方米不等，有的通过原有民居按照比例进行置换，有的以低价进行购买，尽全力减轻大家的搬迁负担。此外，新社区还配套建设了供大家活动的文化广场、棋牌室，办红白喜事的宴会厅以及会议室、大会场，让大家真正住得舒心。

"我可是亲眼见证了赵脑村这几十年的变化，现在周边村子对我们村的评价可变了。"李巨洲高兴地说，"他们又编了个顺口溜，'城乡融合破藩篱，虾稻共作产业兴，搬离农村进社区，生活富裕百事顺'。你听，这都是对现在的赵脑村的肯定！"

来到赵脑村老村，这里还住着三四十户人家，多数住的是二层小楼。村里建设了 6 米宽的水泥村道，道路两旁种上了香樟树和一些花草。一位胡姓村民告诉我们：房子建筑面积有 180 多平方米，现在环境变好了，虽然住在老村，但一样感觉舒适。

抓新社区不忘老乡村，在融入城乡融合发展的大局中，赵脑村没有一味地让村民上楼，而是充分尊重村民意愿，不忘整治提升老村的人居环境和基础设施，生动体现了乡村发展和城镇化建设中应秉持的以村民为中心的原则。

不论在新社区还是老乡村，如今在村民生活中，"绿色"都成了主色调。

柴大姐的家里有两个垃圾桶，一个用来装果皮、尾菜，另一个用来装塑料、纸壳。每天一大早，柴大姐下楼散步时，都会顺手将两袋垃圾倒进楼下的垃圾箱里。"现在家家户户都兴垃圾分类，咱把能沤肥的放一起，能回收利用的放一堆，每天倒垃圾的时候就不会搞混了。"柴大姐说，社区有保洁员专门负责垃圾的收集和清运，垃圾箱附近也收拾得挺干净的。现在大家的公共卫生意识变强了，刚搬进来的时候还有人随手丢垃圾，但现在几乎没有乱扔垃圾的现象了，"你想，谁愿意去丢那个人呢？"

最令柴大姐感慨的，是家里厕所发生的两次"革命"。"以前找厕所，基本靠嗅觉。"柴大姐开玩笑地说，"那时候家家户户用的是旱厕，粪便经常来不及处理，弄得臭味传出十几米远，闭着眼睛闻一闻，就不会找错地儿。"

"2009 年，家里的厕所迎来了第一次'革命'。"柴大姐回忆说，"当时村里都通上了自来水，我们也就改成了水冲。虽然厕所还是比较简易，和城里的没法比，但总算能及时把粪便冲走了，气味小了许多。"

"搬进新社区，是家里厕所的第二次'革命'。"柴大姐笑了笑，"楼房就是按照城市社区标准规划的。现在的厕所铺着瓷砖，还有洗手台，和城里已经没什么两样了。全家人的生活习惯也发生了变化，变得健康、文明了。"

"不但环境更绿色了，乡风也变绿色了。"新社区居民邓家亮说，"以前大家住在老村的时候，基本没有什么文化设施，大家一有空了就打牌、打麻将。现在有了文化广场，每天都有人组织跳广场舞，还请来了专业的老师教大家跳，可有意思了。互联网在村里普及开了，很多中年人学会了上网、用手机，生活变得越来越丰富多彩。"

"现在村里老人的生活也有了兜底保障。"赵常洪告诉我们，人社部门会给 60 岁以上的老人发放城乡居民基本养老金，村委会还会在集体经济收入中给每人一个月再补贴 50 元。一位老人一年领取的养老金在 1700 元左右。

绿色生活美起来，绿色生产富起来。2013 年的"四化同步"试点，也让赵脑村走上了生态产业化、产业生态化的发展路子。当年，在政府的引导和支持下，赵脑村将 7500 亩土地集中流转给了农业产业化龙头企业——华山公司。

"大公司有头脑、有实力，把 7500 亩地集中改造成了 220 个中间是稻田、四周是虾渠的虾稻共作单元，每个单元稻田面积约占 3/4，虾渠面积约占 1/4，实现了土地的规模和集约利用。"赵常洪说，"这家公司推行绿色种养技术落地，通过反租倒包的方式，以每平方米 1.1 元的价格向农户发包，开展标准化、规模化和绿色化生产，让赵脑村逐渐打造出了虾稻共作的绿色名片。"

我们来到一处虾稻共作单元，只见稻田里刚刚插上秧苗，呈现一片盎然的生机。虾渠里的水比较清澈，不时有虾苗游来游去，还有的踩在青草上，抬头望着蓝蓝的天空。虾渠旁竖立着太阳能水质监测仪表箱，可以实时查看虾渠里的 pH 值和溶氧量等指标。一位农民划着小船，不时往虾渠里撒着生石灰。

赵脑村村民赵甫平是附近这几个单元的管理者，如今已成为虾稻共作的"老把式"。他亲身经历了从"种地攒不下几个钱"到"搞农业能赚不少钱"的转变："以前水田就种水稻，旱田种过棉花，一年忙到头，把生活费和孩子的学费一扣除，根本攒不下来几个钱。现在不一样了，一亩虾稻共作的纯收入就得 4000 多元，我承包的这 40 亩一年下来有十六七万元的纯收入呢。"

随后，赵甫平向我们"透露"了虾稻共作赚钱的秘密："在每个单元里，主要赚钱的是小龙虾。为了保证小龙虾的美味、安全，稻农们很少打药，也都算计着施肥，所以生产的稻米也是绿色的。"

赵脑村党支部副书记赵常银介绍，在病虫防治方面，主要采取撒生石灰、生物防控的办法。青苔影响小龙虾生长，种植户就在水面上撒生石灰，没多久青苔就泛白了，还不会影响小龙虾的健康；防治水稻病虫害，种植户大多采用杀虫灯，还会采用飞防等手段喷洒统一采购的生物农药，确保无毒无残留。村里还成立潜江市绿途虾稻共作专业合作社，提供"四统一"服务，确保小龙虾和稻米的质量。

"我们施的都是专用肥,在虾稻共作模式下,施肥量也减少了。附近一家合作社做过统计,从 2014 年到 2017 年,供给我们村虾稻基地的肥料从 210 吨下降到了 80 吨;也有村民计算过,最近这 3 年,每年肥料用量都下降了大约 1/4。"赵常银进一步解释道,"据我的观察,肥料用量减少的原因主要有 3 个。一个是秸秆还田产生有机质增加了土壤肥力;一个是秸秆经水浸泡后产生微生物为小龙虾提供了食物,同时小龙虾的粪便为稻田提供了养分;还有一个是喂养小龙虾的豆粕、花生饼等饲料一部分在稻田里变成了肥料。"

"村'两委'积极参与到虾稻生产经营标准的制定中,给农户发放养殖技术明白纸、病害防治明白纸,还把一些生产标准编成了顺口溜,方便农户记忆。"赵常洪说。

"我记得这顺口溜,大家也都记得很清楚。"赵甫平背了起来,"养鱼虾不清塘,劝你快改行;养鱼虾不改底,亏掉你老底;养鱼虾不调水,收入要见鬼;要想不受穷,没事少杀虫;要想鱼虾高产,平时注多增氧……"

粮食种植和水产养殖的互促,推动了赵脑村生态建设与产业发展的"双赢"。赵甫平说,这些年大家富起来了,环境也越变越好了,"以前水田旁边的水沟沟压根没人管,里面堆着淤泥,一眼望下去浑浑的,有时还夹杂腥臭味;现在的虾渠清澈多了,不但蛙声一片,鸟儿也多了起来"。

来到另一处虾稻共作单元,道路两旁的油菜花已经盛开,在虾渠清澈的水里呈现一片金黄色的倩影。该单元 60 岁的承包户马于林向我们算了一笔经济账:水稻和虾都不愁卖,因为绿色生产,水稻的田头价格比国家稻谷最低收购价格要高。虾稻共作的租金和水稻的纯收入都在 3 万元左右,基本可以相互抵销。小龙虾一亩能产 600 斤,去年卖小龙虾的纯收入接近 20 万元……

马于林身材干瘦，皮肤黝黑，满面皱纹，但精神矍铄，给我的第一感觉，是一股不服老的劲头。"我从来没有想到，自己会变得像今天这样勤快。"马于林说，自己之前是一个贫困户，因为胆子小怕亏本，一直中规中矩地种地。后来觉得种地反正赚不了多少钱，就越来越不愿意下力气了，最后竟一步一步变成了贫困户，"想想都觉得可笑，不过当时在村里是真的抬不起头来"。

"还是政府给了我优惠政策，鼓励我发展虾稻共作。2013 年开始承包虾稻共作单元时，没想到第一年就收回了成本，赚到了钱。后来我一鼓作气承包了 40 几亩，心想一定要干出人样来。现在一年 12 个月我差不多有 11 个月留在虾稻基地里打理水稻和小龙虾，农忙季节从凌晨一两点开始干，一直干到早上五六点钟，歇息几个小时，继续起来干活。讲真，周围没见几个人比我下的力气多。"马于林自豪地说，"前段时间给儿子买了一辆小轿车，村里都传开了，说我这当爹的有本事，没有人再敢小瞧我们家了。我要干到 70 岁，让他们都看看我的能力。"

产业带富了百姓，也让村民活得更有自信、更有奔头、更有尊严。通过走访我们发现，不论是反租倒包户，还是单干户，赵脑村村民经营虾稻共作一亩的纯收益多在 3000—5000 元，是从前只种地的 4—7 倍，大大增加了家庭收入。

为什么增收效果如此明显？"因为'背靠大树好乘凉'嘛！"马于林开玩笑地说，赵脑村的村民依靠虾稻共作富起来，背后倚靠的正是华山公司这棵"大树"。

聊到华山公司，赵常洪的语气里带着感激与自豪："我们村的虾稻产业这几年能发展得这么快，除了省、市、镇党委、政府的扶持外，还多亏有这么大的一家企业带动。现在，全村虾稻种养的面积已经超过了9000 亩，每年水稻产量接近 5000 吨、小龙虾产量达 1800—1900 吨，已经实现了标准化生产、机械化耕种、市场化营销、产业化经营。"

在去往华山公司的路上，随处可见销售虾笼、虾苗、饵料、稻种、农机等农资的门店。赵常银介绍，虾稻共作带动了相关产业的发展，在捞虾苗、卖虾苗的季节，整个村每天能产出 1 万斤左右的虾苗，每季能产出 50 万斤的虾苗，销给全国各地的饲养户，"我们的虾苗很抢手，出货量特别大，客户得提前订货。长途运输 100 公里以上的，需要用到冷链运输车，也得提前和运输公司谈好"。

来到华山公司，门口不时有冷链运输车过磅、进出，一个大型冷藏库展现在眼前。冷藏库不远处是农机库和加工车间。在农机库里，拖拉机、插秧机、植保无人机等农用机械安静地停放于此；在加工车间里，小龙虾"躺"在传送带上，经过分拣、分级、包装等工序，装进运输车内。

"公司积极参与合作社创建，为虾稻共作的农户提供整地、育秧、飞防、机收等社会化服务，现在虾稻基地已经实现了全程机械化，生产效率大幅度提高。"华山公司董事长漆雕良仁告诉我们，"因为有机械化、社会化服务，现在的农民已经从纯劳动者向半劳动半管理者转变，基本是 50% 的管理和 50% 的劳动。这也是很多老龄农民仍然能干虾稻共作的原因之一。"

听到此处，我陷入深思，发展社会化服务对实现中国特色农业现代化果然很有必要！既让农业生产节本、提质、增效，帮助实现农业高质量发展，又让农民从繁重的劳动中解脱出来，延长了年迈农民的职业生命。解新型主体之困，帮农民之不能，真可谓一举多得。

在华山公司的展览室里，一块展板展示着公司联农带农的产业模式。漆雕良仁介绍："我们实行'公司＋合作社＋农户'的经营模式，公司负责统一标准化生产指导、统一收购稻谷和小龙虾、发展小龙虾深加工，合作社负责统一生产服务，统一采购肥料、农药，开展技术培训等服务。这样让承包户既有专业化、标准化服务与指导，又直接与加工企业和市场紧密连接在了一起。"

"公司的虾稻产业带动了周边农资、捕捞、运输等许多产业，很多外地人到这里来掘金，以前的泥窝窝变成了'金饽饽'。"谈起公司的发展，漆雕良仁信心满满，"发展现代产业，科技是支撑。一只小龙虾浑身上下都是宝贝，就拿占小龙虾八成的虾壳来说，平均 40 吨能加工成 1 吨的甲壳素，那可是重要的生物制剂，销往欧美国家可抢手了。接下来，我们还要多引进研发人才，继续创新小龙虾的精深加工项目。"

"一只虾一袋米，富裕了一个潜江市"，这在潜江当地已经成为美谈。同样在赵脑村，百姓中间也流传着这样一句美谈："打工不如回家，回家最好养虾。养虾见效快，老婆跟着来。"

"的确是这样，以前本村的姑娘宁愿嫁到外村，也不想嫁回赵脑，村里光棍真不少。"赵常银打趣地说，"现在不一样了，咱们搞虾稻共作富裕了，又住进了新社区，村里每年都有'脱单'的，媒婆也天天盯着咱村里。"

这一路把握机遇、披荆斩棘，背后流淌着村里党员干部的汗水，是他们，时刻巩固着一线的战斗堡垒。

来到位于赵脑综合社区的赵脑村党支部办公室和党员群众活动室，墙上挂着党支部的职责和各项工作制度，书架上摆满了党报和学习书籍。翻开赵脑村"两委"的会议记录，几乎每一次的民主生活会，除了政治理论的学习外，都会研究一项关于村庄发展和民生的重要事务。

"我们定期召开党支部大会、每季度上一次党课、按时开展民主评议、不定期开展主题活动，将支部活动制度化、规范化，每一次支部活动既是一次政治活动，也是一次解决村庄发展问题的学习会、研究会。"赵常洪说，服务经济社会和民生事业发展，是基层党组织战斗堡垒作用的重要体现，也是村"两委"每一位党员干部必须担当的责任。

群众富不富，关键看支部。在这样一个党支部的带领下，赵脑村的乡村振兴之路一定会走出一片新天地！

　　赵脑村本是江汉平原上的一个普通乡村，但是从落后到富裕，赵脑村走出了一条向着"绿""富"突围的路子。离开赵脑村后，我一直在思索一个问题：赵脑村为什么能发展起来？是资源禀赋好？是试点机遇使然？还是因为有龙头企业相助？无疑，这些都是开启赵脑村命运之门的钥匙，但是简单梳理其产业发展脉络，从无到有，再从有到优，我看到了这些关键词——规模化经营、标准化生产、绿色兴农、产业链条延伸、利益联结紧密……一个答案呼之欲出，那就是赵脑村走过的每一步相互关联却都是朝着农业现代化而去的，这是一个由破而立的过程，进而在城乡融合进程中一步步推进了乡村振兴。虽然现在的赵脑村只让我们看到了乡村振兴的雏形，但是我们相信，只要朝着目标出发，终会抵达。

村庄小传

　　赵脑村隶属湖北省潜江市熊口镇，位居江汉平原腹地，是熊口镇最偏远的村落。全村国土面积 12221 亩，原有耕地 7500 亩。经过土地整理，耕地面积已达到 9000 亩。

　　史料记载，春秋时期，长江中游天气转暖，江汉地区湖沼退缩，生态环境逐渐适宜水稻生长，人类聚集数量不断增多。在斗转星移、朝代变迁中，赵脑村逐渐形成，但具体形成年代，现已难以考证。现在的"赵脑村"为 1971 年赵脑和联合两个村合并而来。据《潜江市志》，赵脑村 2005 年前写作"赵垴村"。"垴"的意思是"小山头"，如削垴填沟。随后，"赵垴"在口口相传中变成了"赵脑"。

　　村内地势低洼，海拔最低 26 米，有当地"水袋子""水窝子"之说。新中国成立前，水患和血吸虫病是挡在赵脑村面前的两大难题：因为地势低洼，水患不断，庄稼"十年九不收"；当地的农民有95%得血吸虫病。新中国成立后，随着大规模开展"送瘟神"行动，血吸虫病在长期斗争中基本得以消除。

20世纪70年代初，全村有3100多人，包括100多名知青和外地逃荒人员。后期，随着知青返城和逃荒人成建制地搬走、计划生育政策的实施，赵脑村人口逐渐减少。现在，赵脑村实有人口2672人（户籍人口2588人）、650户（户籍统计为615户），共分为10个村民小组。家庭组织一般为三世同堂，人数为4—5人。

产业发展上，赵脑村属江汉平原棉区，具有种植棉花和水稻的传统。2013年前，赵脑村种植水稻、棉花、油菜、小麦、大豆等作物。2013年，湖北省选定熊口镇赵脑村为"四化同步"试点，赵脑村产业迅速聚集到虾稻共作上来，油菜成为在路边和房前屋后田坎种植的品种，大豆等杂粮比重迅速降低，棉花种植从此消失。通过几年的努力，赵脑村实现了标准化规模化生产、机械化耕种、市场化营销、产业化经营，形成了环环相扣的虾稻生产、加工和销售产业链，产业兴旺步入正途。

赵脑村的民风比较淳朴，家庭观念强烈，父慈子孝、兄友弟恭的现象较为普遍。很多村民家里都供奉有祖宗的牌位，多数家庭都是三代同堂。村里传统习俗保存比较完整，但婚嫁习俗越来越简洁，大部分只保留了定亲、送嫁、迎亲等一些重要环节，移风易俗成果显著。

近年来，村里基础设施条件逐步改善，村容村貌也发生了明显变化，村村通、村组通硬化路，村民们搬进了新建社区的楼房。村中社会管理也逐渐向城镇管理转变，城乡融合的步伐不断加快。

历经多年建设，赵脑村经济、政治、文化、社会、生态等各个方面都随着时代的变迁而发展，现在成了名副其实的虾稻共作示范村，在农业农村现代化和乡村振兴的道路上不断探索前行，先后荣获"全国'一村一品'示范村""湖北省先进基层党组织""潜江市创建全国绿色食品原料（水稻）标准化生产示范基地核心示范村"等称号。

重庆 筏子村

渝 南 乡 村 的 幸 福 时 光

　　一进筏子村，便感觉崇山峻岭间弥散阵阵雾霭，让这个藏在深山里的小村庄自带几分"仙风道骨"的气质。

　　筏子村位于重庆东南武隆区火炉镇，乌江的灵气惠泽两岸，武陵山与大娄山在此相会。在这里，群山裹挟着河谷是最常见的自然风貌，星罗棋布的各个村落，在外人来看，免不了有些闭塞和陌生的印象。

　　本地人都知道，想要在七山一水二分田的武隆搞农业，是一件需要勇气的事情。这些年，就在武隆"二分田"坡地梯土上，火炉镇逐渐成长为当地的农业重镇，特色林果、水产养殖、高山蔬菜规模都位列全区第一，尤其是被称作"火炉五宝"的火炉脆桃、碗碗羊肉、红心猕猴桃、梦冲塘冷水鱼和特色菌类，卖到了国内外的不少地方，闻名遐迩。

　　而我们此行的筏子村，就像是火炉镇散落在山间的一颗珠子。这里距离火炉镇中心还有 35 公里，唯一的山路虽然蜿蜒辗转，但最近几年间都修成了硬化的水泥路，大车小车奔腾在上面，舒坦、好走。镇上的干部说，以前的"毛坯路"没有了，现在人们坐车进村，才有心思看一看沿途的美景。

筏子村盖起新民居，车流往来，热闹不已

"世之奇伟、瑰怪，非常之观，常在于险远"，王安石的话套用在筏子村，格外贴切。进了村后环顾四周，不禁感叹：这里竟是如此一个鸟鸣山幽、绿岭环抱的所在，说是"世外桃源"也不为过。8275 亩耕地零落山间，森林覆盖面积达 20900 亩，处处彰显了川渝山村的特色。

对于初来乍到的外乡人来说，常会"狠狠"吸上两口湿润纯净的空气，再止不住地赞叹这里的美景，可生活在村子里的人，对赋予这幅美景的大山却有复杂情感。"云里雾里一挑水，哭天喊地一捆柴，一碗泥巴一碗饭"，是村民口中以前日子的写照。镇党委书记谢宇翔说："这个村在大山深处，水难饮、路难走，附近的人提起来都是直'摇脑袋'，老百姓的生活很是不易。"

也正因为往事历历在目，眼前的筏子村才尤为令人惊讶：新建起的农家小院，鳞次栉比错落云间，"冒出尖儿"的多是村里大户建起的"小洋楼"；以前露天的蓄水池不见了，家家户户都通上了干净便捷的自来水，长长的管网在山间穿行；村子里泥泞的土路，连上了外面的县道和省道，都"一水儿"变成了水泥路，村民们的小汽车时不时地穿来梭去。

整个村落掩映在碧水青山中，自有一份淡然与恬静。只是村民们看见来了外乡人，还是会兴奋地聚在一起，"七嘴八舌"地告诉你："以前那个垃圾遍地、臭味熏天的村子再也没有啦，看看现在我们村，多好！"也许就是缘分，能够有机会在这样一个"满山桃李盛开"的美好时节，邂逅筏子村的点点滴滴。

其实，筏子村和其他"传统山村"别无二致，就是远了点、偏了点，还有就是穷了点，"地无三尺平、土无三寸深"。以前，村子里如果自然禀赋差一点，往往摆脱不了贫困的宿命，更何况这里石漠化严重，土壤很是瘠薄，农业基础尤为薄弱。由于缺水、缺路、缺土的"黑历史"，村子里像样的劳动力都外出务工去了，留下来的老年人，带着未成年的孩子，生活颇为不易，就是靠着种点玉米、萝卜、菜头等作物勉强维持生计。

伴随着乡村振兴的号角，筏子村上上下下形成了共识：产业搞不起来，“乡村振兴”就是无源之水、无本之木，村子里的发展就无从谈起。为此，他们摸索出“三步走”的策略。

首先就是因地制宜，把主导产业给明确下来。这里虽地处深山，但光照充足，特别适合林果种植。以前村民们零星种植的脆桃、蜜李，不起眼，现在却成了“破局”的关键。在村“两委”的引导下，大家陆续开始集中连片种植，走规模化的路子。到了2017年的收获季，村里竟然一股脑地收下了30多万斤脆桃，并且以15元/斤的价格，足不出户就销售一空。这让村民们来了劲，纷纷打趣，感叹村子里算是挣到了“重新创业”的“第一桶金”。同时，蜜李七八元一斤也是供不应求。

光是规模起来了还不够。脆桃、蜜李虽然价格高、销售好，但随着规模化种植的果树一同进入挂果期、盛果期，产量大幅增长，市场前景不甚明朗，不少村民心存担忧。面对这一难题，就不得不提起村里的“能人”申建忠了。作为当地无人不知无人不晓的致富带头人，他和妻子1998年在50亩荒山坡垦地创业的故事，至今还广为流传、被人津津乐道——那一年，他们背了10万篼土，将无人问津的荒山坡改造成了可种植的耕地。

为了带动大家一起致富，他成立专业合作社，统一提供种苗、技术服务，组织开展桃花李花节、脆桃蜜李采摘节等节庆活动，率先打起了文化牌，不少村民惊呼：原来农业还可以这么玩？乡村旅游搞得红红火火，不少家庭在生产种植之余，还开起了民宿，政府还会根据民宿的规模大小、评分等级，给予专项补贴。

而申建忠更是个紧跟政策的创业达人，他通过国家一二三产业融合发展补助项目的支持，建起了冷藏库、加工厂，看准了桃子、李子走深加工、走电商销售的绝佳选择。多管齐下，村里的产品销路就有了多重保证，而且原本单一的林果种植，也悄然引申出整片产业集群，村民可以从事的工作多了，收入来源也多了，最初的担忧也就烟消云散了。

除了申建忠，在筏子村的日子里我们还认识了杨顺友、江坤书、左小兵、王小兵等人，他们都是当地有名的带富能手，共同的特征就是：勤劳、肯干、见过世面，还对家乡的事业充满责任心。在这些"新乡贤"的带领下，筏子村现在已经有各式专业合作社十余个，大家聚在一起，抱团闯市场。

乡村振兴，关键在人，尤其离不开好的带头人。筏子村的实践告诉我们，"新乡贤"懂政策、有才能、有财力、有技术，对家乡的情况也更为了解，回乡后可以把多种资源有效利用起来，为村民提供本地就业岗位，给乡亲们提供产业发展、种植养殖技术、销售渠道信息等，解决了产业发展、农产品销售等方面的问题，是推动乡村振兴的重要"帮手"。

其实，在乡村振兴的过程中，"外来的和尚"不一定好念经。乡村社会人与人之间的关系更加紧密，水土之异也会产生橘枳之别。因此，在引进"新乡贤"的时候，要充分考虑实际情况，重点突出以本土外出人员为主。另外，要通过发挥"新乡贤"的作用，着力传统优势产业转型升级、新兴产业发展、重大项目建设，在壮大产业、发展经济、促进乡村发展的同时，进一步"筑巢"引得"凤凰"还。

最近五年来，筏子村的脆桃从200多亩发展到3580亩，每亩收益能达到2万元，蜜李从几十亩发展到2220亩，蔬菜、山羊、土鸡、蜜蜂等产业的规模都有了显著提高。

每年3月下旬，从附近的山顶望过去，成片的桃林、李林、各式大棚密布林间，硕果累累压弯了枝丫，一派生机勃勃的产业图景。

可以说，现在的筏子村，产业布局算是初步完成了。巧合的是，也就是在脆桃喜获丰收的2017年，武隆区正式摘掉了国家级贫困县的帽子。

在这蓬勃发展的态势背后，真正的"推手"就是"一揽子"的优惠政策，可以说各个直击痛点、具有极强的针对性。

比如基建，为了最大限度降低山民的生活成本，从根本上改善他们的生活条件，火炉镇对近些年所有高山移民、危房改造项目都给予每户8500—22000元的补助；还整合资金1200多万元完成仙女湖引水和万峰水厂建设，把困扰当地居民多年的饮水问题彻底解决，在深山密林里架起了水管网道；公路是关系到产业发展和群众生活的命脉，县里集中投入资金3600多万元，前前后后硬化公路132.861公里，包括筏子村在内的行路难终于彻底成了历史，以往的天堑都成了通途。

同时，村子里改房子、改厕所、改厨房、改院坝、改门窗的"五改"工程也是一刻都没停，再加上畜禽粪污综合治理、公路沿线美化绿化、农村垃圾回收清运，一通折腾，农村人居环境大为改善，山容恢复了原有的清幽，人与自然的关系变得和谐和轻松。

乡村是从未停止追寻的诗和远方，是农民世代生活的聚落空间，也是唤起人们乡愁的精神家园。在实施乡村振兴战略的进程中，我们重新发现乡村、重新认识乡村、重新设计乡村。乡村的"乡味"自然要保留，载得动乡愁，但保留"乡味"不等于裹足不前，村民自有追求更加美好生活、享受更加便利条件的权利。也正是因此，我们有了农村人居环境整治提升，有了更多像筏子村这样既留得住田园乡愁又问需于民的新农村。

除了在基建上支持，还有笔大钱就是帮助村民发展产业了。在筏子村，只要你干事，只要你创业，一丁点进步都会有政策上的鼓励，各种产业到户补贴、乡村旅游补贴、扶贫小额信用贷款、种植养殖业贷款等眼花缭乱；光给钱不会干也不行，贫困户劳动力各式各样的免费实用技术和技工培训，只要双手勤快点，总有合适的机会去搏一搏。

最后，百姓生活中的各项社会保障也都日趋完善。筏子村的孩子考上高中、大学都有相应的助学奖励，贫困家庭的贫困生还有暑期的"带薪实习"和求职创业补贴；至于百姓忧心的卫生医疗，镇里把住院报销比例提高 10%、起付线降低 50%，还设立了大病医疗救助专项基金 3000 万元，将贫困人口纳入重特大疾病医疗救助范围，每人每年最高补助额度不超过 10 万元；并设立了扶贫济困医疗基金，对住院治疗医药目录外的自付费用实施"一站式"分段救助。

由于筏子村地处深山，因自然灾害需紧急救助的、房屋倒塌或严重损坏的，需要特别照顾的"五保对象"、"三无"人员、孤儿、事实无人抚养困境儿童等特殊人群每月都有不同类目、不同金额的补贴发到手。

村子里德高望重的 75 岁老人王德安，是老党员、复转军人，气色不错很是健谈，一听到聊起了惠民政策、养老政策，就不停地感叹现在的日子真是太好过了，还扳起指头算起了每个月能领多少钱："养老保险 105 元、复转军人补贴 170 元、老党员补贴 100 元，每年领取产业扶贫金 1500 元、过节费 25 元，以及逢年过节的米面油慰问……"提及未来的期望，他连声说道："现在就好得很喽！没啥子要求喽！"无论是五保户、低保户、贫困户、大户，还是普通农户，都对党的政策竖起大拇指，满满的获得感、满足感、幸福感。

不难看出，筏子村近年来的变化甚是不小，产业、环境、基建、民生，都有了长足进步，但农村发展的千头万绪，谁来做，谁来牵头，关键还是基层党支部。"上面千条线，下面一根针"，各项政策最终的贯彻落实还是在乡（镇）村。在筏子村村委会办公室里，"一个支部，一座堡垒，一名党员，一面旗帜"的宣言格外醒目，字里行间流淌的，是要把党组织"根扎稳、基筑牢"的坚定信念。

具体说来，筏子村的支部建设有三个"秘诀"，首先就是在培养"带头人"上下功夫，毕竟"头雁带群雁，作风才改变"。

近几年，火炉镇搞起了"乡村三级治理"，生产队改组农业合作社，合作社又成了自治小组，每个自治小组涵盖15—20户村民，民主协商议事、参与监督管理都要围绕这个组织架构开展。为了进一步发挥党员的带头作用，激发主观能动性，每一级的负责同志都要进行积分制管理，根据积分进行奖惩。大家心里都清楚：没有金刚钻，谁也不敢揽瓷器活，筏子村里无论是村支书、村主任，还是各位农业社的社长、自治小组组长，都像申建忠一样，大家公认的、人品能力俱佳的"新乡贤"，群众放心，百姓挑不出毛病。

其次，这些选出来的村"两委"成员，多有在外务工、创业的经历，是村民们眼中"见过世面的人"，大家聚在一起，不喝酒、不打牌，就是琢磨着一起干点事，结合家乡的实际情况和各自的创业经验，瞅准市场定位，带领左邻右坊一起干事业，村里的脆桃、蜜李、猪、羊、鸡、蜂和乡村旅游等产业就是这么发展起来的。

最后，村"两委"还特别善于"借力"，与帮扶单位、第一书记、大学生"村官"、包村干部等深入沟通，积极协调争取各类扶持项目，为产业发展打下了扎实基础。

如果说村"两委"和"能人"是乡村发展的内力，对于筏子村这样的山村而言，借力同样重要，借智慧、借资源、借经验，让基层的这根"针"串起"千条线"，根据实际情况整合多种资源，连点成线，千线成面，最终归于乡村振兴的大局。

总的来说，村"两委"先锋堡垒的工作，群众是认可的。副镇长刘晋思说："农村三大难，拆房占地挖祖坟，在筏子村都不是问题。干部带头办实事，不放'空炮'，敢于为了99%的人得罪1%的人，把群众利益放在首位，真正赢得大家的信任和支持。"

为了给"产业兴旺"营造一个优良的"软环境"，筏子村村民们在基层党支部影响下，把精力都用在了干事业上，通宵打牌的青年不见了，邻里矛盾减少了，村里的治安更是没的说，基本处于"夜不闭户"的状态，民风民俗有了极大改善。晚上忙完了漫步在乡间小路，听着街坊邻里"把酒话桑麻"，孩子们的嬉笑声常常回荡在山间。就是这种带着土腥味的味道，能够带给那些在快节奏中生活的人们可望而不可即的宁静与安详。

但若是提及这里的民风，还是要忍不住夸赞几句重庆人朝天椒般的火辣和热情。

探访至任何一户人家，都像是回到了久违的亲戚朋友家，不把特色吃食摆满整整一桌，那肯定是"招待不周"的，见了我们，也会亲切地拉着手不愿意松开，家长里短说个"没完没了"。工作时"最怕到了饭点"，不"推搡"半天是绝对出不去门的，瓜子、花生、核桃还要一把一把地往口袋里塞。

问到大家对村子的建议，主要还是基本集中在三个方面：生产发展、生活便利、环境改善。无理闹三分、个人牟私利的情况，是一次也没碰上。

思来想去，筏子村的村民们还是有一种大家认知里特别熟悉的淳朴，这是大山给予的厚重，也是泉溪滋养的甘甜，好好的心思，都用在了怎么过上更好的日子，让家乡富起来、美起来，未来更好一些，所以心里装的事情都是积极的、向上的。

勤劳的人们，日出而作，日落而息，乍一看平凡无奇，但细细品来，也是一幅壮美的生活画卷，填满了筏子村的劳动人民对家乡的美好希冀。

在调研的半个月里，还没见到过一次打牌、打麻将的事，这在重庆的地界上，甚是让人讶异。婚丧嫁娶都很热闹，但互相攀比、大操大办没有了，大家一起吃个酒、摆摆龙门阵，成了劳动闲暇的有益调节；

以前偶尔出现的低俗表演、封建迷信活动，更是多年未见踪迹。

大家比的是什么？比的是谁家老人赡养得好，谁家孩子懂事读书好，谁家的农活拾掇得好。邻里之间若真是出现了矛盾，也都会拉到村委会敞开了说，不一会也就烟消云散了；反倒是谁家要是遇到了盖房、红白事，互相帮忙搭把手的人络绎不绝。

就这样，腰包鼓起来了，民风好起来了，山清水澈的筏子村，村民们正徜徉在新时代的幸福生活中。

村庄小传

武隆区地处重庆市东南部乌江下游，武陵山与大娄山接合部，东邻彭水，南接贵州省道真县，西靠南川、涪陵，北与丰都相连，素有"渝黔门屏"之称。多深丘、河谷，以山地为主，自然概貌为"七山一水二分田"。最高仙女山主峰磨槽湾海拔 2033 米，最低大溪河口海拔 160 米，一般都在 700—1000 米。全区除高山和河谷有少许平坝外，绝大多数为坡地梯土。火炉镇位于武隆区东北部，距城区 30 公里，面积 179.6 平方公里，有 15 个村居、114 个村（居）民小组，共 9024 户、3.26 万人。火炉镇是农业大镇，特色林果 31200 多亩，水产养殖 1300 多亩，高山蔬菜 32000 多亩，年出栏生猪 6 万头、畜禽 10 万只，均居全区第一位，火炉脆桃、碗碗羊肉、红心猕猴桃、梦冲塘冷水鱼和特色菌类合称"火炉五宝"，部分产品远销国外。筏子村位于火炉镇东南方，距离火炉镇 3.5 公里，海拔 610—1680 米，面积 20.28 平方公里，其中耕地面积 8275 亩，森林面积 20900 亩。全村辖 9 个农业社，共有农户 603 户、2067 人，其中党员 52 人。

筏子村是我国传统型乡村，"地无三尺平、土无三寸深"，石漠化严重，土壤瘠薄，条件十分艰苦。过去由于缺水、缺路、缺土，村里半数以上人、几乎全部青壮劳动力都外出务工，留守的中老年人多种植玉米、萝卜、菜头等传统农作物和烤烟，收入十分微薄。

党的十八大特别是中央脱贫攻坚决策部署以来，筏子村在当地党委、政府的领导下，在返乡下乡创业人员、农村致富带头人的带动下，抓住基础设施改善的有利时机，因地制宜、从无到有、从小到大，走出了一条产业脱贫致富路。五年来，脆桃从200多亩发展到3580亩，蜜李从几十亩发展到2220亩，蔬菜从零发展到3000多亩，山羊从几百只发展到3000多只，土鸡从几千只发展到近30000只，蜜蜂从30多桶发展到300多桶。目前，筏子村农业产业发展初具雏形，第一产业布局基本完成。

过去筏子村受产业发展所限，村民基本靠务工收入支撑家业。筏子村2012年人均纯收入仅有5500元，2015年贫困发生率10%，共有贫困户68户、235人，低保户75户、98人，五保户13户、14人。党的十八大特别是中央脱贫攻坚决策部署以来，筏子村作为贫困村，政策支持力度大，产业发展速度快，村民尤其是贫困户产业收入、政策补贴收入大幅增长，村子发展步入了"快车道"。2017年，筏子村人均纯收入达到9500元，57户贫困户实现脱贫。

近年来，武隆区、火炉镇等各级党委、政府深入贯彻党中央决策部署，扎实推进脱贫攻坚各项政策措施落实，取得了良好成效，2017年武隆区国家级贫困县率先摘帽。

湖南 马鞍村

发 掘 村 庄 独 有 的 文 化 价 值

到了湘西，第一印象是美。湘西，不仅是一个地名，在很多人眼里，更是一个具有丰富内涵的文化意象。它在沈从文笔下灵动诗意、生机勃勃，它在无数传说中充满了少数民族的神秘色彩，它甚至还因为20世纪50年代那场大剿匪，为很多影视作品提供了素材。

马鞍村是湖南省湘西土家族苗族自治州永顺县高坪乡东北部的一个村庄，由于有两座山形似马鞍而得名。马鞍村四周尽是小山丘，雨天或者大雾天，山丘上云雾缭绕，恍如人间仙境。到了晴天也别有一番景象，晴空万里，天空蓝得像刚洗过一般，加上郁郁葱葱的山林和高低多姿的山丘，随便拍一张照片都是独一无二的美景。

都说一方山水养一方人，事实上，一方山水也养一方文化，看着马鞍村这别具一格的美丽风光，心中不禁对当地的风俗文化充满期待。

三月的湘西，最直观的感受还是冷。空气湿度很大，没有风，不论是在室内还是在室外都感到很冷。村妇女专干田志梅说，冬天最低温度能达到零下3℃。不过，最近这些年下雪明显少了，以前冬天下雪会连续下一二十天，不止一尺厚。

马鞍村风景

村里人取暖用的是烤火盆。有意思的是，烤火逐渐演变成一种有特色的文化生活。进村调研时，连续的降雨使气温骤降，老乡家的烤火盆成了临时会议室的必备品。把烤火盆放在桌子下，热情的村民主动攀谈，大家围着桌子，腿上盖着烤火被，每天聊到深夜零时，气氛热火朝天。此情此景，此后每每想起，都觉得有一股暖意自胸中腾腾升起。人的一种重要属性就是社会性，乡村"围火夜话"是这种社会性的有效践行方式，同时它也是乡村文化的一个有机组成部分，一些离乡游子，多少年后，回忆故乡的时候，都忘不了老家那团暖身的火，以及围在火边那群暖心的人。

老乡们聊天说话直来直去，热情朴实。自给自足的自然经济让村民感到富足、骄傲，他们直言不讳地表达，"北京没有我们这里好，这里山好、水好、人更好，北京到处是雾霾"。

听老乡说话听多了，发现他们经常说一个词"逮"。老乡说，可以逮饭、逮烟，还能逮酒，就是吃饭、吸烟、喝酒的意思。"逮"相当于一个万能动词。我们感到很有意思，也学着用湘西腔和他们说"逮"，大家听了很高兴。同说一个"逮"字，关系很快拉近了。

几位老人回忆，村里的治安状况与经济发展情况密切相关。20世纪90年代村里比较穷，村民致富无门，"吃饱饭没事干"，那时治安不太好，打架斗殴、碰瓷现象较多，案件频发，2000年时还是省里的社会治理督办村，公安干警携枪带弹驻到村里整治。近年来，村干部等带头发展烤烟、猕猴桃、养猪等产业。村民看到他们挣了钱，都跟着经营自家产业，年轻的村民通过外出务工普遍提高了收入。随着生活越来越富裕，治安状况也越来越好，基本没有了打架斗殴、偷抢等问题。村民都说："现在日子越过越富了，治安也变好了。"询问有无赌博等现象时，村民大都回答："都在忙着挣钱，没时间玩那个。"

目前，马鞍村有1700多人，分成5个村民小组13个自然村寨。村民小组、村寨分布比较分散，如果想从一个小组到另一个小组，都得沿着弯弯曲曲、上坡下坡的路走上小半天。村会计向凌云介绍说，这几年，县里帮着修了不少水泥路，村内主要道路基本硬化完毕，整体实现了家家出门都能走上水泥路，"路好走多了，但去串个门，还是得走上一会"。

在马鞍村，山丘一个挨着一个，走几分钟就路过一个，山丘上茂密的山林给人一种神秘感。走在山丘脚下，村主任向泽海聊起山林里的"野味"。"我们之前常到山上逮竹鼠吃，竹鼠很好吃的。"据他介绍，马鞍村周围的山林里有野猪、野兔、竹鼠、金鸡、竹鸡、斑鸡等，生态很好。

走在村里，很少见到路人或是闲人。村医向秀玲说，村民要不就是外出务工去了，要不就是去地里干活了，孩子也都住在学校附近，只有周末的时候才回到村里，所以平时很难见到闲人。早些年，村里60多岁的老人就算高龄了，70岁的老人就比较少了。现在60岁、70岁的老人还算劳动力，80多岁的老人都有下地干活的。虽然务工的年轻人在农忙如种植、剪枝、授粉、采摘、销售的时候，还回来忙农活，但在家的时间很有限，平时村里老人占比很高，老龄化问题严重。晚上沿着村路算了一下农户的亮灯率，有40多户亮着灯，随机进了几户，发现都是老人在家。

"我今年46岁，高中文化，2014年去州里的电大读了3年，拿到大专文凭。"村会计向凌云介绍，现在村里70岁以上的人，90%是小学文化；50岁及以上的人，50%是小学文化；50岁以下的村民，最低也是初中文化了。现在没有小学辍学的现象。以村干部为例，村支部书记向言奎，小学文化；村主任向泽海，初中文化；村妇女专干田志梅，初中文化。全村教育水平并不算高，村民在家以种植猕猴桃、烤烟等作物为主，空闲时间就外出务工。近几年，村里外出的越来越多，特别是年轻人，除了到外地上学当兵，基本都出去了，远则广东、浙江，近则长沙、张家界。

"我们再过几天就去广东。"晚饭过后，向言奎的姐姐向英云带着自己的孙子串门。她说，他们一家人都在广东务工。她和老公、两个儿子、一个儿媳妇，都在广东编竹篓，已经去那边的家具厂工作十几年了。"一个月4000来块钱吧，那边花销也很大的，光吃住一个月就得3000块钱。"

在向言奎的家里，墙上挂着儿子当兵的几张照片，雄姿英发的军装显得人格外威武高壮，那是2015年参加纪念中国人民抗日战争暨世界反法西斯战争胜利70周年阅兵的照片。提起儿子当兵的事，向言奎的爱人彭治春说："我一开始不让他去的，他说穿上军装很精神。"儿子身高1米84，学过烹饪，大专学历，报考后一考就考上了，2012年12月12日就入伍了。"刚去3个月军训的时候，他说不想当兵了，太累了，要回家。然后我就劝他，光荣地去当兵，不能当逃兵。"据她统计，马鞍村有6个当兵的，其中3个是士官。

"我们这里结婚彩礼一般就是8万8，有钱的就是18万8。"向言奎笑着说，自己压力也很大，即将面临儿子结婚的彩礼问题、房子问题。村里现在的适龄年轻人，男的多一些。

讲到男性没能成家的问题，向秀玲给出了自己的分析："这些男性没结婚并不是因为穷，而是女性太少。"向秀玲一边笑着一边粗略统计，现在马鞍村还没结婚的30岁以上的青年有十几个，都是男性，被称作"光棍"。早些年的时候，同村结婚的比较多，彭姓嫁入向姓，向姓嫁入彭姓。虽然是同村婚姻，但他们都避开了近亲结婚。马鞍村离婚的并不多，现在村里离婚的几户都是"80后"，他们离婚的原因是"感情不和，女的走了"。马鞍村有个特别的习俗，那就是男的二婚比较难娶到媳妇，女的二婚就像头婚一样容易。

大概因为儿子是给父母养老的财政主力，村里人在生育观念上，还是觉得"总会想要个儿子"。过去村里生四五个孩子的比较多，现在生得少了，基本就是生两个；村民虽然口头上说"不重视男女性别""没有重男轻女思想"等，但心里还是想要个儿子。也因此，村里的女性比较少。

"女性一般二十来岁就出嫁了。"向秀玲说，马鞍村村民结婚成家的年龄都比较小，生育意愿和家庭生活水平并无明显关联，基本上都在30岁之前完成生育。总体上，近几年婚嫁并没对马鞍村人口数量造成很大影响，每年三四个青年因结婚迁出本村，也会有三四个青年因结婚迁入本村。

古语有言"履霜坚冰至"，意思是说脚下踩到了薄霜，就应该意识到结成坚冰的时候快到了。一个马鞍村呈现出来的婚恋现象，其实预示着很多的东西。农村现在的婚嫁问题已经到了需要引起重视的时候了，农村的婚俗文化，也到了需要加以合理引导的时候了。正所谓"国是千万家、家是最小国"，成家立业对于农村家庭来说，是一种追求、是一种责任，甚至是生命存在的价值，一定要在广大农村地区推行良好的婚恋风俗，真正实现以风化人、以俗安人。

马鞍村大多数村民家中都有冰箱、液晶电视、计算机，就是没有洗衣机，全自动洗衣机一台也没有。老乡说："就是没有水嘛。""每天要挑两担水。""我每天要挑两担水，才够吃饭喝水。"村民指着立在墙上的扁担说，从他记事起，家里一直靠挑水喝。住处地势低的村民用水泵从泉水井里抽水，而住处地势高的村民只能靠挑水。自来水的问题得不到解决，洗澡、水厕等就更难实现了。由于没有自来水，还没有人家购买全自动洗衣机，很多时候还是妇女们聚到洗衣的池子去洗，水温冬暖夏凉，也可借助棒槌敲打。这几年，大家生活水平高了，通上自来水的愿望越来越强烈，村"两委"也向大家作出承诺，2018年年底一定通上自来水。

　　这里不是"一日三餐"。若是外出做工,一般 7 点吃完早餐,不务工的则晚些,晚上再吃一顿,但都是一天两顿。正值正月,家里存的腊肉还有很多,蔬菜都来自自家菜园,品种主要有白菜(食用白菜薹)、大头菜(做榨菜用)、胡葱、芫荽、蒜苗,自家还能做香干。村里的老人说,现在普普通通一家人,过年要杀两头年猪了。美味的当地食材,还有"溜达鸡"和土鸡蛋,最美味的,当属自家水塘里的稻花鱼。既有原先建设的小木屋厨房,也有安装了抽油烟机的现代化厨房,燃料分别是木柴和液化石油气,其中使用液化石油气的人家已有 80%。

　　马鞍村老的木屋、吊脚楼逐渐被淘汰,取而代之的是小楼房,以二层小楼居多,最早兴建的还不是砖混浇制结构,后来有了第一层砖混浇制结构,现在已经实现整楼砖混浇制了。提起当年建房子,彭治春说:"那时候都是亲戚乡邻来帮忙,你一砖我一瓦就盖起来了,现在的房子复杂些,需要专业的施工队了,乡里乡亲来帮忙的,也要给人家出工钱了。"房屋使用单层砖建设,墙体较薄,隔热保温性不好,卧室一般没有配建阳台,房间也没有暖气设施,3 月初还感觉很寒冷。据了解,一栋二层小楼的造价 15 万元左右,大多数毛坯房就住进去,等孩子结婚时再进行装修。卫生条件较为落后,以旱厕为主,新修的楼房逐渐开始使用抽水马桶,但由于没有下水管道,还要配套建一个化粪池。洗漱用的热水可以利用太阳能、辅助电能,但由于 3 月初室内温度较低,还不能每天洗澡。说起装空调的事,有位村民开了个玩笑,说是村里购买空调的人家很少,有人买了以后,空调一开,"别人的灯都暗了一半"。

　　马鞍村处于永顺县和古丈县的交界位置,距芙蓉镇也只有 10 多公里,距古丈县城 40 多公里,距永顺县城 50 多公里,距张家界市区 70多公里,距湘西土家族苗族自治州州府所在地吉首市区 80 多公里,有省道 S229 公路,去张家界市、吉首市和永顺县城都有高速公路,很多都是新修的，交通可以说是"四通八达"。村口就有一个城际公交车停靠点，当地称作"招呼站"。村民去永顺县城、吉首市区、张家界市区均只需一个多小时车程，也有去松柏镇、芙蓉镇的班车，每天早上 7 点开始，到下午 4 点结束，一个小时一趟车，差不多一个来小时就能到。说起私家车，马鞍村村民并不陌生，这几年增加了不少，但总量并不多，目前全村有 40 辆左右私家车，户均 0.1 辆，比例不高。马鞍村的群众认为这不是经济问题，不是买不买得起的问题，而是买后不太实用，平时保养还要费很多钱。

马鞍村是一个典型的土家族村落，95% 以上都是土家族。村里 80% 的人都姓向，还有彭、杨、毛等姓。村里有一座向氏宗亲祠堂，据考证永顺的土司始祖，是公元 910 年（五代后梁时期）的溪州刺史彭瑊。有老年村民说，彭姓为土司王的后代，向姓是土司王的文官——向老倌人的后代。

土家族的葬礼基本流程已与汉族几乎无异。调研时，山上去世了一位老人，离世后五天就是下葬的日子。老人是彭治春的亲戚，所以下葬那天早上向言奎也要过去帮忙抬棺，若是直系亲属，还要送一条鱼、一只鸡、一个猪头，称作"三牲祭"。仪式上，先是有人在灵堂前的水塘撒几把芝麻秆，芝麻秆在当地用于给鱼解毒，从寓意上说还是为了驱邪祈福。乡亲们帮忙抬棺，过世老人的儿子几步就回首，向棺材下跪磕头。一路吹着哀伤的唢呐，送葬的队伍来到山上，让老人入土为安。

在马鞍村，年迈的父母会和儿子一起生活，女儿过年过节回家看望父母。女儿回家的仪式感很强，春节拜年时要送一个腊猪腿，当地有句顺口溜，"七个女儿七个郎，七个猪腿挂一房"。除了春节，还有 4 个重要节日女儿要看父母：清明节，带蒿子粑粑、新鲜的肉，价值 100 多元；中秋节，带月饼、新鲜的肉，价值 100 多元；重阳节，带 1 只活鸭子，价值 70—80 元；端午节，带粽子、新鲜的肉，价值 100 多元。

现在城市里流行一句话——"生活要有仪式感"。其实仪式感在一定程度上，是能够对抗人的物化、工具化的，也能够让人更好地发现并体会到生活中的"小确幸"。农村生活中的仪式感，则有更多发展的空间。乡村生活中的很多仪式，本来就是当地非物质文化遗产的重要组成部分，对激活乡村文化的一池春水能够发挥重要作用。在乡村振兴进程中，各地一定要引起重视，注重创新性转化和创造性发展。

在马鞍村调研期间，发现一个问题，村内几乎没有文化娱乐活动，晚上也没有路灯，没有广场舞、运动会、健身、读书、看报、上网等活动。村里小学的老校长陈兴六坚持收听收看新闻报道，政治觉悟高，但从总体来看，群众连知道乡村振兴战略的都不多，晚上入户走访，发现村民几乎都是在家看电视连续剧。下一步还是要利用好村民活动中心、图书室等场所，投入一批书籍，开展村民夜校等活动，提升村民文化水平，引导村民提高文化素质。

不过，村里人对子女教育还是十分重视的。永顺县是湘西州教育强县，近年来高考成绩较好，2017年考上北京大学、清华大学的有6人。马鞍村大多数村民认为，"自己以前日子过不好，就是吃了没文化的亏""还是读书好，读书有出息"。绝大多数家庭"孩子能考到多高，父母就供多高"，加上政府对特困家庭子女教育帮扶到位，村里没有学龄儿童辍学情况。村民也普遍认为，本村孩子上学机会基本平等，"大人只要能生出来，孩子就有学上"，甚至嘲讽那些不太勤劳并且享受教育帮扶政策的家长"甭管人家干不干，反正生了个大肉蛋"。

另外，像马鞍村这样有民族特色、有历史传承的村庄，还要挖掘土家族特色文化和彭氏、向氏等宗亲文化的价值，丰富村民的精神生活，增强向心力和凝聚力。在调研中也看到，周边各村向姓、彭姓等大姓都有逢年过节举办宗亲聚会的惯例。马鞍村2017年元旦前也搞了向氏宗亲聚会，参加的有1000多人，从留下的视频资料来看，还仅仅是以聚餐和自娱自乐的文艺表演等活动为主。

村里主干道边建有"向氏族志"，是向书记的父亲——一位老教师于 2002 年时组织修建的，以碑文的形式对向氏后人留下训诫。"向氏族志"内容基本以拥党爱国、修身齐家为主——前面几条甚至和《党章》总纲部分内容高度相似，基本可以概括为讲政治、树品行。村里向氏人的手机微信里都装有"向氏大家族"公众号，推送的内容大多是"家和万事兴"等道德训导类文章。

其实对于离乡游子而言，乡村是他们的一种精神寄托，为了更好发挥乡村文化凝心聚魂的作用，乡村文化建设应该朝着"看得见山、望得见水、记得住乡愁"的方向持续用力。这种文化建设说宏观也宏观，说具体也具体，比如就微信公众号而言，除了推送上述内容，其实也可以推送一些家乡四季山水风光、村民生活、村庄活动等，有的时候，这一张张带着"乡土味"的图片，能够带给离乡游子极大的精神慰藉，从而发挥很好的情感纽带作用。在信息化、智能化时代，乡村文化建设将会有更多的可能和更大的空间。

乡村文化是村庄的"魂"，也是中华民族的根脉所在。要充分发掘乡村的文化价值，树立村庄独有的文化符号，才能引导人们释放情感、寻找归属，才能真正有凝聚力，有生命力。

村庄小传

马鞍村位于湖南省湘西土家族苗族自治州永顺县高坪乡东北部，地势东高西低，属山区，因村域内有两座山相连形似马鞍而得名。全村总面积 7.84 平方公里，辖 5 个村民小组，共有人口 447 户 1718 人。全村共有党员 34 人，男党员 27 人，女党员 7 人，45 岁以下党员 16 人。

马鞍村处于永顺县和古丈县的交界位置，距离芙蓉镇 10 多公里，距古丈县城 40 多公里，距永顺县城 50 多公里，距张家界市区 70 多公里，距湘西州府所在地吉首市 80 多公里，交通方便，有省道 S229 公路，高速公路等在村附近，去永顺县城、吉首市区、张家界市区均只需 1 个多小时车程，2012 年起，村里通起了一条条水泥路，基本达到户户通。

1996 年，马鞍村开始种植猕猴桃，最早的时候，只是部分村干部种植猕猴桃，后来慢慢发展到全村种植。村里的老种植户回忆，2005 年，马鞍村的猕猴桃迎来了第一次大丰收，当时的亩产量只有 2000 斤，每斤收购价 2.5 元，马鞍村的村民自那时候起，尝到了种植猕猴桃的甜头。

近年来马鞍村立足交通和地域优势，探索出了一条"1421"产业扶贫模式，形成猕猴桃、烤烟、优质稻、黑猪等 4 个主导产业。天益猕猴桃种植、咏梅黑猪养殖 2 个合作社带头运营，实现 68 户 270 人脱贫致富。带动种植烤烟 638 亩，种植猕猴桃 4000 亩，年实现总收入 1000 万元以上。"1"即确立 1 个发展思路。围绕种养结合，利用猪粪产生沼气制作有机肥还田，发展湘西黑猪—家用沼气—猕猴桃水果一体化生态循环农业，打造绿色食品基地，生产优质安全农产品。"4"即立足 4 个主导产业。突出产业脱贫，稳步扩面积、重在提质量，力争实现人均 1 亩烤烟、1 亩优质稻、3 亩猕猴桃、1 头湘西黑猪的目标，促进农民脱贫致富。"2"即培育 2 个新型经营主体。一是成立永顺县马鞍天益猕猴桃种植专业合作社，建立了"乡村购"电商和微信商品销售平台；二是成立永顺县咏梅黑猪养殖专业合作社。"1"即实现 1 个脱贫致富目标。立足四个支柱产业，通过两个新型经营主体的带动，不断延长农业产业链条，提升农业综合效益，贫困人口脱贫成效显著。2014 年已脱贫 21 户 76 人，2015 年已脱贫 10 户 33 人，2016 年已脱贫 28 户 116 人，2020 年整村全部脱贫。

　　为完善马鞍村基础设施，提升群众幸福指数，上级部门投入资金建设的各种惠民项目已完工。投入资金 66 万元，全面推进集党务、村务、商务、服务功能于一体的村级综合服务平台建设 4000 平方米，改造原村级小学 650 平方米，规范设置党建、村委会、村级便民服务中心、综治、安全生产、工青妇、文体娱乐室、计划生育、电商、邮政代办、卫生室等相关办公室，畅通联系服务群众"最后一公里"。

湖南 菱角岔村

洞庭湖畔华丽转身

　　岁末年初，我们驱车从湖南省益阳市出发，前往赫山区一个叫菱角岔村的地方。

　　进了赫山区，第一感受就是没有湘西那种高高低低的小山丘，而是一马平川的开阔感。四周远眺，尽是平整的水稻田和金黄耀眼的油菜花，每走一段路，就会看到大小不一的小鱼塘，波光粼粼，尽是一副江南水乡的姿态。

　　沿 S324 省道行驶了 40 多分钟后左转，便到了菱角岔村。入村马路是一条干净的柏油路，路两旁挂满了装点节日气氛的红灯笼，枝繁叶茂的香樟树遮住了天空，每隔几米就有一盏路灯。

　　村党委书记陈楚如告诉我们，之前的路都是土路，每到下雨时，就坑坑洼洼、泥泞难走，汽车要是开得快，溅得路人满身泥。现在再也不用担心这种情况了，村民们晚上走夜路，也不用带手电筒了。

　　菱角岔村地貌基本都是平原，还有一些小山岗、小山丘，俗称"一分丘山两分岗，五分平原两水乡"。虽然是冬季，但温度还有 15—16℃，比起北方的严寒，还是很舒适的。

菱角岔村一景

在沥沥小雨中，我们来到了村民刘翠兰家。她正在将腌好的白菜放进罐子里。"最近连续下了好几天雨了，是不是有点冷啊？"一句寒暄拉近了彼此距离。

她说，这几年感觉最大的就是气温高了，觉得"夏天好热，去年都到了40℃"。而冬天气温也比之前高了，"小时候冬天零下10℃很正常，去年最低气温也就零下2℃"。

到了菱角岔村，发现村里有个地方，名字不好听，叫作烂泥湖，当然它还有个名字叫来仪湖。为什么叫烂泥湖呢？原来，这里是湘江和资水尾闾处，原为凤凰、来仪两湖，水面广阔，后因泥沙淤积和人工围垦始成内湖，湖面逐渐缩小，湖底又多淤泥，故称烂泥湖。

烂泥湖虽名字不好听，但历史上却大有来头，村里的老人、64岁的周放兰给我们讲述了一段烂泥湖的故事。

传说南宋时期的洞庭湖"杨幺起义"，主要内容就是筑堤围垦，洞庭湖区除建造长江南岸防汛大堤外，湖区内部还建造起数百个防汛的小圩子，两湖之间凸出的地方因长满芦花，被当地人叫作芦花岗。杨幺便把大本营设在了芦花岗对抗宋军，那时两湖就分别是"凤凰湖""来仪湖"。

民国时期，洞庭湖因缺乏统一治理，各地自发筑堤圩垸，使水系变成像一张被虫咬烂的荷叶，水流不畅，多数居民迁移他地，此地成了名副其实的烂泥湖。

新中国成立后，经过当时益阳县全县人民20多年的春围冬修，直到20世纪70年代末才打好基础，附近村民聚居于此，形成了蒿草佬村，这就是村庄最初的形态。

后来蒿草佬村并入竹泉山村，竹泉山村又与桔园村合并，因交界处有菱角岔湖，所以这才有了菱角岔村。

这样的村史也导致了菱角岔村人口的分散，到2018年时还有44个村民小组。村民戏说："44 个组，串门都要骑个车。"

的确，我们试了一下，从村口到书记家，要步行近 40 分钟，而书记从家到村部，步行也需要近 40 分钟，就是开车也要用上 10 分钟。我们从一个组到另一个组，每次也要走上一会儿路。走在村里，你会发现，大部分人都是骑着电动车或者摩托车来来往往。

走在菱角岔村看到，路两旁的房屋错落有致、整齐划一，每个房子都是蓝色屋顶、白色墙面，给人一种很清新的感觉。

我们走进了一户农家，男主人叫涂学军。他说，这都是村里搞美丽乡村建设的结果，有一个"穿衣戴帽"的工程，就是政府补贴 1 万元左右，自己花几千块钱，把屋顶、墙面刷成统一的颜色，门窗也换成新样式，打造一种新型湖乡建筑风格。他感觉经过这么一收拾，村庄都上了一个档次，自己看着也舒服，这钱花得值。

"为这事，我把嫂子的房子都拆了，她当时指着我的鼻子骂。"说起乡村建设，陈楚如点上一支烟说，当时为了做好村部周边的美化亮化，必须拆除破旧、影响美观的房子，其中有一处房子是他嫂子的，嫂子提出拆除必须要村里出 2 万元，他断然拒绝，严格按规矩办事，嫂子当时不理解他，甚至怀恨在心，要和他家断绝关系，后来才慢慢理解他了。

涂学军还带我们到他家房屋的侧面看了三格式化粪池，3 块水泥板盖着 3 个池子，确实闻不到一点臭味。

他说，现在家里的洗衣水、洗菜水、洗澡水都可以排到这个化粪池里，到最后一格，水已经经过 3 次净化，可以直接流到旁边的鱼塘里。

顺着涂学军指的方向看，郁郁葱葱的树木和鱼塘平静的水面相得益彰，感受到厕改对农村人居环境改善作用之大。村干部告诉我们，现在全村 300 多户村民都用上了这种化粪池。

从涂学军家出来，我们看到他家门前有一个 1 米多高的绿色垃圾桶，再往前走，好几个村民家门口也有，还有一个六七十岁的老人正弯腰在垃圾池旁劳作。

村书记陈楚如给我们介绍说，这是村里的保洁员老周。老周看到我们，放下手中的工具，非常高兴地跟我们聊起来。他说，自从每家每户有了垃圾桶、垃圾池后，村里的垃圾好收拾多了，村庄也整洁干净了不少。村里共有 11 名保洁员，每人负责一片。村里还会对各村民小组的卫生情况进行评比，分最清洁、清洁、不清洁 3 类。

说着说着，陈楚如插话说，老周负责的区域经常是最清洁的。听到这，老周不好意思地笑了。

一路走来，感觉呼吸到的空气十分清新，这或许和村里还栽有各种花草树木有关吧。在菱角岔村，不管是路两旁，还是农户的庭院里，南方常见的茶树、桂花树、红叶石楠、樟树、四季青等植物都长得枝繁叶茂，一派生机勃勃的气象。

村里种的主要是水稻，再就是种些蔬菜，如白菜、萝卜、包菜、芥菜、莴笋、芹菜、韭菜、大蒜、葱。"现在生活比之前好太多了，以前吃的菜就那么几样，不像现在，种类这么多。现在想吃什么就吃什么。"刘翠兰说。

走在村里，你会看到各家各户都在自己的房子周围搞绿化，特别是房子背面，简直就是一个小田园，不仅种植了各种蔬菜，而且还会圈养一些鸡鸭鹅，别有一番生活景象，"我们很少买菜，家里种的这些就够吃了"，周海洋说。这是美丽乡村建设的一项内容，做的是房前屋后的田园经济。

饭后在村内散步，经常看到家狗穿梭在村内道路上，甚至有的车辆要为它们的"闲庭信步"放慢速度。讲到动物，彭建梅有点激动地说："有次我在家厕所下水道看到一条银环蛇，盘在那，很吓人的。还有那个红头披（赤链蛇），就在马路上爬，树上也有。"

据了解，这里的蛇特别多，有赤链蛇、滑鼠蛇、银环蛇，稻田里还有水蛇，打农药的时候经常被水蛇咬到，"去年有人被毒蛇咬了，送医院打了两次血清才好"，彭建梅说。

村附近的树林里也有野兔、野鸡、野鸭、刺猬、黄鼠狼、老鼠等。以前村民去附近山上砍柴，经常遇到野鸡、野鸭，现在看到的已经比他们小时候少多了。

来到村民活动中心，这里有很多适合老年人的娱乐设施，还安装了纯净水直饮机和 ATM 机，其便利程度不亚于一般县城。一位正在打牌的 70 岁老太太刘兴霞看见我们来，高兴地说："现在生活好到顶了，就想多活几年。"

村民中心一楼的最边角处还有一个设备室，推开门看到，刚才我们走过的主干道、村民活动中心以及村里的企业、生产基地的实时录像都在屏幕上。

负责治安工作的村干部周海洋告诉我们，这是智慧农业云平台，有"平安乡村""智慧乡村"两个板块，因为接入了"天眼"系统，支持连接 100—200 个摄像头，可对村内主要场所进行实时监控，村里治安工作有了很大提高。

村民中心便于村民办事，"天眼"系统便于治安管理，都有利于乡村治理，我们在推进治理乡村中确实需要一些硬件设施来支持。

来到会议室，老支部书记陈学贤向我们介绍了村庄这么多年的发展变化。他告诉我们，菱角岔村是汉族村，陈、周、谭、蒋、刘、余等姓氏人口比较多，村里还有王、黄、彭、张、孙、赵、李、潘、姚等姓氏，人口较少。

菱角岔村有 44 个村民小组，4338 人，现在在泉交河镇还算是首屈一指的富裕村，村内人均纯收入在 2017 年就已经超过 20000 元。但如果回顾 20 世纪六七十年代，那时候村民的日子可不好过，可谓是"有女莫嫁竹泉山"。直到改革开放后村里才逐渐富裕起来。

2017 年以来，村里建起了竹泉农牧现代农业科技园，努力打造"智慧农业第一村"，入驻了好几家企业。这些企业建了智慧农业云、视频监控中心等平台，而且被整合到一款名为"惠农百事通"的手机 APP 中。自此以后，村里经常有前来取经的省内外团体，来此体验智慧农业的游客也不在少数。村民们看到商机也开办了 10 多家家庭式民宿，以往的贫困景象不复存在了。

午饭后，村干部提议带我们实地去看看村里的产业。我们来到了发生过"杨幺起义"的烂泥湖畔。昔日的烂泥湖，如今早已变成波光粼粼、清波荡漾的清水湖。湖边种着一片片柑橘，看到这一片片翠色欲滴，眼睛都舒服了不少。

陈楚如告诉我们，这片区域的自然条件非常适合柑橘生长，栽培历史可追溯到明末清初。到了民国时期柑橘产业逐渐发展壮大，当年汀湖咀（桔园村的老名称）的柑橘经洞庭，过长江，水运至汉口，商船一到专设的码头，客商就登船抢购，船东应接不暇。后来汀湖咀就改名为桔园村。

沿着湖走了几步，就到了村里引进的一家公司，负责人陆从祥引导我们来到 5G 总控室。在大屏幕上，大棚的温度、湿度、光照、二氧化碳浓度等信息清晰地显示出来，这都是大棚里的传感设备传输过来的，而且也可以在手机上进行远程操作，打开蔬菜基地喷头给菜苗浇灌，向鱼塘里的鱼苗投食，都只要点一下手机就能实现。总控室，就相当于整个基地的"大脑"。

走出这家公司，不远处就有一片四季花海，孩子们喜欢的小猪佩奇草雕掩映在五彩的花海中。一个写着"智慧农业第一村"的标牌醒目地竖在中间，我想这是对这个村产业最大的褒奖。

然而，菱角岔村也同样面临着后继无人的问题。我注意观察了一下，村里年轻人的身影确实不多。走了好几个农户家，经常会碰到家里只有两口子。经村干部粗略统计，每组至少 30 人在外务工。

陈学贤所在的小组共 110 人，只有 20 人在家务农，其他的都去广东、长沙等地务工或经商了。像陈学贤家的大儿子就在深圳做房屋出租工作，已经去了 12 年了，小儿子和两个重孙都在外面务工。

村里人都认为，但凡读点书的、去城市待过的年轻人都外出务工了，没有想回来的，"抬棺材都凑不齐壮小伙了"。

年轻一代读书后就留在城市，在村里形成了一种靠教育走向城市、扎根城市的观念导向。再加上大多数村民比较富裕，所以都比较重视教育。

村中的道路上，早上和傍晚都能看到接送学生的校车。据村干部讲，村里学校 20 世纪 90 年代被撤并，现在大部分学龄儿童在 4 公里外的镇中心小学就读，2013 年起推进校车市场化运作，校车每天进村接送小学生，基本能送到家门口，家长也比较放心。初中可以去镇中心学校，高中有在赫山区的第十七中，教学质量在区里居上游。

在村里的小卖部，我们遇到店主的孙子，一位十七八岁的男青年，他父亲在益阳打工多年，一直带着他在益阳读书，今年已经高三了。他告诉我，现在随父母在城里上学的孩子越来越多了，村里比他大一点的学生，90%高中毕业后都会继续上学，他也想努力考个好大学，"不管什么大学都要上一个"。

除了教育，医疗也是与村民密切相关的一项内容。因为是 3 个村合并而来，村里仍然保留了 3 个村医。从小卖部出来，我走进了最近的一个诊所。村医叫谭迎秋，热情接待了我们。

看到诊所里面的病人并不多，谭迎秋向我们解释说，村里有 3 个村医，原来的自然村每村 1 个。并村后只能保留 1 个村医，但村里以村子大、人口多为由与上级协商，结果 3 个都保留了。虽然去哪家看病村民自愿选择，但基本上还是按老习惯，就近"各管一片儿"，村民"瞧个常见病不用出村"。

谭迎秋说，虽然这个村比较富裕，但是村医的收入并不高，他每年的医药费收入也就五六万元，"大家都有钱了，家家都有小车，去长沙很方便，去镇里和益阳更快，很多人生病直接到镇里和城里的大医院，来村卫生室大多只是买盒药。"

通过他，我还了解到，村民都入了农村医保，保费每人每年180元，区里补贴60元，村民自己只需交120元，贫困户、五保户的保费全免，如果在镇医院和区定点医院住院，可报销80%，到其他医院报销比例会低些。只不过门诊看病不能报销。我想这个村农村医保实行得还不错，可以减轻一部分村民看病的负担。

在走访的这几天，恰巧还遇到有村民结婚和老人下葬，通过一番交谈，感受到村民的婚恋、生育观念发生了很大变化。

那是走访的第二天，还没出门，就听到外面的鞭炮响过一阵又一阵。正午时分，就看到充气拱门内，新人的亲戚朋友正高兴地吃婚宴。1992年出生的小月2015年嫁到菱角岔村，她也参加了当天的婚礼。她说，现在结婚彩礼也不像以前了，几万块钱就够了，这户是7万元全包了。而村民随礼也会根据关系包300元、500元、600元不等的红包。

不过，我也发现村里年轻人有一个不好的婚恋观，还需要正面引导。这几年村里有个新现象，那就是没怀孕不结婚。凡是外出务工的，要怀上孩子才结婚，并且不是个例，前几天就有个挺着大肚子结婚的。

村里也有几家离婚的，都是30岁以上的。离婚原因主要是两个人务工不在一起。就原来的桔园村范围来说，还有十几个30岁以上没结婚的，都是男性。现在农村女性的数量总体还是少些。这样的情况让人担忧，乡村振兴离不开和谐美满家庭的支撑，一定要重视宣传健康的婚恋观。

人们生育观念倒是发生了良性变化。早些年，即使要被罚款 2 万—4 万元，有女儿的夫妇还要生儿子。现在，年轻人没有这些讲究了，对于生男生女无所谓，基本就一个，最多两个，就想给孩子要个伴。只是老年人还是有点重男轻女。如果第一胎是女孩，还是会让再生个男孩。我想，随着年轻一代生育观念的转变，我们国家的人口结构会逐渐恢复平衡。

按照当地的风俗习惯，婚礼和葬礼不能同时举行。谭家 81 岁母亲去世后，葬礼安排在婚礼的后几天。在她下葬前一天晚上，我去看了灵堂里的仪式。

灵堂之前，是一道道蓝色的充气拱门，分别有儿孙们夫妇的名字，以示敬挽。灵堂里人很多，孝子贤孙们在最里面，靠外面的地方有很多村里人在烤火。中间有块地方没坐人，摆着几个小椅子、牌位。锣鼓响起，5 个道士开始作法，口中念念有词，前面隐约听出是逝者的生平。听村民们讲，做道场的一共 7 个人，一场下来花费 5000 元；条件好的还请人唱戏的，花费上万元或数万元。不得不说，当地人还是很重视葬礼的仪式。

调研的几天，村干部除了陪我们了解产业发展、乡风乡俗外，一些紧急的事情也需要他们处理。有一天，一位村民眼里含着泪来到村部，陈楚如赶紧请他来到村里的调解室，原来村民吴兴国出了交通事故，医疗费欠了二三十万元，颅骨做手术还得十多万元，肇事者不愿出钱，家庭陷入困境，这是他儿子没办法了，来找村干部。陈楚如和其他班子成员商定，决定村里帮忙找交警队和肇事方调解，必要的话找有关领导报告沟通，小伙连忙表示感激。

还有一件矛盾纠纷，是村里湖面上搞光伏发电的永清公司，好几个村民都打电话向陈楚如反映，他们最近施工噪声太大，扰得村民睡不着觉，而且还拖欠工资，变压器离房子太近，电话那头的声音很是气愤。陈楚如赶紧联系永清公司派代表到村里接受调解。调解会上村干部通过摆事实、讲道理，据理力争，公司代表答应回去找领导商议补偿事宜。

这两件事我都旁听了，感到建一个好的纠纷调解委员会，为村民化解矛盾、争取权益，无疑要比普通村民"单打独斗"有效得多，对维护农村社会和谐稳定的作用也很突出。

村干部讲，20 世纪 90 年代，菱角岔村的前身竹泉山村、蒿草佬村和桔园村可是有名的乱村，那时上级招商引资在村边上建了龙源纺织厂，开工那天现场杀的牛肉都被村民一抢而光。村民经常告状上访，直到 2006 年还是省里的"黄牌警告村"。近 10 年来，村民通过干工程、种柑橘、搞水产等，收入逐渐增加，日子越过越富裕，村里好多年没有发生过治安案件了。

后来，竹泉山村和桔园村先后评上了省新农村建设示范村，合并后的菱角岔村也被评为综治维稳先进单位。现在村里每年还评选几家内外关系和睦的"平安示范家庭"，干部上门挂牌，大家都争着评，连拌个嘴都很稀罕了。

村庄小传

菱角岔村是 2016 年 6 月赫山区推行并乡合村的最新举措创建的一个新村。由原桔园村、竹泉山村、蒿草佬村合并而成，因村内菱角岔湖而得名。

菱角岔村位于赫山区泉交河镇新河以北，来仪湖以西，南接省道 S324 线，距离长益高速益阳东出口仅 8 公里，距长益复线沅湖桥互通仅 2 公里，离市区约 25 公里，距离省会长沙仅 30 分钟车程，总面积 8.2 平方公里。现辖 15 个村民小组，居民户 1045 户，人口 3868 人，党员 164 人。

合并前的桔园村地处烂泥湖南岸，原本盛产柑橘而得名。据益阳县志记载："十九里泞湖咀种植柑橘始于秦代，多植于室旁院内，年产桔约千担。"民间流传一首民谣，"泞湖桔树漫山坡，一棵结果几皮箩，香甜味美营养好，赛过哈瓜与菠萝"。据史料考证，桔园这方乐土原是八百里洞庭南方一小小湖泊，因年深日久，湖水多年的污积形成了如此美丽富饶的乐土，村内西侧有山阜，名曰牛头岭。传说北宋爱国将领岳飞麾下的一爱将牛皋，平定洞庭湖水寇杨幺时曾在此安营扎寨，晒过征衣铠甲，因而留名至今。

合并前的竹泉山村隶属赫山区泉交河镇人民政府管辖，由原来的竹泉山村和蒿草佬村合并而成。1975 年冬，原益阳县委、县政府组织全县人民展开了一场撇洪治水、围湖造田的烂泥湖治理工程。资金不够，靠艰苦奋斗，机械不足，靠人工肩挑，仅用三年时间，靠人工挖出一条长达 48 公里的撇洪河。1978 年春，烂泥湖治理工程完工后，原益阳县委、县政府下达了围垦烂泥湖造田、移民建社的指示，并从原兰溪区、欧江岔区组织移民落户建队。原蒿草佬村就是从当时泞湖公社农户中移民而来，始为烂泥湖公社一个大队。1984 年，公社改乡时，因村境内为烂泥湖蒿草佬地域，故此更名为蒿草佬村，2008 年与竹泉山村合并，隶属现菱角岔村的一部分。

菱角岔村历史悠久，人文荟萃。益阳市博物馆于 1988 年和 1991 年先后两次在村内展开考古发掘，发现有 3600 年前农耕渔猎、繁衍生息的遗迹。清末民初，有远方道士颜公来此地隐居，立门传道，道派流长。近代以来，涌现出如周理该等一批文人学者和谭子钦等革命烈士。周理该，1894 年 10 月出生，学深德厚，秉持戒浮荣、趋实学的治学理念，1956 年，被《湖南日报》敬称为"一位国学富有研究的周理该老先生"，曾任宫保第完小校长，倡实学重力行，学风纯正，对贫穷但志向高远的学生免除学费，后任经学馆师，讲经传道，桃李满天下。谭子钦，1884 年 6 月出生，1926 年加入中国共产党，曾担任泉交河"农民协会"会长，1927 年 4 月"马日事变"被国民党抓捕，受酷刑仍至死不屈，保守了党的地下组织机密，后来被杀害于泉交河奎星塔下的草坪里，英勇就义，时年 44 岁。

近年来，菱角岔村党总支以党建为统领，加强党的建设，扎实践行乡村振兴战略，党组织战斗堡垒作用和党员先锋模范作用得到巩固和提升。美丽乡村、智慧农业、综改项目、环境整治，使菱角岔村新农村建设成果丰硕，基础设施日趋完善，产业基础进一步夯实，呈现出蓬勃的发展后劲。

现在的菱角岔村，全村产业发展了，环境更美了，民风更优了，群众更富了。菱角岔先后荣获省级"美丽乡村建设示范村""美丽乡村精品村"等称号。

江西 下保村

"鸡窝村"变身"凤凰村"

初春时节，细雨柔润。我们来到下保村，只见村前江水清澈见底，环村皆山，满目苍翠，蓝瓦白墙的村落透着江南山乡的灵秀。

下保村是江西省新余市渝水区良山镇下辖的一个行政村，有新余南大门之称，与吉安市的峡江县山水相连。

村党总支书记胡云华告诉我们，下保村原来的名字叫下堡，因为四周都是山，犹如城堡环绕，村子建在中间，因此得名下堡，后来谐音就改叫下保了。

历史上，这个小山村曾发生过一段惊天动地的革命故事。1929年12月，中共峡江县西南区组织派党员廖仁义到新喻下保、塘元一带开展革命活动，组织农会会员60余人聚集在下保村，手持大刀、扁担、木棍等武器，举行武装暴动，涌向地主院宅，没收其钱粮财物，分给贫苦大众，史称"下保暴动"。

来到下保暴动旧址。69岁的老大爷胡勇正饱含深情地为游客讲解这一革命故事。胡勇讲："当时流传一句话，'要吃辣椒不怕辣，要想革命不怕杀，刀枪架在脖子上，眉毛不跳眼不眨'，说明那个时候革命斗

下保村全貌

争形势非常残酷，也反映了革命前辈们不怕牺牲、英勇斗争的大无畏精神。"

凝视着遗址上革命先辈们手持大刀锄头、奋勇向前的雕像，聆听着胡大爷精彩生动的讲解，我们感怀：下保革命斗争史，虽然只是中国千千万万革命斗争史中的一滴小水珠，但她是我们党早期苏区人民奋斗史上的一个缩影，她昭示着我们要时刻铭记革命历史，永远传承红色基因，不忘初心使命，矢志砥砺前行。

胡勇介绍说，自从村里搞起了旅游产业后，来的游客越来越多了，他每周都会给游客们义务讲解红色故事。"我是一名退伍老兵，出生成长在下保这样有着红色历史的地方，现在能发挥余热，跟大家一起回忆那段历史，我感到很荣幸、很高兴。"胡勇说。

问及下保村何时开始发展旅游？随着村里人的讲述，下保村的情况更立体地呈现出来。

过去的下保村，由于地处偏远、交通不便、村庄面貌脏乱、房屋老旧破烂，被附近村民唤作"鸡窝村"。老百姓多以种水稻、养猪养牛为生，或外出打工，生活并不宽裕。

村民胡玉兰回忆道："10年前，这里的路都是坑坑洼洼的土路，出行很不方便，村里也没什么产业，家里全靠我老公种点庄稼和进城打小工维持生活，一年也只有两三万元的收入。"

村民们说，下保村开始发生变化，主要还是从胡云华当村支书开始的。

2008年6月，胡云华回村担任村支部书记。此前，胡云华在新余市区开办了一家文化发展公司。由于下保村党支部书记没有合适人选，乡亲们认为"在外面能赚钱的人，回来也能带着大家一起致富"，都觉得他能挑起村支书的担子。镇党委找胡云华谈话，又组织全体党员投票，结果一致同意由胡云华担任村支书。

胡云华跟我们讲，当时也没多想，就想既然乡亲们信任我，就不能辜负大家的信任。尽管家人和生意伙伴反对，他还是下定决心选择了回村。

初到下保村，他花了半年时间走村串户，了解村里的情况和村民们关心的现实问题，决定先从村里环境入手，打响家园保卫战。

此时，各地正热火朝天推进社会主义新农村建设。下保村积极争取，成了新余市新农村建设示范点，通过申请资金，同时也发动村民筹资筹劳，先后完成了拆旧建新、疏通水渠、硬化路面、改水改厕、绿化美化，村容村貌焕然一新。

"村里这些年的变化可谓是翻天覆地。" 1995 年出生的村党支部副书记何欢是土生土长的下保人，见证了村里的美丽变迁。现在的下保村，村民喝上了干净的自来水，用上了太阳能热水器，走上了干净宽阔的水泥马路，住上了美观舒适的房屋，实现了"喝干净水、走平坦路、住舒适房、用洁净能、居生态村"的美好愿望。

要让老百姓真正过上好日子，最根本的还是要找到发展的好路子。

有着多年文化策划和运营经历的胡云华认为，如果说红色是下保的根，绿色则是下保最大的优势。下保村依山傍水、生态资源丰富，要富起来，就要打好绿色牌。

为此，村"两委"多次组织开党员大会和村民会议，讨论发展思路，最终制定了《下保村旅游发展规划》。村里人形成共识，要走绿色发展之路，不踩生态"红线"。

下保村地下原本有一条铁矿带可以开发，好几个养猪场也看中了这里的偏僻，甚至山上的林木也有不少人打主意，但是这些"来钱快"的产业都被下保村拒之门外。

2016 年起，下保村先后引进了多家企业，陆续建起了花卉苗木基地、果冻橙种植基地、特色果树育苗基地、格桑花海景区等。村里还挖掘红色文化、农耕文化、民俗文化等资源,建起了下保暴动旧址、革命斗争陈列馆、文化展示馆、农耕文化体验区等,在方圆十里之间打造了融红色教育、农事体验、休闲观光、乡土风情于一体的特色景观带和体验带。

风景有了,怎么才能把游客吸引过来?胡云华介绍,主要还是策划组织旅游节庆活动,每年都举办花海艺术节,2017年第一次办艺术节的时候,来的游客都大为惊叹,觉得跟印象中的下保村截然不同,根本没想到会发生这么大的变化。

村里还在油菜花盛开的时候,组织过千人快闪活动,唱响《我和我的祖国》,几千人在美丽的田园花海中共同歌唱,特别壮观,再通过抖音、快手、微信公众号传播,下保村的名气越来越响亮,游客也越来越多。

沿着一排排白墙蓝瓦、红檐灰边的房屋漫步,我们来到了"家乡味"土菜馆,老板何运华正在门口等客人。借着空隙,我们跟他聊起来。

"你好,菜馆生意怎么样?"

"还好,现在春暖花开了,旺季慢慢来了。"

"生意好的时候,一天能有多少收入?"

"平均每天收入4000元左右,人气最旺的时候一天接了30多桌客人,收了6000多元。"

"不错啊。全年算下来,一年能有多少钱?"

"我们家大概算了下,去年通过这个'农家乐'赚了12万元左右吧。"

"你是什么时候开始搞'农家乐'的?以前做什么呢?"

"2015年开始开的。以前就是在家种种田、在附近打打小工。"

"跟以前比,现在收入大概多多少呢?"

"以前一年就是两三万元收入,用下来基本存不了什么钱。现在确实翻了好几倍。"

何运华告诉我们，这几年他家里买了小轿车，每个包厢里装上了空调，院子里摆上了盆景，日子过得越来越红火，"以前想都不敢想"。

就在何运华家不远处，何永红家的"农家乐"菜馆里济济一堂，大厅里五六桌客人正津津有味地品尝着乡土特色佳肴。

36岁的何永红以前在新余市一家酒店当厨师。当他目睹花海艺术节的盛况后，便萌生了回家开菜馆的想法。很快，他就回到村里，修整家里闲置的房屋，设计独具风格的菜谱，开起了"农家乐"。两年来，每到节假日他的菜馆都很火爆，家庭收入比过去翻了几番。

"能在家门口赚钱，还能照顾家人，非常开心。这也是托了村里发展的福。"何永红乐得合不上嘴。

"过去村里穷，不少年轻人被迫远走他乡打工，现在大家都愿意回来了。"胡云华说。据他介绍，现在村里就业岗位近300个，季节性用工还有200多个，村里还开起了10多家"农家乐"。

让每个人共享绿水青山带来的发展红利，这个梦想正在照进现实。曾经穷得出名的下保村，如今每年吸引游客30余万人次，村集体收入超过80万元，村民人均纯收入也从2010年的7000元，增长到1.8万元。呵护一方青山绿水，为下保村腾飞插上了"金钥匙"。

此刻，内心不免激荡。四面环绕的大山，挡不住下保这个小山村通往富裕、美丽、幸福的脚步。这个偏僻小村，由一个环境脏乱差村变成了美丽宜居示范村，由贫困村变为富裕村，"美"与"富"同频共振，精彩演绎了"绿水青山就是金山银山"的实践篇章，更为新时代乡村如何与绿水青山和谐共融、农民如何走向富裕安康提供了生动样本。

走出村民生活区，只见连片的油菜花随风招展，竞相绽放，汇集成一片花的海洋。层层叠叠的油菜花，与白墙蓝瓦的村庄，构成一幅柔情惬意的天然画卷。

一路欣赏花海美景，我们漫步到了果冻橙基地里，村民江菊保正忙着修剪枝叶。

2017年，下保村利用高标准农田建设项目的优势，引进企业，栽种了200余亩果冻橙，建起了集观光休闲、采摘体验于一体的生态农业示范园。同时，成立立荣种养农民专业合作社，采取"公司＋合作社＋基地＋贫困户"模式，将基地打造成村扶贫车间，吸纳了10多名贫困户务工，增加工资性收入。

66岁的王坑自然村脱贫户江菊保正是这块基地的受益者。他以前是贫困户，2018年实现了脱贫摘帽。他跟我们讲："以前年轻时，帮别人搬砖、挑泥桶，打些零工，补贴家用，但收入不太稳定，后来年纪大了，就只能在家种几亩田，收入更少。"

"去年胡书记问我想不想来果冻橙基地这里做事，我想也没想就允下了，这里离家又近，做事也不怎么累，工资每个月1500元钱，去哪找比这更好的事做？"江菊保笑呵呵地说，"不仅挣了钱，脱了贫，还学会了种植技术，生活越来越好，日子越来越有奔头了。"

一天的走访下来，我愈加深刻地认为，产业是发展的根基，是解决农村一切问题的前提。无论是脱贫攻坚还是乡村振兴，都必须发展产业。打牢了产业根基，乡村才会有"造血"功能，各方面事业才有物质基础，才能让老百姓走上富裕路。

当然，乡村产业发展绝非一朝一夕之事，从某种程度上来说也是最难的。整治人居环境，加强村庄建设，只要投入了，就可立竿见影；而发展一门产业，既要考虑资源、技术、人才等内部因素，也要考虑市场、政策等外部因素，不可能一蹴而就。不过，产业发展也有规律可循，还是要立足当地特色资源，在挖掘特色上做文章，在延伸链条上下功夫，选好路子，迈好步子，逐步将资源优势转化为经济优势。

产业要可持续发展，还须建立好利益联结机制，让广大农民都能参与进来。既要发挥好乡村能人的带动作用，也要把普通农民特别是老弱人群联结起来，让他们能一起分享产业增值收益，提高收入水平。

随着走访调研的深入，村里更多的做法和变化吸引着我们关注的目光。

走在村中，"富强、民主、文明、和谐""孝老爱亲、诚实守信""文明礼貌、助人为乐"……一面面"文化墙"，生动有趣、图文并茂，成为一道亮丽风景线。

胡云华说道："乡村治理不是一天两天能够速成的，它是个长期的工作。要引导好老百姓，就要一点一滴做，一步一步来，通过各种各样的形式，潜移默化影响他们的行为。"

他介绍，村里以"和、孝、德、礼、信"为主题，用群众喜闻乐见、通俗易懂的图画、谚语、顺口溜等，在7个自然村绘制文化墙，宣传社会主义核心价值观、中国梦、孝义故事、法律知识、婚育新风以及文明公约，达到"图画上墙、观念入心"的效果。

沿着宽敞整洁的水泥村道信步，村民房前屋后不见一点垃圾，每户门前摆有两个标有"沤肥""非沤肥"字样的垃圾小桶。

胡云华介绍说，早在2013年，下保村就开始推行垃圾分类处理。村里为每户村民免费配置了"沤肥"和"非沤肥"两个垃圾桶，并建起了垃圾分类屋、沤肥窖、沼气池、垃圾焚烧坑和填埋场，分门别类收集处理垃圾，做到垃圾不出村、循环再利用。

他跟我们讲，当时要推这个的时候，好多群众不理解，"城里人都没做到的事，我们农村人干嘛要这么讲究？""没事干了啊，折腾这个干吗？""也就一会儿热乎劲，我看搞不了多久。"

垃圾分类的难度可想而知，即便在很多城市社区，垃圾分类推行也不是很顺利。我们忍不住追问道："那这个事怎么推开的呢？"

胡云华说："一个是宣传教育，通过开会和村干部挨家挨户上门，为村民讲解垃圾分类知识，做思想动员工作。我们给群众讲，垃圾分类搞不好，我们村里的环境就很难好起来，这样旅游也很难搞起来，没有好的产业，大家的收入就很难提高。"

"第二个，村里请了10个保洁员，都是村里觉悟高、责任心强的人，每人每月发500元钱，虽说钱不多，但大家都很敬业负责。我跟保洁员讲，如果老百姓没做好分类，或者还是乱扔垃圾，大家就辛苦点，一天多打扫几次，用行动感染大家。"

"第三个，村里设立卫生评比栏，每家每户都要比，结果上墙大家看。农村是熟人社会，如果因为卫生不好上了墙，面子不好看，就会想着改的。"

听闻于此，我们不禁叹服：一个具体的工作，从宣传教育到提供服务，从文化分析到管理机制，考虑得如此周全，形成了一个完整链条。乡村治理，就要从一件件具体的事项切入，把规则定下来，把监督建起来，把氛围营造起来，把群众调动起来，循序渐进，坚持不懈，变化也就水到渠成。

如今，经过几年的摸索，村民们将垃圾分类处理得井井有条，垃圾循环回收处理成了这个山乡小村的生活常态。

"公益事、多出力，倒垃圾、不随意，砖瓦柴、摆整齐……"这是下保村以"三字经"的形式写在墙上的村规民约，格外引人注目。

下保村从村民日常生活、习惯养成做起，发动群众讨论修订了村规民约，将社会治安、环境卫生、邻里关系、移风易俗、文明新风等内容都写入其中，并公布在墙上。村里还成立了村民议事会、红白理事会，对村民遵守村规民约的行为进行监督评议和打分公示。

在下保村主干道旁的公示栏，张贴着每季度的光荣榜、警示榜和进步榜。"光荣榜""进步榜"用红色字体标识、贴红纸，"警示榜"用黑色字体标识、贴白纸，通过颜色区分，让人一目了然。

我们看到，"光荣榜"上有6位村民，分别是热心公益事业的老干部胡友元、老党员胡思，十年来照顾瘫痪丈夫的好媳妇陈桂珍、14 年独自抚育两个小孩的好妈妈陈桂芳，爱岗敬业奉献的好组长谢林清、喻小华。"警示榜"上，有因家中环境卫生不达标的 3 位村民。"进步榜"则是上了"警示榜"后及时改正的村民。

除了有公示榜，下保村还实施积分制管理，老百姓日常的行为能形成积分并可用来兑换生活小物品。

在村里的一个小卖铺，我们看到货架上摆满了油、盐、醋、面、米、洗衣粉、洗发水等日常生活用品，每一件物品都贴上了对应的积分标签，这就是下保村道德积分银行的积分兑换超市。道德评议会每季度从孝、善、信、勤、俭等方面进行评分。比如：子女在校得"三好学生"，可以积 3 分；拾金不昧达到一定数额，可以积 3 分；帮助照顾村里的留守老人，可以积 3 分；见义勇为是高额"奖励"，可以积 20 分。积攒到一定分数，村民就可以在这个小卖铺兑换生活用品。

下保村的种种做法和创新，让我们强烈感觉到，乡村治理大有文章可做。有些人认为，乡村治理是个宏大的概念，是个系统的工程，特别庞杂，工作中无从下手。也有人讲，乡村治理太虚了，没有具体的抓手，工作根本推不动。

事实上，乡村治理无处不在，每一项具体工作的背后，都内含对治理理念、治理机制和治理方式方法的要求。农村人居环境整治、宅基地改革、土地经营权流转等，概莫如此。治理提上来了，相关工作自然推得顺。

下保村的公示榜、道德积分银行、理事会等做法都可以给开展乡村治理提供现实的参考样本。公示榜，利用农村熟人社会的特点，营造比学赶超氛围；道德积分银行，将村民的日常行为转化为具体分值，激发村民崇德向善的内生动力；村民议事会、红白理事会、道德评议会，都由村民选举产生的代表组成，核心就是发动农民群众参与，让群众自己管自己，避免"干部干、群众看"。这些做法，切入点具体明确，可操作、可复制，值得总结推广。

"我们跟城里人一样，也跳起了广场舞，春节还办起了'村晚'。"谈及村里的文化娱乐生活，村妇女主任胡兰英自豪地说。

胡兰英介绍，村里在文化大礼堂开设"村民大舞台"，每逢春节、元宵、端午、中秋等节假日，就组织"村晚"、元宵灯会、广场舞表演赛等。刚刚过去的春节期间，就办了三场文艺会演，有10多个节目，30多名村民参与，大家自编自导自演，讲的都是村民的身边事，既丰富老百姓的业余生活，又宣传党的好政策，传递身边的正能量。

村民何建文以自己亲身经历为范本，将母亲与妻子由势同水火到形同陌路，再到感同身受而情同金兰的全过程，自编自导自演，真人真事真情，一出戏曲《婆媳和》，大家看完都深受触动。还有《贷款趣事》《清沙塘》《群众路线是法宝》等节目，群众看了都直呼"过瘾，受教育"。

"住在这里是一种享受，村里年轻人回来都说跟度假一样。"58岁的村民何正根笑呵呵地说。现在下保村赌钱打牌的没了，唱歌跳舞的多了；游手好闲的没了，勤劳致富的多了；吵架相骂的没了，互帮互助的多了。

乡村振兴，不仅要富口袋，也要富脑袋。下保村的做法启示我们，满足农民群众的精神文化需求，引领乡村文明新风尚，除了政府部门自上而下提供文化服务外，更重要的还要发动农民群众，亲身参与、亲身表演，说自己的话，讲身边的事。如此，更加贴近村民实际，更让群众觉得亲近亲切，才更有感染力生命力。

听闻下保村的颐养之家办得好，我们慕名来到了这里。临近午餐时间，下保村的颐养之家很是热闹，老人们围坐在厅堂，看着电视，聊着天。

78岁的老人郭田英，在颐养之家刚建起时就"入家"了。说起在颐养之家的生活，十分感慨。她说，以前吃饭都是自己在家随便弄弄，剩饭剩菜要吃好几天，在这里只要缴一点伙食费，吃得就很好，不用自己动手，还能和大家一起聊天、看电视。

"入家"老人刘志刚也高兴地介绍道："刚来的时候设备还不算齐全，这几年，我们颐养之家陆续买了冰柜，装了空调，特别是在冷天，每天还准备了热水让老人带回家，所以不单是吃得好、吃得饱，而且方方面面都很细致周到。平时还经常会有爱心人士来看望我们，给大家送温暖送快乐，和大家在一起谈天说笑，很开心很幸福。"

胡云华介绍，通过"财政给一点、集体筹一点、社会捐一点、老人掏一点"，下保村 2016 年就建起了颐养之家。目前，下保村颐养之家有 1 个标准点、5 个送餐点，共有 70 岁以上的"入家"老人 66 名，可以集中到颐养之家吃饭，行动不方便的老人，或者天气不好的时候，就由送餐点统一配送到家。村里还定期组织老人开展健康体检。通过各种服务，让老人开心、让子女放心。

几天的走访调研，通过对村庄环境和面貌的近距离观察，通过与村干部和村民们的面对面谈话，通过一个个村民展现出来的爽朗笑容，我们感受到了下保村由表及里的全方位变化。而胡云华这个返乡能人，富有情怀，思路清晰，表达能力强，工作办法多，也给我们留下深刻印象。群众富不富，关键在支部，支部强不强，要看"领头羊"。在乡村振兴的路上，我们需要更多胡云华这样的"领头羊"。

下保村作为一个红色村庄，其变化更有独特意味。下保村不等不靠、奋力拼搏，创新闯新路，村庄美了起来，村民富了起来，其实就是对革命先辈们不怕牺牲、热血奋斗精神的赓续和传承。

历史的峰回路转中，总有一些东西贯穿岁月、一脉相承。透过下保村的发展历程，我们更能读懂我们这个国家与民族在复兴之路上的信心和力量。

村庄小传

下保村隶属江西省新余市渝水区良山镇，位于新余市南部，与吉安市峡江县山水相连，距城区 20 多公里。辖 7 个自然村，农业户数 352 户、1106 人，全村地域面积 10.03 平方公里，耕地面积 2106 亩，山地面积 13000 亩。村庄四周被崇山峻岭、茂密森林围绕，自然环境优美，生态资源丰富，被誉为"天然氧吧"。

《新余县志》记载，公元 968 年，下保祖先卜居清水洲，至今已有 1000 多年历史。宋朝时期，吉安市的第一个状元何昌言就出生于此，可谓物华天宝、人杰地灵。

下保村是新余市著名的红色村庄，曾发生过"下保暴动"。1929 年 12 月，中共党员廖仁义组织农会会员 60 余人聚集在下保村，手持大刀、扁担等武器，涌向地主院宅，没收其钱粮财物，分给贫苦大众，深深播撒了红色革命"种子"。

由于地处偏远、交通不便、村庄面貌脏乱、房屋老旧破烂，下保村长期被附近村民唤作"鸡窝村"。村民多以种水稻、养猪养牛为生，产业单一，收入不高。

近年来，下保村充分利用丰富的山水自然资源，做足山水文章，将资源优势转化为经济优势，形成了生态果业、花卉苗木、乡村休闲旅游三大支柱产业。2017 年，村级集体经济收入达 80 万元，村民人均可支配收入达 18260 元。

为改善村庄环境，下保村积极争取上级财政资金，并发动村民筹资筹劳，先后完成了拆旧建新、疏通水渠、硬化路面、改水改厕、绿化美化，让村民们过上了"喝干净水、走平坦路、住舒适房、用洁净能、居生态村"的现代生活。下保村还率先探索垃圾分类处理，做到了垃圾不出村、循环再利用。

在改善村容村貌的同时，精神文明建设也同步推进。该村以"和、孝、德、礼、信"为主题，绘制"主题文化墙"；兴建文化展示馆，展现农耕文化；搭建村民大舞台，组建农民业余剧团、秧歌队、锣鼓队等，组织"村晚"、元宵灯会、广场表演赛等等。通过各种形式，丰富群众的文化生活，也引导村民自我提升。

下保村积极创新治理方式方法，为各项事业发展护航。发动群众讨论修订了新的村规民约，将社会治安、环境卫生、邻里关系、移风易俗等内容纳入其中，并成立村民议事会、红白理事会，对村民遵守村规民约情况进行监督评议。实施光荣榜、进步榜和警示榜公示，成立道德积分银行，对村民的日常行为建立起激励和约束机制，督促村民养成文明的生活习惯。

下保村不断完善公共服务设施，提升村民幸福感获得感。建设乡村旅游公路、开通乡村旅游公交车，大大方便了村民出行和市民来游；建设了篮球场、乒乓球场、儿童娱乐园、健身广场、便民超市等，让村民足不出村就能享受各种休闲娱乐及便民服务；建设了颐养之家，为70岁以上的老人提供一日三餐、日间生活照料、娱乐休闲、卫生保健等服务，让他们安享幸福的晚年。

由于在村庄发展建设等各方面的成效显著，下保村近年来先后获得全国文明村镇、中国美丽休闲乡村、全国美丽宜居示范村、全国"一村一品"示范村、全国民主法治示范村、全国乡村治理示范村等荣誉称号，已成为远近闻名的明星村。

福建 三澳村
海 岛 渔 村 新 故 事

"阳光、沙滩、海浪、仙人掌，还有一位老船长……"说到海岛渔村，很多人都会联想到歌中唱过的惬意场景。在我们的调研中，就曾经去过这样一个村庄——三澳村。

三澳村位于福建省宁德市霞浦县三沙镇，背山面海，是典型的海洋捕捞专业村。据《霞浦县志》记载，三澳在明朝嘉靖年间就是一个繁荣的渔村，村民擅长放缲和钓蟹的捕鱼技术。新中国成立前，因生产工具落后，渔民缺吃少穿，到处漂泊。新中国成立后，特别是改革开放以来，传统的捕鱼作业结合新兴的科学技术和生产工具，使当地渔业得到大发展。但"竭泽而渔"的阶段性发展方式，也曾让村民尝到苦头。

现在，三澳村采取"旅游+""生态+"等模式，走出了一条传统渔村的振兴路。

三澳村渔港

"对大海像母亲一样爱护"的转型新路

我们来到三澳村的时候，恰逢渔船备航出海之际。村里的理发店、小商店、药店都是顾客盈门，妇女、老人在门口和路边忙碌地织补备网，渔港里工人忙着修船刷漆，到处是一片热闹忙碌的景象。

三澳村的海洋捕捞业有着悠久的历史。村民张扁阿介绍，三澳人的祖先 260 多年前出海打鱼来到这里定居繁衍，世代以捕鱼为生，一直保持到现在。改革开放以来，渔业成为农业中最早放开的产业，三澳村率先施行分产到户，渔民的积极性被充分调动起来，纷纷购置或参股购置渔船，其他人则到渔船上打工，捕捞能力和捕捞技术迅速提高，捕捞业发展进入黄金期，三澳村发展成为远近闻名的渔业大村。

海洋捕捞业是三澳村的传统优势产业，也是村域经济发展的主导产业。三澳村拥有海岸线 1.3 公里，有 4 个澳口，分别为一澳、二澳、三澳、四澳，其中一澳为国家中心渔港核心区。20 世纪 50 年代末，福建省三沙渔业公司曾在四澳建成育苗室，每年为福建省沿海养殖区提供高质量的海带苗种、对虾苗，以及各种珍贵的人工养殖鲍鱼、金鲷等。

产业如火如荼的发展过程中，转型的迫切性也日益显露。渔业资源衰退是我国渔业发展面临的最大难题，三澳村也不例外。

曾经，三澳村每年出产大量经济鱼类，特别是石斑鱼、梭子蟹常年出口东南亚，为国家创下了几百万美元的外汇。但因过度捕捞，近些年，全村水产品捕捞产量逐年下降，2017 年全村水产品捕捞产量同比减少 3000 多吨。

过度捕捞、单纯依靠捕捞的路再也走不下去了，三澳村面临着不改不转就没有出路的境地。

在村里的渔船卸货码头上，渔运船老板给我们算了笔账，一艘渔运船一个航次油钱、车辆运输、人工成本要四五千元，海上收购渔获平均每斤赚 4 元，要收 1000 多斤才能兜住成本。然而现实总不尽如人意，很多渔船一天下来渔获也难超百斤。老板说："资源不好，捕鱼人只有多在海上停留捕鱼，渔获减少，渔运船只有多收几条船的渔获，漂在海上的日子苦啊。"

船老板赚钱难，船上打工的村民赚钱也就少。在三澳村的码头上，我们看到渔获搬运工基本上都是中年妇女以及身体较弱的男劳力。他们的收入按照搬运鱼盘的多少来计钱，从凌晨一点多干到四五点，才能赚100 多块钱。

海洋捕捞是靠天吃饭，渔业资源的好坏直接影响渔民的收入。渔民们说，他们对取缔或严格监管拖网、锚张网、三角虎网等作业方式的意愿十分强烈，"这些作业方式大小通吃，捕捞的渔获物大多数是幼鱼，严重破坏海洋渔业生态环境。"不少渔民十分担忧，"现在鱼越来越少，拖网把那么小的鱼都捕上来了，我们的子孙吃什么？"

为此，三澳村渔民将小舢板换成三四百千瓦的大船，大力发展深水流刺网和灯光围网，网目尺寸越来越大，捕捞距离越跑越远，对近海渔业资源的伤害也越来越小。

村主任曾文库说，这些转变得益于老村长蔡爱礼长远的眼光。他牵头引进深水流刺网，高效的作业方式和良好的收益推动了三澳村捕捞业的大变革。几年后，老村长又从台湾引进了灯光围网，捕捞效益进一步提高。这两种网具成为三澳村经济持续发展和村民致富的"金钥匙"。村民们无不对老村长充满感激和敬重，称其为三澳村发展的"第一功臣"。

我们到蔡爱礼家中拜访时，已经年逾古稀的老村长表达最多的还是对大海的感情和对过度捕捞的忧虑："渔民是大海的孩子，对大海要像对母亲一样爱护！""国家施行伏季休渔是好事，是在为子孙后代留活路啊！"

通过尽可能捕大留小，可持续利用渔业资源，三澳村为渔业资源衰退难题的破解蹚出了一条路。

另一条路是发展绿色水产养殖，科学确定养殖容量，鼓励循环水养殖，探索建立轮养模式，把水产养殖场建设成为美丽渔场、水上景观、海上田园。

三澳村捕捞大户黄兴国就是产业转型的一个生动案例。他积极转变思路，尝试发展贝类循环水养殖和黄花鱼生态化养殖。地方渔业部门和镇政府积极给予支持，快捷办理了各种手续，帮助他解决发展中遇到的各种困难和问题。

靠海吃海的融合新曲

渔业村一般远离城镇，经济规模小，产业体系以传统的第一产业为主，在资源禀赋、生产生活方式、社会治理、政策支撑体系等方面，与其他地区的农村有很大不同。如何立足自身条件发展优势、补齐短板，实现现代化？三澳村的经验告诉我们，传统渔村振兴必须立足海洋资源、渔业文化，以"海"和"渔"为基础。

靠山吃山，靠海吃海。但新的形势下，"吃海"的方式必须要变，不能单纯依靠捕捞。如果不只是捕鱼，还能做点什么？发展什么产业？怎样发展产业？

三澳村的村民凭借吃苦耐劳、勇于创新的精神，奏响了一首产业融合新曲。

黄宝忠的事业发展就是其中一个动人的音符。他十几岁跟随父亲出海捕捞，分产到户后就到个人经营的船上做饭。在船老板捕捞时，他也可以下几片自己的渔网，以渔获物代替酬劳。经过几年的积累，黄宝忠与人合股购置了一条渔船，成为船老大。慢慢地，他名下的渔船越来越多。随着渔船越来越大、越跑越远和水产品加工流通业的发展，他又购置渔运船干起了收渔获的生意。

近几年，随着渔船服务业的发展，黄宝忠又率先成立渔业服务公司，从船老大做到公司"老总"，为会员渔船办理渔船检验、证书换发、渔业保险等业务，协助当地渔业部门和村里进行渔船管理，开展船员培训、安全教育，以及台风季节渔船召回避风等工作，受到当地渔民的欢迎。从单一到多元，从下海捕鱼到进军服务业，黄宝忠的事业从小到大，日子也越来越有奔头。

不只是黄宝忠一个人，三澳村的产业融合也在全面推进。

"绿水青山就是金山银山。"党的十八大以来，三澳村践行新发展理念，门前的海、村后的山成为发展的最大优势和宝贵财富。

渔港是渔船的家、是渔村的根。渔业要强，渔港必须强；渔区要兴，渔港必须兴；渔村要美，渔港必须美。

结合乡村振兴战略实施，近年来三澳村的发展把渔港经济区纳入整体规划，以渔港为中心吸引和集聚各类生产要素，带动加工贸易、冷链物流、休闲渔业、海洋牧场、滨海旅游等多元化产业发展。

在产业集聚的同时促进人口集聚，鼓励和引导优秀企业，深入挖掘渔港渔业文化，加强品牌渔港商标注册，打造人文渔港、景观渔港、主题渔港。

作为福建省首批规划建设的渔港经济示范区，三沙渔港经济区正在兴起。开展海漂垃圾和近岸海域综合治理，整治渔港生态环境，改善港区生产生活设施布局。开展油污水、废弃网具及生活垃圾等集中处理，开展渔港水域清理、港池航道疏浚，规范渔船停泊，打造美丽港湾，建设生态宜居的新渔区。三澳村处于三沙渔港经济区的核心区，同时处在海西经济区腹地，处于对台合作一线，在"一带一路"建设、闽台合作中同样拥有重要机遇。

随着经济区建设的深入推进，喜人的变化正在三澳村发生。走在村里，到处可见四五层的村居小楼，自来水、电、互联网等早已通到各家各户，摩托车、小汽车也早已成为村里常见的交通工具。

水产品加工业一头连着原料生产，一头连着市场销售，在产业链中不仅处在前延后展的关键位置，而且具有产业融合发展的内生动力，能够有效提高传统产业效益。三澳村将"互联网＋现代渔业"引入海岛渔村，让渔民走上电商平台，让乡村优质水产品和休闲渔业项目插上网络的翅膀。

秀丽的景色、迷人的风光，使三沙发展滨海旅游经济具有得天独厚的优势。另外，三沙镇还有被誉为"闽东小普陀"的留云洞以及烽火岛、古桃城、狮球山等旅游休闲景点。

我们去调研时，三沙镇"光影小镇"建设规划已经出台。当地的负责人说，三沙镇将采取"旅游＋""生态＋"等模式，推进渔业与旅游、文化、康养等产业深度融合，挖掘滨海滩涂风光、妈祖文化、海洋牧场、摄影旅游等资源，引导扶持发展一批星级主题民宿、海上人家等，打造主题鲜明的渔村旅游目的地和精品线路，打造出海垂钓、吃海鲜、住渔家、体验渔文化等综合性休闲旅游渔业，培育一批渔村生态旅游品牌。

这些同样是三澳村产业振兴可期的未来。

其乐融融的乡村新风

来三澳村之前，就听说这里是有名的"篮球村"，篮球运动搞得有声有色。

果然，我们在调研过程中常常看到村民热火朝天地打篮球，从七八岁的小孩到三四十岁的中年人，玩得不亦乐乎。

村支书陈丕史说，三澳村的篮球运动延续了很多年。他自己就是从小开始打篮球，长大后成了村篮球队的主力队员，还与村篮球队一起在镇里、县里拿了很多荣誉。他打算在村里组织一场篮球赛，邀请邻村的篮球队参赛，把三澳村的篮球传统继续传承下去，丰富村民的体育文化生活。

此外，三澳村老年人的生活也很丰富多彩。村里早在1996年就建设了老年协会，2010年又进行了改建。新的老年协会建在村中心广场旁边，是座四层小楼。这里空间宽敞，设有棋牌室、观影室等娱乐设施。村里的老人白天天气好时，在门口聊天晒太阳，晚上或天气不好时就在屋里打牌、看电视，其乐融融。

三沙渔业公司退休工人魏兴明就是老年协会的会员之一。他告诉我们，自己的子女都在外地工作，老年协会已经成了他的另一个"家"。

三澳村还有一个特别的现象，这里的民房多数两三户连在一起。我们在村里住的房子就是两户连在一起的，房东黄兴忠解释说，这些连在一起的房子都是兄弟、亲戚共同修建的。我们住的房子是他和弟弟的，他大哥和堂哥的房子也是连在一起修建的。三澳村的村民历来重视家风建设，兄弟姐妹之间感情都很深厚，邻里之间也很少发生不和的事情。

入住三澳村的当天晚上，正赶上村里有一家的老人去世。虽然还是要吹吹打打、宴请亲朋，但房东告诉我们，近几年村里红白喜事已经简化了许多，朋友乡邻不再随"份子钱"了，由"礼尚往来"改为资贷。一旦谁家有事，村民们就你帮些钱、我帮些钱，主家在经济宽裕的时候再偿还。这样既减轻了村民的经济负担，还保留了乡邻间互帮互助的优良传统。

在乡村社会治理中，德治居于十分重要的地位。三澳村正是通过不断发扬和传承和睦家风、尊老文化等优良传统，组织各类文体活动，不仅丰富了群众的精神文化生活，也增强了村集体凝聚力，为维护渔村稳定和村域经济发展提供了重要保障。

"一事一议"是三澳村乡村治理的又一个亮点。村里重要的事务和公共设施建设都实现了民主管理，极大调动了村民参与村务的积极性。在村内的小公园、体育场、老人协会、主要道路等建设项目中，村民们都积极参与。船老大、个体经营户、专业合作社理事长等乡土能人也都热衷于村里的公益事业，成为村级建设的主体。

2016 年修建的三澳村小公园，共投资 28 万元。除了上级配套的一部分，村民集资了 7 万元，村集体投入 3 万元。2010 年重建三澳村老人协会时，总投资 126 万元，村民筹资筹劳、社会捐助、村集体投入总计超过 80 万元。

三澳村有 200 多亩坡地，因为零星散落、多年抛荒等原因，多数无法准确划定归属。但随着工业和旅游业对土地的需求逐渐增加，不断有土地被征用，荒坡地变成了香饽饽。为避免矛盾纠纷，村"两委"组织村民共同商议，决定把村里的耕地组零为整，进行一体化管理，确定各户耕地面积，在土地征用时按照比例发放补偿资金。这样不但大大提高了管理效率，也有效避免了纠纷，全村近年来都没有发生过一起因土地征用导致的纠纷。

船是渔民最重要的生产工具，在三澳村，最典型的风俗莫过于对渔船的"敬重"了。渔船年前回港后都要披红挂彩，除"令旗"外，每个重要部位都要装饰，船头贴"福"，船眼贴"龙目光彩"，主桅贴"送风得利"，船尾贴"海不扬波"，舵贴"万军主帅"等。现在的渔船有了现代装备，但源于木帆船的风俗还是继承了下来。

渔家人对安全的渴盼古今如一。而今天，他们有了更可靠的方法。吸取 2006 年桑美台风的教训，现在每到台风季节，县乡村三级人员就会长期驻扎三澳村，利用广播、手机等通知渔民台风信息，调度渔船安全避风。村书记和村主任则挨家挨户查访抗风情况，通知在外作业渔船及时回港避风。近些年，村里还涌现出几家捕捞渔船管理服务公司，其中也包括黄宝忠的公司。该公司目前服务的渔船已有 80 多艘，不仅为渔民提供了便捷服务，而且有效避免了渔船因错过检验、换证或未及时办理保险导致的损失，在渔船管理和安全管理等方面也发挥了直接联系渔民群众的作用。

我们相信，只要在产业发展上念好"渔业经"，在生态保护上做好"加减法"，统筹海陆系统治理，把渔村打造成水清鱼跃、山川秀美、具有独特魅力的新渔区，福建三澳渔村振兴的故事一定能常讲常新。

村庄小传

三澳村是福建省宁德市霞浦县三沙镇的沿海行政村，占地面积 0.6 平方公里，拥有海岸线 1.3 公里，有一澳、二澳、三澳、四澳 4 个澳口。三沙镇地处闽东霞浦县东北部沿海突出部，面积 63.6 平方公里，距台湾基隆港仅 126 海里。据史料记载，从唐代到清代，历朝历代都曾在此设镇驻兵，被誉为"福宁门户、闽浙钥匙"，自古就有"闽浙要冲""海疆重镇"之誉。

三澳村辖一个自然村（岗头岭自然村），共有村民 959 户、3618 人，全村男女比例为 1.1∶1，人口年龄分布成纺锤形。曾姓是村里大姓，人口约占村民的 1/3，其次是叶、陈、黄等姓氏。全村有党员 84 名，村"两委"成员 9 名。

三澳村是传统海洋捕捞渔村，全村直接从事渔业生产的渔民900 多人，占常住人口的 54.5%。三澳村耕地仅有 276 亩，全是山坡地，现有 3 个农业组、129 户、465 名村民拥有土地承包经营权，人均耕地面积 0.59 亩。受耕地类型、天气影响，主要种植作物为地瓜，亩产 1200 斤。2017 年全村国民生产总值为 1.1 亿元，年人均收入 9000 多元。

据《霞浦县志》记载，三澳村在明嘉庆年间就是一个繁荣的渔村。渔民擅长放缲和钓蟹的捕鱼技术。但在新中国成立前因生产工具落后，渔民缺吃少穿，到处漂泊。如今，三澳村已发展成一个闻名遐迩、富足文明的新渔村。传统的捕鱼作业，结合了新兴的科学技术和生产工具，使渔业生产得到空前的发展。曾有一个时期，三澳村每年生产的各种经济鱼类，特别是石斑鱼、梭子蟹，出口东南亚，为国家创汇几百万美元。

历史上，一澳原来是镇里五个澳口中最偏僻的一个澳口，无人居住，只有一条荒径可达，但澳口海滩宽阔、平坦。二澳澳口狭小，海岬突出部分原来是五澳港避风海堤的对接点，工程在 20 世纪 50 年代被废弃。四澳在新中国成立前是个荒滩野澳，沙滩上随处可见海难者离散的白骨。50 年代末期，福建省三沙渔业公司曾在四澳建设了两个工厂——育苗室和造船厂。育苗室每年为全省沿海养殖区提供高质量的海带苗种、对虾苗，以及各种珍贵的人工养殖鲍鱼、金鲷等。特别是 1995 年，育苗室的科技工作者在国际上首先人工培育出珍贵的黄花鱼苗，填补了我国水产养殖业的空白。三沙渔业公司造船厂办厂之初只能建造一些小型木壳船，后发展成为可以建造各种钢壳渔船和中型运输船的大厂。因为三沙渔港经济区建设原因，育苗室和造船厂已搬迁至外地。

三澳村最高点设有三沙哨所一处，目前由 6 名女民兵轮流执勤，主要肩负海空观测、海防执勤、应急救援等任务。哨所始建于 1976 年，1998 年根据形势任务的需要，经上级批准，哨所由男民兵改为女民兵执勤。哨所成立以来，历届民兵发扬爱岗敬业、无私奉献的精神，在平凡的岗位上作出不平凡的业绩。2003 年被全国妇联建功领导小组评为"全国三八红旗集体"，2004 年被全国城镇巾帼建功领导小组评为"全国巾帼文明示范岗",同年荣立集体三等功。《中国国防报》《国防》《东海民兵》都曾长篇报道她们的事迹,2005年中央电视台军事频道专程到哨所拍摄《东南海防行》专辑,在军内外引起强烈反响。

三澳村渔民群众的精神文化生活比较丰富,群众体育健身活动蓬勃开展。曾经的三澳小学篮球队多次在全省小学生篮球赛获冠亚军,三澳青年渔民队曾获宁德地区"海岛杯"篮球赛冠军。村中建有老人协会。老人协会现有会员300多名,重大节日时协会会发放礼品,如中秋月饼等。活动场所设有棋牌室、观影室,供老年人交流娱乐,提高了老年人晚年生活质量。

贵州 营盘村

云 雾 深 处 茶 满 园

云贵高原群山连绵，无数村庄点缀其中。

营盘村，这座位于贵州省西部六盘水市水城区顺场苗族彝族布依族自治乡的村庄，地处云贵高原斜坡地带，受低纬度高海拔的影响，冬无严寒，夏无酷暑，雨热同季，春秋相连，一年约有 270 天笼罩着云雾，小小村庄的面貌隐藏在青山云雾缭绕之中，轻易不肯示人。

南邻娘娘山，尽显乌蒙磅礴气象，西抵北盘江，方知珠江源头水雄。不到 30 平方公里的村域，分布着 19 个村民小组，东西之间却有1100—1900 米海拔差，地形高低起伏、山头林立，民间有"隔着山头能聊天，要想相见走一天"的说法，依山而建、傍山而居，营盘村无疑是典型的贵州山村。

从水城城区到营盘村，即使借道高速公路，也需要在层峦叠嶂的青色群山怀抱中，历经蜿蜒崎岖的 120 公里高速路。前往营盘的一路上，两侧是数不尽的青色，迎来送往的是一座又一座山，虽然没有两岸猿声啼不住，但确实轻车已过万重山。

北盘江水奔涌而过，车入乌蒙山区深处，经过近 2 个多小时的车

鸟瞰营盘村

程，营盘村向我们揭开了她神秘的面纱。

绿树村边合，青山郭外斜。还未入村，绿水青山迎面而来，这是对营盘村的第一印象。村外数万亩山林掩映在沉沉雾霭之中，日头高照放眼眺望，远处和近处山峦绵延起伏、郁郁葱葱。通村路和通组路两旁几乎遍布自然生长的类似满天星的野草野花、竹林和各类树木。

走在路上，我们看到，山上的映山红、山茶花已经陆续绽放，草木生长、万象更新。一片片绿油油的呈阶梯状整齐分布的茶园以及在茶园中忙碌采茶的村民，构成一道亮丽而生机勃勃的风景线，空气中充满了茶叶的清香，数千亩的茶园为营盘村增添新的景致。房前屋后等小块土地上零星种植的白色萝卜花、黄色油菜花点缀了一幢幢特色民居，好一幅生态宜居、绿水青山的美丽画面。

当地老人陈金贵经历了营盘村生态环境变迁的整个过程。"群山裸露，满目荒芜，十年九旱。"陈金贵回忆当时的场景，"满山遍野找一节'镰刀棍'都难呢。"

20 世纪 80 年代，群众生产热情高涨，苦了一辈子的营盘村百姓纷纷拿起锄头和镰刀，上山开荒"刨食"，你一锄，我一犁，从下至上，原本覆盖营盘大山的灌木林越来越少，坡耕地越来越多。

在顺场乡国土所工作的老张还记得那段岁月，他告诉我们："最严重的时候，整个乡里的森林覆盖率都已经不足 15% 了，过度开垦，导致土地承载力下降，庄稼收成不好。再加上大量的水土流失，风一来，尘土飞扬；雨一到，裹着泥土直奔北盘江。"

当时，雨季山洪暴发，大"黄河"、小"黄河"从山上蜂拥而下，营盘村原邓家寨在 21 世纪初遭受山体滑坡，一寨人的家园被毁。"那就是血的教训！"老张感慨。

痛定思痛，"血的教训"敲醒了营盘村的群众，保护生态成为共识。他们开始退耕还林，在山上的坡耕地根据地形栽种了华山松、柳杉等不同树种。"我们还是娃娃的时候就晓得要种树、护树。"营盘村村干部范贤会说。

1998年，顺场乡争取到了"世行造林"工程。不久，国家退耕还林工程、天然林保护工程也相继启动，有了资金和政策的支持，营盘村的"绿色"面积越来越大。目前，整个顺场乡森林覆盖率超过69.2%。作为顺场乡核心区域，"绿"成了营盘村最亮丽的底色。

营盘村的"绿"留住了水源，带来了勃勃生机，更带来了丰厚的回馈。结合"产业生态化"和"生态产业化"的目标，营盘村开始因地制宜进行农业产业结构调整的探索。站在茶园里，范贤会指着茶田说："正是因为环境好起来，我们才找到了发展的方向。"

范贤会说："20多年前，每家都吃不上白米饭，只能吃玉米饭，好点的人家也就顶多在玉米饭中加一些白米。当时人均耕地仅0.7亩，以种玉米为主，地里的收益根本养不活一家人，村民都在想办法谋活路，有的是在自家地里种其他作物，有的外出务工。"范贤会的话从侧面反映了营盘村过去单一的玉米种植状况，既无法让村民填饱肚子，更无法让村民发家致富。

我们与村里的大户和干部交流，了解到营盘村作为高原山地村庄，土壤瘠薄，水利灌溉条件差，玉米单产水平不高，投入产出率低，比较效益差，经济效益"不划算"。

村干部说，农民群众也想种点别的，一是没有找到合适的替代产业，二是担心没有经验种不好。

营盘村该走向何方？茶农领着我们走上了茶园高处，在云雾缭绕的山上，一株株野茶树孕育着答案。

我们到访期间，正好赶上村里茶叶基地进入茶叶采摘期，在海拔1800米的营盘村茶叶种植基地，茶山上数十名茶农们正忙着采摘茶青。跟春茶相比，夏秋茶虽然价格较低，但产量却远远高于春茶的产量，茶农们也能获得较好的收益。

采茶工人肖石弟乐呵呵地告诉我们："在茶叶基地采摘夏秋茶，每天能采20斤左右，收入大概100元，对于我们60多岁的老人来说，已经很不错了。"

自5月进入夏秋茶采摘以来，因劳动力需要，除了带动顺场乡各村村民增收，临近的龙场、花戛、发耳、营盘等乡镇部分村民也能不同程度获得收益。基地负责人徐祥辉介绍："我们基地从2月开始进入采摘期，一直能采到10月底。"

"说起这个茶叶，我们真是守得云开见月明。"一谈起发展茶产业，村支书徐祥富仿佛有说不完的话。50多岁的徐祥富是20世纪80年代的高中毕业生，在当时是村里文化素质最高的一批人。他已经当了十多年的村干部，也是村里的致富带头人，曾经带动老百姓种烤烟、枇杷、猕猴桃。现在，他自己参股合作社，种了300多亩茶。

徐祥富详细讲述了营盘村茶产业的艰辛发展历程。2009年初，他和村里的干部、能人到四川等地学习致富经验，根据村里的地理环境条件，大家形成发展茶产业的共识。随后，几个干部牵头流转了900多亩地，准备种植茶叶。他们专门跑到700多公里之外的四川雅安购买福鼎小叶茶苗。

"没想到，第一次种茶，就吃了个'闭门羹'。"徐祥富苦笑道。2009年10月种下的茶苗，在2010年遇到了大旱，成活率极低。

2010年，为了提高抵抗各种风险的能力，在外务工的徐祥辉与徐祥富等村干部牵头成立了村里的第一家合作社，即水城县腾鹏种植养殖农民专业合作社，带动村民种植茶叶。当年10月，合作社补种了一批茶苗，并增加了300亩的种植面积，总种植面积1200多亩。非常不幸的是，2011年初又遇到了雪凝，大批茶苗没有成活。

接连遭受重创之后，"当时，我们带动的农户都唉声叹气地说：'失败了，失败了，看不到希望了。'几个合作社的成员也出现了分歧，有的想退股，有的想接着干。"徐祥富说。

为了鼓励大家，合作社理事长徐祥辉说："我们已经投入了这么多，这两年是因为天灾，市场还是很广阔的，必须接着干，从哪里跌倒就从哪里爬起来。"

最终，合作社的成员们咬紧牙关、硬着头皮、勒紧裤腰带继续干，深挖沟、高培土，认真摸索茶苗的栽种技术。到 2012 年，茶苗终于成活了，这让大家高兴不已。

2014 年，合作社终于迎来了首批茶叶的采摘，200 亩可采摘面积的收益达到 5 万元，亩均收益 250 元。虽然收益不高，但这是第一年，让村里人看到了希望，周边的农户纷纷跟着种植茶叶了。2015 年，全村可采茶叶面积达到 300 亩，总收益达到 30 多万元，亩均收益突破 1000 元。

徐祥辉笑着说："刚开始种的那几年，虽然遇到几次自然灾害，受到很大的打击，但为了不辜负大家的期望，我们从来没有想过放弃，一直在坚持，因为我们认为茶叶一定会带来价值的，成功指日可待。现在，光我们合作社就有 2080 亩茶叶，覆盖 10 个村民组 463 户农户。"

在合作社的带领下，经过近 10 年艰辛探索，营盘村的茶产业初具规模，现在的营盘村茶叶种植面积扩大到 7700 余亩，仅腾鹏合作社每年就能带动周边至少 13000 人次临时就业。目前，营盘村已经成为著名茶品牌"水城春"的生产地，茶叶成为营盘人民增收致富的重要收入来源。

我想，营盘村生态环境和产业发展的历程，为"绿山青山就是金山银山"科学论断提供了生动的实践样本。

乡村振兴，产业发展是根本，任何地方要找到一条致富的路，都不是件容易的事，而对于像营盘村这样身处大山、交通不便的村庄而言，难度更大。好在，经过艰难探索，营盘村找到了自己的路子。这充分说明，立足生态特色，做好产业文章，就能为"绿水青山"带来"金山银山"。

营盘村的实践还说明，产业发展要有带头人。一门产业的发展，从种苗到技术，从管理到市场，需要应对的情况很多，没有几个"明白人""掌事人"，很容易就陷入一头雾水、一盘散沙的境地。特别是遇到困难困境，如果不是带头人的坚持与执着，就容易中途放弃、半途而废。

值得一提的是，在调研中，我们看到营盘村不仅种植茶叶，还凭借村里海拔高差大这一特点，根据海拔高度发展核桃、枇杷、猕猴桃等山地特色经果林和蔬菜产业等山地立体农业。

徐祥富形象地把营盘村的产业结构总结为"头顶'茶帽子'，腰挂'菜带子'，脚穿'果园子'"。从毁掉绿水青山只为土地刨食到保护生态环境迎来金山银山，营盘村念好"山字经"，种下"摇钱树"，打出"特色牌"。营盘村产业结构调整背后是农民观念的变化，这离不开十多年来政府的引导以及合作社的探索。

村民越来越富，村子里的风气也越来越好。这几年，徐祥富最自豪的事情就是村里的风气越来越文明，将滥办酒席的攀比之风给压了下去。

他告诉我们："以前，但凡是婚丧嫁娶、孩子满月、剃头、家里建房、上坟、老人做寿等，反正只要是有点由头就要操办，村里人碍于面子得去随礼。而且随礼的标准不断提高，老百姓都苦不堪言。"

近年来，在广大村干部和党员的带领下，村里制定了村规民约，整治不良风气，取得了良好的效果。包村干部老余说："营盘村在杜绝大操大办方面是全乡做得最好的。这样既节省了老百姓的开支，又能让在村里和在外面的人安心工作，杜绝了攀比之风。"

看来，村规民约既是社会治理的重要手段，也是文明乡风的重要载体。村规虽小、民约虽简，然其内涵与能量皆不可小觑。制定一个既向上向善又接地气的村规民约，能够发挥其在乡村振兴中不可替代的规范行为、弘扬美德之作用。

穿过营盘村的茶叶基地，我们进入营盘村中心地区。作为乡政府所在地，营盘村的公共服务设施明显比一般村庄更加完善，能满足村民们的日常生活需求。3条南北向主干道和2条东西向街道相连接，整个村庄布局错落有致。村里的主干道也是顺场乡政府所在地和农户居住最为集中的地区，在主干道两侧，我们看到学校、医院、信用社、百货商店、五金店、建材店、餐饮店、服装店、旅社等各类公共服务设施和商店。

村里的副支书黄成琴介绍，每到周二的时候，营盘村有一次大集，周边的农户、商户都会来这里赶集，规模约3000人。村民们把自己家的蔬菜、鸡、牛等拉到集市上来卖，同时采购自家所需的物品，烟火气十足，热闹非凡。

在村里，不时能看见浙江等外省车牌的小汽车。黄成琴说，全村有1700多人在外务工，约占全村总劳动年龄人口的41%。

经过村里的农户家，经常看见老人家搬着一个小木凳子坐在门口，与老人们交谈，问他们家里有哪些人，"家里就我和老伴还有小孙子"。而问及留守家中的老人的孩子们去哪了，几乎家家老人都回答，"在浙江打工嘞"。

可以看出，外出务工收入是村民收入的重要组成部分。营盘村在浙江绍兴、金华和温州三市的务工者居多，占外出总人口的一半以上。黄成琴告诉我们，"过年的时候，村里街上都是浙C、浙D的外地牌照。"

和传统农区很多普通村庄一样，营盘村大量劳动力赴沿海打工。一方面，农村劳动力转移是城镇化的必然趋势，我们的各项政策也在保护进城务工人员的合法权益不受侵害；另一方面，随着农村劳动力转移，农村"空心化"现象，以及留守的儿童老人如何照料，已经成为一个值得关注的问题。

据村里统计，营盘村有 100 岁以上的老人 1 人，已经 107 岁了。90—100 岁的有 21 人，80—89 岁的有 97 人，其中 117 人都由儿女赡养，可见，家庭养老是这个地方的习俗。

我们在村里见到了陈柱珍老人。老人家已经有 93 岁高龄了，她有 10 个孩子，已是四世同堂，看着那一张上百人的全家福让人羡慕。她目前跟二儿子家的小儿子生活在一起，上下楼梯轻松、精神矍铄、思路清晰、眼睛明亮，甚至还能穿针，每天能做 2—3 条背带，到赶集时拿到集市上卖，每年能赚 3000 多元。

目前，全村有 10 名老人住在乡敬老院，其中 1 人是因为没有劳动能力，9 人是因为没有子女。敬老院院长李恒介绍，政府按照每人每月 1680 元的标准，为老人安排食宿和各种娱乐活动，除此之外，每人每月还有 50 元的零花钱。他们的看病费用由新型农村合作医疗全额报销，身故后费用也由敬老院支付。

全村有 2 个挂牌的村卫生室、1 个乡卫生院。顺场乡卫生院坐落在离村委不远的地方，既服务本村，又服务全乡，医疗条件要好一些，有医护人员 44 人，不具备住院治疗的条件。

村里的老人告诉我们，他们更喜欢村里的卫生室而非医疗条件更好的卫生院。

邓修书是村卫生室的医生，她早年从卫校毕业，从医 20 余年了，村民一般的小病她都能看，打针输液都没有问题。村民来看病时，适当交点费用，一般平均每天有 5—6 个病人。她平时还要为村里的孩子打针，为农户家庭建立健康档案等，每月可以获得乡里提供的补助。

邓修书说："村里人愿意来卫生室，可能是因为我和村民处得比较好，再加上真要是大病必须得去六盘水、贵阳的大医院，小病我这就能解决。"

营盘村的老百姓对乡卫生院信任度低的现象，说明了国家在农村卫生体系建设和医疗服务提供上，还有进一步改进的空间。

经过村里的学校，徐祥富告诉我们，得益于其位于乡政府所在地，营盘村的教育资源相对集中。村里有4所幼儿园，其中公立幼儿园1所，私立幼儿园3所，小学和中学各1所。

他说："我一直提倡全村一起支持教育，凡是有政策可以依靠的，都要向那些大学生家庭户倾斜。只有教育才能改变家乡面貌，只有教育才会国强民富，只有教育才会和谐稳定。"

顺场乡中心幼儿园是公立幼儿园，其教学条件好，管理比较规范，孩子们早上8点由家人送来，下午4点接回，中午安排一顿营养午餐。目前，全园有304名孩子，其中营盘村有240名孩子。

但是公立幼儿园生源接纳能力有限，还需要孩子有家人每天接送。从这一点来看，私立幼儿园所发挥的作用是公立幼儿园不可替代的。

村里的3所私立幼儿园有接近200个孩子。根据在园时间，收费也有所不同。有家长告诉我们，"办私立幼儿园的都是村里人，大家都知根知底，接送和交费也都好商量，我们偶尔外出务工，把孩子放在这里有人看顾也更加安心"。

顺场小学有15个班，学生811人，其中住读的学生370人，因学校的床位不足，另有69名孩子平时在学校周边租房住。学生的学费全免，学校不收取寄宿费用，中午还有一顿免费的午饭。住宿的孩子从一年级到六年级都有，大部分住宿孩子的家离学校比较远。每到周末，住宿孩子一般由老人接回去或者结伴回家。

顺场民族中学有学生690人，其中住读的学生580人，这个民族中学只招收初中的学生。中学的床位不足，只能优先保证离校远的学生，住宿免费。学校的张老师说："因为是乡政府所在地，营盘的孩子们可以一直在本地读到初中。如果要上高中或职业中专，还得上水城或六盘水市。"

老有所终，壮有所用，幼有所长。这是中国古代哲人所描绘的理想社会道德规范。青壮年外出务工，孩子没有父母陪伴、老人没有子女照顾，可能引发严重的社会问题，而且影响长远。

当前，营盘村的学校能够根据留守儿童的需要，安排他们的就学和生活，有效解决了父母亲外出务工家庭的后顾之忧。同时，农村养老仍然以家庭为主，适当提高对老年人的养老补助，探索农村互助养老，有助于提高农民的幸福感和获得感。

让父母陪伴孩子和老人，一方面需要城镇地区不断完善进城务工人员随迁孩童的教育支持体系，一方面也需要农村地区能够提供让老百姓在家门口就能赚钱的发展环境。村里人不是非要外出务工，但摆在眼前更现实的是生计问题。对此，在腾鹏合作社负责茶园管理的李禹贤有很深的感触。

李禹贤是土生土长的营盘人，也是腾鹏合作社的入社社员。他说："十多年前，我自己守着家里的那几亩地苦苦耕种，但是那时候，我们村在这么偏远的山里，真是闭塞穷困，我记着当时从村里进一趟城，坐中巴车都要 5 个多小时。"看着连绵不断的茶园，他感慨道："以前的生态环境很不好，荒坡随处可见，连碗口大的树木都难找到，家里也因为娃娃读书和老人身体不好的原因，过得很艰难。"没有"出路"，只能"出山"。

为了谋生，李禹贤不得已外出务工，在外谋生的日子，老人的身体状况和孩子的成长一直让他挂心，工作也不能安心。他说："我在外东奔西闯，可是心里一直挂念家里的孩子和老人，安定不下来，就不可能用心干事业，只能有一天是一天。"

村里成立合作社后，在合作社的带动下，李禹贤将家里的 5 亩土地入股合作社，自己单独种植了 3 亩茶叶，也停下了外出奔波的脚步。他告诉我们："每天我都要早起在茶园转悠，走遍上百亩基地，从四季管护到采茶时节的采茶标准我都要仔细查看。我得用心管护好茶产业，因为茶，我脱了贫，也是因为茶产业我能在家乡有一份事业，才能见证孩子读书，赡养老母亲，生活也因为茶产业安稳了下来。"

在自己盖起的两层楼新房前，他一边给我们介绍新房，一边自豪地说："不仅是我家，村里几乎家家户户都是新房屋，村里环境也好起来，处处青山绿水，周边乡镇的村民也会来我们村里采摘茶叶，还夸我们的环境漂亮呢！"

这些年来，在各级党委和政府的关心和支持下，在合作社的带动下，致富的路不仅"通村"，还实现了"通组"。站在海拔近 2000 米的米箩坡大山上，一眼望去，"组组通"公路两旁，遍布茶叶、蔬菜、猕猴桃等产业，运输农产品的货车来回忙碌。"做梦都不敢想，家乡变化这么大，道路四通八达，有产业、有洋楼，还有人气！"李禹贤感慨万千。因为"通村路""通组路"，"营盘"变"银盘"，也是因为有了产业"出路"，村民回家的"路"才能越来越顺畅。

营盘村的发展实践充分说明，经济发展和生态环境不是"单选题"，二者是有机统一、相辅相成的，坚持在发展中保护、在保护中发展，可以实现农村经济社会发展与人口、资源、环境相协调。通过农民专业合作社等新型经营主体把农民带动起来，立足自身实际，走出一条人无我有、科学发展、符合自身实际的特色产业道路，有助于乡村振兴，增强农民群众的幸福感获得感。

村庄小传

营盘村属于贵州省六盘水市水城区顺场苗族彝族布依族自治乡的中心村，是乡人民政府所在地，距县城 120 公里。全村总面积 30 平方公里（合 4.5 万亩），有耕地面积 18000 亩，林地 31000 亩，森林覆盖率占全村总面积的 69%。

营盘村辖 19 个村民组，有 1267 户 5753 人。村里有张、黄、李、邓等十余种姓氏，但以张、黄、李、邓四大姓氏人口较多，四大姓的人口占全村总人口的 63%。这四大姓的祖上大多是明末清初时期跟随吴三桂从江西、湖南等地迁来，其他姓氏基本都是单家独户逐渐迁徙而来。

营盘村少数民族人口在总人口的 80% 以上，以苗族为主，彝族、布依族次之。民间有"高山苗，水仲家，不高不低是彝家，仡佬族住在石旮旯"的说法。

营盘村名字背后是当地历史文化的深厚积淀。六盘水地区由于历史上商品经济不发达，一直有以十二生肖排列轮流赶场的习俗。场即贸易集市，大多以 12 天为一期，也有以 6 天为一期的。营盘村所在区域曾由一名叫"阿许"的彝族头领统治，此地逢"蛇"日赶集，得名蛇场，又因为"蛇"和"折"同音，做生意的怕折本，因而忌讳"蛇"字，故当地将"蛇"改称"顺"，"顺场"就此得名至今。顺场曾隶属水城县龙场区，称顺场公社。1992 年，地方行政区域撤并，设顺场乡，乡政府所在地称为顺场村。2015 年 5 月，水城区各村寨合并，原顺场村、梨箐村合并，合并后的村取名为营盘村。

营盘村有着深厚的红色历史文化。1935 年，中国工农红军第九军长征经过贵州时，贺龙同志带领的部队曾经过顺场地区，他们利用行军间歇宣传党的主张，向当地民众宣传革命的道理，在群众中播下了红色的种子。

营盘村地处北纬26.85°，属于亚热带季风气候，海拔高度在1200—1900米，四季分明，气候宜人，适宜发展立体农业。2013年以前，海拔1200—1500米之间的土地基本以种植水稻为主，海拔1500—1900米之间的土地以种植玉米、土豆、荞麦为主。2013年以后，该村大力推进产业结构调整，直至2017年基本形成"上、中、下"的经济作物种植格局。海拔1600—1900米之间种植高山云雾茶叶7700余亩；海拔1400—1600米之间种植刺梨300余亩、葡萄200余亩，还有以芋头、烤烟为主的短效作物2000余亩；海拔1200—1400米之间，形成了红心猕猴桃基地900余亩。除了部分村民在家从事种养特色产业外，还有1700多人在外务工，约占全村总劳动年龄人口的41%。2020年，营盘村农民人均可支配收入达12000元。

作为乡政府所在地，营盘村的公共服务设施明显比一般村庄更加完善，学校、医院、信用社、百货商店、五金店、建材店、餐饮店、服装店、旅社等各类公共服务设施和商店都比较齐全，能满足村民们的日常生活需求。村里有4所幼儿园，其中公立幼儿园1所，私立幼儿园3所，小学和中学各1所；有2个挂牌的村卫生室、2个大药房、1个乡卫生院。

营盘村有党员92人，村"两委"干部10人，另有1名文书。村干部中，有本科学历的2人，有大专学历的6人，有中专学历的1人，有初中学历的2人，整体学历水平较高，平均年龄38.5岁，村里的各项工作在干部、党员、能人的带领下，开展得有声有色。特别是管控村里滥办酒席的攀比之风，通过党员干部带领，大家逐渐达成默契，只办红喜和白喜，孩子满月、剃头、十岁、家里建房、上坟等一律不办，大大减轻了村民负担，改善了乡风文明。

云南 迁营村

民族村寨华丽嬗变的密码

春季的祖国西南，天格外的蓝，山格外的绿。溪水弯弯，从山间缓缓流过，淙淙悦耳；几声鸟啼，在树林间回荡，悠扬悦耳……在都市的钢筋水泥里待久了，一踏入云南省景谷县的山区林地，顿时拉近了与大自然的距离，令人心情愉悦、精神饱满。

还坐在山间行驶的车里，我的心中就升起了疑问——这个将要近距离观察的民族村，究竟会是什么样子？那里的村民靠什么赚钱，现在的生活水平怎么样？……窗外的树木不断变换，我却陷入了沉思。

不知不觉，车在一棵大榕树下停了下来。这里面积不大但地势平坦、三面环山，是山间一片难得的平地。眼前，一排排别具风格的民居错落有致，村组路都已经硬化。民居周边翠绿盈目，栽种着榕树、芒果树和翠竹，一派热带风情。这儿，便是此行的目的地——景谷县永平镇迁营村。

"你们现在来到了海拔 1000 米以上，冬无严寒、夏无酷暑，四季温暖如春，自然环境好得很。"一位穿着傣族服饰的村干部热情地接待了我们，并介绍了村里的情况，"我们这个迁营村位于永平镇的北部，面

迁营村一景

积 55.31 平方公里，是镇上第一大村，有 23 个自然村一共 26 个村民小组，人口 4800 多人，主要居住着傣族、汉族和彝族。"

问及村里的农业发展情况时，他介绍道："村里有农业人口 4533 人、劳动力 3648 人；总耕地面积达 9627 亩，人均耕地面积 2.01 亩，其中水田 4156 亩、旱地 5471 亩。村里有 1 家木材加工厂和 22 家农民专业合作社，从事生猪、家禽养殖以及中药材种植、林业、红糖加工等产业……"

我对这个少数民族聚居村有了一个大概的印象。在接下来的两周时间里，无论是从自己的实践观察还是他人的讲述，这个曾经落后山村的蝶变都令我惊叹不已。

迁营村是典型的山区民族村，村民小组之间有的距离较远，有的因山而隔。让我没有想到的是，26 个村民小组里竟然有 11 个以粮食种植作为主要产业。一位村干部讲出了其中的道理："手中有粮，心中不慌。我们先把自己的高原粮仓稳固好了，肚子能吃得饱饱的，才会有更多的精力和信心发展其他产业。"

迁营村山林密布、气候温和、生物多样性好，这里的产业项目也呈现出多元化的特征。在芒罕二村民小组，大片的烟田好似硕大的绿毯，铺在山间低洼地带；烟田旁不远处，成排的甘蔗"站"在土地上，微风吹过，叶片哗哗作响。芒罕二小组的一位村民告诉我：烤烟成熟以后会有烟草公司来收，甘蔗成熟后也不愁销路，光这两样赚的钱就足够花了。

而在云华村民小组，村民利用地处山地的优势，发展桉树种植、药材种植和木材加工等产业，搞活了林业经济。小组的一位村干部带我们上了山。真正融入这满山翠绿后才发现，森林之美是何其令人心旷神怡！

"迁营村的林业资源非常丰富，有 111300 亩林地，森林覆盖率达到了95%。"这名村干部介绍，我们去的这一片山林属于商品林，人工栽种的树木可以有效保持水土和调节气候，有计划地进行砍伐增加了不少收入。他用手指了指树下，神秘地说："这里的东西也赚钱。"

原来，近几年，云华村民小组的村民重点开发林下资源，在林下进行了石斛、重楼、黄精、白芨等药材的仿野生种植。这些药材在市场上很受欢迎，也让这种林下种植模式在永平镇的其他村庄很快推广开来。

通过对26个村民小组的走访发现，每个村民小组都有属于自己的特色产业。从粮食、蔬菜、烤烟、甘蔗、桉树、花卉、水果种植，到"林药、林禽、林牧、林蜂、林菌"等林下经济，再到"农家乐"、运输等第三产业……多元化的产业形态和产业结构，让这个原本落后的山区农村逐渐富裕起来，使村民的"钱袋子"越来越鼓了，也为村庄其他事业的发展奠定了基础。

优势与劣势之间总是充满辩证关系，能将发展劣势转化为发展优势，则充分体现了人的智慧。迁营村的产业发展就深刻反映了这一点。平心而论，与全国许多乡村特别是东部的乡村比起来，迁营村的区位优势并不算好。它位于山区，交通没有那么便利，也不太适合发展大规模种养，但这里丰富的水热资源、林地资源、生物资源、文化资源却是得天独厚。各村民小组依托各自得天独厚的资源条件，发展特色产业、探索林下经济，将区位劣势转化为资源优势，将绿水青山转化为金山银山，真是直接地体现出了他们的朴素智慧。

为什么那么多的村民愿意留在迁营村经营特色产业？带着这个疑问，我走访了许多农户。出乎意料又在情理之中，大家给出的许多答案里有一条是几乎共通的——确权让自己吃下了"定心丸"。

永平镇政府的一位负责同志告诉我：景谷县是确权登记颁证工作整县推进县，到2016年7月底，永平镇27个村民委员会、357个村民小组的 14095 本农村土地承包经营权证书已经颁发。此外，迁营村在 2006 年完成了集体林权制度改革，现在已经均山到户，并将林区分为公益林和商品林，实行了严格的森林资源分类管理。

无论是耕地还是林地，确权到户增强了村民发展特色产业的信心，提高了农业生产率和土地产出率，增加了村民的收入。在迁美村民小组，我们见到了 60 多岁的老汉罗承明。他的脸上虽有皱纹，但精神矍铄。"我有 4 个孩子都在县城上班，一有时间，我就去县城看孙子。"老罗说着，脸上泛起幸福的涟漪，"家中的 20 亩旱地按一亩一年 1000 元的价格流转给了加工厂，一年能赚 2 万元；有 5 亩水田按一亩一年 1500 多元的价格流转给了一家农业公司。天天带孙子，家里还天天有钱赚，你说我能不高兴吗？"

10 年前，老罗的日子可没有那么"滋润"。据他回忆，那时候他只有 8 亩旱地，每年的收成也就够家里吃穿，日子过得紧巴巴，把 4 个孩子养大成人真是吃了不少苦、受了不少累。改变，发生在 2016 年。当时全县确权登记颁证工作搞得如火如荼，迁美村民小组对一些没有栽树和开发的荒地进行了重新开垦，让老罗的旱地从 8 亩变成了 20 亩。

他一边介绍一边拿出一个红本本："看吧，有了这个土地确权证，就不用流转公司再测了，再加上有村委会做担保，公司和我们都得到了保障，心里踏实了许多。"

同样受益于确权登记颁证工作的，还有迁营村江龙花卉种植合作社理事长李红。见到李红时，他正在和社员一起移栽一种叫火龙珠的观赏植物，还不时给他们讲解移栽后的注意事项。这位土生土长的迁营人曾在昆明工作多年，怀着一腔热情回到了家乡，成立了花卉种植合作社，想把在外学到的花卉种植技术和经营管理经验，变成带领乡亲们致富的产业。

如今，他的这一梦想实现了。"确权登记颁证的完成，为合作社的发展提供了机遇，我们用了4年时间就从几十亩发展到了200多亩，现在每年产值500多万元。"李红介绍，合作社已经带动了迁营村和周边村庄70多户农户参与，也逐步在国内市场上打响了永平冬季花卉的品牌。

改革一子落，产业满盘活。确权登记颁证工作带动了迁营村土地承包经营权流转管理服务体系的建立与完善，有力推动了该村的土地适度规模经营，促进了农业产业化水平的提高，也增强了工商资本和村民发展乡村特色产业的信心。永平镇农业服务中心负责人告诉我，仅2016年，迁营村就有1600亩家庭承包耕地被流转，占全村家庭承包耕地面积的16.6%。事实上，越是像迁营村这样的西部山区村，越需要通过改革来激活当地特色的资源要素，实现特色产业的发展壮大。

迁营村村干部颇有成就感地告诉我：迁营村很重视新型农业经营主体的培育，全村农民专业合作社数量从2013年的4家发展到了2017年的22家，其中，从事种植业的有7家，从事畜牧业的有12家，从事林业的有1家，从事物流、销售等其他产业的有2家。合作社成员数也从120多人发展到430多人。

如何更好地让这些新型农业经营主体健康成长起来？如何更好地发挥新型农业经营主体带动共同富裕的作用？迁营村"两委"着实动了一番心思。

来到位于迁营村东南方向的康鸿西番莲种植销售专业合作社生产基地，山脚下成片的西番莲里随风飘来了沁人心脾的清香。合作社理事长周娅玲看起来精明而干练，一谈起合作社的发展，脸上立马绽放出笑容："我们这个合作社有286名社员，带动了永平镇和周边4个乡镇的1245户农户发展了5600亩西番莲。我们采取统一供应种苗、统一供应农资、统一技术指导、统一产品回收的模式，不但对农民进行种植技术培训，还以当年市场价为准同农户签订保底收购合同，既确保西番莲的品质，又尽可能地让利于农。"

在周娅玲看来，合作社之所以有今天的成就，与迁营村"两委"的支持密不可分。同行的村干部介绍：2017 年，迁营村集体经济以资金入股康鸿西番莲种植销售专业合作社，一方面为合作社发展提供资金支持，同时扶持一些参与合作社经营的本村村民；另一方面也借此机会发展壮大村级集体经济，进一步夯实为广大村民服务、创办村庄公共事业的经济基础。

至此，迁营村集体经济、合作社和村民之间形成了稳定的利益纽带，三者既可以充分发挥各自优势和活力，又利益均沾，合作共享，集体经济组织有收获，合作社有赚头，村民有收益，真正实现了"三方共赢"。大家心往一处想、劲往一处使，特色产业向前奔的劲头更足了、道路也更顺畅了。

说起迁营村，便不得不提它的另一个"特色"——别具风貌的少数民族文化，其中，又以人口占比接近 50% 的傣族文化为主。在这里，我第一次见到了傣族风格的建筑——缅寺。

在迁美村民小组的中心位置，一座粉墙绿瓦的缅寺格外吸引眼球，这是村民祭祀祈福的场所，不时有村民进进出出。村干部告诉我，这里原来的缅寺 2014 年因地震而严重损毁，后来在县、镇政府的支持下，村组干部带领村民捐资捐物，在原址上重新修建了现在的缅寺，计划未来发展特色文化旅游。

其实，迁营村的特色旅游已经有了"苗头"。迁美村民小组的几位村民在一起商议，想到了用傣族特色节日——泼水节来吸引游客的"金点子"。每到泼水节时，他们会拉着游客一起参与进来，还开办起"农家乐"，为游客提供具有傣族特色的饮食。"那时候大家可高兴了，村里不管男女老少，都会穿上漂亮的傣族衣服，在村里广场上相互泼洒清水。我们敲着鼓、唱着歌、跳着舞、喝着酒，一起迎接傣族的新年，别提有多幸福了……"走访中，迁美村民小组的一位村民绘声绘色地向我们描绘了泼水节的盛况。

传承民族传统文化，让传统文化老树发新芽，是迁营村推动文化振兴的一大特点。这里的少数民族同胞们，不但在传统文化的感染下幸福生活，还积极探寻文化与经济的结合点，努力将特色传统文化转化为新的经济增长点。希望迁营村的泼水节能"泼"来更多的收益，"泼"来更多的富足。

在对迁营村26个村民小组的走访中，我惊讶地发现，每一个村民小组都有自己的文化室和小广场，大部分还配备了篮球场等设施。村民们告诉我，村里的红白喜事、节庆活动、文娱项目都在文化室和小广场举行。有了这些场所，办活动非常便利，现在大家的精神文化越来越丰富。

一个村民小组配备一处文化室和小广场，这放在以前，用不少村民的话讲，"想都不敢想""哪能想到会变得这么好"。同样放在以前"想都不敢想"的，还有近些年来发生巨大变化的人居环境。

通过走访，我们得知，迁营村是一个经历过苦难的村庄。

2014年10月7日，一场里氏6.6级的地震打破了这里的祥和与宁静。距离震中仅有2.5公里的迁营村，地动山摇，人心惶惶——地震拉倒了民房、斩断了交通、阻隔了电力、破坏了农田，整个村庄仿佛一夜老去，变得奄奄一息。"当时哭声四起，天好像塌下来了，我们的心里也变得十分灰暗。"一位亲身经历了地震的村民回忆说。

"我们没有灰心丧气，与灾害搏斗，咬着牙重建了家园。"迁营村党总支书记刀明激动地说，在县政府的支持下，村里的党员群众携手完成了70户民房维护加固和668户民房拆除重建任务，所有住房重建都得到政府补助。

来到当时受灾较为严重的岔河村民小组，国道两侧的新村和旧址形成了强烈对比，令人震撼不已——眼前的新村整洁明亮，五排二层民居排列整齐、外墙干净，平坦的硬化路连通每家每户，路两旁栽满了绿植，随风摇曳；那一侧的旧址却是一番破败景象。岔河村民小组组长周全才介绍，岔河村民小组的原址由于在震后有地质滑坡隐患，才易地搬迁并集中安置到国道另一面。当时，岔河村民小组争取到国家地震项目资金，在建设新居的同时，还建设了活动室、文化广场、公共厕所、公共垃圾处理池等基础设施。

走进岔河村民小组的公共厕所，马桶干净、地板整洁，几乎没有什么异味；走进村民岔河小组的活动室，桌上没多少灰尘，烟灰缸清洗得洁净，地上也没有什么垃圾……刀明介绍了维持公共卫生环境的经验："我们专门成立了村容村貌管理小队，负责打扫公共道路和活动场所的卫生，并对各家各户的卫生情况进行监督。这样一来，不但公共环境得到了维护，各家各户参与的积极性也变高了。"

走进岔河村民小组村民周全荣家，二层民居院子宽敞、里屋装修得比较精致，家里不但用上了沙发、彩电、冰箱、空调等家具和电器，还用上了干净的水厕与太阳能热水器。"还是在山下过得更舒服，这得多亏了有政府的帮忙。"周全荣回忆说，"地震后不到一年，我们小组20户就都搬到了这里。当时，政府给了我们每家十几万元的补助，镇里的信用社又给我们贷了十万元，相当于我们一分钱都没掏就住进了新房。你说，这不都得感谢政府嘛！"

当问及搬迁下来后怎样赚取收入时，周全荣信心满满地说："我现在养鱼、养猪，还种些水果，每年的纯收入足够花了。"

原来，为确保岔河村民小组搬迁后"稳得住""能增收"，景谷县政府因地制宜扶持村民发展特色产业。目前，已建成50亩养殖小区，修建了生态养殖池塘，对冬小麦、冬油菜等秋冬种植进行农资补助，帮助发展特色水果种植。由此，搬迁后的岔河村民小组很快恢复了农业生产，村民的生活不但回到了正轨，还迈上了一个新台阶。

看着如今的迁营村，我们很难将其跟村民口中的残垣断壁联系在一起。迁营村能迅速地从伤痛中走出，离不开政府和各方的支持，更离不开村民们万众齐心、重建家园的凝聚力。铭记伤痛，却不沉湎伤痛，反而能将其转化为继续前行的力量，这或许就是这个民族村最打动人的精神力量吧。

与村民面对面的交流中，大家普遍对村"两委"和村干部的评价较高，这也与我们从全国绝大多数发展走在前列的乡村中总结出的经验一致——要想跑得快，全靠车头带。

迁营村至少一半面积是山区和半山区，傣族、汉族和彝族之间又有文化差异，如何确保基层党组织对于乡村振兴的有效领导，实现基层有效治理？刀明介绍，2009 年 9 月，迁营村成立了党总支，并下设 11个党支部。为确保基层党组织的战斗力，村党总支制定工作制度，各党支部也建立了自己的工作制度，明确了主要职责和任务，重大事务确保按照"四议两公开"的程序进行商议和实施。

"我们还设立了矛盾调解委员会，负责调解村民在各方面产生的矛盾；设立了村务监督委员会，其成员由村民选举产生，不得担任村委会职务，也不能与村'两委'干部有直接亲属关系，确保对村'两委'的有效监督。"刀明说。

"村'两委'牵头制定了村规民约，对村民的日常行为作出详细规范，明确村民在哪些方面应该做，在哪些方面不能做以及违反或破坏规章制度应受的处罚。"迁营村村委会主任刘春说，"现在村里的不文明行为明显减少了，大家办红白喜事都不再铺张了，精神面貌也越来越好了。"

看着两位村干部兴奋的劲头，我不禁沉思：在很多人的刻板印象里，西部山区的少数民族村总是与落后画上等号。这种刻板在个别人那里甚至变成了偏见。

但纵观迁营村近几年实践，昔日一个边远破落山村，发展成如今特色产业百花齐放的现代乡村，其资源禀赋虽难以复制，但是它勇于革新的魄力却是值得推广和学习的，迁营村的自觉创新和快速发展，无疑为西部山区少数民族村走向振兴提供了一个很好的范例！

村庄小传

迁营村位于云南省景谷县永平镇，是永平镇第一大村，位于永平镇北部，距永平镇政府 3 公里，距景谷县城 50 公里。全村有 23 个自然村庄共 26 个村民小组，居住有傣族、彝族等少数民族。

历史上，景谷县一直是少数民族居住的地方，主要的民族为傣族、彝族、哈尼族等。明清时期"改土归流"后，汉族人逐渐多了起来，形成了汉族和少数民族和谐相处的总体局面。目前，总人口 4871 人，其中农户 1472 户。

迁营村占地 55.31 平方公里，海拔在 1000—1500 米，总耕地面积 9627 亩，其中水田 4156 亩，旱地 5471 亩，人均耕地 2.01 亩。境内水利资源丰富，南崴河、勐嘎河两条河流穿境而过。气候适宜，年平均气温 20.1℃，年降水量 1295.8 毫米，冬春为旱季，夏秋为雨季，干湿季界限较为明显，冬无严寒，夏无酷暑，四季温暖如春。境内修建有沟渠、塘坝等供水设施，为人畜饮水以及农田灌溉提供了充足的水源，使村民的生产生活能够正常有序的进行。

良好的土壤、水利、光热资源为烤烟、甘蔗、茶叶等经济作物及林果种植提供了条件。全村经济收入主要来源于种植业（水稻、茶叶、玉米、甘蔗、烤烟）、养殖业（牛、猪）、外出劳务、餐饮服务等。此外，村里有木材加工厂 1 家、农民专业合作社 22 家，主要从事生猪、家禽养殖、中药材种植、林业、红糖加工等。

近几年，景谷县、永平镇以及迁营村高度重视农业产业发展，抓住第一批高原特色农业示范县的重大机遇，大力发展高原特色农业，果蔬、花卉、生物药业等不断壮大，林下资源有序开发，农业产业结构得到不断优化，农业综合实力明显增强，村民收入也逐渐提升。

村内道路交通便利，国道 323 线自东向西贯穿全村。全村已经有 12 个小组实现道路硬化，19 个村民小组已经进行农村电网改造和升级项目工程。农网改造率达 73%，通电率达到 100%。26 个小组全部实施了户户通工程，实现了电话、移动通信网络全覆盖。

当地傣族占比接近 50%，傣族文化氛围浓厚。每逢堆沙节、泼水彩花节、朝仙、入雨安节（傣语为"豪帕撒"，即关门节）、出雨安节（傣语为"阿帕撒"，即开门节），以及新米节、赕佛、赕白象、赕白牛、赕经书、什物等傣族同胞的重大节庆日，群众往往身着盛装，以食物、鲜花、钱币赕佛，并祈求佛祖降福，迎接丰收。

广东 祥岗村

一 个 客 家 村 的 传 统 与 变 迁

车刚驶入祥岗村，就见各家都摆满了酒席，气氛十分热闹，场面蔚为壮观。原来，正好赶上了过会节，我们即刻被盛情邀请到村民家中吃流水席。

祥岗村位于广东省惠州市博罗县长宁镇，是一个典型的客家村。过会节正是客家的传统习俗，同许多客家村一样，祥岗村对此十分重视。

每到农历二月初二龙抬头，全村各家就像摆喜酒一样，自然村或同房族的一大家人汇聚一堂，宴请外来的亲朋好友，而且认为客人越多，兆头就越好。

不只是过会节，每年正月带甘蔗橘子给新添男丁点灯结灯、清明节带鸡猪香火到坟地祭拜、重阳节结队登高，村里都会出现这样的聚会热闹场景。

"方言足证中原韵，礼俗犹留三代前。"诗句里对客家人的描述仍适用于今天的祥岗村。南迁辗转逾千年，客家人在保留传统的同时就地取材，随机应变，从而形成了独特的客家文化。在祥岗村，客家精神成为

祥岗村一景

维系村庄稳定发展的重要力量。

在村里住了多天，对村民的"客家味儿"感受很深，却很难用一句简单的话讲出来。追其历史，应该说是千百年前的多次迁徙给客家人烙上了质朴与坚韧的奋斗精神，正是这种自强不息、艰苦奋斗，才让客家文化发扬传承，在博大的中华传统文化中闪翼着独特的光彩。

祥岗村位于罗浮山脚下。罗浮山因晋朝葛洪定居而成为道教圣地，葛洪是中国道教史上里程碑式的人物。相传葛洪年轻时到广州向南海太守鲍玄学习炼丹术，后与妻、子侄、门徒隐居罗浮山采药、炼丹，并在山上创建了白鹤、都虚、孤青和酥醪4座道观。

村里老人对我们说，祥岗的意思是村内有一个小山岗，期盼生活吉祥如意。祥岗村始建于明代，最早是刘氏祖先因养殖家禽从东莞迁居到此，村民也大多姓刘，现在还有2座建于明代的刘氏宗祠。

因其地理位置，国家在20世纪50年代部署军事战略时安排了3个旅进驻，所以漫步在村里，经常能听到轰隆隆的炮弹演习声。几十年来，村庄与部队营地犬牙交错，军民相处和谐，军队还给部分经常需要穿越部队区域的村民发放了通行证。

在村里，随意推开老乡家的门，尽管没提前打招呼，老乡招呼我们仍十分热情，马上给倒茶点烟。交谈中，那种"客家味儿"总是不经意流露出来。即使算家庭收入账时也不藏不掖，一项一项摆出来，讲得十分细致，给人一种大方实在的感觉。

祥岗村的淳朴民风还表现在人情随礼上。村民办红白喜事从不攀比，也基本不收礼金。据一位村民描述，大多数都是主人家办酒席，客人来的时候包一个红包，主人拿到后不会看包了多少钱，而是马上退回，并且还要回礼。在祥岗村住的这些天，明显感到，这里办酒席真切体现了朋友欢聚、共同庆贺的意义。

逢年过节包红包也是如此。大家给的红包里面大多是零钱。据村民讲，一到过年过节，大家都抢着去银行兑换 5 元、10 元的纸币，连 20 元的都换的少。可以这样说，在这里，送红包不看重钱多少，图的是那一份心意。

家族聚居，是客家人自古以来的传统。在祥岗村，尽管不是典型的客家民居形态，但也仍维持着大家庭聚居的习惯。村里三代、四代同住的情况非常常见。白天，年轻人外出务工，晚上一般都回家住。

祥岗小组村民吴戊生和我们说，村里人大多和他家一样，即使年轻人娶妻生子后也仍和父母生活在一起。

吴大爷还给我们细细算了他家的总收入。他今年 60 岁，家中有妻子、儿子、儿媳、2 个孙女、1 个孙子，共 7 口人。儿子和儿媳在附近务工，晚上回家住，一年工资有 10 万元。

吴大爷闲不住，一个人就干了三份事，白天在工厂做零工、家里开小门店、晚上还给商铺守夜，一年能赚 9 万元。再加上家中对外出租的 2 个门面一年有 6 万元租金，家庭总收入共 25 万元，人均收入 3.6 万元。吴大爷开的车是 20 万元级别的大众汽车，家里新建有一幢 3 层小楼，平时三代人的生活其乐融融。

据村党支部书记梁木胜介绍，目前村里农民人均纯收入在 2.6 万多元，各家基本一户一车，以 10 万—20 万元级别的车为主。

祥岗村以前一直是传统的农业村。由于地处罗浮山脚下，气候适宜、水源丰富、水质较好，多年来农业生产以种植水稻、蔬菜为主，养殖业以肉食鸡、鸭、鹅和四大家鱼为主，由于气候条件优势，产出的农产品品质普遍较高，具有较好的口碑，一般都能卖个好价钱。"我们祥岗这里水好、地好，种出来的蔬菜水果也好，城里人都认，同一条街上，祥岗村的菜价能比别的村高出 1—2 倍。"祥岗村村民梁胜利的话里充满着自豪。

2000 年，罗浮山旅游景区开发后，凭借良好的生态优势和交通优势，祥岗村吸引了大量游客。村民开始从事与乡村旅游有关的产业，或是卖本地种植、初加工的农产品，或是开"农家乐"、民宿等，发展起近 100 家"农家乐"、民宿、土特产店、小菜馆。

租用祥岗村土地开办清水湖"农家乐"的刘老板介绍，客人在这里可以吃到新鲜的有机蔬菜、不喂饲料的跑地鸡，呼吸到山里的新鲜空气，他的客人很多是从广州、东莞、深圳，甚至香港过来的，而且大多是回头客，每年都要来。清水湖"农家乐"还牵头成立了客家文化促进协会罗浮分会，将客家文化作为特色项目，编排成戏剧表演，定期给游客欣赏。

村里人告诉我们，祥岗村有农产品加工的传统，旅游业的发展带来了好机遇。自酿酒、现榨花生油、自制菜干等特产，客人品尝后都觉得香醇可口，本地中草药也很受欢迎。

顺着街道，我们来到一家酒坊。酒坊老板介绍，酿酒手艺是家里老人在部队当兵时学来的，复员后继续以酿酒为生。酒坊没有雇用工人，一家 4 口都是熟练工。每天消耗原料 500 斤大米，按照度数不同，可以酿制 500 斤低度酒或 350 斤高度酒。酒的销售主要以熟客为主，没有申请品牌，但销量不错。我们初步算了一下收入，按照他目前的生产规模，月入 5 万元不成问题。

我们也了解到，并不是所有产品都像酒坊一样效益高。中草药、梅菜干、豆腐花、窑鸡等，这些产品售价不高，相应的经济效益也一般。在祥岗村邻近旅游区的路边，随处可见土特产品店，售卖的大多是这些产品。这些产品，有的是自家生产，自产自销；有的则是通过集中购买，进行二次销售。当地出名的客家婆豆腐花、窑鸡等，都是从固定的批发商处采购。

我们欣喜地看到，祥岗村村民充分利用好山好水好产品，敏锐地捕捉到市场机遇，开展了产业转型，让村民能够在家门口赚钱。所谓农业供给侧结构性改革，不是凭空而来，不是空想蛮干，而是要依托自己的资源禀赋状况，推进农村一二三产业融合发展，激发新要素、探索新业态，将"绿水青山"变成"金山银山"。

我们问起，村民转行都做乡村旅游服务了，那原来的土地谁来耕种？村干部介绍道，村里现有水田 1500 亩、旱田 500 亩、山地 150 亩，除小部分村民种点口粮地外，大部分村民选择将土地进行流转，租给广西、福建等地的外来户，由他们进行耕种。种植品以水稻、蔬菜为主，水稻、蔬菜的种植面积约占耕地面积的 60%；其余 40%主要种植草莓、甘蔗、石榴、龙眼、荔枝等经济作物。

鼎峰合作社理事长郑桂洲，就是来祥岗村种地的"新农民"。1997年出生的他，以前在汕头开有工厂，对农业原本一窍不通，几年前以每亩 1200 元的价格流转了祥岗村的 460 亩耕地，开始了农业探索。

在路边，我们逮着空，跟他聊起来。

"为什么想起搞农业？"

"主要看到这些年农业政策形势好，另外大家对优质农产品的需求也越来越强烈，感觉这一块市场空间还不错。"

"怎么会到祥岗村来呢？你家又不在这边？"

"当时也是听朋友说，这边交通比较便利，离几个大城市都是一小时左右的路程，另外这边刚好搞起了旅游，村里的生态环境比较好。经过考察，就决定到这边来弄些田种。"

"那主要种些什么呢？"

"刚开始种冬瓜，碰到水涝，全部亏本，后来就种丝苗香米。"

"现在效益怎么样？开始赚钱了吗？"

"目前还没有见效益。前期投入比较多，投入了近 1000 万元，用来整地、田间管理、沟渠建设等。现在合作社仍处于亏损状态。"

"那你下一步怎么打算？"

"还是要继续坚持下去，现在我们也开始搞起了酿酒，从种香米到酿酒，初步有个产业链。我相信，慢慢搞下去还是会赚钱的。"

随着乡村振兴战略的实施，投身于农业和乡村创业的各界人士正日渐增多。这对农业农村领域是好事情，乡村振兴需要更多的新人才、新投入、新要素、新思维。

但对于新来到农业农村领域的创业者而言，还需保持清醒的头脑，不能有快速见效的思想，同时要做好产业规划、明确投资方向，在创新产业形态上下功夫，在延伸产业链条上下功夫，相信方向对了、机制顺了，效益就会水到渠成。对于政府而言，也要加大对创业者的支持引导，提供好教育培训、平台搭建、基础设施等方面的服务和扶持。

问起村里的集体经济，村支书梁木胜告诉我们，祥岗村集体经济发展也曾经历过大起大落。

改革开放初期，乘着政策东风，村里独资成立了长江实业发展有限公司，从事实业和房地产开发等业务，在当时算是一件很超前的事。但到了 20 世纪 90 年代，由于管理不善等原因，企业很快倒闭并欠下了 1000 多万元外债。经过 8 年时间，村里才慢慢通过打官司等方式将外债全部解除。

"现在，村集体经济还比较薄弱"，梁木胜说。目前，村集体经济收入 26 万元，包括厂房出租、土地承包、手机信号塔占地费用等。"这些收入仅能用于日常经费开支，村里想进一步发展，经常出现捉襟见肘的情况。"

从集体经济的特性来看，发展村集体经济，不宜一下迈出太大步子，投入实业乃至房地产经营。壮大集体经济实力，还是应该坚持积极稳妥原则，以发展物业经济、服务经济为主，通过开发资产资源潜力、提供中介服务，赚取租金或者服务费，这样相对比较稳定，风险较小。

走在村里，主干道旁、公共场所、村民房前屋后等位置基本都种植了花木，再加上村里广泛分布着果林、菜地，眼中总少不了一抹绿色。

祥岗村村民如今几乎都住上了楼房。随着收入水平的提高，村民基本都建了楼房，少则两层，多则四五层。房屋位置基本在道路两侧，大多盖得很近，相隔不过半米，也被戏称为"握手楼"。从建筑形态上看，祥岗村的传统风貌和客家风味逐渐消失，这是城镇化给传统乡村带来的一种冲击。当然，如果能有及时的规划引导，传统风味或能更好地与现代元素相融合。为了打造本地特色、促进游客消费，2015 年，按照镇政府要求，采取财政补助和个人出资相结合的方式，村里对罗浮大道旁的档口房屋进行了外立面改造，外观统一为客家风格样式。

街边有一片比较漂亮的楼房引起了我们的注意。村干部跟我们讲，这是罗浮新村自然村，因以信宜人为主，大家平时也称其为"信宜村"。

20 世纪 90 年代，祥岗村建设了一批简单的农村住房，当时有个土政策，只要买房就可以落户。最早是来自茂名信宜市的投资商杨永青买了房子，在祥岗村安了家，后来他又动员一些在珠三角从事代耕农的老乡来这里代耕农买房。一传十、十传百，吸引了越来越多的茂名人来到这里。祥岗村委会干脆专门划出一片区域，成立了罗浮新村。

梁木胜说："无论是原来的本地人，或者是杨永青这样的茂名人，大家已经和谐地融为一体，没有任何分别。在这里生活的都是外地人，只是先到后到而已。"

梁木胜跟我们讲，茂名人的勤劳、智慧在当地出了名，现在他们的楼房是全村最漂亮的，来自茂名的村民也给当地带来了勤劳致富的精神。

村里主要道路都是水泥路，能直达各村民小组。街道比较干净，基本没有垃圾杂物。村里按照每 300 名村民配备 1 名保洁员的标准，全村聘用了 7 名保洁员，负责村主要道路的卫生。每名保洁员除了镇财政每月补助 1350 元外，村里每月还发 500 元，待遇算是不错的。

为保证环境卫生，祥岗村还建立了党员干部义务清洁卫生制度，村干部和党员每周五上街打扫卫生。村里出资为每户村民购买了竹筐，放在家门口用于临时收集生活垃圾。村里有专门的垃圾收集车将垃圾集中运送至镇垃圾处理厂。

祥岗村下辖的村民小组中大多数的生活污水都还没有进行集中处理，但均实现了雨污分流。祥岗村目前已被纳入城镇污水收集管网工程实施范围，部分地方已完成管网埋设，将逐步实现生活污水的集中处理。

在村中心的显眼处，可以看到一个卫生服务站。村民一般头痛脑热的疾病都在这里解决，也能提供一些常用的处方药品，还给 35 岁以上的村民提供免费体检。

祥岗村村民全部购买了新型农村合作医疗保险，每年每人需缴纳 300 元费用。对于有集体经济收入的村民小组来说，这笔费用由村民小组从集体收入中支出，没有集体经济收入的村民小组，只能由村民自己负担。

祥岗村村民讲究孝老爱亲，养老以家庭赡养为主，一般由家中长子承担老人的赡养义务。在祥岗村，外嫁女很少回村里。如果一户家庭的下一代只有女孩，女儿也要承担老人的赡养义务。

符合条件的村民都购买了新型农村社会养老保险，个人缴费标准为每年 200—500 元，档次不等。年满 60 岁的老人都拿到了养老金，养老金根据缴费年限不同每月 1000—2000 元不等。

对于教育，祥岗村老一辈村民普遍不太重视，以前村民一般读到高中毕业就工作了。"80 后""90 后"一代在子女教育的观念上有所转变，村里所有的适龄儿童都到 1 公里外的镇里上学，也有家庭条件好的，送到县里的私立寄宿学校。

随着生活水平的提高，村民的生育观念也发生了很大转变。村妇女主任巫华妹对此深有感触，早几年村民即使挨罚也要多生男孩，而现在，大家普遍认为生男生女都一样。

祥岗村设有祥岗文化服务中心、文体娱乐室、农家书屋、文化信息资源共享工程服务点、少儿活动室、老年人活动室等。每天这里都有不少村民前来读书、锻炼、打牌、聊天。村民们说，这些活动场所，给日常生活增添了不少乐趣。

村里的治安也是老百姓津津乐道的话题。村民告诉我们，这几年祥岗村的治安环境得到了极大改观，"以前摩托车放到屋里都会被偷，现在就算放在屋外都没有问题"。近几年，祥岗村没有出现大的治安和刑事案件，社会比较和谐稳定。

一路走访一路调研，我们能深深感觉到，祥岗村这个客家村庄在变，在公共服务、社会管理、文化建设等方面都有了不少的改变和加强，老百姓也享受到了一些现代化成果。当然，祥岗村和全国多数村庄一样，仍然需要注入更多的公共服务，让老百姓过上更加便捷的生活。

据镇上的干部介绍，多年来祥岗村的换届选举一直非常平稳，村支书、村主任的选举都是一次出结果，十分难得。目前，祥岗村"两委"干部有 7 名，每人都要负责 3—5 项具体业务。除完成分管业务外，村干部还在公共服务站负责办理各项事务。村民在公共服务站可以完成大部分事项办理，基本可以做到"小事不出村、大事不出镇"。

年近 60 岁的梁木胜书记，已经在书记、主任的位置上干了 13 年。他说，办好农民的事需要处理好"情理法"和"法理情"的关系，"带着感情去做，才能得到村民的信任"。

村委会副主任刘锦华告诉我们，落实如拆猪圈、建设征地这些涉及农民利益的事情，要与农民进行深入的感情交流，坐下来抽根烟、到饭点吃顿饭，问题在一来一往中就得到了解决，有难度的工作也可以开展下去。

据几个村干部介绍，村干部的工资收入相对不高。按照规定，村干部每月规定收入3700元，其中1500元是固定收入，700元是村里补贴，剩下的1500元作为绩效年底发放。"镇上设置了较多的考核指标，完成考核指标后才能够拿到全部绩效，年底考核时往往都会扣一些钱"，一名村干部说。目前，除村支书梁木胜是专职外，其他6名村干部都有其他收入来源，有的家里开小卖部，有的在外还干另一份工作。

几天的调研下来，总体感觉祥岗村的变化明显。用村干部的话说，祥岗村的变化突出体现在"三多三少"，即"外地人种地多了、本地人种地少了，'农家乐'数量多了、农产品产量少了，房子车子多了、村民交流少了"。这种变化，一方面说明农民的生活走上了富裕之路，另一方面也说明村里的产业转型有了变化，农民对乡村发展还有不满意的地方，"谁来种田"必须提上议事日程。这些隐性的问题和困境都需要通过实施乡村振兴战略加以解决。

我们还发现，祥岗村村民尽管脱离了传统农业，收入大幅提高，住进了小楼、开上了小车，但刻在农民骨子里的团结朴实仍在，重视家庭和宗族的传统观念依旧，农村的"魂"没有丢。这启示我们，农民的精神才是农村的生命力所在，要注意守护好村民的精神家园。充分发掘出本地文化传承中的生命力，村庄才有凝聚力，农村才有生命力。

祥岗村的发展告诉我们，农村要发展，根本要依靠亿万农民。无论是改革开放初期村里兴办企业，还是借着旅游景区开发东风发展第三产业，无论是发挥资源优势种植优质蔬菜，还是结合乡村旅游搞草莓采摘，农民的"嗅觉"始终是最敏锐、最敏感的。这昭示我们，农民是乡村振兴的主体，要充分尊重农民意愿、尊重农民创造，充分调动农民自我发展的内生动力，逐步建设出和谐美丽的中国新乡村。

村庄小传

祥岗村隶属广东省惠州市博罗县长宁镇，地理位置十分优越。从大的方位来看，位于广东省东南部，珠江三角洲东北部，离惠州、广州、东莞、深圳都在 1 小时车程左右。祥岗村地处罗浮山脚下，位于长宁镇北部，距镇政府约 3 公里，全村总面积约 6.4 平方公里，辖 8 个村民小组，共有 642 户 2378 人，现有耕地面积 1269 亩。

祥岗村始建于明代，据记载，刘氏祖先因养殖家禽环境需要而从东莞迁居于此而形成。因村辖区内有一个小山岗，且村民希望生活过得吉祥如意，而取名祥岗村。

祥岗村村民绝大部分为客家人，仍然保持着客家人的语言、传统和风俗习惯。每年正月点灯、二月二龙抬头过会节、清明祭祖、重阳登高等，村民都会汇聚庆祝，各家摆满酒席招待客人。村里红白喜事从不攀比，办酒席不收礼金，过年的红包也大多数是 5 元、10 元的零钱。

祥岗村设党总支，下设 4 个党支部，村里共有党员 64 人。村"两委"干部共有 7 人，形成了较好的年龄梯次和结构配备。祥岗村干部队伍高度稳定，多年来换届选举一直非常平稳，村支部书记、村委会主任的选举都是一次出结果。村支书梁木胜已在村工作 30 余年，做农村工作很有经验，威望很高。村党组织曾荣获博罗县优秀党组织、长宁镇优秀党组织。

长期以来，祥岗村一直是传统的农业村，主要作物有水稻、蔬菜等。近年来，受罗浮山旅游景区开发的影响，除小部分村民种点口粮地外，一般都将地租给外地人耕种，80% 以上的村民都转而从事乡村旅游相关产业。目前，村里有"农家乐"13 家、土特产店 30 余家、大小饭馆 50 余家。2020 年，村委会集体经济收入共有 22.8 万元，8 个小组的资源资产发包收入共 44.2 万元，农民人均可支配收入 28680 元。

由于毗邻罗浮山自然保护区，祥岗村所处的长宁镇被禁止发展工业。祥岗村比较注重生态保护，村里除了已经开始搬迁的小型纸箱厂和电子器件厂外，没有其他工业。对不新增工业、不能引进污染企业的规定，村民普遍持赞同意见。村民也因此而受益，本地旅游业发展良好，农产品因品质优而广受欢迎。

祥岗村村民基本都建了楼房，楼房少则两层，多则四五层。村民居住区与生产区没有十分严格的区分，很多村民房前屋后就是水田菜地。由于当地有部队驻军，祥岗村三面与部队营房区、训练场等接壤，少部分区域还呈现交错之势，有部分村民回家出门都要穿过部队的一道门岗。

祥岗村对人居环境、卫生维护投入较多，村容村貌较为干净整洁。村里主要道路都是水泥路，能够直接通达各个村民小组；完成了户户通自来水工程，完善了村内排水等配套设施，污水进行雨污分流大部分接入市镇管网；主干道旁、公共场所、村民房前屋后等位置基本都种植了花木；已经全部消除了旱厕；聘用 7 名保洁员，负责卫生清洁工作，还出资购买了竹筐放在村民家门口用于临时收集生活垃圾，给村民们创造了一个优美的生活环境。因为卫生环境工作有声有色，祥岗村曾被评为惠州市卫生村。

祥岗村设有新时代文明实践站，内设有讲习所、道德讲堂、远程教育、党员教育、农家书屋，通过开展爱心慰问、志愿服务活动等贴近群众生活的各类活动，弘扬主旋律、传播正能量。村里还修建了一些小型室外活动场所，购置了文化娱乐健身设施 1 套，硬化水泥篮球场 2 处，购置了篮球板和乒乓球台，极大丰富了群众的文化娱乐生活。

广东 河村

触 摸 珠 三 角 乡 村 的 文 化 肌 理

　　珠三角地区经济发达，其所属的乡村是什么样？有着怎样的发展变迁历程？经济、社会和文化等各方面具有什么典型的特点？

　　河村就是一个颇具代表性的珠三角乡村。它位于珠三角中北部，隶属广东省佛山市南海区里水镇的河村。这里区位优势明显，处于珠三角核心地带，紧靠广州、佛山两大城市；地理位置优越，交通十分方便，离广州和佛山仅半小时车程。

　　据《佛山地名志》记载，宋咸淳年间（1265—1274年），广东韶关南雄县珠玑巷难民何姓人来到河村所在地定居，故河村原名何村。后由于珠玑巷南迁的诸姓居民先后定居于何村，何氏不再是村中独姓，因而改何村为河村，并一直沿用下来。

　　新中国成立后，河村行政名称先后变更为河村乡、河村乡高级农业社。人民公社成立初期，以军事化命名为河村营，不久又改为河村大队。1983年，根据关于"人民公社改为区、大队改为乡"的要求，变更为河村乡。1987年，又"改乡为村"，由此改为河村村。1989年，根据有关行政村改为镇属管理区的要求，又改为河村管理区。1999年，

河村公园一角

撤销农村管理区，从此恢复河村的名称。2011 年，按照南海区统一部署，河村实施了"村改居"，河村村民委员会改为河村居民委员会。

河村的发展也和其名称一样，随同时代潮流经历了不同阶段。

改革开放前，河村村民温饱问题一直得不到解决，尤其是年景不好的时候吃草根树皮，日子过得非常艰难。改革开放后，南海县委、县政府根据县里实际，提出"三大产业齐发展，五六个层次一齐上"这一后来被称为"南海模式"的经济发展战略，积极引进外资，赢来了三大产业持续、快速、协调的大发展。

在这一时代背景下，河村积极推行家庭联产承包责任制，极大解放了农村劳动力。在种植粮食的同时，河村还发展起了水果、水产和畜牧业等，生猪和鸡、鸭、鹅饲养从家庭副业逐渐变成专业户生产。同时，受益于当时的"三来一补""税前还贷"等政策，河村的个体经济和私营经济得到较快发展。

20 世纪 90 年代，特别是邓小平南方谈话后，经济政策进一步放开，社队经济和民营经济大规模发展。在经历了"村村冒烟"办工业企业的发展阶段后，河村开始进行农村土地股份合作制改革。经过多年发展，形成了目前以自建厂房仓库出租为主、租赁土地为辅的发展模式。

河村的发展史印刻着鲜明的时代烙印，如今的河村，经济繁荣发达，村容整洁优美，老百姓安居乐业，成为远近闻名的幸福村。

现在的河村，面积约 4 平方公里，下辖 6 个村民小组，户籍人口3919 人，流动人口就达到 1 万多人，入驻企业有 351 家。

河村集体经济组织实力雄厚，集体资产总值超过 4 亿元，每年从可供分配的收益中提留 4 成作为发展资金，通过"三旧"改造（广东省特有的改造模式，分别是"旧城镇、旧厂房、旧村庄"改造）、建厂房出租等进一步壮大集体经济，其余 6 成用于持股村民的股红分配。

河村农户家庭主要经济收入有三大块：

一是务工收入。由于务工机会多，河村未满 60 岁的劳动力一般都有一份相对固定的工作，月薪一般在 3000—6000 元。我们在河村走访期间，工作日白天很难见到年轻人，基本都外出务工上班。当然，也有一部分村民在外做生意或开工厂，成为小老板，收入更多。也有部分年满 60 岁的老人，通过打零工每天获得 150—300 元的报酬。

二是集体经济收入。2017 年，河村村民人均分红 1.25 万元。不过各个经济社收入不一，社内分红也有一些差别。集体收入有了，村里开始对年满 60 岁的老人发放"生果金"。粤语地区一般称水果为生果，"生果金"原意指长者可以用这笔钱作购买生果之用，现指代给老人发放的零花钱。超过 60 岁老人每月发 100 元，超过 70 岁发 150 元，超过 80 岁发 200 元。此外，各经济社再给每位 60 岁以上的老人每月发放 400 元或 500 元。逢三八妇女节、九九重阳节等，村里还会给妇女或老人发放几百元的红包福利。

三是租赁收入。村里约一半的农户都自建了一栋几层高的楼房，楼下两三层供自家人居住，其他楼层出租给外来务工人员。据统计，河村的出租屋约有 1 万余间，面积一般在 20—60 平方米不等，月租金在 300—800 元。当然，也有部分 100 平方米以上的出租屋，月租金能达 3000 元以上。建有出租屋的农户平均每月房租收入 1 万元左右。

从河村我们可以看到，发展壮大农村集体经济是推动乡村振兴的有效途径。乡村振兴离不开资金投入，农村基础设施和公共事业也需要资金来保证其正常运转。农民个体的资金很难拿出来用于农村公共事业，即便农民达到了富裕程度，也很难操作。创新农村集体经济组织形式和农村产权制度，充分发挥集体的作用，赋予农民更多财产权利，是凝聚村民力量、形成振兴乡村合力的有效途径。

河村的村集体经济发展较好，村里能够有足够的资金发展农村公共事业，提高村民的福利待遇。村民都说"有车有房不如有股份"。由于村民股权分红是从村集体经济组织获得，如果村民有乱建房等问题，村里能够采取扣发当年分红、取消以后若干年分红等方式予以惩罚。通过发展农村集体经济组织，增强集体经济实力，既可以解决农村公共事务没人干的问题，也可以解决农村一家一户想干又干不了的事情，丰富乡村治理的方式和手段，使乡村振兴走上自我积累、自我发展的良性轨道。

河村现有农用地 400 亩，全部由各个村民小组负责统一管理。村里大部分农地租给外村人种植花卉苗木等，租地费用一般为每年每亩1000 元左右。本村村民现在基本上不从事农业生产，少数还有劳动习惯的村民会向村集体租几分地种蔬菜，主要供家庭食用，一般都不上市售卖。

由于没有种植粮食，河村居民所吃的主食稻米都是购自市场，一般品质的大米每斤在 3—5 元，品质较好的每斤在 8 元以上。绝大部分村民家里做饭都使用天然气，极少部分村民家还有烧柴做饭的灶台。河村村民的饮食已经与城市居民无异。早餐以粥或面条为主，午餐、晚餐以米饭为主，基本上餐餐有肉。

众所周知，广东居民饮食讲究食材新鲜，对饮食情有独钟，很多地方都有招牌菜或特色小吃，河村也是如此。当地的名菜有霸王鸭和白灼虾等，尤以霸王鸭为甚。相传曾被清代重臣李鸿章誉为席上之霸，因而得名"霸王鸭"。其做法是，肥嫩的肉鸭被屠宰干净，在嗉囊部位开一洞，取出内脏和胸脊等骨头，留下一具全肉的鸭壳。再选用莲子、薏米、栗子、白果、冬菇、瘦肉、胗肝等碎粒，加上几只咸鸭蛋，调入精盐、味精等调味品煮熟，填入鸭腔后缝口，急火炖两个小时后，以嫩菜胆伴边整只上碟上席。吃起来甘香嫩滑，肥不腻口，余香留颊。

继纪录片《舌尖上的中国》热播后，近些年来，美食类纪录片、短视频渐成气候。与之相随，饮食文化也有了越来越宽广的发展。在越来越多人乐于调侃自己是一个"吃货"的当下，一道美食带火一个地方的例子并不奇怪。最是乡味动人心，像"霸王鸭"这样的乡土美食，其文化属性、文化价值还有很大的挖掘提升空间。

河村村民十分注重建造房屋，本村农户至少每户有一处宅基地，有的农户有两处。河村村民的房屋普遍较新，外墙用瓷砖进行装饰，屋内都有较为精致的装修，房屋造价一般为每平方米1300元左右。通常房屋的一层由父母居住，二、三层由子女居住，再往上的楼层出租给外来务工者。村民家中的家具家电较为齐全，普遍都配备了空调、电视、冰箱、洗衣机等生活电器。有线电视、网络等已经入户。

由于河村的宅基地需求非常旺盛，而土地较为紧缺，因此在20世纪90年代，部分村组将一部分土地整理后作为宅基地拍卖给村民，竞拍的村民各自写纸条报价，地块由价高者得。一块100多平方米的宅基地成交价格20余万元，这在当时已经算是高价了。由于河村已经没有富余的土地，村民早就不能申请宅基地。村民自20世纪90年代以来建造的房屋，都没有取得宅基地使用权证和房屋所有权证。据佛山市和南海区有关部门介绍，这在佛山是较为普遍的现象，原因是突破了宅基地面积限制和"一户一宅"的规定，无法办理相关证件，下一步如何处理还没有说法。

河村村民交通出行十分方便，距广州白云机场1小时车程，距佛山高铁站20公里。村民可以就近选择广佛高速、佛山一环和里水环镇南路等多条道路出行。村里已通公交车，车费2元，如果持有老年人乘车证则免费。

村里不少村民还会不定期地选择外出旅行。在62岁的吴大爷家访谈时，吴大爷的老伴正准备出发。此前，她与村里几个老姐妹约好一起到厦门旅行。村民家里基本都购置了小轿车，有的家庭甚至有2辆以上，价位主要在15万—20万元。也有部分家庭购置了雷克萨斯、奥迪、奔驰等豪华车。

"村里目前最难办的一件事是什么?"村支书回答说,"是解决停车难的问题"。这着实让人有点意外。尽管河村聘请了专业公司在村里合适的位置和路段施划了一些停车位,但本村村民汽车保有量近千辆,加上在本村居住的外地人以及在村企业高管的车辆,现有的停车位远远无法满足需求。一到晚上下班时间,停车紧张的"城市病"就暴露出来,很多车只能停在马路边或村外,村民对此意见很大。

车多还容易引发堵车的问题,村里专门聘请了8名交通协管员来负责停车管理和交通疏导。早晚上下班高峰时段,交通协管员经常需要在村里主要路段进行交通疏导,其他工作时间交通协管员以巡查为主,主要负责及时发现纠正车辆乱停乱放的问题。

河村的停车问题,不仅仅是一个交通问题,也是一个城乡文化融合问题。汽车下乡的背后,其实是工业文明下乡。在农业文明时代,乡村有"路遇长、疾趋揖"的基本礼俗;当农业文明遇到工业文明,当乡村也开始"堵车",至少在交通这一块,乡村要学着接受包括城市交通文明在内的诸多现代文明要素。所以河村的这上千辆小汽车,其实扮演了城乡文明的黏合剂。

河村村民讲究孝老爱亲,养老以家庭赡养为主,一般由家中长子承担老人的赡养义务。在这里,三代以上同住的情况非常常见,家庭关系较为和睦。符合条件的村民都购买了新型农村社会养老保险,建立了养老保险个人账户,个人缴费标准为每年200—500元不等。目前已建账户年满60岁的老人都拿到了养老金,养老金根据缴费年限不同每月1000多元至2000多元不等。

河村适婚青年都是自由恋爱,结婚对象一般都是广东本地人,与外省人通婚的极少。许多外村女性都愿意嫁到河村,河村的女性外嫁时也不愿意将户口迁出。绝大部分新婚夫妇选择在村里居住,一般都不与父母或兄弟分家。传统的婚嫁程序较为烦琐，需要经过"三书""六礼"等多个环节。新中国成立后特别是改革开放以后，婚嫁习俗越来越简洁，大部分只保留了定亲、送嫁、迎亲等环节。

河村人也秉承了简洁的习俗，婚礼一般只举办一天，婚宴一般都在本宗族的祠堂进行，邀请同宗德高望重的老人和亲朋好友出席。根据家庭经济状况，婚宴一般摆 30—50 桌，多的会达 100 桌。主人家会十分欢迎亲朋好友来做客，希望事前准备好的酒席都坐满。来宾一般不需要送礼金，至亲大约送一两百元或其他礼物。结婚彩礼一般根据家庭经济情况而定，一般不会"狮子大张口"。一般档次的婚礼办下来，全部费用在 15 万元左右。

调研的村庄越多，越会发现有这么一个现象：越是经济较为发达的乡村，婚嫁彩礼及其他礼金反而越少；越是经济不发达的乡村，婚嫁彩礼及其他礼金反而越高。究其原因，经济发达的乡村，不需要通过"高彩礼"的方式，来为家庭积累资金。因此，婚嫁文化就更容易进入良性循环轨道。

随着时代的发展，村里的"红事"日益趋简，同样的变化也发生在"白事"办理上。今天的河村形成了新的习俗：白事不大办，只请至亲，一般不摆酒席，也不收礼金。逝者在火化后，很快就入土为安了。

有村民表示，由于白事办理十分低调，有时一些老人去世好长时间后，村里其他人才知道。与全国各地一样，在清明节时，河村村民会到祠堂或坟墓祭拜先人。从清明节起一个月内都是省墓的时间，最后一天叫"末清"，俗称"闭墓"。在这一个月内，扫墓人成群结队走到坟前锄草添土，压上坟头冥纸，点燃香烛，供上祭品，以追念前人的业绩和辛劳，然后奠酒致祭，燃放爆竹。

河村的民俗主要有扒龙舟和舞狮。因南海地处珠江三角洲水网地带，扒（土语称划为扒）龙船成为民间盛行的传统活动。每逢端午节或其他盛大节日，总要扒龙船或举行龙舟竞赛。舞狮是一种综合性的群众活动和艺术表演，在南海地区极为盛行，遇有喜庆的节日或店铺开张、工程竣工揭幕、庆功等喜事，都有舞狮助庆或游行。舞狮结合了体育、音乐和舞蹈而成，音乐用大锣大鼓大钹，以一定的节奏表现出狮子的活泼、威武、雄壮。当地的狮头造型别具风格，采用夸张的扎制手法，制作得多姿多彩，醒目而有神气。

河村宗祠文化比较盛行，很多姓氏都建有祠堂，如吴氏祠堂、陈氏祠堂、麦氏祠堂、刘氏祠堂等。祠堂建筑大多讲究风水，通常选在祖先最先居住的地方。祠堂的正大门平常不开，只在大祭或族人议大事时才开启。祠堂根据大小一般是两进或三进格局，正厅内设龛位，内供祖宗牌位，龛前摆放祭品。祠堂有多种用途，主要用于河村村民祭祀祖先，也作为各房子孙办理婚、丧、寿、喜的场所。

河村最有名的吴氏世祠，位于河村月池坊内，由明万历三十二年（1604 年）进士吴光龙首建，清代重修，为二进院落式布局。吴氏家族功名显赫，仅明代时，吴璿一家五代便出了四位进士、一位举人，时人称之为"一家四进士，五代六村贤"。吴氏宗祠最大的特点是，有 3 扇用沉重木材铸就的大门。村里人介绍，因为吴家一族历史上有很多人做官，吴氏族人在修建宗祠时想体现出官家的气派，以彰显家族荣耀，所以宗祠门面的设计就跟当时的衙门一样设了 3 个门口，吴氏宗祠也因此得名"官衙祠堂"。

祠堂文化以同姓血亲关系的延续为纽带，把整个家族成员联系起来，并形成宗族内部的凝聚力和亲和力。祠堂既是一部家族变迁史，又是一个民俗博物馆，不仅让所有后代子孙了解宗族发展，也是外人观察了解一个地方文化发展的重要载体。祠堂蕴藏着一种质朴的精神动力，祠堂文化生动地反映着一个地方的乡风民俗。

河村村民重视教育，村民普遍表示，只要孩子愿意学习，他们就一直供孩子上学。河村现有一所幼儿园，有教学楼和生活设施楼 4 幢，学位 470 个，教职工 40 余名，设有小班、中班、大班等近 20 个班级。除一般学前教育外，还开设形体、计算机、钢琴、舞蹈、英语、绘画、数学、阅读等兴趣班。学费按公办幼儿园标准收取，包含保育费、管理费、伙食费等费用，每月 800 元左右。如为本村村民的子女，费用还会在学期末退回一部分，差额部分由村集体代缴。由于办学条件较好，加之外来务工人员子女较多，幼儿园学位十分紧张。目前所有学位中有 1/4 是本村小孩，剩余学位都是外来务工人员的小孩。河村原有小学一所，几年前镇里中小学合并时被并入其他学校，孩子上学一般乘坐学校统一的校车。

通过调研，一个珠三角乡村的发展历程、经济和文化图景变得清晰立体起来。概而言之，河村已经基本摆脱了农业生产，村民生活方式从传统农耕形式向现代城镇居民形式转变。经过多年的发展，村民的物质生活极大改善，生活水平极大提升，社会保障到位有效，可以说已基本实现城镇化。难能可贵的是，河村还保留着良好的民风习俗，而这是城镇化后的农村有别于城市的独特之处，是传承优秀农耕文化、留住乡情乡愁的重要途径和保障。

村庄小传

河村位于里水镇中南部，距离镇政府约 3 公里。地处珠江三角洲平原北部，里水城区南部，地势平坦，村中里水河自北向南流入水口水道（流潮河），汇合雅瑶水道流入珠江。

河村始建于宋代，何氏先祖迁至此地定居而成。又一说，始祖冯元，宋大中祥符年间（1008—1016 年）由番禺迁于河村，距今 1000 多年。立村时因村靠河而居，故名河村，并沿用至今。世居民族为汉族，属于广府民系，使用粤方言。现有黄、吴、叶、梁、刘、郑、麦、巫等多个姓氏。2020 年年末，河村户籍人口 4081 人，其中男性 1860 人，女性 2221 人；80 岁以上 116 人，最年长者年龄 107 岁。2020 年年末，非户籍外来人口约 13000 人。

河村占地面积 4.29 平方公里，辖下西紫、石荣、月池、雄星、江边、巫庄 6 个经济社（村民小组）。河村经济以发展工业和商业为主，抓住改革开放机遇，制定优惠政策，以出租土地厂房，招商引资，吸引国内外客商前来投资办厂，从里水市场口至凤凰山庄长达 1500 米的大道两旁，厂房鳞次栉比。2020 年全村已有企业 300 多家，涉及五金、机械、制鞋、纺织、塑料、装饰等行业，鞋类和金属制品大部分出口欧美、东南亚等地区，工农业总产值 461000 万元，其中工业产值 456000 万元，村组两级集体可支配收益 10444 万元，村民人均分红 13000 元。河村村民主要收入来源靠农业生产、工商业经营、工资性收入、房屋出租、村集体经济分红等。

河村与里水镇城区相连，交通道路现有佛山一环贯穿而过，环镇南路、甘河路等主干道路车水马龙，水陆交通十分便利。河村一向重视教育和精神文明建设，2020 年河村幼儿园在园幼儿 468 人，教职工有 60 人；文化体育设施建有篮球场、乒乓球室、游泳池、足球场、图书馆等。2003 年至今总投资 3000 万元建成和不断提升河村公园，占地 120 多亩。2014 年投资 290 多万元翻新旧河村小学，占地 340 平方米，建成三层的活动中心——"创益中心"，河村图书馆藏书 6000 多册。河村群众文化活动丰富，舞蹈队、太极队、粤曲社、合唱队、篮球队、龙舟队精彩活跃在社区，平均每年开展文体活动 20 多场。

河村传统民居属于广府民居，多为砖木结构，立柱单墙，低矮平房，屋前屋后均留些空地，四面绕以矮墙，家家户户大致如此，被称为"老宅基"。近 20 年随着村民生活水平的提高，还有大量外来务工人员流入，大部分旧房危房都已改建成三至五层的居民楼和出租屋，只有小数古宅得以保留。河村现存有黄氏宗祠、吴氏世祠、梁氏宗祠、麦氏宗祠。

20多年河村的经济、环境和社会治理得到飞速发展，先后获得广东省宜居环境范例奖、广东省文明村、广东省名村、广东省"六好"平安和谐社区、广东省卫生村、广东省宜居示范村庄、佛山市生态示范村、佛山市宜居村居、佛山市"十好"和谐文明村、南海区平安村居、南海区民主法治村、南海区体育强区达标村委会等荣誉称号。

广西 八联村

守 着 "糖 罐" 日 子 甜

八联村是个"糖罐"村。

为什么这么说？如果在我们的中国地图上把我们国家的糖料生产区用一种特殊的颜色标记出来。我们可以看到，八联村所在的广西崇左，一定是浓墨重彩的那一部分。

崇左是我国糖料生产的核心区，被称为"糖都"，八联村更是一个"甘蔗生产专业村"。用八联村党支部书记李长春的话说："走进我们八联村，最美的风景就是密不透风的甘蔗林海。紫色的蔗杆，绿色的蔗叶，风一吹，沙沙响，还有什么能比这美？"

我来八联村调研，深深体会到包括李长春在内的八联村人对甘蔗的情感。北回归线与这个桂西南的小村庄擦肩而过，丰沛的雨水和充足的阳光给了这个小村庄得天独厚的优势。甘蔗是大自然给这片土地的馈赠，是八联村人的"苦"，更是他们的"甜"。世世代代种甘蔗、砍甘蔗、榨甘蔗，蔗叶划破了八联村人的手，蔗杆磨破了八联村人的肩，蔗糖撑起了八联村人的生活，换得家中的柴米油盐、孩子的书本纸笔和老人的医药费。

八联村一景

在八联村的调研让我思考这样的一个问题：那些承担着大宗农产品生产任务的农业优势产区为保障国家重要农产品的供应作出了巨大的贡献，这里的老百姓是最不应该受苦的。他们如何增收，如何享受社会经济发展的成果，始终是我们农业产业发展绕不开的课题，毕竟我们的工作最终目的在"人"，农产品的供应保障是为了"人"，让大宗农产品主产区的老百姓过上他们应得的好日子，更是我们"三农"工作的题中之义。

八联村正好走在这么一条路上，在现代农业的发展过程中，在乡村振兴的蓝图铺展中，八联村由穷到富，由"苦"到"甜"，它的发展，对于那些以农业为主要支柱产业的村、乡、县，都有一定的借鉴意义。

甘蔗林值钱了

要让五十多岁的八联村村民梁小忠说这些年八联村发生的最大变化，他一定会说"甘蔗林值钱了。"

怎么个值钱法？种了几十年甘蔗的梁小忠有笔账，过去的他家的甘蔗亩产量只有3—4吨，如今稳定在5.5吨左右，遇上风调雨顺的好年景，还能"冲顶"到6吨以上；过去的甘蔗种一年，收二到三茬就开始"闹病"，得重换种苗下田，现在的甘蔗脱毒种苗，一种就能收上五茬，种苗成本节省了一大半；肥料成本和人工成本也降低不少，用上了水肥一体化的灌溉设备，连种蔗和收蔗都全程机械化，种蔗轻省了，腾出手再干些别的活计也有了可能；甘蔗种得好，出糖率高，糖厂收购的劲头也就大，扶南东亚糖业在村里就有常年不撤的收购点，糖价稳定不愁销，"别看甘蔗杆子细，真能成家里的顶梁柱。"梁小忠这么说。

这些变化是最近三五年才发生的。具体原因梁小忠说不清楚，但他知道这一切的发生和一个人有关，这个人叫"杨本鹏"。

2012年，中国热带农业科学院生物技术研究所研究员杨本鹏翻着地图来到了崇左的扶绥县，又在扶绥县找到了八联村。"这是块种甘蔗的好地方。以后几百年过去，我这人、你这人咱都没有了，但这片土地上的甘蔗一定还在，咱们这代人要为甘蔗产业做点什么。"多年后，杨本鹏和年轻的扶绥县委书记黄建辉这么说。

那时候，品种退化、旱地种植产量低、劳动强度大、经济效益差等问题困扰着八联村、扶绥县乃至整个广西蔗区的蔗农。杨本鹏先从种苗下了手，他认为，在自育新品种还难于取代现有主栽品种之际，退化品种的提纯复壮是当务之急。

"甘蔗的种苗和水稻不一样。水稻一年种不好，影响一年的收成，可甘蔗一年没种好，影响的是未来三到五年的收成。"杨本鹏太清楚好种苗的重要性了。怎样使甘蔗体内的病菌病毒脱出，恢复到母本性状，让蔗农多收几茬甘蔗，少种几次种苗？杨本鹏和他的团队经过反复的试验和摸索，研发出甘蔗茎段综合脱毒及脱毒种苗工厂化培育的关键技术，实现了脱毒种苗的工厂化繁育，这就解决了品种退化及繁育速度慢的问题，不但可以延长优良品种的使用年限，还可以提高育种的经济性。

"通过综合脱毒，可以彻底脱除花叶病和宿根矮化病等病原，使原原种的获取率达到70%以上，原原种的带病带毒率为零。"杨本鹏曾多次跟我讲起过脱毒种苗的优势。

糖料作物是国家重要原料物资，甘蔗扛起了糖料保障的大头。对于甘蔗产业，我心里一直有笔账，只要甘蔗单产提高到6吨、蔗糖分含量达到14.7%以上，蔗糖业就能实现农民有增收、糖厂有效益的"两头甜"。可要实现"两头甜"，光有脱毒良种还不够，还得有"良法"降本增效。

让我特别高兴的是，经过将近十年的探索努力，八联村的"双高"甘蔗基地已经形成了一套完整的甘蔗种植模式，脱毒种苗宽行稀植，水肥一体化精确灌溉，种植、耕作、收获全程机械化应用，良种加良法，一整套现代化的甘蔗种植体系在八联村得以呈现。应用这样的技术体系种植甘蔗脱毒种苗，可以使甘蔗产量提高 20%以上，蔗糖分提高 0.5—1 个百分点，节约用种 60%。

我印象极为深刻的，是杨本鹏团队种植的甘蔗采取了"1.8 米"的间距。

这 1.8 米宽的间距，恰好是一台 150 匹马力的拖拉机的作业宽度，不多不少。因着这"1.8 米"的留白，甘蔗播种机、收割机、旋地机都能直接下田，这是一种十分先进的、系统的种植管理理念，如果我们中国的田地都能够按照这种方式耕作，那效率能提高多少啊！

习近平总书记强调，没有农业农村现代化，就没有整个国家现代化。"十三五"以来，中国农业农村现代化步伐加快，现代农业产业体系、生产体系、经营体系加快构建，技术装备支撑能力明显增强，质量效益和竞争力不断提高，走出了一条产出高效、产品安全、资源节约、环境友好的农业现代化道路。这条道路上，就是有很多像杨本鹏这样的专家团队、科研队伍，在一个又一个的传统产业上深耕发力，推动着传统农业的"老树"开出"新花"来。

农民是最善于学习的

杨本鹏们在实验田里可以种出高产量、高糖分的甘蔗，那农民的大田里呢？

科研攻关难，科技推广更难。在八联村，"双高"（产量高、含糖量高）甘蔗的推广有两大难题。一是土地分散，当年家庭联产承包责任制施行之初，为了公平起见，全村的水田、旱田、坡地被均等分配给全村700 多户村民，有的村民家里的地块多达二三十块，别说种田，就是每天在这些地块之间走上一遭，都是不小的工作量。二是传统种植方式根深蒂固，密植种苗、厚施肥等又费人工又高成本的传统种植方式体现了村民对甘蔗的“重视”，怎么能说服他们采用更科学的种植方式，是个不小的难题。

在解决土地适度规模经营这个问题上，八联村的村干部发挥了重要的作用。他们把村里的土地重新进行了统计归类，动员村民在土地确权的基础上进行“小块并大块”“多块并整块”的工作。在互换并地的基础上实现土地整理、机耕道修整、铺设水肥一体化灌溉设施等工作。

可想而知，这样的工作在推进过程中要面临多少难题。为了兼顾公平与效率，获得群众的支持，八联村多次召开村民大会和村小组会，从各个方面将并地工作做得让群众打心眼里满意。

严把政策关，坚持农户土地承包经营权“一变三不变”原则。“一变”即把零碎和小的地块变成整块和大块，“三不变”即土地的所有权不变、农户的承包地面积不变、30年承包期机制不变。确保农民土地承包权益不受侵犯。

及时化纠纷，针对互换并地中出现的各类矛盾纠纷，县、乡、村三级联动，将土地承包纠纷调处工作前移，走村入户，实现随时有疑问随时解答，随时有纠纷随时化解的原则。

规划有前瞻，在互换并地后，将村集体机动地、四荒地集中统一连片调整到村庄周边或沿路、沿线附近，为下一步村庄的道路规划、民居整合预留空间，储备土地资源。

小小的村庄实现了腾笼换鸟，土地优化。目前的八联村，两万亩耕地资源中，有7000亩左右达到了“双高”甘蔗基地标准。虽然设置机耕道、平整坡地等整理工作使得总耕地量有所减少，但农民都对并地工作十分满意。眼见劳动力成本低了，拖拉机能进田了，实实在在的好处摆在眼前，曾经在并地过程中有意见的群众也直给这项工作竖起大拇指。

土地基础有了，就是为"双高"甘蔗的推广打好了硬件。可农民肯不肯按照科学的方法种，就是"软件"问题了。

在甘蔗良法推广这个问题上，扶绥县委县政府、杨本鹏的团队、八联村的村委都付出了极大的努力，为蔗农提升种植技术，进入甘蔗现代化全产业链条搭平台、送知识、做保障。但是我在调研中体会最深的，还是农民对学习"良法"的热情，对好技术的渴求。

在距离村委会不远的地方，杨本鹏的团队搞了一个一千多亩的原料蔗生产示范基地。他们的想法，是为周围的蔗农提供一个全程的示范样本。

没想到的是，这个基地不仅吸引来了十里八乡的村民，连几百公里外的蔗农也一路打听着找来。

有的蔗农，四五家一家出一个人，搭乘一辆车，奔波上百公里到八联村的示范基地来看甘蔗，围着基地里杆壮叶肥的甘蔗细琢磨。

有的蔗农看到基地里使用的水肥一体化，跟基地的技术员打上了赌，"我用农家肥厚厚地施，肯定比你这个效果好。"一季下来，村民算出来自己不仅施肥成本高，甘蔗的含糖量还低了点，就来找基地工作人员要"配方"。有些地块灌溉设备还没铺设好，蔗农就自己拉皮管，用土办法做"喷灌"，让自家的甘蔗也吃得养液。

最让我感动的，是基地建设初期，很多村民看到了基地里使用的各种机械，他们也想用，可大型机械成本高，一些心灵手巧的蔗农干脆自己上阵，硬生生照猫画虎"焊"出了自己家的"播种机""收割机"，开进田里，虽然噪音大，爱出毛病，可也是"小车不倒只管推"。

如今，八联村的"双高"基地建设得越来越完备，农机专业合作社也相继成立，蔗农可以享受到完整的农机化服务，再也不用这些"山寨机"了。但农民的这种学习精神、探索精神，乃至于创造精神，始终萦绕在我心头。我们中国的农民，最勤劳肯干，也最务实，只要能把地种的好一点，再好一点，他们愿意打破自己旧有的观念，愿意不断地迈出自己的舒适区，中国农业不断推陈出新，追求高产更高产、高效更高效、高质更高质的希望，永远在他们身上。

钱包鼓了生活美

"双高"甘蔗的推广，给八联村打了一剂强心针。有了稳定的产量，可靠的订单，八联村的人心稳了，也齐了。生活也开始变得更加多彩。

产业上，芒果、香蕉、澳洲坚果开始进入八联村人的视野，成为结构调整的"新宠"。距离边境口岸较近的优势让八联村人有了"走出国门"的意识，他们不仅从外地把品种引进到村里，还在县上开了淘宝店，把产品卖到深圳、成都，甚至俄罗斯远东地区。

村庄建设上，借乡建设用地增减挂钩项目，八联村委将村内废弃不用的老房子进行了整理复垦，拆除了 60 多间老房子，增加了 47 亩土地。有了前些年"双高"基地建设、土地并块的成功经验，这一次的整合废旧房变得异常顺利。

自拆旧复垦工作开展以来，通过召开党员、村民代表大会，入屯进户宣传，八联村的党员干部、村屯干部、公职人员带头拆除自家空置危旧房，以公职人员为切入口，率先打开拆旧复垦工作局面。其中的村民小组组长李林超就是第一批拆除自家旧房的村干部，在党员、村干部的带动下，群众纷纷主动要求拆除危旧房，掀起了拆旧复垦美化乡村的高潮。

如今，连片老屋被拆除后，村民家门口有了连片的"微菜园"，夏天，新种植的油菜花冒出嫩芽，喷灌的水如春雨般覆盖在菜地上。有了相关的项目资金，村内的池塘进行了清理，民居外墙上绘制了壁画，一幅幅墙绘成了八联村乡村文化的"窗口"。

八联村的村干部告诉我，在拆旧复垦的过程中，施工水管爆裂了，整个村屯的饮用水都受到了影响，但村民们毫无怨言，自己投工投劳接水管，连续十多天自己挑水喝，直到水管修复完成。此外，清理路面、围栏刷漆、种花浇水、搭凉亭……队帮队、户帮户、人帮人，群众自发的筹资筹劳，干劲十足，国家乡村振兴大背景下的城乡土地增减挂钩政策，给了八联村一个华丽转身的机会，更是激发了新时代下的"八联精神"，推动着美丽乡村的建设。

对八联村的调研以及后续几年的跟踪观察让我更加坚信，国家的产业政策、惠农政策得当，会对农民的产业发展、生活改善会起到十分积极的推动力。

如果没有 2014 年 2 月，广西启动"双高"糖料蔗基地建设试点（"双高"即引进甘蔗新品种、新技术，机械化耕作，打造甘蔗高产、高糖示范基地），如果没有 2015 年，国家发改委、农业部联合印发的《糖料蔗主产区生产发展规划》，将广西蔗糖业发展上升为国家战略，八联村乃至整个广西的蔗糖产业不会发展得这么快这么好。如果没有乡村振兴大背景下的土地增减挂项目，八联村的村容村貌也不会变化得这么快。

政策设计和群众实践之间，永远是两条相互波动的浪潮，顶层设计科学有效，"三农"工作就有了抓手，农民就有了发展空间。而群众的积极实践和探索，也永远是我们政策制定的智慧源泉。所以，我还是最想给这些可爱勤劳的村民们竖起大拇指，没有他们的勤劳坚韧的奋斗，积极开放的心态，八联村这个边远的小村庄不会有这么大的变化，也不能给我们其他的农产品原料生产村提供这么好的范本。

祝"糖罐"村的日子越来越甜！

村庄小传

在全国的糖料种植生产版图上，广西壮族自治区一定是举足轻重的那一部分。作为我国甘蔗主要生产区，广西的蔗糖产量占据了全国蔗糖总产的半壁江山，其中的崇左市扶绥县是全国甘蔗种植面积最大的县，常年种植面积超过 100 万亩，被称为"中国甘蔗之乡"。而八联村所在的昌平乡是扶绥县确定的两个糖料蔗生产保护区之一，甘蔗产业是全乡的支柱产业。

在八联村，2 万多亩的耕地，有 1.21 万亩种植着甘蔗，其中高产高糖的"双高"基地共 6447 亩，每个榨季入厂的原料蔗可以达到 7.5 万吨以上。"甜蜜产业"是八联村当之无愧的支柱产业。

守着"糖罐"，曾经的八联村村民日子却并不甜。就在 2017 年，八联村的人均可支配收入还比全国平均水平低了十几个百分点，村内产业结构单一，除了传统的蔗糖生产和蔗糖加工产业外，第三产业发展范围窄、类型单一，第二产业几乎是一片空白。"缺钱"带来的直接后果，就是大量青壮年劳动力外出务工，农村劳动力老龄化、农村发展内生动力不足、"空心化"等各类问题一度困扰着这个风景秀美却发展乏力的小村庄。

事实上，八联村不仅是个"糖罐村"，还是一个拥有丰富历史文化资源的村庄。八联村下辖永安、弄状、乐平、岜锡、岜钟、关平、双甲、长乐 8 个村民小组。共有 751 户 3190 人，其中汉族 2146 人，壮族 1039 人，苗族、侗族、瑶族等其他民族 5 人，是以壮族、汉族为主的少数民族聚集区。

世代生活在这里的平话汉族人为了与周边的壮族人民和谐相处，一方面保留了自己的语言，另一方面也主动融入了壮族生活，过着和壮族同胞一样的节日。"三月三"要蒸五色糯米饭拜祭先人，农历七月十四的中元节，是仅次于春节的大节日，要以隆重的仪式迎祭祖先。

伴随着传统糖业转型全链条蔗业的进程，八联村迎来了新的生机。"双高"蔗糖基地给蔗农的增收带来了根本性的变化，芒果、香蕉、澳洲坚果等产业基地也在这片秀美的田野上如雨后春笋勃然生长，丰富着八联村的产业结构。凭借周边白头叶猴自然保护区、姑辽茶文化生态保护区等自然资源和边陲民族风情、关塞文物古迹等历史文化资源，八联村人也吃上了生态饭、旅游饭、文化饭。

如今的八联村，通过采取推广甘蔗水肥药一体化和全程机械化技术等措施实现了甘蔗生产降本增效；依靠电商将芒果、坚果等特色农产品送出了国门；凭借秀丽俊奇的南国风光吸引来众多游客；依托人居环境建设，村头有了清澈的水塘，屋头有了微菜园，温馨的墙绘饱含自然美和文化美，凉亭、围栏、长廊等一批公共设施相继建设成形。

守着"糖罐"的八联村人，正在把日子过得越来越甜。

海南 不磨村

当海岛古村结缘芒果产业

不磨村，是海南岛西侧感恩平原上的一个古老村庄，坐落在海南省东方市感城镇东部，背靠不磨岭，面朝大海，西邻海南岛西线高速公路，交通便利。

关于村名的来历，有两种说法。一种是明朝末年，福建人迁居此地，聚居而成不磨村，将村子命名为"不磨"，取"千年不磨，万年不朽"之意；另一种是源于村庄环境，不磨村周围竹林密布、丘陵环绕，地势上易守难攻，而且一直到明末，还是各朝驻军之所，自然环境和驻军传统的融合，让不磨村无论是和周围村落对抗还是当年抵御日本侵略，都胜多败少，因此村名又取"不磨不磨，不磨也利"之意。

不磨村地处热带季风海洋性气候区，终年无霜雪，年平均气温24—25℃，年平均日照时数 2777.15 小时，年平均降水量 1000—1900 毫米，7—10 月为主要降雨期，占全年降雨量的 70%。适宜的气候，让不磨村成为冬季瓜菜及热带水果得天独厚的生产基地。全村 3.8 万亩耕地，有 2 万亩用来种植芒果。村支书杨泽寿说："我们不磨现在几乎家家户户都种芒果，也算是远近闻名的芒果之乡啦。"

不磨村芒果丰收

但深入了解不磨村的发展历程后我们发现，原来"芒果之乡"以前并不种芒果。这个海岛古村与芒果的结缘故事，也正是村子几十年来发展的见证。

邂逅：芒果园里也有"金矿"

今天，站在不磨村放眼远眺，入目皆是绿色。一片片芒果园从眼前延伸开去，像是给山地铺了一条绿毯，郁郁葱葱，生机勃勃。

听村里的老人说，过去村子可不是这样。改革开放初期，村民主要靠种水稻为生，"那时候种的都是望天田，靠天吃饭，遇到干旱就经常吃不饱饭"。20世纪80年代中后期，在村子周边的山里发现了金矿，于是大家都一哄而上到不磨村"淘金"。当时也有一小部分人靠着金矿赚了点钱，村里开始有人盖起了楼房。

但赚钱的代价是惨重的。因为没有节制地采矿，当时不磨村附近的山坡上堆满了各种废矿石，几乎变成了荒山，水土流失十分严重。村里的治安也变得很乱，甚至还有一些黑恶势力。这种状态持续了10多年，直到1996年前后，由于国家矿业发展政策的调整，村子周边的金矿开采开始"降温"。村民们纷纷开始上山清理开荒，种起了芒果，没想到一种就是20多年，并发展成为不磨村的主导产业。

过去的荒山秃岭被一棵棵芒果树覆盖，有了现在的宜人景象。村民们也从芒果园里发掘出脱贫致富的"金矿"，日子越过越好。

不磨村种植的芒果基本上都是"台农"品种，果型不算大，但是相对病虫害较少，比起"贵妃""金煌"等品种更好管理。一般每亩种植35—40株，产量以及收果时期根据种植的技术水平高低而有很大区别。

要说哪家芒果种得好，不磨村村民十个有八个会提到李建亚。他肯钻研技术、人也勤快，会有意识地选择有特色的好品种。他家里种的

60 亩芒果不仅产量高，而且成熟时间早。每年 3 月，村里大部分芒果还没成熟上市的时候，李建亚家的芒果就已经成熟了，这部分就能以高于市价的价格卖出去。他还很有销售头脑，不会在这个时候都卖出去，而是先卖出 3/4 左右，其余 1/4 根据后期市场行情择机再卖。靠着种芒果，李建亚一年纯收入 30 多万元，新盖了两座二层小楼，过上了殷实富足的日子。

除了直接种芒果，不磨村芒果产业的发展还催生了一个新行当——"芒果代办"。芒果代办，也可以理解为芒果物流，就是为本村芒果生产者和外来芒果收购商之间的交易提供中转服务。因为村里的芒果大多卖给外地收购商，他们与村民达成收购意向后，就由芒果代办完成取货、中转运输、包装等手续，芒果代办从中计件收取包装费、劳务费等。

村民张冠豪就是一名芒果代办，每年从他手里能发出去 20 多万件芒果，靠做芒果代办，一年能有 20 多万元收入。他告诉我们，这个工作看似轻松，但有很多外人不知道的辛苦，也不是人人都能干的。

要做芒果代办，首先得位置好，有一块靠近村口或村里主干道的场地，方便拉货的大车进出。其次要有空间，能放开芒果的包装箱、内衬纸、塑料扣等，便于就近包装操作。最后也是最重要的，是要勤快、能吃苦。为了少扰民，也为了衔接出岛轮渡时间，所以拉芒果的大货车一般都是夜间过来，芒果上市时节经常要忙活一整晚。

"你看现在村里那么多小楼，大部分都是种芒果后盖的。"村主任李建雄说，"最开始，我们种芒果要自己拉出去卖，还卖不上价，卖一车回来有时甚至不够油费、吃饭的开支。后来，逐渐地积累了口碑，"芒果之乡"的名头也有了。现在你都看到了，根本不用出门，坐在家里就有中介来收。"

转变：从"坑坑洼洼"到"宜居宜业"

结缘芒果产业，不仅让村民富了起来，也让不磨村的环境变美了。

因为没有了工业污染，茂盛的植被和清新的空气又回来了。如今的不磨村，浸润在一片绿色之中。除了芒果树，村里还有不少古树，多数直径超过 1 米，都保护得很好，枝繁叶茂。在村里的主干道上，长着两棵巨大的酸豆树，据说有近百年历史。为完整保存这两棵古树，村里修路时专门向左右分了个岔，绕开了它们。树下常有不少村民乘凉聊天，十分惬意。

"看星星一颗、两颗、三颗、四颗连成线……"对城市居民来说，这只能是停留在歌词中的记忆。而对于不磨村的村民，夜晚的满天繁星却是常态。

转变不只发生在自然环境上，最明显的还体现在村里基础设施的改善。

2013 年，曾经有人到访不磨村后这样记述："'嘣、嘣、嘣……' 坐在农用三轮车上往不磨村挺进，路坑坑洼洼，车也随之无节奏地颠颠簸簸，就像是在钢琴上乱弹。由于此地长久干旱，土地沙化，一路上尘土飞扬，黑色的皮鞋被一层厚厚的灰尘覆盖显得灰暗，皮肤流出的汗水更觉得黏稠难忍。"

现在再到不磨村，可不会有这种"坑坑洼洼""像在钢琴上乱弹"的体验了。不光进村的道路十分平坦，就连村里的小路也都经过了水泥硬化。近年来，村里投入 300 多万元资金硬化进村道路和环村大道，还投资 105 万元在村内安装 130 盏路灯。就算是夜间出行，也是"处处亮、户户通"。留心一看，村里的每条大路小巷还都有名字。"黄金大道""利民大道""畜牧场路""苗圃路"……方便外地客商找路定位。

除了村内生活道路，村里对生产道路的建设同样很重视。村里多数农户的芒果田都在 3 公里外的山坡上，原来去芒果田的山路坑坑洼洼，农用拖拉机开上去很不方便，村民行走更是困难。遇上雨天，道路泥泞，车辆根本无法通行。因为山上没水没电，果园管理需要的水、农药、化肥，都要拖拉机拉上去，再加上生产要用到的农具，没有路怎么能行？

于是村委会积极向上级争取建设资金，把水泥路从村口一直修到了山脚下，给村民的芒果生产带来了极大的方便。都说"要想富，先修路"，对不磨村村民来讲，平整的道路不仅是生活的幸福路，更是致富的财路。

住是幸福生活的重要标准，"安居"才能"乐业"，乡村振兴的 20 字要求也专门提到了"宜居"。通过发展芒果产业，不磨村的村民告别了又矮又旧的小房子，各家各户都盖起了小楼，居住条件比一些城里人都好。

村支书杨泽寿家是一座两层半的小楼，总面积近 600 平方米，设计合理、宽敞明亮。一楼是老两口的卧室，还有厨房、餐厅和宽敞的客厅，二楼的四间卧室是给儿子和女儿准备的，三楼的两个房间等以后孙子、孙女长大了单独住，还有个大阳台可以放些生产工具、杂物等。对城里人来说，这简直是个别墅了。但杨书记告诉我们，这个条件在村里不算好，全村有超过 80% 的农户都住上了小楼，他自己的楼算盖得早的，现在已经"落伍"了。

我们沿着村内的大路小巷走了一圈，果然，全村多数家庭都是二三层的小楼，造型别致美观，比杨书记家的房子更大、更气派的不在少数。房子内部装修也很用心，超大液晶电视、计算机、无线网络、冰箱、洗衣机、太阳能热水器……各种现代化设施一应俱全，有些人家还有家用 KTV。

李建亚告诉我们，以前村里房子都很小、很矮，一家几口人都要挤在一起。后来通过种芒果，手头逐渐宽裕了，各家各户都盖起了小楼，村里人居住条件大大改善。逢年过节，在外工作学习的孩子都回来也有地方住，热热闹闹很幸福。

"绿树村边合，青山郭外斜。"走在不磨村里，怡人的气候、宜居的环境、繁荣的产业景象，无不令人神清气爽，甚至常常让我们这些村外来客有"乐不思蜀"的感觉。

纵观不磨村主导产业的变迁，可以说，"绿水青山就是金山银山"的理念，在这个海岛村庄得到了很好的诠释。只有摒弃粗放的发展方式，找寻到一条特色产业绿色发展的新道路，农业才能实现高质量发展，乡村才能成为美丽乡村，农民收入才能持续增长。

升级："挣钱重要，但是不能只有钱"

在不磨村，一个现象引起了我们的注意——村里有些人家没有院门。虽然各种农机具、肥料，还有些桌子、凳子之类的生活用品放在储藏格间里，也不是为了防盗，只是为了防雨。尤其是主干道边上的农户家，偶尔还会有路过的村民随手搬个凳子坐下歇歇脚，或是外来汽车临时停一下。

和村民一聊天才知道，没院门的人家确实主要是靠近主干道的农户。因为村里的主干道宽度有限，来往拉芒果的大车又多，不建院门会车时会方便很多。最主要的是，不磨村近年来社会治安情况很好，敞着门也不会丢东西，才有了这种"门不闭户"的景象。

正在大树下乘凉的村民王泽民说："现在我们村啊，邻里关系都很好，日子过得挺快乐。"确实，我们遇到的村民总是乐呵呵的，整个村邻里和谐、乡风文明，形成了一种积极向上的浓厚氛围。

民风的变化，得益于一个好村委会。不磨村村委会位于村中心，为方便大家集体商量讨论决策，村支书和村主任没有单设办公室，而是采用一起办公的方式。在村委委员看来，"挣钱重要，但是不能只有钱"。尤其是经历了当初"挖金潮"时期的秩序混乱，这种感受更是明显。为了改善乡村治理，促进乡风文明，村"两委"没少花心思。

比如，有些地方农村红白喜事大操大办，"随份子"让农民苦不堪言，但不磨村村民就没有这个负担。因为村里有村规民约，每家因红白喜事办酒席只能有两次机会，即使有多个子女也是如此。这样下来，村民们每年花费在这方面的钱并不多，大大减轻了人情来往的负担，也避免了攀比浪费的风气。

在具体工作上，不磨村施行"五议五公开"工作法。"五议"，分别是"村民建议""村党组织提议""村'两委'商议""党员大会审议""村民（代表）会议决议"。"五公开"，就是提议事项公开、审议程序公开、决议结果公开、实施方案公开、办理结果公开。通过这套工作法，不仅保障了村民的知情权、参与权、监督权和决策权，也提高了决策的民主化、科学化水平，保证了村民提出的件件事项都有回音。前面提到的"每家红白喜事只能办两次酒席"的规定，就是村民感觉这方面花费太多、提出意见，经过"五议"表决通过，写进村规民约里的。

没有规矩，不成方圆。在规章制度上，不磨村也很完善。通过村委会工作职责制度、村规民约、村民代表会议制度等，对村内各项事务进行了明确规定。为了让更多人参与到乡村治理中，除了党支部和村委会，不磨村还组建了村务协商委员会，由村里的老党员、老干部组成，协助村"两委"解决各种问题，提出建议，助力村庄发展。

在丰富村民文化生活上，村"两委"也花了不少心思。村委会院子里设有老年活动中心、篮球场和图书室，村务协商委员会会长负责老年活动中心的开放。每天晚上，村民们都会陆续来到村委会广场，大爷们看电视、聊天，大妈们跳广场舞，热闹得很。

除了这些常规活动，不磨村村委会还会组织一些专题文艺活动。比如 2018 年元宵节，村里就举办了一场民歌大赛，以"芒果之乡""芒果丰收"为题，请村民作藏头诗，比赛设一、二、三等奖，还有现金奖励。大家参加的积极性都很高，效果非常好。这些获奖作品虽然从艺术的角度水平还有限，但却表达了村民的真实情感和芒果丰收的喜悦，给村民业余生活增添了很多乐趣。

"选我们来当村干部，就得给村民解决实际困难，得管用。"面色黝黑的村委会主任李建雄很健谈，这是他常挂在嘴边的一句话。为方便村民办理业务、了解政策、解决问题，不磨村村委会专门设立了村干部值班制度。村"两委"干部严格按照值班表值班，不得迟到早退，还要认真填写记录表，详细记录来访人员、反映情况、处理结果及群众的反馈意见等内容。所以，在不磨村，从来没有村委会"铁将军"把门、村民有事找不到人的现象。

除此之外，由于村里一些业务需要去镇上办理，有时村民对办事流程不熟悉，常常需要跑多次，花费了不少时间和精力，尤其让身体不好、出行不便的村民很是头疼。为了解决这个难题，不磨村专门设置了便民服务点，配备代办员，帮助村民办理各种事项。比如医疗救助、户口、粮食直补等手续，村民只要在村一级提供材料，剩下的就由代办员统一办理。村邮站里也专门设立了便民点，村民寄信寄包裹、取信取包裹都不再需要专门跑到镇上，而是由邮递员统一带回村里，分发给村民，大大节省了村民的时间，让大家少跑路、多办事。

探索：振兴新路如何破题

与芒果产业结缘，让不磨村甩掉了贫困的帽子，走上了乡村全面振兴的大道。但从新阶段的发展要求来看，还有许多问题亟待破解。

首先就是芒果产业怎样转型升级、激发出更大的空间和潜力？

不磨村的芒果产业发展了几十年，虽然已经具有一定的规模，但还是以各家各户单独种植销售为主，没有形成统一的声音，力量在市场上合力议价。因此，在内地市场可以卖到每斤 7 元以上的芒果，村里收购价就只有每斤 2—3 元，集中上市的时候价格还会被压得更低。而且由于各种成本特别是人工费的不断上涨，芒果种植的效益也在下降。村民给我们算了一笔账，剪枝工每人每天要 160 元；摘果工按斤收费，一般坡地每斤 0.11 元，平地每斤 0.1 元，即使按亩产 3000 斤来算，每亩摘果费用都要 300 多元，这还不含每年每亩 2000 多元的农药肥料支出。

如何提高芒果产业在市场竞争中的话语权？如何在传统优势产业中寻找新的利益增长点？已经成为横亘在不磨村未来发展道路上一个最大的障碍。拓展业态、做优做长产业链，无疑是提升发展水平的必由之路。

这条路可以分三步走。首先是提升生产标准化、规模化水平。不磨村的芒果虽然种得多，但是品质并不突出，面对日益激烈的市场竞争，获得优势地位也变得越来越难。下一步可以通过建立标准化生产基地，为农民提供统一的生产技术指导，健全农产品溯源追踪查询系统，将已有产业做优，打响"不磨芒果"的特色品牌。

其次要延长产业链，拓展新业态，增加收入源。现在不磨村仅仅是进行芒果生产，停留在产业链的最前端。村民付出的劳动不少，却只能获得最微薄的收益。而加大产地初加工建设，将芒果加工成饮品、果干等，就可以提高产品附加值，扩大利润空间。在村子周边配备冷库，对不能及时运出岛的芒果进行冷藏储存，也有利于拓宽市场空间。

最后，还可以运用农业信息化手段，建立农业信息共享平台，为村民的芒果生产和销售提供指导，让产业发展能够有的放矢。

除了产业本身的发展之外，海南省内其他地方打造的"共享农庄"，也是一个很值得思考借鉴的新兴业态。通过建设田园综合体，利用产品采摘、果树认领、生产体验、农家住宿等多种方式，可以让农民变股民、农房变客房、农产品现货变期货、消费者变投资者，也可能激发出不磨村芒果产业的"乘数效应"。

当然，就像不磨村村干部说的，一个村庄的发展"挣钱重要"，但绝不能"只有钱"。在脱贫攻坚与乡村振兴有效衔接的过程中，更是如此。在这点上，其实不磨村兴旺繁盛的产业、村民振奋的精神面貌，已经作出了一些探索，能让人深切地感受到，乡风文明的建设并不是"虚"的事，而是能实打实产生成效的"实"事。今后在全面推进乡村振兴战略实施的过程中，乡风文明的作用也不可小觑，可以适当增加乡村文化建设的比重，通过整合党建、文化等多领域的宣传、培训、教育，将文化建设与乡土民俗充分融合。从长远来看，这才是不磨村振兴的"不磨"动力和灵魂。

村庄小传

不磨村是海南岛西侧感恩平原上的一个古老村庄，坐落在东方市感城镇的东部，距离镇政府约 12 公里，背靠不磨岭，面朝大海，西邻海南岛西线高速公路，交通便利。

据《感恩县志》记载："感城镇区域在汉代的时候就有民居，以感恩水为名，旧感恩县治此，因此名为感城。1958 年成立感城公社，1986 年建感城镇。"而不磨村则是明末福建人迁居此地聚居而成，村名为不磨是取"千年不磨，万年不朽"之意。不磨村周围竹林密布，丘陵环绕，地势上易守难攻，一直到明末不磨村还是各朝驻军之所，自然环境和驻军传统的融合，让不磨村无论是和周围村落的对抗还是抵御侵略，都胜多败少，因此又取"不磨不磨，不磨也利"之意。

不磨村是革命老区，据不完全统计，20世纪40年代，村里冯照养、苏木英、陈先春等20多位村民积极参加抗日自卫队，为中国革命事业壮烈牺牲。村里出过不少在当地及周边地区颇有名气的人，如勤学苦读、率领抗日自卫队抗击日军、带领村民勤劳致富的原东方县政协主席张睦群，荣获全国优秀检察官、市县优秀党员称号的张上真等。

目前，全村共有1000多户，总人口3779人，姓氏有符、贞、李、张、陈等，其中居住本村最早的是张氏，后符氏居上。全村由8个生产队组成，人均土地面积在全镇排在前列。村"两委"干部共11名，党员35名，其中女党员9名，村民代表29名。

不磨村地处热带季风海洋性气候区，终年无霜雪，年平均气温24—25℃，年日照时数平均2777.15小时，年平均降雨量1000—1900毫米，7月至10月为主要降雨期，占全年降雨量的70%。同时6月至10月，也是台风季节，年均刮台风4—6次，但10级以上的少有，比海南岛东岸受台风的影响要小得多，总体上台风对本地利大于弊。不磨村的适宜气候，让它成为冬季瓜菜及热带水果生产得天独厚的基地。不磨村土地资源比较丰富，全村有3.8万亩地，其中2万亩山坡地用来种植芒果，另有4400亩水田用来种植水稻（其中2800亩用于水稻制种），剩下的都为平地旱田，主要种植玉米以及少量辣椒、茄子等冬季瓜菜。不磨村的主要经济来源靠种植业（芒果、南瓜、玉米等经济农作物）和打零工。几乎全村人都种植芒果树，被誉为"感恩平原第一芒果村"。

过去，不磨村非常贫穷。1984年，村周边先后发现几个金矿，金矿的消息越传越远，涌来的人越来越多。山坡上到处是矿井、帐篷，整座山岭炮声隆隆，尘土飞扬。后来，开采从无序走向有序。不磨岭上，废弃的矿井被回填，植被恢复生长，村民在岭上种上了芒果树、南瓜等经济作物，从大广坝水库引水灌溉，人们不再靠天吃饭，还新开垦了很多荒地，村民走上了勤劳致富之路。

如今，村内已初步建成较为完善的基础设施和公共设施。先后完成了村委活动室、村级便民服务站、篮球场、太阳能路灯、村道路硬化、自来水等基础设施的建设，村幼儿园已修建完工并投入使用。村民普遍住上了楼房，各种现代化设施一应俱全。不磨村人依靠自己勤劳的双手，过上了衣食无忧的幸福生活。

代　跋

松山村：大时代里的小村庄

韩长赋

一、引　子

贵州省毕节市威宁县小海镇松山村是我的基层联系点。干农业农村工作这些年，我习惯于有空就往农村跑一跑，实地看看乡村一线的真实情况。不过，走过这么多地方，像松山村这样，一个村庄前前后后深入调研过 6 次，也还是没有过的。

从 2012 年我第一次踏上松山村的土地，不知不觉间，已经过去了十年。十年，就一个村庄的历史来说，是再短暂不过的了。四时耕获、逐日作息，别说十年，过去很多村庄上百年间都变化不大。

但在这个特殊的十年里，我们党带领人民开启了一场世所罕见的大规模的脱贫攻坚战。在 2021 年 2 月 25 日全国脱贫攻坚总结表彰大会上，习近平总书记向世界庄严宣告，我国脱贫攻坚战取得了全面胜利，现行标准下 9899 万农村贫困人口全部脱贫，12.8 万个贫困村全部出列。这标志着亿万农民不漏一村不落一人全部进入小康社会。松山村，一个地处乌蒙山脉、曾在时间河流中平静无澜的小村庄，也在这场战役中迎来了脱胎换骨的变化。

松山村位于威宁县小海镇西北部，距离县城 32 公里。威宁县是彝族回族苗族自治县，也是贵州省面积最大、人口最多、海拔最高的县，乌蒙山脉贯穿县境。长期以来，威宁交通闭塞，自然资源不足，是国家扶贫开发工作重点县。

松山村是一个典型的山区农业村，也曾是一个国家级二类贫困村，当时村民人均收入只有 3300 元。村里有 11 个村民小组，共 5000 多人，耕地面积 13000 余亩，但大多是山丘地，经济上主要靠种玉米和马铃薯。

种种机缘巧合下，这个偏远的小山村成为我的基层联系点，与我结下了长达十年的深厚情谊。

在近十年的时间里，我既以部长的身份，落实着党中央、国务院的重大决策、重大部署；又以一个深度观察者的视角，见证着松山村的日新月异，感受着乡亲们的由衷喜悦。我深深体会到：这个大山里的小村庄，折射着大时代的变迁；而大时代的机遇，也造就了无数像松山村一样平凡村庄的命运巨变。

二、一个小山村的十年蜕变

说到我与松山村的缘起，还要回到 2011 年。

那年，我在威宁县调研，提出要在当地选择一个村作为我的基层联系点。当时想法很明确，就是想通过"解剖麻雀"来了解一个发展滞后的普通山村的实际状况，直接听取最基层农民群众对农业农村工作的看法、意见和建议。

2012 年春，我专程赶赴松山村，第一次踏上了这片土地。

那一年，毕节的机场还没有通航，到威宁的高速公路也没修通。我记得当时是头一天从北京出发，飞机只能到贵阳。在贵阳住了一晚，第二天一早出发，开车到了毕节，再到威宁，车子开了一天才到了村里。

初春时节，春寒料峭，雨雪交加。村里的路还是土路，下过雨之后满是泥泞，经过的车子轧出很深的车辙，里面汪着水，走路下不去脚。房子大多是一层的小平房，偶尔还能见到杈杈房、茅草房，有的甚至是鸡猪人混居，危旧房的比例也较高。村民家里吃的水都要去河里挑，厕所都是旱厕。

村里家家种马铃薯，种出来就堆在路边卖，村口、路边到处堆的都是，也卖不上什么价钱。种地效益低，年轻人大都外出打工了，地里劳作的都是上了年纪的人。

在地里村里转了一大圈，到了晚饭时间，我应邀来到村民程宗德家里。他的家虽不富裕，但打扫得干干净净。灶上蒸着简单的农家腊肉，还有烤洋芋，满屋子飘香。我与他全家人围坐在一起，边吃饭边聊生产、聊生活，其乐融融。

晚饭过后，天空飘起小雪，我又来到村委会，继续与村民一起座谈，了解政策落实、农民生产生活中的困难等情况。村干部、村民代表十几个人做了发言，提出了 25 个需要帮助解决的问题。

第二天早餐前，我把省市县的有关同志召集起来，将村民提出的 25 个问题归纳为 7 条具体意见，商量帮助解决的办法和建立联系帮扶的长效机制。回京以后也继续协调对村里进行了重点帮扶。此后，每次去都争取帮他们解决一两个问题。

再后来，举世瞩目的脱贫攻坚战在全国范围打响。毕节乌蒙山集中连片特困地区是脱贫攻坚的主战场，也是农业农村部联系的定点扶贫地区，在这场"乌蒙磅礴走泥丸"的奋战中，松山村也开启了日新月异的创业发展。

现在再去松山村，飞机可以直接飞到毕节，高速公路也通到了县城，下了飞机直接开车进村。搭乘早班飞机的话，都可以直接到村里吃午饭了。

这些年，尽管我一两年就去一次，但每次去了都会感叹，松山村的变化太大了。

首先是公共设施和村容村貌变了。

2018 年那次去，正赶上当地政府在实施"三化"推进工程，老百姓家的院坝硬化了，房前屋后的排水沟硬化了，户户间的连接道路也硬化了。村民程宗贵跟我讲，村里过去是雨天一把泥、晴天一鞋灰，现在政府把路修到了家门口，下雨天再也不愁出门了。

吃水问题也解决了。村里建了一个蓄水 3 万立方米的塘坝，可以保障全村人用上自来水。塘坝建在村委会后边的山坡上，可以自流供水。我专门登上山坡察看，里面蓄的都是清亮亮的山泉水。

农民居住环境也有了很大改善。在国家易地扶贫搬迁和危旧房改造政策的支持下，基本消灭了权权房、茅草房、土坯房，村寨变成了统一规划设计、民族特色浓郁的新农村社区。进村串户，街上走走，看到一幢幢焕然一新的民居坐落山水间，一条条平坦干净的道路交错相连，乡村田园风光让人赏心悦目。

松山村小学的赵庆争老师看在眼里、乐在心里，编了几句顺口溜来表达喜悦之情："洗菜自来水，做饭沼气灶，出门水泥路，晚上路灯亮，活动有广场，现在松山村，完全变了样。"

紧接着，村里的产业也发展起来了。

这两年，种植业转向高产玉米和马铃薯种薯产业，同时增加了烤烟、蔬菜、中药材、经果林等种植，全村种了 5000 余亩烤烟、5000 余亩花椒、3000 余亩中药材、2000 余亩蔬菜。

而且，松山村 2017 年还引进广东的一家企业，投资建设了 1008 个蔬菜大棚，实行"龙头企业＋合作社＋基地＋贫困户"的运营模式，政府给予贫困户的生产补助资金作为股金。当时的贫困户每亩地能获得800元的土地流转费，每个大棚拿到700元的租金，还可以在大棚内务工获得工资收益，年底还能获得股金的利润分红。

村支书程宗能说，"过去村里种的，除了苞谷就是土豆，遇上差年景连肚子都填不饱。这些年感受最深的是，一个贫困村，有了产业，才有后劲，才有盼头；把产业建好了、建成功了，那才叫真脱贫了"。

畜牧业也发展起来了，村里建起了一个规模养猪场，一栋栋蓝瓦白墙的场房拔地而起，与周围大山的绿色植被交相辉映，洋溢着一派生机勃勃的气息。

产业升级和结构调整给老百姓带来了实实在在的利益。村民刘宁艳1983年初中毕业后就在村里收购农副产品，后来结合自己在外打工时学到的中药材种植和加工技术，领办合作社，主要种植中药材，建成党参标准化种植基地1000多亩，辐射带动农户种植优质党参2000亩以上。

产业的发展带动了农民增收致富。2014年村民人均纯收入就达到6418元，比2011年几乎翻了一番，2017年我再去的时候，村里贫困人口已全部脱贫。到2021年，松山村全村农民人均可支配收入已经达到11860元，是10年前的3倍半，真是由衷地为乡亲们高兴。

我到村里调研有个习惯，总喜欢去看看小卖部，因为我觉得小卖部最能反映农民的消费水平。2018年我又去了村里的小卖部，发现商品种类比以前多多了，这说明村民的口袋里有钱了、消费能力比以前强了。

更可喜的是村民的精神面貌变了。

中国的脱贫攻坚战，不仅是书写在宏大叙事里的人类反贫困历程；而且，也是实实在在、真真切切落到每一个平凡生命里的微观体验。程宗能、程宗德、陶泽群……在松山村，很多村民都有故事可以讲述。

腰包鼓起来的村民，脸上的笑也多了。60多岁的陶泽群几年后再见到我，本来正和一群妇女在地里摘豌豆尖，一眼就认出了我，上来拉着我的手说："我们村水、电、路都通了，我还有养老保险。"还高兴地说："现在我们农民心情好、生活好，日子好得很呢！"妇女们连声附和，表达着她们的幸福感与获得感。

村里的生产生活条件得到改善后，返乡创业的年轻人也多了，农民的生活有了盼头、生产有了奔头，对未来充满了信心。我在村里调研，村民谈的最多的，是如何发展、如何致富，给人一种积极向上的精神面貌，真正是"宁愿苦干、不愿苦熬"了。

村民程朝奎前几年在外打工，现在回到家乡搞起了肉牛养殖，从最初存栏1—2头，发展到目前存栏10多头，仅养牛这一项，年收入就有二三万元。他跟我讲，以后还要扩大养殖规模。讲这话时，他脸上透着自信，眼里带着光。

村支书程宗能讲，这两年村民尝到了发展的甜头，大家干劲更足了、信心更大了，不仅要让自己村里农民的钱袋子鼓起来，还要带动周边村子一起致富奔小康。

三、从松山村看乡村发展路径

当前，我们的脱贫攻坚战已经取得了举世瞩目的成就，中华民族千百年来"久困于穷，冀以小康"的梦想已经实现，乡村开启了全面振兴的新征程。

站在今天这个节点上，以一个村庄的变迁为范本去分析和总结脱贫攻坚的成功要素，不但是对历史的致敬和礼赞，更是对未来的探索和引领。考察松山村的发展变化，有几点启示。

一是，发展壮大特色主导产业是治本之策。

农村发展比较慢的地区，大多没有产业支撑。依托资源优势，培育特色产业，是促进农民就业增收的重要渠道。村支书程宗能说："以前总想向政府要钱要物，现在看给钱给物帮得了一时、帮不了一世，今天脱贫了，明天还会返贫。只有找准主导产业，农民有了稳定就业，脱贫致富才可持续。"

2014年，村里引进福建卓源公司建设生猪规模养殖场，发展"猪—沼—菜"循环农业。没几年，30000多平方米的一期圈舍已投入生产，存栏能繁母猪600头、生猪近5000头，二期工程建成后，能繁母猪将达3000头，年出栏生猪将近50000头；1000立方沼气池项目也已开工建设，建成后将为松山村2000多亩蔬菜种植提供沼渣、沼液。

卓源公司负责人讲，威宁当地气候条件好，冬季冷凉，夏季温凉，年温差小，日温差大，母猪生产性能高，今后通过发展能繁母猪，带动一批规模养殖户，帮助当地村民增收致富奔小康。

贫困地区往往是生态脆弱地区、生态优美区，调整优化农业结构、发展特色优势产业，要与推进生态文明建设结合起来，因地制宜，适合种什么就种什么，什么效益好就种什么，大力发展绿色产业，促进生产、生活、生态协调发展。像西南的石漠化地区，耕地细碎，常常岩石裸露，地里存不住水，可以少种一些玉米等不耐寒旱的作物，实行退耕还林还草，发展生态高效农牧业特别是现代草食畜牧业，促进种养循环、农牧结合。

二是，培育新型农业经营主体是有效抓手。

新型农业经营主体是发展现代农业的生力军，也是带动农户致富的领头羊。农户大多习惯沿着祖辈传下来的老路走，对于创新不敢冒险尝试，总怕失败。基层干部讲，"喊破嗓子，不如做出样子，既要做给农民看，又要带着农民干"。"公司+合作社+基地+农户"，就是比较好的带领农民脱贫致富的模式。

村支书程宗能跟我讲："2011 年以前，村里都是一家一户单干，没有一个合作社和养殖大户，这几年村里发展了 8 家合作社、12 家养殖大户，对农民致富发挥了重要作用。"

我到松山村调研，发现村民程宗辉就是一个典型代表。他外出务工 10 多年后，返乡建起了蔬菜大棚，成立了亿林峰合作社，通过大户带小户、老户带新户、富户带穷户的模式，帮助村民转变观念，提供技术指导，寻找市场渠道，带动共同发展。

2015 年初，合作社与云南伟伟农业科技有限公司签约，采取统一供种、统一技术指导、统一收购销售、农户分别种植的"三统一分"模式来种植。目前，合作社建起了 100 个蔬菜大棚，入社社员达 336 户、996 人。

这类农村能人，有想法、有魄力，敢想敢干、勇于创新，在农村占少数，但代表了方向，我们要积极扶持、大力宣传。对于其他不甘贫穷、没有资源、能力有限的大多数农户，要靠少数的农村能人来示范引领，通过依托关键少数带动大多数农民一起走向共同富裕。同时，还要加大培训力度，培育挖掘一批农村"土秀才""土专家"，为乡村振兴提供人才支撑。

三是，加强基础设施建设是关键举措。

"要想富，先修路"。推进乡村振兴，首先要改善当地的基础设施条件。农村很多地理位置偏僻，基础设施薄弱，交通不便，这是最大的制约因素，直接导致投资进不来、产品运不出，资源优势不能有效转化为经济优势，"守着金山银山，还是没吃没穿"。

近年来，贵州省加强基础设施建设，推进农村社会事业发展，取得明显成效。2014 年初，平均海拔 1900 米以上、桥隧比高达 80% 以上、有着"贵州第一高路"之称的毕威（毕节至威宁）高速公路建成通车后，极大改善了威宁的交通条件。

公路修通了，投资就来了，2014 年威宁县引进了 14 家规模龙头企业投资农业，示范带动 5.6 万农户发展现代农业。小海镇松山村也是这样"公路村村通，企业进了山"。那里盛产的马铃薯，又叫"洋芋"，就有人来加工、收购了。我感到，整合各类资金项目，加强基础设施建设，重点解决水电路等瓶颈制约，可以起到事半功倍的效果。当然，农村的公共服务，比如医疗、低保、养老等社会保障也得跟上，否则会出现因病返贫、因残返贫。我在村民程朝明家走访发现，两个老人带着 3 个孩子，一个孙子，两个外孙，父母均外出务工，孩子只能交由老人照管。如何解决留守儿童、留守老人、留守妇女问题，也是脱贫攻坚与乡村振兴有效衔接面临的一个十分紧迫的课题。

四是，创新扶持方式方法是有力支撑。

应该说，这几年国家加大了对乡村的扶持力度，各类资金投入不少。要把这些资金用好用活，发挥"四两拨千斤"的作用，放大国家投入的政策效应，则需要创新财政支农资金使用方式，健全利益联结机制，帮助农民更多分享增值收益。

毕节的做法是，将财政扶贫资金量化到户到人后，作为股权投资，投入合作社、龙头企业等新型经营主体，既可解决产业发展融资困难问题，又可给贫困农户带来稳定的就业和持续的收益。松山村发展大棚蔬菜生产，就是这么做的。有了利益联结机制，大家都有积极性。

毕节的另外一个做法是创新金融信贷支农方式。比如小额信用贷款，财政对农户发展特色农牧业进行贴息，激发农户发展产业增收致富的内生动力。松山村村民张泽荣曾经是贫困户，2013 年村"两委"协助贷款 5 万元，发展起了养羊，后来年出栏 50 余只，年收入三四万元，实现了脱贫致富。

五是，夯实农村基层组织是基础保障。

"群众富不富，关键看支部"。村党支部是党在农村的最基层组织，村干部是贯彻落实党在农村各项方针政策的组织者和执行者，是带领群众发展经济的带头人。改革开放以来，我国涌现出来的富裕村、明星村，无一不是基层组织坚强有力，无一不凝结着基层干部的勤劳智慧。

松山村的发展变化，也是与村"两委"带领全体村民埋头苦干分不开的。村支书程宗能跟我讲，他们组织村民到外地考察学习取经，邀请专家编制发展规划，开展招商引资，推动项目落地，培养了一批脱贫致富带头人。

我在松山村调研看到，在有关部门支持下成立的农民田间学校，村"两委"定期组织农民参加蔬菜种植技术、畜禽疫病防治等培训，提升了农民种养技能，推动了松山村农业结构调整，受到村民欢迎。

我以为，加强农村基层组织建设要同乡村振兴结合起来，在加强农村人才培养的同时，鼓励大学毕业生、退伍军人、退休干部到农村工作，强化基层干部队伍建设，真正把基层党组织建设成带领群众致富的坚强战斗堡垒。

四、学会同农民群众打交道

我在农业农村部长任上十一年，从 2011 年开始部里就实行领导干部联系基层点制度，每位部领导成员和司局长都要联系一个村。一方面是探索推动乡村发展的路子，一方面也是积累同农民打交道的方法。

联系帮扶松山村以来，我在与基层干部和农民群众的交往中感觉，对一个基层联系点进行长期跟踪，既能真实了解农民对农村政策的看法与期望，也能深刻体会到基层干部和农民群众的思想感情。对于怎样与农民群众打交道，这些年走下来，我的体会是"四个字"。

一个字是"真"，要带着真情实意到农民群众中去。密切联系群众是我党的优良传统，深入基层、深入群众，是保持与群众血肉联系的根本途径。每次到松山村调研，我都会走家串户看看村民的生活，到农民家里吃顿农家饭、聊聊家常事。2013年，我到村民程朝明家吃饭，了解到他有一个小孙子，患再生性贫血，治病花费较多，我对他们表示慰问，并嘱托当地干部帮助孩子治病。后来，我每次去都不忘到以前去过的村民家里走走、看看，像走亲戚一样，聊聊发展情况，问问有什么需要。程朝明老两口看我又到他们家来了，拉着我的手不放，一直把我送到车上。我感到，只有真心实意带着感情下去，与农民群众坐在一个饭桌上、站在同一屋檐下沟通交流，才能听到农民群众的真心话，才能与农民群众建立深厚感情，才能同农民群众打成一片。

一个字是"常"，农村调研要多下去、常联系。联系松山村后，我就下定决心，不管工作多忙，路途多远，都要争取多到村里走走、看看。对我来说，虽然搞农业工作，经常下基层调研，但同一个村去过6次，而且每次去都在村民家里吃饭，松山村还是头一个。我感到，领导干部联系基层，不能匆匆忙忙、走马观花看一看，更不能只挂一个名，帮助跑点项目、争取点资金就完事了，而是要多下去、常联系。只有这样，农民才能把你当亲人，才能掏心窝子跟你说实情，也才能近距离观察了解一个村的发展变化，这对于我们掌握实情、听到真话、指导农业农村经济发展具有重要作用。

一个字是"实"，要琢磨怎么给老百姓办实事。与农民群众打交道，最不需要花言巧语，最需要实实在在。老百姓的要求并不高，只要你不掏他的口袋，他就不会骂你；如果你再给他办点好事，他就会拥护你。2012年2月，我第一次到松山村，就琢磨怎么给乡亲们办点实事。那天饭后，我和村民们围坐在村委会的火炉旁，他们给我提出了25个需要帮助的问题。带着这些问题，当天我就和县里同志谈到深夜。第二天早餐前，又召集省市县有关同志开会，商量如何解决这些问题。回来以后，为了把帮扶措施落实下去，农业农村部在原来安排干部到县里挂职的基础上，决定再派一名年轻干部到镇村挂职，联系帮助村里解决一些实际问题，在水、电、路、房等基础设施方面立项目投资金。看着帮村里办的这些实事，我由衷地高兴，村民们更是欢欣鼓舞。

　　一个字是"变"，要帮助基层干部和农民群众转变观念。大多数情况下，农民群众的干劲足、热情高，基层干部思发展、谋跨越的愿望迫切，但是受地理位置、自然条件、发展环境等因素的限制，有时候会力不从心，不知道从何处着力。下到基层联系点，把新思路、新观念、新科技、新方法送到农民群众手中。这也是帮助支持基层的重要内容。每次到松山村，我都要和村干部、村民代表座谈，鼓励他们解放思想、开拓创新，靠自己的双手脱贫致富，帮助他们理清发展思路。金俊是一名退伍军人，回到村里后发展生猪规模养殖，成立了兴农养殖合作社，先后有 791 户参加了他的合作社。我在村里召开的座谈会，每次他都参加，他跟我讲，现在村民的思想更加解放，观念不断更新，紧跟市场步伐，干劲比过去更大，人人想赚钱，个个想大干。后来几年生猪价格疲软，他们就注册了"乌撒山香"商标，搞起了腊肉、火腿加工，延长产业链条，这样既能规避市场风险，也大大提高了养殖业的附加值。农业现代化，根本的还是农民的现代化。现在不少地方还存在农民变化滞后于农业农村变化的现象。干部下乡，要帮农民改变农业的面貌，更重要的是还要改变农民的面貌，站在他们前面引领他们。人的精气神变了，素质能力变了，村庄的变化就是历史必然啦。

　　和松山村结缘这十年，前前后后 6 次去调研，到后来就像走亲戚一样，熟门熟路地到农民家里串门、拉家常，我对松山村产生了很深的情谊，常常挂念着那里的乡亲们。

　　而乡亲们也带给我很多感动。村里 80 多岁的老人张仁秀，我第一次去看她，她眼睛患上白内障看不见，在家里卧病。后来，在新农合和大病医疗的支持下做了手术，得以重见光明。有一年我又到村里去，她听说了，特意站在村头等我，说是上次只听到了声音，这次要看看我长什么样，向我当面感谢党和政府。

我从事"三农"工作这么多年，这些我认识的、还有更多我不认识的农民朋友，他们朴素而真挚的情感温暖着我、感动着我，让我每每想到，就觉得自己做的事是有意义、有价值的！

（松山村是作者多次调研过的基层联系点，此文在历次调研报告基础上改写而成。）

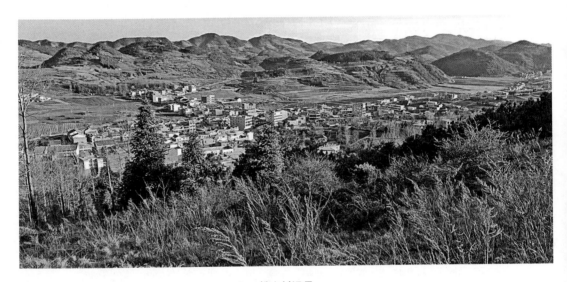

松山村远景

编 后 记

本书收录了 35 个村庄的故事。

有的村庄，是本书编者韩长赋同志，身体力行多年跟踪调研的基层联系点、深度观察点，比如贵州威宁松山村，他曾前前后后走访过六次，在整体把握村庄的同时亲手"解剖麻雀"；有的村庄，是一些多年做基层工作，对农村有感情的"三农"工作者持续关注的，像山西太谷武家堡村，就是郭迎光同志任山西省副省长期间蹲点调查、近距离观察的村；有的村庄，是农业农村部"百乡万户调查"活动中，青年干部驻村入户近 1 个月翔实调研过的村；还有的村庄，是一些"三农"媒体人深入采访过的典型村庄。

这些村庄同中国大多数村庄一样，正在经历着一个巨大的带有历史性的变迁过程。本书的作者们躬行其间并努力以第一手鲜活材料描述当今中国村庄的生产和生活，而本书编者则希望通过介绍一个个村落的现状与发展，让更多的人们看到当下中国乡村的缩影，进而了解这个正在走向现代化的伟大国家。本书的编写正是基于这样一种情怀和责任。所有参与考察、写作的同志都为这本书作了贡献，农民日报社、中国农村杂志社等单位的一些同志参与了编辑工作，在此对他们一并表示感谢。

责任编辑：曹　春
封面设计：汪　莹

图书在版编目（CIP）数据

走向振兴的中国村庄／韩长赋 主编．—北京：人民出版社，2022.6
　（2023.5 重印）

ISBN 978－7－01－024564－5

I.①走… 　II.①韩… 　III.①农村－社会主义建设－研究－中国
　IV.① F320.3

中国版本图书馆 CIP 数据核字（2022）第 029778 号

走向振兴的中国村庄
ZOUXIANG ZHENXING DE ZHONGGUO CUNZHUANG

韩长赋　主编

人民出版社 出版发行
（100706　北京市东城区隆福寺街 99 号）

北京盛通印刷股份有限公司印刷　新华书店经销

2022 年 6 月第 1 版　2023 年 5 月北京第 3 次印刷
开本：710 毫米 ×1000 毫米 1/16　印张：29.75
字数：400 千字

ISBN 978－7－01－024564－5　定价：128.00 元

邮购地址 100706　北京市东城区隆福寺街 99 号
人民东方图书销售中心　电话（010）65250042　65289539